Hilge Landweer, Catherine Newmark, Christine Kley, Simone Miller (Hg.)
Philosophie und die Potenziale der Gender Studies

Edition Moderne Postmoderne

Hilge Landweer, Catherine Newmark,
Christine Kley, Simone Miller (Hg.)

Philosophie und die Potenziale der Gender Studies

Peripherie und Zentrum im Feld der Theorie

[transcript]

Dieser Band ist zum größten Teil aus einer Ringvorlesung entstanden, die im Sommersemester 2011 am Institut für Philosophie der Freien Universität Berlin stattgefunden hat. Die Vorlesung und der vorliegende Band wurden durch das Präsidium, den Fachbereich Philosophie und Geisteswissenschaften, den Fachbereich Geschichte und Kulturwissenschaften und ihre jeweiligen Frauenbeauftragten sowie die Zentraleinrichtung zur Förderung von Frauen- und Geschlechterforschung an der Freien Universität Berlin finanziell unterstützt.

Bibliografische Information der Deutschen Nationalbibliothek
Die Deutsche Nationalbibliothek verzeichnet diese Publikation in der Deutschen Nationalbibliografie; detaillierte bibliografische Daten sind im Internet über http://dnb.d-nb.de abrufbar.

© 2012 transcript Verlag, Bielefeld

Die Verwertung der Texte und Bilder ist ohne Zustimmung des Verlages urheberrechtswidrig und strafbar. Das gilt auch für Vervielfältigungen, Übersetzungen, Mikroverfilmungen und für die Verarbeitung mit elektronischen Systemen.

Umschlagkonzept: Kordula Röckenhaus, Bielefeld
Lektorat: Hilge Landweer, Catherine Newmark, Christine Kley, Simone Miller, Nina Trcka
Satz: Nina Trcka
Druck: Majuskel Medienproduktion GmbH, Wetzlar
ISBN 978-3-8376-2152-5

Gedruckt auf alterungsbeständigem Papier mit chlorfrei gebleichtem Zellstoff.
Besuchen Sie uns im Internet: *http://www.transcript-verlag.de*
Bitte fordern Sie unser Gesamtverzeichnis und andere Broschüren an unter: *info@transcript-verlag.de*

Inhalt

Philosophie und die Potenziale der Genderstudies. Peripherie und Zentrum im Feld der Theorie.
Zur Einleitung
Hilge Landweer/Catherine Newmark/Christine Kley/Simone Miller | 7

Feministische Strategie und Revolution
Eva von Redecker | 17

Gender, Macht, Vernunft.
Feminismus und Kritische Theorie
Amy Allen | 37

Schweigen und institutionelle Vorurteile
Miranda Fricker | 63

Der Begriff der Entmenschlichung und seine Rolle in der feministischen Philosophie
Mari Mikkola | 87

Der Streit um die feministische Utopie, oder:
Warum Selbstbestimmung?
Simone Miller | 117

Gerechtigkeit herstellen oder gegen Normierung angehen?
Nachdenken über zwei feministische Denkstile und ihre epistemische Differenz
Patricia Purtschert | 141

Dezentrierung und Kritik.
Die Frage nach Geschlechterverhältnissen in der Philosophie
Susanne Lettow | 163

Diesseits und jenseits von Gender.
Zum problematischen Verhältnis der Philosophie zu Empirie und Lebenswelt
Hilge Landweer/Catherine Newmark | 183

Philosophie außer sich!
Gender, Geschlecht, Queer, Kritik und Sexualität
Astrid Deuber-Mankowsky | 211

Feministische Philosophie im post-feministischen Kontext
Herta Nagl-Docekal | 231

Von Peripherie über Peripherie zum Zentrum.
Feministische und transnationale Philosophie
Sigridur Thorgeirsdottir | 255

Frauenbewegung und Philosophie:
Rückblick auf eine Nicht-Begegnung
Frieder Otto Wolf | 273

Abstammung, Verwandtschaft, Geschlecht.
Jacques Derridas Kritik am phallogozentrischen Begriff
des Politischen
Teresa Orozco | 293

Subjekt statt Substanz.
Entwurf einer gender-sensiblen Anthropologie
Saskia Wendel | 317

Drucknachweise | 337

Autorinnen und Autoren | 339

Philosophie und die Potenziale der Genderstudies. Peripherie und Zentrum im Feld der Theorie
Zur Einleitung

HILGE LANDWEER/CATHERINE NEWMARK/CHRISTINE KLEY/
SIMONE MILLER

Warum ist die Kategorie *Geschlecht* in der Philosophie auch nach mehr als einem halben Jahrhundert intensiver theoretischer Arbeit und Kritik noch immer fast überall randständig geblieben? Und: Wie steht es heute um die theoretische Auseinandersetzung mit Geschlecht, welche Fragen sind vordringlich, welche Formen der Theorie tun Not, und welche finden in akademischen und gesellschaftlichen Auseinandersetzungen Gehör?

Diese Fragen, und mithin die Hinterfragung dessen, was peripher und was zentral ist, sowohl in der Philosophie als auch in den Genderstudies, und wie die beiden in produktiven Austausch miteinander gebracht werden können, stehen am Anfang dieses Buchprojektes.

Was als Zentrum der Philosophie gilt, ist inhaltlich immer umstritten gewesen und historisch gesehen Veränderungen unterworfen; der starke Vorrang der Erkenntnistheorie, der das Fach heute allgemein prägt, ist ohne Zweifel jüngeren Datums. Wo Philosophie institutionalisiert ist, lassen sich aber zumeist durchaus dominante Positionen und mehr oder weniger marginalisierte Richtungen ausmachen. Dass diese Verhältnisse nicht unveränderlich sind, zeigt beispielsweise ein Blick auf den gegenwärtigen philosophischen Kanon, der in großen Teilen aus ehemals von den Institutionen ausgeschlossenen und gegen sie angehenden Denkern besteht, von Descartes und Hobbes bis zu Nietzsche und Kierkegaard. Die institutionelle Seite ist also nur eine Seite der diskursiven Macht. Die brennenden Fragen der Zeit wurden und werden fast immer von dissidenten Denkerinnen und Denkern zum Gegenstand gemacht und oft erst nachträglich in den philosophischen Mainstream integriert.

In ihrer institutionalisierten Form als akademische Disziplin scheint Philosophie gerade jetzt in besonderem Maße unter Legitimationsdruck zu stehen. In den letzten Jahrzehnten haben sich die institutionellen Verteilungskämpfe verschärft; in der deutschsprachigen Philosophie haben sich in diesem Zeitraum bei der Besetzung von Professuren sprachanalytische Denkschulen durchgesetzt, und dieser Trend hält weiterhin an, auch wenn natürlich über die Zeit Mischformen entstanden sind und sich sowohl „kontinentale" Philosophie für „analytische" Methoden geöffnet hat, als auch die „analytische" Philosophie ihr Themenfeld erweitert hat. Gleichzeitig mehrt sich der gesellschaftliche Eindruck, dass Philosophie die drängenden Themen der Gegenwart nicht oder nicht in befriedigender Weise angeht, obwohl angesichts des Siegeszuges der weitgehend positivistisch orientierten Lebenswissenschaften durchaus philosophisch-ethischer Orientierungsbedarf besteht. Die Philosophie ist aber als akademische Disziplin nicht nur in der breiteren Gesellschaft, sondern auch im Kreis der Wissenschaften in den letzten Jahren an die Peripherie gedriftet: Von ihrem traditionellen Anspruch, Universal- und Leitwissenschaft zu sein, ist sie mittlerweile weit entfernt. Ihre Relevanz wird nicht nur gesamtgesellschaftlich nicht mehr anerkannt, sie befindet sich auch gegenüber den Einzelwissenschaften fast immer unter Rechtfertigungsdruck, und ihre Beteiligung an interdisziplinären Forschungseinrichtungen ist zwar stets erwünscht, aber durch ihre enge Fixierung auf nicht-empirische Fragen faktisch meist problematisch.

Geschlecht und Geschlechtlichkeit gehören ohne jeden Zweifel zu den gesellschaftlich und politisch drängendsten Themen unserer Zeit; im dominanten Zentrum der Philosophie bekommen sie jedoch noch immer kaum Aufmerksamkeit. Die ausgesprochen lebhafte und produktive theoretische Auseinandersetzung mit dem Thema hat bislang weitgehend an den Rändern und vielfach sogar außerhalb des akademisch institutionalisierten Faches stattgefunden.

Man kann diesen Zustand bedauern, sowohl aus Sicht einer institutionalisierten Philosophie, der es nicht gelingt, auf Zeitfragen angemessen zu reagieren, als auch aus Sicht eines Interesses an Geschlechterfragen, das gerne auf die theoretischen und kulturhistorischen Wissensbestände traditioneller Philosophie zurückgreifen würde, und dies bis zu einem gewissen Punkt sowieso immer schon tut. Es wäre aber wünschenswert, die Instrumentarien der Philosophie auch in institutionell abgesicherter und fachlich anerkannter Form nutzen zu können.

Was also müsste sich ändern, damit Peripherie und Zentrum, dominante geschlechtsvergessene Philosophie und von dieser marginalisierte Genderstudies, in Bewegung und Interaktion geraten? Damit sowohl feministische Theorien in der Philosophie Raum bekommen, als auch umgekehrt die Philosophie für die Genderstudies fruchtbar gemacht werden kann – und so auch ein Stück gesellschaftliche Relevanz zurückgewinnt? Woran kann angeschlossen werden?

Zunächst sicherlich an das kritische Selbstverständnis sowohl der traditionellen Philosophie als auch der Gender-Theorie. Wenn sich die Philosophie über Jahrhunderte als Universal- und Leitwissenschaft begreift, so gibt es auch ein fest etabliertes, von der Aufklärung herrührendes Verständnis von Philosophie als Kritik, das den Anspruch auf Anleitung der Wissenschaften unter veränderten Bedingungen neu legitimiert. Zunächst und zumeist geschieht dies zwar im Kantischen Sinne als Erkenntniskritik, aber seit dem 19. Jahrhundert umfasst die kritische Haltung der Philosophie immer auch Gesellschaftskritik, die Kritik kontingenter sozialer Verhältnisse und eine Kritik der Macht, so etwa bei Marx oder Nietzsche. Philosophie ist in diesem kritischen Sinne die Kunst des Möglichen: der Versuch, gegenüber den jeweils hegemonialen Diskursen und gegenwärtigen Wahrheiten die Möglichkeit, Dinge auch anders zu denken, konsequent in Anschlag zu bringen, sei es, indem auf historische Alternativen oder aber auf rein denkmögliche Utopien verwiesen wird.

Die philosophische Tradition bringt also zumindest vom Methodenarsenal her alles mit, was zur Kritik kontingenter und herrschaftsförmiger Geschlechterverhältnisse nötig ist, und es ist bemerkenswert, dass Fragen nach Geschlecht, Macht und Gerechtigkeit in der Geschichte des Denkens so selten gestellt wurden.

Feministische Theorie, Geschlechterforschung und Genderstudies haben ihrerseits eine lange kritische Tradition. Ihre Wurzeln liegen in der Frauenbewegung, vor allem der sogenannten zweiten Frauenbewegung der 1970er und 1980er Jahre, und feministisch motivierte Wissenschaft ist sowohl als reflexive Instanz der politischen feministischen Bewegung zu verstehen, als auch als intellektuelle Weiterführung und Vertiefung einer zunächst politisch geäußerten Kritik.

Ein weiterer wichtiger Punkt, der sich aus diesen Wurzeln ergibt, ist die wechselseitige Beeinflussung von Theorie und Praxis. Zum einen kann die Geschichte der Frauenbewegung bis zum heutigen Tage als Geschichte der Einforderung von Inklusion und Repräsentation bislang ausgeschlossener Positionen erzählt werden. Die Kritik am ehemals weißen, wohlhabenden, heterosexuellen und westlichen Feminismus hat nicht nur innerhalb der praktisch-politischen Bewegung zu einer Verschiebung von Peripherie und Zentrum geführt, sondern auch in der Theorie neue Perspektiven, fachübergreifende Problemstellungen und Debatten eröffnet. Die Einbeziehung sozialer Kategorien wie ‚Rasse', Klasse, sexuelle Identität und globale Situiertheit hat die ehemaligen Frauenstudien zu Geschlechterstudien beziehungsweise Genderstudies werden lassen und weitere Ausdifferenzierungen der Perspektive, wie beispielsweise *Queer Studies*, mit sich gebracht. Diese Ausdifferenzierungen können als Motor der Geschlechterforschung betrachtet werden, sind es doch meist von ihnen hervorgebrachte widerstreitende Positionen, die neue Fragestellungen aufwerfen.

Zum anderen haben die Debatten innerhalb der Geschlechterforschung auch die politische Praxis stark geprägt. Das beste Beispiel ist hier wohl Judith Butlers Veröffentlichung *Gender Trouble* von 1990, die weltweit große Resonanz im Kampf gegen die engmaschige soziale Normierung vergeschlechtlichter Rollen ausgelöst hat. Selbst zwanzig Jahre später stützen sich viele politische Forderungen und Debatten, mögen sie auch noch so unterschiedlich sein, auf Butler oder verstehen sich als mögliche Antwort auf sie.

Auch innerhalb der philosophischen Geschlechterforschung ist mit der Verhältnisbestimmung Zentrum und Peripherie einiges einzufangen. Zu verzeichnen sind hier vor allem zwei Kontroversen: Die eine rankt sich um die Frage nach der Dekonstruierbarkeit der Kategorie Geschlecht, die andere um die philosophische Methodik in Bezug auf die Geschlechterforschung.

Das Spannungsverhältnis zwischen essentialistischen und anti-essentialistischen Positionen findet derzeit, so unsere Beobachtung, kaum mehr Raum, sich in eine produktive Debatte zu verwandeln, weil es mittlerweile beinahe zu einer Selbstverständlichkeit geworden zu sein scheint, dass philosophische Auseinandersetzungen mit Geschlecht eine konstruktivistische, antiessentialistische Position beziehen. Verschleiert wird dadurch allerdings, dass der Konflikt zwischen Materialität und sozialer Konstruiertheit von Geschlecht keineswegs gelöst ist.

Auffällig ist weiterhin aus internationaler Perspektive betrachtet, dass da, wo Geschlechterforschung innerhalb der institutionalisierten Philosophie stattfindet, sie dem allgemeinen Trend folgend zunehmend in analytischer Manier betrieben wird. Die kontinentaleuropäische Tradition prägt zwar nach wie vor stark die nicht an philosophischen Instituten betriebene Theoriebildung, ihr wird aber aus Sicht der etablierten Philosophie eine periphere Rolle zugewiesen.

Ein Anliegen dieses Buches ist es deshalb, unterschiedliche Ansätze miteinander ins Gespräch zu bringen und eine möglichst breite methodologische Zusammenstellung philosophischer geschlechtertheoretischer Ansätze zu präsentieren. Die versammelten Beiträge reichen darum von kritischen Rückblicken auf die noch immer umkämpfte Diskussion um einen angemessenen und produktiven Einbezug der Kategorie Geschlecht sowie der denkerischen Resultate der Genderstudies ins Fach Philosophie über Überlegungen zum Verhältnis der akademischen Institutionen zu den Herausforderungen der an ihnen geübten feministischen Kritik bis hin zu konkreten Vorschlägen zu einzelnen aktuellen Fragestellungen der feministischen Theorie. Sie kommen aus methodisch unterschiedlichsten Blickwinkeln, von der analytischen Philosophie über den Dekonstruktivismus bis hin zur Kritischen Theorie.

Der Band beginnt mit einer Auseinandersetzung mit utopischen Entwürfen. In ihrem Text *Feministische Strategie und Revolution* unterzieht Eva von Redecker das klassische Revolutionskonzept einer feministischen Revision. Sie beschreibt das Dilemma, das sich aus dem Dreischritt von alter Gesellschaft, gewaltförmigem Umbruch mit entsprechenden problematischen Handlungsdispositionen und angestrebter neuer, besserer Gesellschaft ergibt. Mit Rückgriff auf den Fundus feministischer Geschichte, Theorie und Praxis argumentiert sie, dass dem Dilemma nur mit der Aufgabe bestimmter Elemente der klassischen Revolutionsvorstellung begegnet werden kann und stellt diesem ein Modell feministischer Strategie entgegen, das sich für im Hier und Jetzt ansetzende Praktiken ausspricht, die auf radikalen sozialen Wandel abzielen.

Mit der Kritischen Theorie befasst sich Amy Allens Text *Gender, Macht, Vernunft. Feminismus und Kritische Theorie*, der danach fragt, welche Konsequenzen die feministische Vernunftkritik für eine aktuelle Kritische Theorie nach sich ziehen müsste. Angesichts dessen, dass der Vernunftbegriff nicht verzichtbar ist, wie sie in kritischer Auseinandersetzung mit Genevieve Lloyd zeigt, plädiert Allen dafür, dass Kritische Theorie, will sie wirklich kritisch sein, die Vernunftkritik, die von feministischer, queerer, postkolonialer und *critical-race*-theoretischer Seite formuliert wurde, ernst nehmen und ihre eigenen Verstrickungen mit Macht- und Herrschaftsverhältnissen reflektieren muss.

Einen Beitrag zur Gerechtigkeitstheorie leistet Miranda Frickers *Schweigen und institutionelle Vorurteile*. Die Autorin zeigt am Beispiel von kollektivem beziehungsweise institutionellem Rassismus, wie im Ausgang von einer von der feministischen Theorie entwickelten Standpunkt-Theorie auch allgemeine epistemologische und ethische Zusammenhänge neu beleuchtet werden können. Fricker führt den Begriff „testimoniale Ungerechtigkeit" ein, um die Tatsache zu beschreiben, dass bestimmte Menschen in bestimmten Situationen nicht gehört werden, sei es aufgrund ihres Geschlechts, ihrer Hautfarbe oder ihrer sozialen Herkunft, und damit nicht nur in ihrer Eigenschaft als Wissende abgewertet, sondern auch an der Ausübung ihrer politischen Freiheit gehindert werden. Sind doch Bürgerinnen und Bürger nur dann frei, wenn sie in ihrem Versuch, eine ungerechte Behandlung anzufechten, fair angehört werden. Fricker argumentiert, dass nicht nur Individuen, sondern auch öffentliche Institutionen die Tugend testimonialer Gerechtigkeit besitzen sollten.

Auch Mari Mikkola entwickelt in ihrem Beitrag *Der Begriff der Entmenschlichung und seine Rolle in der feministischen Philosophie* einen Vorschlag für die gegenwärtige praktische Philosophie. Die anhaltenden Kontroversen innerhalb der Sex-Gender-Debatte zeigen der Autorin zufolge, dass der feministischen Philosophie ein tragfähiges theoretisches Fundament für die Konzeptualisierung und praktische Durchsetzung feministischer Anliegen fehle. Die Autorin plädiert darum dafür, den Humanismus als Grundlage für den Feminismus stark zu machen; diesen Vorschlag entwickelt sie anhand des Begriffs der „Entmenschlichung", den sie im Rahmen einer Diskussion über Vergewaltigung entwickelt.

Simone Miller diskutiert in *Der Streit um die feministische Utopie, oder: Warum Selbstbestimmung?* die Debatte um die Sex-Gender-Unterscheidung als Streit zwischen Realistinnen und Nominalistinnen um zwei miteinander konkurrierende utopische Fluchtpunkte einer geschlechtergerechten Welt. Sie zeigt, dass die Mann/Frau-Begrifflichkeiten, auf welche die realistische Position das feministische Unternehmen stützt, ein Gerechtigkeitsproblem mit sich bringen. Vor diesem Hintergrund plädiert sie dafür, die nominalistische Position, die für eine strikte Trennung von Sex und Gender eintritt, beizubehalten, sie allerdings in den Dienst des normativen Konzepts „Selbstbestimmung" zu stellen, dessen theoretische wie praktische Vorzüge für feministische Anliegen sie darlegt.

Patricia Purtschert richtet in *Gerechtigkeit herstellen oder gegen Normierung angehen? Nachdenken über zwei feministische Denkstile und ihre epistemische Differenz* das Augenmerk auf die epistemischen Unterschiede zwischen zwei die gegenwärtigen deutschsprachigen feministischen Debatten prägenden Denkstilen, nämlich dem feministischen Gerechtigkeitsdenken einerseits und der feministische Normierungskritik andererseits. Sie analysiert die Gründe für den Dissens zwischen den beiden Positionen und betont den fruchtbaren Beitrag, den beide zu emanzipatorischen Projekten leisten: Erstere, indem sie pragmatisch in die Realität einzugreifen sucht, und letztere, indem sie in einem potenziell infiniten kritischen Gestus die Hinterfragung von Kategorien, Normen und Ausschlüssen am Leben erhält.

Eine Verhältnisbestimmung von Philosophie und Genderstudies unternimmt Susanne Lettow in ihrem Beitrag *Dezentrierung und Kritik. Die Frage nach Geschlechterverhältnissen in der Philosophie*, in dem sie argumentiert, dass nach Geschlechterverhältnissen in der Philosophie zu fragen, bedeutet, im Modus der Kritik die Potenziale philosophischen Denkens in der Gegenwart neu auszuloten. Die Autorin legt dar, wie die Frage nach den Geschlechterverhältnissen eine dezentrierende Kraft auf die Disziplin und Methode der Philosophie ausübt und zeigt in diesem Sinne die Potenziale der drei aktuellen theoretischen Entwicklungen *material turn*, *postcolonial turn* und *interdiscplinary turn* für die feministische Philosophie auf.

Hilge Landweer und Catherine Newmark unternehmen in ihrem Text *Diesseits und jenseits von Gender. Zum problematischen Verhältnis der Philosophie zu Empirie und Lebenswelt* den Versuch, im Durchgang durch einige wichtige Stationen feministischer Theoriebildung die Frage nach dem Verhältnis der Philosophie zu empirischer Forschung und zu lebensweltlicher Erfahrung anhand der Herausforderungen der Genderstudies neu zu beleuchten. Sie plädieren für eine Öffnung des Selbstverständnisses der Philosophie hin zu einer expliziteren Einbeziehung von Empirie und von Fragestellungen, die aus lebensweltlichen Problemen entwickelt werden, sowie für ein ernsthaftes Bemühen um Interdisziplinarität.

Astrid Deuber-Mankowsky stellt in ihrem Text *Philosophie außer sich! Gender, Geschlecht, Queer, Kritik und Sexualität* Überlegungen zum Verhältnis von Peripherie und Zentrum des Faches Philosophie an, beleuchtet den Ausschluss von Frauen aus dem akademischen Denken wie auch aus den akademischen Institutionen und befasst sich mit der Frage, welche Art der Philosophie zu solchen Ausschlüssen führt. Eine Möglichkeit, Philosophie für die Genderstudies fruchtbar zu machen, sieht sie in dem Vorschlag, Gender als „epistemisches Ding" aufzufassen, als ein Ding, dem die Anstrengung des Wissens gilt, dem aber nie eine gesicherte Bedeutung zugeschrieben werden kann, und das darum sowohl als Frage als auch als Resultat eines Forschungsprozesses fruchtbar gemacht werden kann.

Ebenfalls mit dem Verhältnis von Philosophie und Genderstudies befasst sich Herta Nagl-Docekal in ihrem Text *Feministische Philosophie im postfeministischen Kontext*, der zeigt, wie wichtig eine feministische Philosophie auch in einer sich als post-feministisch verstehenden Gesellschaft ist und bleibt. Die Überwindung der Unterprivilegierung von Frauen bedarf der Autorin zufolge einer Philosophie aus feministischer Frageperspektive – nicht als philosophischer Teildisziplin, sondern als disziplinenübergreifender kritischer Methode. Die Autorin demonstriert, dass die Bemühung um Klärung androzentrischer Begriffe und um Aufdeckung impliziter oder undifferenzierter Denkstrukturen nach wie vor unerlässlich ist, will man Aufgaben wie die Analyse der komplexen Bedingungen von Gleichstellung und Chancengleichheit oder die Erschließung alternativer geschlechtergerechter Lebensformen in den Griff bekommen.

Die Aussage, dass Philosophie eine Praxis des Definierens, das heißt auch eine Praxis des Abgrenzens ist, gewinnt im Text *Von Peripherie über Peripherie zum Zentrum. Feministische und transnationale Philosophie* von Sigridur Thorgeirsdottir eine besondere Pointe. In ihrem Beitrag widmet sie sich den Ausgrenzungsmechanismen innerhalb der westlichen philosophischen Fachkultur gegenüber unbequemen und die Voraussetzungen ihres Denkens radikal in Frage stellenden Positionen wie etwa der von Nietzsche. Wichtig für eine lebendige Philosophie sind der Autorin zufolge insbesondere die Perspektiven, die sich von den Rändern aus auf das Zentrum der Philosophie eröffnen. Die Autorin stellt ein isländisches Projekt zum transkulturellen Austausch über Fragen der Geschlechtergleichstellung vor und zeigt, wie durch die Konfrontation mit Sichtweisen aus der vermeintlichen politischen Peripherie neue Einsichten über scheinbare Selbstverständlichkeiten in den westlichen Geschlechterverhältnissen möglich werden, wie dadurch das übliche wissenschaftliche Selbstverständnis hinterfragt wird und neue philosophische Problemstellungen entstehen.

In eine größere historische Perspektive stellt Frieder Otto Wolf in seinem Beitrag *Frauenbewegung und Philosophie: Rückblick auf eine Nicht-Begegnung* die Frage nach den Beziehungen zwischen Philosophie und Feminismus. Er zeigt, dass der Kampf von Frauen um rechtliche Anerkennung im 19. und frühen 20. Jahrhundert jenseits der Philosophie als akademischer Disziplin stattfand, und fragt nach den Gründen für die anfängliche Fremdheit zwischen Frauenbewegung und Philosophie. Er verweist stellvertretend für philosophische Modelle, die letztlich die Herausbildung einer feministischen Philosophie beförderten, auf Kierkegaards und Nietzsches Kritik an Methoden, Lebensferne und Dogmatik der akademischen Philosophie, die in ihren Hauptströmungen stets durch ein affirmatives Verhältnis zu Herrschaft gekennzeichnet war.

Eine exemplarische Analyse des fortgeführten Ausschlusses von Frauen und des Weiterschreibens der Geschlechterdifferenz selbst bei einem für Gender-Fragen explizit offenen Autor wie Jacques Derrida leistet Teresa Orozcos Beitrag *Abstammung, Verwandtschaft, Geschlecht. Jacques Derridas Kritik am phallogozentrischen Begriff des Politischen*. Sie zeigt anhand von Derridas Auseinandersetzung mit Carl Schmitt auf, wie Derrida einerseits den Ausschluss von Frauen kritisiert, aber Geschlecht für seine eigene Theoriebildung letztlich funktionalisiert und damit neu ontologisiert.

In ihrem Beitrag *Subjekt statt Substanz. Entwurf einer gender-sensiblen Anthropologie* konfrontiert schließlich Saskia Wendel die zum Beispiel in der katholischen Kirche immer noch gängige Anthropologie der Geschlechter mit kritischen Gender-Theorien. Mit dem Begriff der Freiheit unternimmt die Autorin den Versuch, einer Anthropologie den Weg zu bereiten, in der die Geschlechterordnung nicht substanzontologisch über die *essentia* zweier komplementärer Geschlechter festgeschrieben wird, sondern in der sie Geschlechtsidentitäten und Lebensführung als frei zu gestaltende begreift.

Dieser Band geht in Teilen zurück auf eine Ringvorlesung, die wir im Sommersemester 2011 am Institut für Philosophie der Freien Universität Berlin organisiert haben. Wir danken dem Präsidium, dem Fachbereich Philosophie und

Geisteswissenschaften, dem Fachbereich Geschichte und Kulturwissenschaften und ihren jeweiligen Frauenbeauftragten sowie der Zentraleinrichtung Frauen- und Geschlechterforschung der Freien Universität für finanzielle Unterstützung. Für Hilfe beim Redigieren danken wir Maria Wirth, für das sorgfältige Lektorat Nina Trcka.

Feministische Strategie und Revolution

EVA VON REDECKER

> „ihr müsst jetzt ganz tapfer sein jungs
> die wahrheit ist den menschen zuzumuten
> also auch der avantgarde was aussteht ist
> die revolutionierung der revolutionäre
> was war das nochmal kommunismus die
> wirkliche bewegung welche den jetzigen
> zustand aufhebt ein zug der einstweilen
> ohne euch abgegangen ist die ihr auf ein
> stählernes dampfross mit einer mächtigen
> harten pleuelstange wartet auf dem eine
> stelle als lokführer vakant ist die
> bedingungen dieser bewegung ergeben sich
> aus der jetzt bestehenden voraussetzung
> einer langsamen karawane in der jede
> reiterin die zügel selbst in der hand
> hält und niemand etwas gegen nachzügler
> und fußtruppen einzuwenden hat adelante"
> FLUGBLATT, DIN A4, PLAKATIERT AN EINER LITFASSSÄULE, DIEFFENBACHSTRASSE, BERLIN-KREUZBERG, GESEHEN 09.04.2011

Laut Wendy Brown befinden sich sowohl die feministische als auch die sozialistische Bewegung *„beyond revolution"*. Allein, je radikaler sich insbesondere die sozialistische Bewegung verstehe, desto unfähiger sei sie oft, diesen Verlust einzugestehen. Verfallen in die von Brown nach Benjamin sogenannte „linke Melancholie", verschanzten sich deren Verfechterinnen[1] mit überkommenen Konzepten vor einer unwillkommenen Realität, einer Realität, die durch eben jenen Verlust eines bestimmten Revolutionsversprechens gekennzeichnet ist.[2] Brown fordert demgegenüber eine intellektuelle Trauerarbeit ein, die sich insbesondere des Begriffs der Revolution annehmen solle. Dies erlaube erst, seinen Gehalt zu sichten; sozusagen das Erbe zu sortieren und zu entscheiden, was aufgegeben werden müsse und worauf sich weiter bauen ließe.[3] Brown selbst verspricht sich als Ergebnis dieser Untersuchung immerhin die Rettung eines utopischen Horizontes, für den es allerdings keinen Mechanismus der Umsetzung mehr gäbe – „to recuperate an utopian imaginary in the absence of a revolutionary mechanism for its realization"[4].

Was ich im Folgenden ausführe, folgt und folgt nicht dieser Inspiration. Wenn einerseits der Verlust eines revolutionären „Mechanismus" bejaht werden soll, so scheint mir das andererseits nicht auszuschließen, weiter nach Möglichkeiten radikaler Transformation, weiter nach Realisierungschancen jenes „utopischen Imaginären" zu fragen. Ich möchte zunächst ein Dilemma herausarbeiten, das der Revolutionsbegriff in seiner klassischen Form nie hat lösen können – nämlich die Frage nach dem tatsächlichen Übergang in den anvisierten Zustand –, und andeuten, wie dieses Problem mit der androzentrischen Logik revolutionärer Imagination verknüpft sein könnte (1.). Dann werde ich mich Konzeptionen von Revolution zuwenden, die dieses Dilemma ernst nehmen und durch Aufgabe bestimmter Elemente des typischen Revolutionsbildes zu lösen versuchen (2.1 und 2.2). Dadurch lande ich schließlich beim eigentlichen Kernanliegen meines Vorhabens, nämlich einer Diskussion derjenigen Strategie von Transformation, die meiner Meinung nach besonders die Frauenbewegung verfolgt hat und die sich dadurch auszeichnet, das Verhältnis von Utopie und Revolution umzukehren (2.3 und 3.).[5]

Zuvor möchte ich mein Projekt mit einer derzeit gängigen feministischen Selbstreflexion kontrastieren, die meiner Einschätzung nach Gefahr läuft, sich in letzter Instanz als eine Art von Wiederholung eben jener linken Melancholie im

---

1 Ich verwende im Folgenden durchgehend die weibliche Funktionsbezeichnung. Damit sollen aber ausdrücklich alle Gender mitgemeint sein (soweit nicht anders spezifiziert).
2 Vgl. Brown 1999.
3 Vgl. Brown 2005: 115.
4 Ebd. 114.
5 Für hilfreiche Kommentare und Kritik zu den verschiedenen Stadien dieses Texts danke ich Bini Adamczak, Aurélie Herbelot, Rahel Jaeggi, Urs Lindner, Dimitri Mader und ganz besonders Christine Kley.

feministischen Gewand zu entpuppen. Angesichts des ungehemmten neoliberalen Durchmarsches – bis in die Krise – haben verschiedene prominente linke Theoretikerinnen eine feministische Selbstkritik unternommen, die die eigene Komplizenschaft mit dem Kapitalismus betrifft. Hester Eisenstein etwa spricht vom „verführten Feminismus", dessen Werte und Praktiken zynisch übernommen und für kapitalistische und imperialistische Ziele eingespannt werden.[6] Auch Nancy Fraser hat kürzlich in der *New Left Review* aufgezählt, wie alle zentralen Strategien feministischer Politik letztendlich Befreiung und *empowerment* für den Kapitalismus bedeuteten.[7] Und die britische sozialistische Feministin Nina Power spricht mit treffender Ironie von dem Eindruck, dass Kapitalismus „*a girls best friend*" wäre: „[...] the hard-working hedonist who can afford to spend her income on vibrators and wine [...] would have us believe that – yes – capitalism is a girl's best friend"[8]. Bei dieser Freundschaft handele es sich, wie wir von Hester Eisenstein lernen, jedoch um eine „*dangerous liaison*", in der die Powerfrau ihre politische Unschuld verliere.[9] Ich teile in gewisser Weise die Ziele dieser Analyse, und zwar insofern ich die Beschränkung auf einen – den feministischen oder *queer*-feministischen – Kampf für unzulänglich halte. Der Versuch, wieder einen systematisch notwendigen Zusammenhang zwischen Feminismus und Antikapitalismus zu propagieren, erscheint mir hingegen gesellschaftstheoretisch unhaltbar. Zeichnet sich in dieser feministischen Selbstkritik nicht eine allzu schuldbewusste Nostalgie für die „*unhappy marriage*" mit dem Marxismus[10] ab? Hat nicht gerade die ‚Emanzipation' aus einem orthodox marxistischen Rahmen der Gesellschaftsanalyse, wie sie von feministischen Theoretikerinnen, die die Eigenlogik des Patriarchats betonten, eingefordert wurde, den Weg für eine Einsicht bereitet, die heute in der kritischen Theorie weitestgehend geteilt wird – nämlich, dass wir es mit einer Pluralität von unterdrückenden Strukturen zu tun haben, die nicht aufeinander zu reduzieren sind?[11] Selbst wo nicht direkt von einem Rückfall hinter diese Einsicht gesprochen werden kann, scheint mir die These vom verführten Feminismus gleichzeitig die eigene Bedeutung zu überschätzen (als hätte erst die Frauenbewegung den Neoliberalismus heraufbeschworen) und herabzusetzen (als wollte man den Feministinnen

---

6 Vgl. Eisenstein 2009.
7 Vgl. Fraser 2009. Zu einer ausführlichen, empirisch fundierten Kritik an Frasers Diagnose vgl. Funk 2012.
8 Power 2009: 21.
9 Vgl. Eisenstein 2005: 487.
10 Vgl. Hartmann 1979.
11 Vgl. Jaeggi 2009.

bzw. sich selbst den Erfolg nicht gönnen; als wäre es besser, frau wäre *back to square one* und so verzweifelt und wütend, dass sie durchweg alles am bestehenden System falsch finden müsste). Eben dies ließe sich als feministisches Äquivalent dessen auffassen, was Wendy Brown in ihrer sozialdiagnostischen Wendung des Freud'schen Melancholiebegriffs als Mischung aus Realitätsverleugnung und Ressentiment beschreibt.[12] Insofern scheint es mir geraten, die Frage nach dem Verhältnis von Feminismus und Revolution noch einmal neu und anders anzugehen. Lassen sich nicht im Rückbezug auf die zweite feministische Welle konstruktive Vorschläge zu radikaler Transformation gewinnen, um so die Erfolge der Frauenbewegung produktiv und nicht suspekt zu machen?

1. EIN VERDRÄNGTES DILEMMA

Der Revolutionsbegriff vereint nicht nur, wie viele Begriffe der kritischen Theorie, eine deskriptive mit einer normativen Dimension, sondern auch eine historische mit einer prognostischen.[13] Wenn Militärstrateginnen, wie man sagt, immer auf die vergangene Schlacht vorbereiten, dann versuchen Revolutionshistorikerinnen meist in der angeblichen Beschreibung des Gewesenen die zukünftige Revolution zu skizzieren. Dabei ist umstritten, was als Revolution zählt und es ist auch nicht selbstverständlich, was es bedeutet, etwas eine Revolution zu nennen. Selbst wenn der anekdotische Höfling 1789 auf Louis XVI' Frage, ob es sich um eine Revolte handele, tatsächlich hellsichtig geantwortet haben sollte „Non, Sire, c'est une révolution", hätte er damit im Sprachgebrauch der Aufklärung zunächst nur gemeint, dass in dem ewigen Auf und Ab der welthistorischen Wechselfälle ein Umschlagpunkt erreicht sei. Diese Bedeutung geht zurück auf den ursprünglich astronomischen Wortgebrauch, in dem die „Revolutionen der Gestirne" ihre immergleichen Umlaufbahnen beschrieben, deren Scheitelpunkte ab der Renaissance mit historischen Extremsituationen analogisiert wurden.[14]

Erst im Rückblick auf die französische und amerikanische Revolution wurde die durch und durch moderne Bedeutung des Begriffs geprägt, die wir heute unweigerlich in jedes „c'est une révolution" hineinlesen, nämlich dass es sich um eine Selbstermächtigung des Volkes oder der Unterdrückten mit dem Ziel einer Neuordnung der Gesellschaft handelt. Revolution ist radikaler sozialer Wandel, nicht eine Veränderung im System der Gesellschaft, sondern der Übergang zu

---

12 Vgl. Brown 1999 sowie Freud 1986: 427ff.
13 Vgl. Dunn: 1989.
14 Vgl. Griewank 1969.

einem neuen.[15] Als Kompasspunkt dieses Neuen dienen meist Utopien von einem anderen und besseren Zustand der Gesellschaft. Revolution wäre also das Mittel zum Zweck, solche utopischen Zustände zu erreichen und zugleich der Übergang selbst, Schiene und Dampfmaschine von Marx' berühmter Lokomotive der Weltgeschichte.[16]

Das imaginierte revolutionäre Szenario, also die Gestalt des Mittels, ist dabei meist martialischer Natur. Revolutionäre Gewalt, so eine andere Marx'sche Formulierung, sei die Geburtshelferin jeder alten Gesellschaft, die mit der neuen schwanger geht. Die Revolution bringt das Neue in die Welt, allerdings, wenn man Marx' Metapher näher beleuchtet, mit einem für ihre Aufgabe ungewöhnlich destruktiven Berufsethos: Schließlich ist es normalerweise nicht die Aufgabe der Hebamme, die Schwangere zu vernichten, um das Kind auf die Welt zu bringen.[17]

Revolutionen sind demnach Ereignisse, Punkte im Prozess der Geschichte, an denen sich das Geschehen unheimlich verdichtet, und sie sind Kämpfe. Klassenkämpfe, Kämpfe ums Brot, Kämpfe um Anerkennung. Der gängigen Vorstellung nach vereint ihr Begriff den normativen Anspruch auf utopische Neuordnung mit dem deskriptiven Szenario eines martialischen Ereignisses.

Mit diesem konzeptuellen Konglomerat handelt man sich verschiedene Schwierigkeiten ein. Ich möchte mich im Folgenden auf ein Problem konzentrieren, das ich das Übergangs- oder Umbruchsdilemma nenne – das Fehlen eines

---

15 Diese provisorische Definition verschiebt das Kriterium allerdings lediglich auf die Frage nach der Novität, denn wie ließe sich wiederum zwischen Veränderungen *im* und Veränderung *zu einem neuen* System unterscheiden? Ohne das an dieser Stelle zufriedenstellend ausführen zu können, würde ich argumentieren, dass auch unter Voraussetzung vielschichtiger Herrschaftsverhältnisse ohne Rückgriff auf eine Vorstellung gesellschaftlicher Totalität eine solche Unterscheidung etabliert werden kann. Wenn man etwa als zentrale gesellschaftliche Herrschaftsverhältnisse diejenigen bestimmt, die auch strukturierend auf die Bereiche anderer Herrschaftsverhältnisse übergreifen (ohne sie dadurch zu determinieren), dann würde bereits die Überwindung einer solchen Dimension von Herrschaft und Unterdrückung die Gestalt der gesamten Gesellschaft so stark verändern, dass von einer neuen Konstellation, nicht nur von einer Variation desselben Musters, gesprochen werden könnte. Salopp ausgedrückt: Nach einer Revolution müsste nicht alles anders und alles besser, aber zumindest das meiste anders und etwas Wichtiges entscheidend besser sein.
16 Vgl. Marx 1960: 85.
17 Vgl. Marx 1962: 779.

plausiblen Bildes des tatsächlichen Übergangs in den meisten Revolutionsverständnissen.

Das prominentere Dilemma ist demgegenüber ohne Frage dasjenige, das man vielleicht als „Ausbruchsdilemma" bezeichnen könnte. Marx meinte in seiner Geschichtsphilosophie und Kapitalanalyse einen Mechanismus aufgedeckt zu haben, der den Eintritt von Revolutionen sicherstellte: Immer wenn die stagnierenden Produktionsverhältnisse die ansteigenden Produktivkräfte zu sehr hemmten, komme es sozusagen zur Explosion und die Verelendung der Arbeiter im Kapitalismus werde sie schließlich zum Existenzkampf gegen das System zwingen. Vom Verlust dieser geschichtsphilosophischen Gewissheit hat sich die Revolutionstheorie gewissermaßen nie recht erholt. Andererseits hat das Ausbleiben der proletarischen Weltrevolution gerade das entscheidende Desiderat, auf das die Kritische Theorie antwortet, gestiftet. Wenn der revolutionäre Klassenkampf die Arbeiterinnen befreien würde, diese aber passiv bleiben, stellt sich die Frage nach den offenbar nicht auf materielle Interessen zu reduzierenden, systemstabilisierenden Gegenkräften – nach der Ideologie.

Ich möchte das Augenmerk aber vorrangig auf ein anderes Dilemma lenken, das sozusagen etwas ‚später' einsetzt, nämlich das Missverhältnis von Anspruch und Strategie der ‚klassischen' Revolutionskonzeption. Die gängige Vorstellung von Revolution, so meine These, kann den Umbruch, den sie beansprucht, nicht plausibel machen. Das Problem lässt sich folgendermaßen umreißen: Einerseits soll die Revolution den Übergang zum neuen, utopischen Zustand schaffen. Andererseits laufen aber die (klassischen) revolutionären Mittel ihren utopischen Werten, Praktiken und Beziehungen gerade zuwider.[18] Dies würde das Bild nur dann nicht widersprüchlich machen, wenn man die Prämisse ergänzen könnte, dass die Akteure ‚nach dem Sieg' kollektiv und kurzfristig in der Lage seien, ihre eingeübten Werte, Praktiken und Beziehungen vollkommen zu ändern. Diese ‚Wunderprämisse' scheint falsch. In einem revolutionären Geschehen ist es eben gerade nicht so, dass man die Macht einfach erobern kann wie ein fremdes Land und sie einem nachher gehört und gehorcht. Was in nahezu allen Revolutionsentwürfen ausgeblendet bleibt, ist die Tatsache, dass einen diese Macht unter der

---

18 Bei der Diskussion der Gewaltfrage verstrickt man sich unweigerlich in Fragen der revolutionären Ethik. Ohne die für unwichtig erklären zu wollen, möchte ich doch von dieser Debatte absehen. Ich denke, dass sie die entscheidere und beunruhigendere Problematik verdeckt. Über die Legitimität der Mittel redet man stets in einem Gedankenspiel das kontrafaktisch voraussetzt, diese Mittel seien die richtigen, seien *überhaupt* die Mittel zum anvisierten Zweck. Gerade das wird hier aber angezweifelt.

Hand verwandelt.[19] Ein an Foucault und der Psychoanalyse geschultes Machtverständnis, das etwa durch das Werk Judith Butlers in der feministischen Philosophie prominent geworden ist,[20] kann dafür sensibilisieren, dass die Praktiken und Diskurse, in denen man sich bewegt, zurückwirken. Subjekte werden durch die Macht, die sie sich zu eigen und zu Nutze machen, geformt. Und subjektivierende Prozesse sind zäh und lassen sich nicht in einem Handstreich neu ausrichten. Dieser Punkt lässt sich übrigens nicht erst mit dem Wissen der Nachgeborenen machen: Während Lenin die gegebene Subjektivität der Proletarier zum Grund (soll man sagen Vorwand?) nimmt, straffe, hierarchische Organisation für notwendig zu erklären,[21] erkennt bereits Rosa Luxemburg, was man sich mit auf diese Weise gerufenen Geistern einhandele, nämlich den „Triumph" der verinnerlichten „Knute" auch über die eigenen revolutionären Ziele.[22]

Die ausgiebige, oft mehr in ästhetischen als in politischen Diskursen geführte Diskussion um den sozialistischen „Neuen Menschen" scheint das Gegenstück zu der explanatorischen Leerstelle im Revolutionsbegriff abzubilden. Sei es das Phantasma der „Neuen Welt" oder des „Neuen Menschen" – beide bedürfen eines Wunders, welches das revolutionäre Geschehen nicht hergibt. Die Vision eines erfolgreichen Aufstands kann verständlich machen, wie man bestimmte Machthaber los wird. Sie ist aber ein völlig unzureichendes Bild dafür, wie es bewerkstelligt werden könnte, die Form der Macht selbst umzuarbeiten, und zwar nicht nur prozedural, im Sinne ihrer demokratischeren Verteilung, sondern in all ihren kapillarförmigen Manifestationen, in Normen, Identitäten, Denkmustern, Praktiken und Beziehungen, in dem gesamten Mikrokosmos, den wir als die subjektivierte Seite von Macht bezeichnen. Woher sonst sollen nach dem Aufstand die Ressourcen stammen, aus traumatisierten Subjekten friedliche, fürsorgliche, freigiebige, solidarische, diskursethisch versierte Bewohnerinnen der Utopie zu zaubern? Wie soll eine eben noch militarisierte Masse aus dem Stegreif zu ganz neuen kollektiven Praktiken in der Lage sein? Die Zuspitzung dieses Dilemmas legt sich besonders nahe, wenn man seiner Gesellschaftsanalyse kein orthodoxes marxistisches Verständnis des ökonomischen „Hauptwiderspruchs" zugrunde legt. Dennoch stünde gemäß der hier vertretenen Auffassung auch eine

---

19 Loick 2012 verschärft diese Diagnose noch dahingehend, dass er jeder – auch der progressiv-revolutionärsten – Etablierung von Souveränität nachweist, eine der modernen Staatlichkeit eingeschriebene und nicht zu legitimierende Gewaltsamkeit zu wiederholen.
20 Vgl. bes. Butler 1997.
21 Vgl. Lenin 1972: 438.
22 Vgl. Luxemburg 1971: 87.

Gesellschaft, die tatsächlich ‚nur' ihre ökonomischen Praktiken ändern müsste, vor dem Dilemma, in neue Formen der Produktion und Kollaboration unzureichend eingeübt zu sein. Mit anderen Worten: Nach der Revolution stellt sich genau dieselbe Frage, die schon zu ihrem Ausbruch bestand – wie kann man aufhören zu wiederholen, wie könnte man das wirklich Neue kreieren? „Revolution" auf klassische Weise verstanden, ist keine Antwort auf diese Frage, sondern nur ihr Aufschub, sie kann das Übergangsdilemma nicht lösen.

Ein so augenfälliger Fehlschluss verlockt dazu, ihn als Symptom zu lesen. Die Hypothese – und jetzt bewegen wir uns weniger auf der Ebene der systematischen Argumentation als auf der Ebene einer Hermeneutik des feministischen Verdachts –, die sich mir beim Lesen revolutionstheoretischer Texte aufgedrängt hat, lautet, dass sich das Umbruchsdilemma unter anderem dadurch so kontinuierlich verdrängen ließ, weil aus den imaginären Revolutionsszenarien stets die Frauen ausgeklammert blieben. Ganz im Gegensatz zur tatsächlichen historischen Präsenz zum Beispiel der Pariser Marktfrauen im Revolutionsgeschehen[23] ist das theoretische revolutionäre Subjekt durch und durch männlich konnotiert, etwa wenn Marx die Arbeiterklasse folgendermaßen einführt: „Aber die Bourgeoisie hat nicht nur die Waffen geschmiedet, die ihr den Tod bringen; sie hat auch die Männer gezeugt, die diese Waffen führen werden – die modernen Arbeiter, die *Proletarier*"[24].

Dieser androzentrische Trick erlaubt nun eine Reihe magischer Effekte. Indem die aufständische Masse zweigeteilt wird, wird die Fantasie ermöglicht, dass zumindest ein Teil das Geschehen unbeschadet überstehen wird. In falscher Analogie zum Territorialkrieg soll in der Revolution von den ausziehenden Kämpfern ein Sieg errungen werden, den die Daheimgebliebenen dann nur noch zu feiern und zu genießen hätten. Aber wo es um Revolution geht, fallen Subjekt und Objekt der Veränderung in eins – nicht eine fremde Bevölkerung wird unterworfen, sondern die eigene umgestaltet. Insofern müsste auch bei einem in zwei Geschlechter gespaltenen revolutionären Subjekt für jedes seiner Teile eine Übergangsgeschichte erzählt werden. Stattdessen werden die ausgeklammerten Frauen aber gänzlich aus dem Blickfeld gerückt. Man braucht für sie dann keine Übergangsgeschichte zu erzählen, vielmehr können sie als hilfreiche Geister immer dann aus der Versenkung geholt werden, wenn im männlichen Hauptstrang des Narrativs Unterstützung nötig ist – Unterstützung genau in dem Unterfangen der Resubjektivierung, das die revolutionären Szenarien nicht leisten können. Solche magischen Effekte finden sich in ganz unterschiedlichen Ent-

---

23 Vgl. Godineau 1998.
24 Marx/Engels 1972: 468. [Herv. i. O.].

würfen. Wenn Marx zum Beispiel in seinem Bericht über die Pariser Kommune zugleich die Möglichkeit des Kommunismus überhaupt demonstrieren will, so stellt er den Szenenwechsel zur Utopie unter anderem dadurch her, dass die Hälfte des Ensembles einfach ausgetauscht wird. Er beschreibt an entscheidenden Textstellen mehrfach, dass alle Kokotten mit der Regierung nach Versailles gegangen seien. Die verbleibenden Pariserinnen indes, so heißt es am Ende des Textes, wären wie die „Weiber des Altertums" geworden[25] – aber die Leserin erfährt nicht, wie dies zu verstehen ist. Und in Fanons beschwörender Phänomenologie des Aufstands gegen die Kolonisatoren in *Die Verdammten dieser Erde* tauchen die Frauen immer dann auf, wenn anders der Übergang zu einer neuen Mobilisierungsstufe nicht erklärt werden kann. Sie singen den Kindern Lieder von den gefallenen Kriegern vor, um den revolutionären Funken zu schüren, und sie applaudieren, wenn die ersten Krieger endlich zu den Maschinengewehren greifen.[26]

Entgegen solchen Imaginationen von Revolution gilt es, auf die Gleichzeitigkeit von revolutionärem Subjekt und Objekt zu setzen. Diejenigen, die verändern wollen, sind selbst ein Teil dessen, was verändert werden muss. Eine plausible Vorstellung von Transformation muss dem Rechnung tragen, anstatt zu hoffen, hinter den Kulissen das Personal austauschen zu können.

2. Umgangsweisen mit dem Dilemma

2.1 Destruktiv-anarchistisch

Selbstverständlich gibt es auch Konzeptionen von Revolution, die das, was ich hier Übergangsdilemma genannt habe, nicht verdrängen. Eine erste solche Option besteht darin, das Paradox, das aus der Beharrlichkeit bestehender Subjektivierungsweisen entsteht, noch zu bekräftigen und derart zuzuspitzen, dass eine *Tabula-rasa*-Forderung entsteht. Da aus den bestehenden Mustern nicht auszubrechen ist, müssten sie restlos zerstört werden, bevor überhaupt an etwas Neues gedacht werden könne. Ich nenne diese Position die destruktiv-anarchistische. Als ihr paradigmatischer Ausdruck ließe sich der Text „Die Prinzipien der Revolution" anführen, der vermutlich dem jungen Bakunin zuzuschreiben ist:

---

25 Vgl. Marx 1973: 349.
26 Vgl. Fanon 1981: 98f.

„Die jetzige Generation muß alles Bestehende ohne Unterschied blindlings zerstören [...]. Und da die jetzige Generation selbst unter dem Einfluß jener verabscheuungswürdigen Lebensbedingungen stand, welche sie jetzt zu zerstören hat, so darf der Aufbau nicht ihre Sache sein, [sondern] die Sache jener reinen Kräfte, die in den Tagen der Erneuerung entstehen. Die Abscheulichkeiten der zeitgenössischen Zivilisation, in der wir aufgewachsen [sind], haben uns der Fähigkeit beraubt, das Paradiesgebäude des zukünftigen Lebens aufzurichten, von dem wir nur eine nebelhafte Vorstellung haben können, indem wir uns das dem bestehenden ekelhaften Zeug Entgegengesetzte denken! [...] Für Leute der bereits begonnenen praktischen Revolutionssache halten wir jegliche Betrachtungen über diese nebelhafte Zukunft für verbrecherisch, da sie nur der Sache der Zerstörung als solcher hinderlich sind, den Gang des Anfanges der Revolution aufhalten, dadurch also ihr Ende in die Ferne rücken."[27]

Hier wird also der Ausbruch der Revolution dezidiert vom Übergang zum Neuen getrennt und allen, die mit dem Alten in Berührung waren, verboten, auch nur über die Neuordnung nachzudenken. Woher dann aber „jene reinen Kräfte, die in den Tagen der Erneuerung entstehen", stammen sollen, bleibt wiederum völlig im Dunkeln.

In ihrem Buch über Lenins Leiche nähert sich die kommunistische Denkerin Bini Adamczak ebenfalls dem Problem des unmöglichen Übergangs, allerdings mit einer wichtigen zusätzlichen Differenzierung: Nicht nur die „Abscheulichkeiten der zeitgenössischen Zivilisation", sondern auch die Abscheulichkeiten der Revolution selbst machten die „jetzige Generation" zukunftsuntauglich. In einer stilisierten Gegenüberstellung von Kronstädterinnen und Leninistinnen führt Adamczak in brillianter Dialektik das Dilemma vor Augen, das dadurch entstehe, dass erstere, wenn sie siegreich sein wollten, sich selber leninistischer Mittel bedienen müssten. Dies führe aber nicht nur zum Verrat an den eigenen Idealen, sondern gerade wieder zur Perpetuierung der eigentlich zu überwindenden, in Adamczaks Bild „gewaltinfizierten", Zustände:

„Aber müssten sie, die sich gegen den Leninismus wendend zu Leninistinnen werden, sich nicht gegen sich selbst wenden? Hätten sie, die sie gegen die Gewalt die Gewalt aufrufen, den Ruf zur Gewalt nicht gegen sich selbst zu richten? Weil der Körper, den es zum Zuschlagen braucht (und die Lust, die das Zuschlagen in diesem erzeugt), sich nicht einfach wie ein aus der Mode gekommenes Kleidungsstück wieder ablegen lässt, nachdem er einmal antrainiert wurde. Hätten sie nicht im Voraus den irreversiblen Transformationen Rechnung zu tragen, zu denen sie die Konterrevolution nötigt? Eine vorauseilende Vor-

---

27 Bakunin 1977: 360.

sorge, antizipative Institution, eine Versicherung gegen die Zukunft [...]? Wie in den Zombiefilmen hätten die Revolutionäre ihren Nachwuchs zu bewaffnen, mit der Aufforderung, sie zu erschießen, wenn der Verwandlungsprozess beginnt, der Virus der Gewalt zu wirken anfängt. Und wie die Helden dieser Filme würden die nachkommenden Revolutionäre die Waffe gegen ihre Vorgängerinnen wenden, würden, von ihren Opfern ermuntert, mit Tränen in den Augen, aber mit Einsicht in die Notwendigkeit, den Abzug betätigen. Die Konterkonterkonterrevolution. Nicht ihre Kinder, ihre Eltern hätte die Revolution fressen müssen."[28]

Selbst diese fantastische und brachiale Lösung ist aber keine – die „Versicherung gegen die Zukunft" würde sich rekursiv fortpflanzen. Diese Kinder wären, um im Bild zu bleiben, nach dem Mord an ihren Eltern selbst vom Virus der Gewalt erfasst. Somit zeigt die destruktiv-anarchistische Position sehr plakativ, dass, wenn man an einer Vorstellung von Revolution als Krieg und Ereignis festhält, kein Weg aus dem Dilemma führt. Der entscheidende Punkt wird indes auch deutlich, wenn man die Infektionsmetaphorik abschwächt. Das Übergangsdilemma stellt sich nicht erst dann, wenn tatsächlich alle revolutionären Gewalttäterinnen und -opfer in einer ausweglosen Spirale der Wiederholung gefangen blieben (was vielleicht nicht einmal ein unrealistisches Bild traumatischer Übertragungsprozesse wäre, wenn auch ein düsteres). Nicht erst die Perpetuierung der Gewalt ließe die Revolution scheitern, sondern bereits die Tatsache, dass ihr Ablauf keinen Ort lässt, an dem neue, vormals utopische Praktiken Raum greifen können. Ersteres Scheitern könnte man vielleicht als das „tragische" Scheitern bezeichnen, dem Adamczak in ihrer Studie über die Russische Oktoberrevolution nachgeht, letzteres als das „dilemmatische", das lediglich in einem Verschieben des ausbleibenden revolutionären Ziels besteht.

2.2 Affirmation des Wunders

Eine alternative Position, die auf das Umbruchsdilemma antwortet, würde ich so umschreiben, dass sie auf eine „Affirmation des Wunders" hinausläuft. Als „Wunderprämisse" hatte ich eingangs etwas polemisch die Vorstellung bezeichnet, ‚alles' könne auf einen Schlag anders werden, es gäbe eine Möglichkeit, dass das Neue ‚plötzlich' eintrete. Mithin könnte man sich überlegen, ob nicht doch Szenarien denkbar wären, die ein solches Wunder begünstigen und die Prämisse rehabilitieren würden. Solche Überlegungen finden wir bei Hannah Arendt und Rosa Luxemburg ausgeführt, die das Neue retten, indem sie es be-

---

28 Adamczak 2007: 148.

reits im revolutionären Geschehen selbst ansiedeln. Wenn, dann tritt die Utopie nicht nachher ein, sondern geschieht dabei. Dazu geben beide weitgehend den Kriegsaspekt des revolutionären Szenarios auf, halten aber an dessen Ereignischarakter fest. Für Arendt und Luxemburg passiert im revolutionären Moment viel mehr als ein Erobern der Macht, nämlich eine Umformung und Neuschöpfung des Kollektivsubjekts.

Luxemburg geht davon aus, dass in der revolutionären Organisation hochgradig verdichtete Lernprozesse ablaufen können, die sich selbst regulieren. Das, was ihr am Leninismus so schlimm erscheint, ist eben nicht, dass kommandiert und Blut vergossen wird, sondern dass in der vorgegebenen Organisation der Raum eingenommen wird, in dem eine freie Selbstorganisation hätte stattfinden können. Die „Spontaneität der Massen" besteht in deren Fähigkeit, quasi augenblicklich eine wirklich neue politische Form anzunehmen. So muss auch kein Jenseits der Revolution mehr angestrebt werden, sondern nur deren Permanenz, in der sich die Reorganisation erhielte.[29] Arendt charakterisiert die revolutionäre Organisationsform konkreter und kann sie mit ihrer komplexen Theorie des Handelns in Verbindung setzen. In den Rätebildungen, zu denen es spontan in nahezu allen Revolutionen kam, sieht Arendt die ideale politische Form und, wie sie es nennt, den „Geist der Revolution" verwirklicht.[30]. In diesen Momenten und in diesen Gremien wird wahre Politik in Arendts starkem, nahezu utopischen Sinne des Begriffs gemacht. Dennoch ist gerade Arendts Darstellung der revolutionären Tradition von der Erkenntnis getrübt, dass die von ihr herauspräparierte Form sich nie hat erhalten können, dass sie die Anfangsphase von Revolutionen nie überdauert und bislang keine angemessene Institutionalisierung hat finden können.[31] Der Geist der Revolution hat keine bleibende Heimstätte in der Welt, denn wenn die Utopie ins revolutionäre Geschehen verlegt wird, erlischt sie auch mit dessen Abklingen. Das neue Dilemma, das sich der emphatischen Theorie des revolutionären Handelns somit stellt, ist das der Stabilisierung.[32]

---

29 Vgl. Luxemburg 1977.
30 Vgl. Arendt 1963: 277.
31 Vgl. ebd. 260.
32 Das Dilemma vertieft sich dramatisch, wenn man von einer Situation ausgeht, in der Bürgerkrieg und Konterrevolution den Raum für spontane freiheitliche Organisation schließen.

2.3 Feministische Strategie

Das dritte Modell, dem ich mich jetzt ausführlicher zuwenden möchte, gibt nicht nur das martialische, sondern auch das ereignishafte Moment des Revolutionsbegriffs auf. Wenn die Spontanitätstheorien das Bild des Krieges haben fallen lassen, um im revolutionären Geschehen selbst bereits die Realisierung utopischer Formen unterbringen zu können, so wird hier auch die Vorstellung von radikaler Transformation als singulärem Ereignis verabschiedet. Emblematisch für diese Strategie ist das folgende Zitat, das aus einer 1970 verfassten Schrift von Francis Beal, einer Pionierin des schwarzen Feminismus in den USA, stammt:

„We must begin to understand that a revolution entails not only the willingness to lay our lives on the firing line and get killed. In some ways, this is an easy commitment to make. To die for the revolution is a one-shot deal; to live for the revolution means taking on the more difficult commitment of changing our day-to-day life patterns."[33]

Alle drei Aspekte einer feministischen revolutionären Strategie tauchen hier auf: die Verabschiedung sowohl vom Bild des singulären Ereignisses als auch von der martialischen Taktik ebenso wie die neue Betonung der progressiven Verwirklichung utopischer Momente im alltäglichen Leben: „für die Revolution zu leben".

Da diese Konzeption das andere Extrem gegenüber der destruktiv-anarchistischen Annahme darstellt, dass erst alles Alte und gar noch die Zerstörer des Alten selbst zerstört sein müssten, ließe sie sich im Anschluss an Denker wie Etienne de la Boethie oder Peter Kropotkin auch als konstruktiv-anarchistisch bezeichnen. Innerhalb der anarchistischen Tradition wird sie in Reinform vor allem von dem deutsch-jüdischen Journalisten und Schriftsteller Gustav Landauer vertreten, in dessen Aufrufen zur Gründung sozialistischer Siedlungen es zum Beispiel heißt:

„Man hat euch gesagt, die sozialistische Gesellschaft könne erst in einem unbestimmten, fernliegenden Zeitpunkt an die Stelle der Ausbeutung, der Proletarisierung, des Kapitalismus treten. Man hat euch auf die Entwicklung verwiesen. Wir sagen: Der Sozialismus kommt gar nicht, wenn ihr ihn nicht schafft. Es leben welche unter euch, die sagen: Erst muß die Revolution kommen, dann kann der Sozialismus beginnen […]. Wir sagen: Umgekehrt wird ein Schuh daraus! Wir warten nicht auf die Revolution, damit dann Sozia-

---

33 Zit. nach Springer 2005: 1.

lismus beginne, sondern wir fangen an, den Sozialismus zur Wirklichkeit zu machen, damit dadurch der große Umschwung komme!³⁴"

Der Sozialwissenschaftler Erik Olin Wright, ein analytischer Marxist, fasst diese Form des Wandels in seiner Typisierung sozialer Transformation als „*interstitial change*".³⁵ Das englische „*interstitial*" ist deshalb so treffend, weil es sowohl „in den Zwischenräumen stattfindend" als auch „Zwischenräume eröffnend" bedeutet. Wright selbst stellt die Verbindung zur anarchistischen Tradition her, nicht aber die meiner Ansicht nach weiter reichende und aufschlussreichere Parallele zur Strategie der Neuen Frauenbewegung.³⁶

Deren Formierung in der Neuen Linken Ende der sechziger Jahre lässt sich bekanntlich als die Aufkündigung eines stillschweigenden Abkommens mit den sozialistischen Genossen beschreiben, dass es Befreiung erst nach der Revolution geben könne. Normalerweise wird diese Spaltung der Strategien mit dem Streit um die priorisierten inhaltlichen Ziele in eins gesetzt, aber ich glaube, dass es sich lohnen würde, beide Ebenen gesondert zu diskutieren. In ihrer Rede vor der Delegiertenkonferenz des SDS 1968 formuliert Helke Sander, eine der Delegierten der Berliner Freien Universität, die Position des „Aktionsrats zur Befreiung der Frauen" folgendermaßen:

> „... wir können die gesellschaftliche unterdrückung der frauen nicht individuell lösen. wir können damit nicht auf zeiten nach der revolution warten [...] wir wollen versuchen, schon innerhalb der bestehenden gesellschaft modelle einer utopischen gesellschaft zu entwickeln. in dieser gegengesellschaft müssen aber unsere eigenen bedürfnisse endlich einen platz finden".³⁷

Liest man dieses Plädoyer auf die zugrunde liegende Konzeption sozialer Transformation hin, so lässt sie sich auch als eine Neubestimmung des Verhältnisses von Utopie und Revolution beschreiben. Anstatt auf die Revolution zu warten, sollen „Modelle einer utopischen Gesellschaft" bereits in der Gegenwart entwickelt werden. Die Revolution ist nicht mehr Mittel zum Zweck der Utopie-

---

34 Landauer 1924: 92.
35 In Abgrenzung zu „*ruptural change*", was ungefähr dem klassischen Revolutionsbegriff als umfassendem, ereignishaftem Systemwechsel entspricht und „*symbiotic change*", dem Wandel über Reformen, die auch im Sinne des bestehenden Systems wären (vgl. Wright 2010: 303).
36 Vgl. Wright 2010: 324.
37 Zit. nach Lenz 2008: 61f.

Verwirklichung, sondern letztere wird stückweise, provisorisch und auf eigene Faust begonnen. Über Browns eingangs erwähnte Vision der Rückeroberung utopischer Horizonte hinaus bleiben diese aber nicht imaginär, sondern sind handlungsleitend. Es wird nicht auf die Zerstörung, sondern auf die unmittelbare Umsetzung und Verwirklichung des Neuen in den Lücken und Randgebieten des bestehenden Systems gesetzt. Veränderung geschieht so über einen längeren Zeitraum, von verschiedenen Ausgangspunkten her, polymorph und vielstimmig. „Die" Revolution wäre nicht Ursprung, sondern Effekt einer Kumulation von diversen erfolgreichen utopischen Vorgriffen.

Es ist verlockend, diesen Gedanken der Umkehrung von Revolution und Utopie, Weg und Ziel der Revolution zu komplettieren, indem das ‚alte' martialische und ereignishafte revolutionäre Bild jetzt im Sinne des motivierenden, aber nicht realisierten „utopischen" Moments des Feminismus gedeutet würde. Obwohl hier fraglos der Reiz des Gedankenspiels die Ernsthaftigkeit der These überwiegt, ließe sich dieser Befund am Beispiel von Monique Wittigs experimentellem Romans *Les Guérillères* illustrieren.[38] Wittig besingt darin eine erfolgreich von Amazonen eroberte, geschlechter-jenseitige Welt und präsentiert die Phantasie einer mit Waffen in Entscheidungsschlachten ausgetragenen Revolution:

„Ihre Truppen rücken vor, sie marschieren Tag und Nacht. Sie sagen, wohin das Feuer tragen, an welches Stück Erde Brand legen, welchen Mord begehen? Sie sagen, nein, ich werde mich nicht hinlegen, ich werde meinen müden Körper nicht ruhen lassen, bevor diese Erde, mit der ich so oft verglichen worden bin, von Grund auf aufgewühlt, auf ewig unfähig sein wird, Früchte zu tragen."[39]

Der poetische und martialische Text bildet aber gerade nicht die Strategie der tatsächlichen Frauenbewegung ab, sondern kann in ihrem Rahmen als eine Art ermächtigende Phantasie verstanden werden. „Revolution" im gängigen Sinne ist hier zu einer Utopie geworden.

Die unmittelbare, lokale Arbeit an utopischen Praktiken hingegen macht die tatsächliche Strategie feministischer Politik aus. Bei diesem Transformationsmodell von Revolution zu sprechen, hieße den Revolutionsbegriff auf zweierlei Weise zu dehnen: So, dass er mehr abdeckt, aber auch so, dass damit ein länge-

---

38 Damit lese ich Wittigs Roman allerdings stärker als Fiktion als Linda Zerilli es in ihrer faszinierenden Deutung tut, die *Les Guérillères* direkt als Beispiel feministischer Freiheitsstiftung und Vergemeinschaftung rezipiert (vgl. Zerilli 2011: 99ff.).
39 Wittig 1980: 130.

rer Zeitraum, ein Prozess und nicht nur ein Ereignis gemeint sein kann. Dies entspräche einem Anspruch, mit dem der Feminismus 1966 vehement die Bühne betreten hat. Juliet Mitchell betitelte ihren epochemachenden *Left-Review*-Aufsatz, in dem sie analysiert, dass in den Bereichen der Produktion, der Reproduktion, der Sexualität und der Sozialisation gleichermaßen einschneidende Veränderungen stattfinden müssten, um die Befreiung der Frauen zu ermöglichen, schlicht: „*Women. The longest revolution*"[40]. Diese Ausdehnung scheint nun tatsächlich das eingangs betonte Dilemma des klassischen Revolutionsbegriffs einhegen zu können. Indem nämlich die Grenze zwischen Revolution und Utopie aufgehoben wird, löst sich auch das Problem des unmöglichen Übergangs. Um den Preis einer größeren Dauer ist es die Utopie selbst, an deren progressiver Realisierung sich die Transformation bemisst, und es treten keine revolutionären Szenarien dazwischen, deren Normen und Praktiken die Akteurinnen noch zusätzlich in die falsche Richtung subjektivieren.

Gerade in der Ungleichzeitigkeit eines ausgedehnten revolutionären Prozesses bilden sich Enklaven, in denen utopische Normen eingeübt und verfestigt werden können. „Das Neue", das heißt die von utopischen Normen geleiteten Praktiken und Beziehungsweisen,[41] könnte sich somit im erfolgreichen Falle in den Nischen und Zwischenräumen soweit vervielfältigen, dass sich entlang der einstmals marginalen Verbindungslinien der Verlauf der neuen Strukturen anbahnt.[42]

---

40 Mitchell 1966.
41 Ich übernehme diesen Begriff, ohne an dieser Stelle allen seinen Facetten gerecht zu werden, von Bini Adamczak.
42 Ich setze hier voraus, dass der vorausgreifende Wandel „im Kleinen" gelingen kann und nicht ebenfalls stets an einem „Übergangsdilemma" im Kleinen scheitert. Um diesen an der Frauenbewegung geschulten Optimismus sozialtheoretisch zu fundieren, scheint es mir vielversprechend, performativitätstheoretisch zu argumentieren: Wenn Macht in der routinierten Normwiederholung besteht, Wiederholungen aber ohnehin nie ganz identisch sind, dann besteht zumindest die Möglichkeit zu anderen Wiederholungen, die sich resignifizierend gegen die Ausgangsnorm wenden können. Zur ausführlicheren Rekonstruktion dieses Butler'schen Theorems vgl. Redecker 2011: 93ff.

3. Die Frage nach der Reichweite

Gegen das hier propagierte Modell von Transformation lassen sich zwei Einwände erheben. Der erste wäre der Reformismus-Vorwurf. Warum überhaupt noch von Revolution sprechen, wenn das anvisierte Modell eher einer Evolution von Reförmchen gleicht?

Dem kann entgegengehalten werden, dass sich der Unterschied zwischen Reform und Revolution nicht daran entscheiden sollte, wieviel Zeit sie jeweils in Anspruch nehmen. Das Kriterium muss vielmehr sein, ob der Horizont der Veränderung die gesamte Gesellschaft oder nur einen kleinen Teilbereich umfasst. Ein Bild wie das von Neuraths Boot, das auf hoher See nur Stück für Stück repariert werden kann, könnte nur dann keinen umfassenden Wandel mehr repräsentieren, wenn man sich entscheiden sollte, unaufhörlich bloß die Planken am Heck auszutauschen und den Rest nicht anzurühren. Zudem wäre es nur konsequent in einer Situation, in der theoretisch die Gleichursprünglichkeit verschiedener Herrschaftsachsen anerkannt wird, den Revolutionsbegriff, wenn man ihn denn nicht ganz verabschieden will, dahingehend zu öffnen, dass man ihn in optimistischem Vorgriff bei erfolgreicher Überwindung jedweden weitreichenden Unterdrückungsverhältnisses verwenden kann – und nicht, wie im Alltagssprachgebrauch üblich, großzügig Staatsstreichen und Änderungen des Wirtschaftssystems zuspricht, dem Wandel von Geschlechterverhältnissen aber vorenthält. Ein wichtiger Anhaltspunkt für die Unterscheidung von partiellem und radikalem Wandel scheint mir auch darin zu liegen, ob die Forderungen und Begründungen, die beim Überwinden von partiellen Ungerechtigkeiten erhoben werden, sich explizit auf diesen Teilbereich beschränken oder ihrem Anspruch nach übertragbar sind und ausgeweitet werden können.

So, wie der Reformismus als Kampfbegriff in der deutschen Sozialdemokratie des ausgehenden 19. Jahrhunderts verwendet wurde, fiele er zudem in der bereits erwähnten Typisierung sozialen Wandels nicht mit der Art des Wandels zusammen, die in Zwischenräumen stattfindet und neue Räume eröffnet, sondern mit dem „symbiotischen" Wandel[43], das heißt mit einem, der mithilfe der zentralen gesellschaftlichen Institutionen (im Fall des sozialdemokratischen Reformismus mit dem Parlament) zu operieren gedenkt und nicht außerhalb derer im Vorgriff auf eine utopische Zukunft alternative Strukturen zu verwirklichen suchte.

Wenn also die fruchtbarere Unterscheidung die zwischen radikalem und partiellem Wandel wäre, bleibt trotzdem eine zweite und schwerwiegendere Frage

---

43 Vgl. Wright 2010: 337.

bestehen: Ist eine Struktur wie das kapitalistische Wirtschaftssystem überhaupt so beschaffen, dass man es, wie anscheinend das Patriarchat und Geschlechterrollen, durch lokale Subversionen und Alternativen tiefgreifend verändern kann? Kumulieren sich auf diesem Gebiet die in der bestehenden Gesellschaft verwirklichten Utopie-Fragmente jemals zu einem Prozess radikalen Wandels? Eine Theorie radikalen sozialen Wandels, deren Ausgangspunkt gerade das Anerkennen eines Verlusts von geschichtsphilosophischen Gewissheiten darstellt, kann selbstverständlich keine Garantien auf die Revolution mehr geben. Solche vermeintlichen Garantien, so lautet die anfängliche Diagnose, haben auf fatale Weise dazu beigetragen, dass sich, im androzentrischen oder materialistisch-teleologischen Gewand, die Frage nach dem tatsächlichen Übergang, nach der Entstehung des utopischen Neuen in der Revolution hat verdrängen lassen. Wenn nun also mit der vor-revolutionären Einübung utopischer Praktiken ein Vorschlag vorliegt, das Übergangsdilemma zu entschärfen, muss natürlich geklärt werden, ob diese Arbeit „in den Zwischenräumen" jemals hinreichend sein könnte, um radikalen Wandel nach sich zu ziehen. Diese Frage entscheidet sich letztlich am Strukturbegriff. Ich verstehe auch Wirtschaftsweisen und Produktionsverhältnisse nicht in dem Sinne als Makrostrukturen, dass sie von ihren lokalen Instantiierungen losgelöst, gegen deren Variationen ‚immun' wären (in diese Richtung argumentieren auch Gibson-Graham 1996). Die Herausbildung der kapitalistischen Wirtschaftsordnung selbst ließe sich schließlich als Prozess eines Wandels in den Zwischenräumen und durch sie rekonstruieren. Hinzu kommt aber einschränkend, dass das hier propagierte Transformationsmodell ohnehin keine Exklusivität beansprucht. Die Lösung soll nicht einfach „Prozess statt Aufstand" heißen. Es ließe sich durchaus eine Wechselwirkung verschiedener Modi und Tempi von Revolution vorstellen. Die Pointe einer Verflechtung klassischer Revolutionsszenarien mit einer progressiven Verwirklichung von Utopien im Kleinen wäre, dass, je weiter letztere ausgebaut werden, desto geringer die Gefahr für erstere ist, am Umbruchsdilemma zu scheitern. Wenn wenigstens schon ein Teil des Neuen an Ort und Stelle ist, dann braucht man sich weniger um dessen magische postrevolutionäre Entstehung zu sorgen. Revolution als Krieg und Ereignis wird ein sehr viel weniger paradoxer Begriff, wenn ihre Aufgabe ist, die schon bestehenden Utopien zu verteidigen, anstatt im Nebel der Zukunft liegende Gesellschaftsentwürfe zu realisieren. Entscheidend war mir nur, vor Augen zu führen, dass die drastischsten Szenarien des Wandels keineswegs dessen radikalste Momente darstellen und dass der Verlust eines bestimmten revolutionären Mechanismus auch so gesehen werden kann, dass er Utopien zu Mitteln der Transformation macht und nicht jegliche Transformation „utopisch".

LITERATUR

Adamczak, Bini (2007): *Gestern Morgen. Über die Einsamkeit kommunistischer Gespenster und die Rekonstruktion der Zukunft*, Münster.

Arendt, Hannah (1963): *Über die Revolution*, München.

Bakunin, Michael (1977): *Sozial-Politischer Briefwechsel mit Alexander Iw. Herzen und Ogarjow*, Berlin.

Butler, Judith (1997): *The Psychic Life of Power. Theories in Subjection*, Stanford.

Brown, Wendy (1999): Resisting Left Melancholy, in: *boundary* 2 26. 1999 (3), S. 19-27.

Dies. (2005): Feminism Unbound: Revolution, Mourning, Politics, in: dies., *Edgework*, New Jersey, S. 98-136.

Dunn, John (1989): Revolution, in: Terence Ball/James Farr/Russell L. Hanson (Hg.), *Political Innovation and Conceptual Change*, Cambridge, S. 333-356.

Eisenstein, Hester (2009): *Feminism Seduced: How Global Elites Use Women's Labor and Ideas to Exploit the World*, Boulder.

Dies. (2005): A Dangerous Liaison? Feminism and Corporate Globalization, in: *Science and Society* 69 (3), S. 487-518.

Fanon, Frantz (1981): *Die Verdammten dieser Erde*, Frankfurt a. M.

Fraser, Nancy (2009): Feminism, Capitalism and the Cunning of History, in: *New Left Review* 56 (März/April), S. 97-117.

Freud, Sigmund (1986): Drei Abhandlungen zur Sexualtheorie, in: ders., *Werke aus den Jahren 1904-1905 (= Gesammelte Werke, Band 5)*, hrsg. v. Anna Freud, Frankfurt a. M., S. 27-146.

Gibson-Graham, J. K. (1996): *The End of Capitalism (as we knew it). A Feminist Critique of Political Economy*, Minneapolis.

Godineau, Dominique (1998): *The Women of Paris and Their French Revolution*, Berkeley.

Griewank, Karl (1969): *Der neuzeitliche Revolutionsbegriff: Entstehung und Entwicklung*, Frankfurt a. M.

Hartmann, Heidi (1979): The Unhappy Marriage of Marxism and Feminism: Towards a more Progressive Union, in: *Capital & Class* 3 (Summer), S. 1-33.

Jaeggi, Rahel (2009): Was ist Ideologiekritik?, in: Rahel Jaeggi/Tilo Wesche (Hg.), *Was ist Kritik?*, Frankfurt a. M., S. 266-295.

Landauer, Gustav (1924): *Beginnen. Aufsätze über Sozialismus*, hrsg. v. Martin Buber, Köln.

Lenin, Vladimir I. (1972): Staat und Revolution, in: ders., *Werke*, Band 25, Berlin, S. 393-507.

Lenz, Ilse (Hg) (2008). *Die neue Frauenbewegung in Deutschland. Abschied vom kleinen Unterschied. Eine Quellensammlung*, Wiesbaden.

Loick, Daniel (2012): *Kritik der Souveränität*, Frankfurt a. M.

Luxemburg, Rosa (1971): *Schriften zur Theorie der Spontaneität*, hrsg. v. Susanne Hillmann, Reinbek bei Hamburg.

Marx, Karl (1960): Die Klassenkämpfe in Frankreich, in: Karl Marx/Friedrich Engels, *Werke*, Band 7, Berlin. S. 9-107.

Ders. (1962): Das Kapital, Band 1, in: Karl Marx/Friedrich Engels, *Werke*, Band 23, Berlin, S. 11-802.

Ders. (1973): Der Bürgerkrieg in Frankreich, in: Karl Marx/Friedrich Engels, *Werke*, Band 17, Berlin, S. 313-365.

Marx, Karl/Engels, Friedrich (1972): Das Manifest der kommunistischen Partei, in: dies., *Werke*, Band 4, Berlin. S. 459-493.

Mitchell, Juliet (1966): Women: The longest revolution, in: *New Left Review* 1/40 (November/Dezember), S. 11-37.

Power, Nina (2009): *One-Dimensional Woman*, Winchester.

Redecker, Eva von (2011): *Zur Aktualität von Judith Butler*, Wiesbaden.

Springer, Kimberly (2005): *Living for the Revolution. Black Feminist Organizations 1968-1980*, Durham.

Wittig, Monique (1980): *Les Guérillères. Die Verschwörung der Balkis*, München.

Wright, Erik Olin (2010): *Envisioning Real Utopias*, London.

Zerilli, Linda (2011): *Feminismus und der Abgrund der Freiheit*, Wien.

ONLINE-QUELLEN

Funk, Nanette (2012): Contra Fraser on Feminism and Neoliberalism, in: *Hypatia* (Online-Vorschau seit 03. 01. 2012) siehe: http://onlinelibrary.wiley.com/doi/10.1111/j1527-2001.2011.01259.x/abstract vom 27.07.2012.

Gender, Macht, Vernunft
Feminismus und Kritische Theorie[*]

AMY ALLEN

Den Ausgangspunkt des hier vorliegenden Textes stellt meine Auseinandersetzung mit Gender, Macht, Vernunft und Kritischer Theorie in meinem letzten Buch *The Politics of Our Selves* dar, in dem ich den Zusammenhang von Macht, Autonomie und Gender in der gegenwärtigen Kritischen Theorie untersuche.[1] Dabei stütze ich mich auf die Überlegungen von so unterschiedlichen Theoretikerinnen und Theoretikern wie Michel Foucault und Judith Butler einerseits und Jürgen Habermas und Seyla Benhabib andererseits, deren Arbeiten – so die häufige Annahme – eigentlich in entgegengesetzten oder konkurrierenden theoretischen Feldern zu verorten sind. Vor diesem Hintergrund ging es mir in meinem Buch unter anderem darum, mich mit der feministischen und habermasianischen (und in einigen Fällen habermasianisch-feministischen) Standardkritik an Foucault auseinanderzusetzen, in der Foucault vorgeworfen wird, ein Anti-Aufklärer oder anti-moderner Denker zu sein, der die Möglichkeit von Subjektivität, Handlungsfähigkeit und Autonomie leugne, die jedoch gerade die zentralen Bezugspunkte von feministischer wie Kritischer Theorie darstellen. In *The Politics of Our Selves* bin ich dieser Kritik in Teilen mit einer Re-Interpretation der Bezugnahme Foucaults auf Kant, das heißt von seinen frühen Thesen über Kants

---

[*] Frühere Versionen dieses Textes wurden beim Kolloquium für Philosophie und Sozialwissenschaft in Prag, der Freien Universität Berlin, der University of Cincinnati, der University of Oregon und dem Workshop „Feminist Political Theory" an der Princeton University vorgestellt. Ich danke den Teilnehmerinnen und Teilnehmern bei all diesen Anlässen für ihre Kommentare und Fragen, besonders Martin Saar, Ina Kerner, Isaac Ariail Reed und Anna Stilz.

1 Vgl. Allen 2008.

pragmatische Anthropologie bis hin zu seinen späteren Schriften über Kants Vorstellung von Kritik und Aufklärung, begegnet. Ich argumentiere dort, dass Foucault sich nicht, wie Habermas das nennt, mit einer abstrakten oder totalen Negation des Projekts der Aufklärung beschäftigt, sondern dass das genaue Gegenteil der Fall ist: Foucault hat sich selbst gerade immer innerhalb des Projekts der Aufklärung situiert – was die Einbeziehung einiger damit einhergehenden normativen Verbindlichkeiten einschließt –, während er zugleich versucht, das Projekt der Aufklärung von innen heraus zu transformieren oder zu radikalisieren. Seine Autonomie-Darstellung ist dabei ein Weg, den er dazu einschlägt. In dieser nimmt er die zentrale Rolle, die Macht in der Formation des autonomen Subjekts spielt, ernst und zeigt die unvermeidliche Verflochtenheit von Macht und Autonomie auf, wobei Autonomie (und in Zusammenhang damit stehende Konzepte wie Freiheit) gleichwohl als normative (oder ethische) Ziele übernommen werden. Versteht man Foucault auf diese Weise, so mein Argument, dann ist sein Projekt weit mehr vereinbar mit einer bestimmten Version der habermasianischen Kritischen Theorie, als das bislang oft angenommen wurde.

Von feministischer Seite haben sich einige Theoretikerinnen und Theoretiker mit *The Politics of Our Selves* beschäftigt, die meine Reflexionen hier besonders motivieren. So begrüßt etwa Cressida Heyes meinen Ansatz und fasst ihn sehr treffend als einen zusammen, in welchem „ein vernünftigerer Foucault und weniger rationalistischer Habermas" vorgestellt werden sollen[2]. Kopfzerbrechen bereitet ihr allerdings, dass ich mich ihrer Ansicht nach zu stark darauf konzentriere, für eine immanente Aneignung des Vernunftbegriffs und durch diesen bedingte Normen zu argumentieren, während ich die mit dem Vernunftbegriff einhergehenden konstitutiven Elemente der Exklusion und der Gewalt, durch die die Ausschlüsse bewerkstelligt werden, vernachlässige. Teilweise basiert Heyes' Argument dabei auf einem Leitgedanken meines Buches, nämlich der Tatsache, dass die Hierarchie der Geschlechter unterhalb der Ebene, auf der Gründe angegeben werden, über die Einbettung ins Unbewusste und über verkörperte Emotionen sichergestellt wird. Zugleich basiert ihre Skepsis auf der Annahme, dass die Vernunft selbst ein Mechanismus der Herrschaft, Ausschließung und Gewalt ist. Heyes bringt dabei ihre Zweifel in dem Titel, den sie ihren Überlegungen zu *The Politics of Our Selves* gegeben hat, zielsicher auf den Punkt: *Be Reasonable: A Response to Amy Allen's „The Politics of Our Selves"*. Mit diesem Titel will sie natürlich nicht an meine Vernunft appellieren. Vielmehr bezichtigt sie mich, widerspenstige Feministinnen und Feministen (und Foucaultianer) unter etwas ver-

---

2   Übersetzt von Christine Kley (im Folgenden CK) nach dem Original „a more reasonable Foucault and a less rationalist Habermas", vgl. Heyes (im Erscheinen).

einen zu wollen, was sie wohl, um es mit Robyn Marasco zu sagen, als das Reich der Vernunft bezeichnen würde.³ Damit stellt Heyes mich in eine Linie mit dem stereotypen (männlichen) Charakter aus den Fernsehshows der 1950er Jahre, der arrogant und herablassend einer hysterischen Frau erklärt: „Komm schon Harriet, sei vernünftig"⁴. Anders gesagt, die Aufforderung, „vernünftig zu sein", ist in einem feministischen Kontext ohne Frage ein Rüffel.

Auf der anderen Seite haben sich verschiedene Spielarten der Kritischen Theorie der Frankfurter Schule – zumindest die zweite, dritte und vierte Generation, die durch Habermas, Axel Honneth bzw. Rainer Forst repräsentiert wird – das Ideal der praktischen Vernunft zu eigen gemacht, mit dem sie versuchen, sichere normative Grundlagen für das, was Kritik heißt, zu schaffen und das ganz unabhängig davon, ob das nun die Form der kommunikativen Rationalität annimmt oder die Form einer Theorie der Anerkennung oder der Verteidigung eines grundlegenden Rechts auf Rechtfertigung.⁵ Es versteht sich, dass es relevante Unterschiede zwischen diesen drei Ansätzen gibt, auf die ich später noch ausführlicher zurückkommen werde. Vorab möchte ich aber festhalten, dass alle drei Herangehensweisen großes Vertrauen in die praktische Vernunft setzen, wobei der einzige Unterschied darin besteht, ob ein kantianisches oder hegelianisches Verständnis davon zugrunde gelegt wird. Dabei ist bemerkenswert, dass die habermasianische und post-habermasianische Kritische Theorie ziemlich stark von der ersten Generation der Frankfurter Schule abweicht, welche die Verstrickung der Rationalität mit der Herrschaft über die innere und äußere Natur untersuchte sowie den Zusammenhang von Identitätsdenken, Gewalt und Exklusion.⁶

Die Frage, die nun von feministischen Theoretikerinnen wie Heyes und Marasco aufgeworfen wird, ist folgende: Ist diese Art Vertrauen in die praktische Vernunft und das mit diesem Begriff einhergehende Potenzial der Begründung normativer Urteile wirklich vereinbar mit dem Feminismus? Oder ist die Aufforderung „Sei vernünftig!" aus feministischer Perspektive nach wie vor suspekt? Wenn das der Fall ist, was könnte das Suspekte daran sein? Und was, wenn überhaupt, sollte Kritische Theorie in Anbetracht feministischer Bedenken an ihrem eigenen Selbstverständnis ändern? Wie müsste das Konzept der Kriti-

---

3   Siehe Marascos Review von *The Politics of Our Selves*, die ähnliche Bedenken wie Heyes äußert. Vgl. Marasco 2009: 215.
4   Im Original: „Oh come now, Harriet, be reasonable" (CK).
5   Vgl. Habermas 1981 (engl. 1984), Honneth 2007 (engl. 2009), Forst 2007 (engl. 2012).
6   Vgl. Horkheimer/Adorno 1981 (engl. 2002), Adorno 1966 (engl. 1973).

schen Theorie beschaffen sein, um angemessen darauf einzugehen? Und schließlich stellt sich die Frage, warum bzw. ob der Feminismus sich trotz der damit einhergehenden ausschließenden Effekte auf diesen Vernunftdiskurs einlassen soll? Die folgenden Überlegungen stellen einen Klärungsversuch dieser Fragen dar.

Ich thematisiere sie erstens durch die Rückkehr zu der klassischen Diskussion des Zusammenhangs von Vernunft und Geschlechterunterordnung in Genevieve Lloyds Buch *The Man of Reason* (*Das Patriarchat der Vernunft*).[7] Zweitens werde ich dafür argumentieren, dass dieses Buch weit davon entfernt ist, passé oder ein zwar originelles, aber überholtes Artefakt der zweiten Welle des Feminismus zu sein, da es Probleme aufwirft, die absolut zentral für die aktuellen feministischen Debatten bleiben. Abschließend werde ich untersuchen, welche Auswirkungen die anhaltende und tiefgreifende feministische Kritik der Vernunft auf die Kritische Theorie hat. Im Großen und Ganzen geht es mir darum, dass die Kritische Theorie, will sie wirklich kritisch sein, einen besseren Weg finden muss, diese Art der Vernunftkritik aufzunehmen. Um das zu tun, müsste sie die im Wesentlichen unversöhnliche Spannung zwischen Macht und Vernunft ins Zentrum des eigenen Selbstverständnisses stellen. Trotz meiner Kritik an der gegenwärtigen Kritischen Theorie möchte ich aber dennoch behaupten, dass Feministinnen und Feministen in der Methodologie der Kritischen Theorie einige nützliche Ressourcen finden, um über die Schwierigkeiten, die durch das Projekt der Vernunftkritik generiert werden, hinauszudenken.

Allerdings ist offensichtlich, dass ich im Rahmen einer einzigen Abhandlung wie dieser keine vollständige Darstellung der komplexen Beziehung zwischen Gender, Macht und Vernunft und auch keine vollständige Verteidigung eines neuen Konzepts kritischer feministischer Theorie bieten kann. Das Folgende stellt also keinen Versuch in die eine oder andere Richtung dar. Stattdessen verfolge ich vielmehr ein programmatisches Ziel, indem ich einige Probleme, die sich aus der feministischen Theorie ergeben, umreiße und argumentiere, dass Kritische Theorie diese Probleme angehen muss, um wirklich kritisch zu sein. Auf diese Weise möchte ich eine Richtung für die zukünftige Arbeit an der Schnittstelle von Feminismus und Kritischer Theorie anzeigen.

---

7 Vgl. Lloyd 1993 (dt. 1985).

VERNUNFT UND GESCHLECHTERUNTERORDNUNG

Was ist also der Ursprung feministischer Bedenken gegenüber der Aufforderung, „vernünftig zu sein"? Um diese Frage zu beantworten, möchte ich, wie bereits angekündigt, auf einen Klassiker der zweiten Welle feministischer Philosophie zurückkommen: Genevieve Lloyds Buch *The Man of Reason* (*Das Patriarchat der Vernunft*). Ich konzentriere mich auf diesen Text, weil er sehr klar und bündig ausbuchstabiert, auf welche Weise das Vernunftideal über die ganze philosophiegeschichtliche Tradition hinweg (mit einigen auffallenden Ausnahmen) Vernunft symbolisch mit Männlichkeit und dem Ausschluss des Weiblichen sowie der Transzendenz und unverhohlenen Herrschaft über das Weibliche (Verkörperung, Irrationalität und Emotionen sind die wichtigsten Beispiele dafür) assoziiert hat. Wir werden sehen, dass Lloyd scharfsinnig das Dilemma umreißt, das die Vernunftkritik Feministinnen und Feministen hinterlassen hat. Es ist in meinen Augen exakt dieses Dilemma, das die gegenwärtigen Debatten fortwährend verfolgt.

Lloyds Hauptargument kann in einem Satz zusammengefasst werden: „Vernunft trotz ihres Anspruchs auf Geschlechtslosigkeit" ist „ganz und gar ‚männlich'"[8]. Darüber hinaus behauptet Lloyd, dass die männlich geprägte Vernunft mehr als ein oberflächliches oder zufälliges Phänomen ist; das Problem liegt im Kern der philosophischen Tradition selbst begründet. Nun bietet Lloyd, und das mag überraschend sein, in ihrem Buch selbst keine Definition an, was unter Vernunft zu verstehen ist. Es lässt sich aber mit Sicherheit sagen, dass ihr Arbeitsbegriff Vernunft als eine Fähigkeit oder ein Vermögen fasst, durch das wir Zugang zur Wahrheit (theoretische Vernunft) und/oder zu normativer Geltung (praktische Vernunft) erlangen.[9] Die „Männlichkeit" der Vernunft stellt ein Problem für

---

8 „Reason, despite its pretentions to be gender-free" is „throughly ‚male'" (ebd. xvii, dt. zitiert nach Lloyd 1985: IX).

9 Lloyds Zielobjekt ist hier die Vernunft an sich und nicht speziell praktische Vernunft. Aber weil praktische Vernunft unter den Oberbegriff der Vernunft fällt und mehr auf die normative Richtigkeit abzielt denn auf theoretische Wahrheit, ist Lloyds Kritik gleichermaßen auf das spezifischere Verständnis der praktischen Vernunft anwendbar. Mein Hauptaugenmerk liegt hier auf dem Zusammenhang zwischen praktischer Vernunft und diversen, ineinandergreifenden Formen der Unterordnung (geschlechtliche, sexuelle, rassifizierende und nationale). Ich beschränke mich in meiner Auseinandersetzung darauf, weil dieser Zusammenhang maßgeblich ist für Überlegungen darüber, welche Schnittpunkte es zwischen Feminismus und dem normativen Projekt der Kritischen Theorie gibt, das an das Konzept praktischer Vernunft geknüpft ist. Hierzu gibt

die Philosophie dar, da das Ideal einer universellen Vernunft, die das Herz westlicher Philosophie ausmacht, alle sozialen, kulturellen, sprachlichen und historischen Eventualitäten transzendiert. Obwohl sie die Gefahr sieht, den dieser Angriff auf das Selbstverständnis der Philosophie bedeutet, argumentiert Lloyd dennoch, dass „unser Vertrauen in eine geschlechtslose Vernunft weitgehend als Selbsttäuschung anzusehen ist"[10] und das in zweierlei Hinsicht: Erstens wurde das Vernunftideal durch Exklusion oder die Transzendenz oder die Unterordnung des Weiblichen definiert und zweitens wurde im Zusammenhang damit, also über den Ausschluss des Weiblichen aus der Rationalität, umgekehrt auch unsere Vorstellung des Weiblichen konstituiert.

In ihrem Text geht Lloyd den Spuren der Männlichkeit von ihren Anfängen in der griechischen Philosophie über das Mittelalter und die frühe Neuzeit bis hin zur post-kantischen europäischen Philosophie nach. Dabei geht sie sogar auf die ‚Großmutter' gegenwärtiger feministischer Theorie, Simone de Beauvoir, ein. Lloyd bietet hierbei durchweg Lesarten dieser Texte an, welche die Art und Weise dokumentieren und aufzeigen, wie Vernunft immer wieder als „ein transzendierender, transformierender oder kontrollierender Prozeß in Bezug auf natürliche Mächte und Gewalten" konstruiert wird „und das Weibliche [...] mit dem assoziert [sic – CK], was mithilfe rationalen Erkennens transzendiert, dominiert oder schlicht ignoriert wird"[11]. Die Spezifika, die Lloyd dokumentiert – Aristoteles' Assoziation des Aktiven, Bestimmten mit Männlichkeit und des Passiven, Unbestimmten mit Weiblichkeit (mater), Descartes' Trennung von Körper und Geist[12] und Hegels Sicht, dass die Frau die Ironie des Staates ist, um nur einige zu nennen – wurden uns im Lauf der Jahre so vertraut, dass leicht vergessen wird, wie wegweisend die Analyse war, als sie zuerst erschien. Vieles von dem,

---

es eine interessante Parallele in der Diskussion zum Verhältnis zwischen verschiedenen Konzepten wissenschaftlicher oder theoretischer Vernunft und Geschlechterverhältnissen und anderen Formen der Unterordnung – eine Diskussion, die man in der Literatur über feministische Epistemologie, Wissenschaftsphilosophie und in der Wissenschaftsforschung findet –; darauf werde ich hier aber nicht weiter eingehen.

10 „[O]ur trust in a Reason that knows no sex has [...] been largely self-deceiving" (Lloyd 1993: xix, dt. zitiert nach Lloyd 1985: XI).

11 „[A] transcending, transformation or control of natural forces", „and the feminine has been associated with what rational knowledge transcends, dominates or simply leaves behind" (ebd. 2, dt. zitiert nach Lloyd 1985: 2).

12 Kürzlich hat Lloyd ihre Descartes-Kritik durch die detaillierte Lektüre seiner Korrespondenz mit Pinzessin Elisabeth noch einmal überdacht. Vgl. Lloyd 2008, Kapitel 5.

was Susan Moller Okins *Women in Western Political Thought*[13] für die politische Theorie getan hat, hat Lloyds Buch für die Philosophie getan, da es eines der ersten Bücher war, das den hartnäckigen und tiefgreifenden Sexismus der westlichen philosophischen Tradition aufzeigte. Wie auch immer die Kritik an Lloyds Ausführungen beschaffen sein mag, und da gibt es einige berechtigte Kritiken, die man formulieren könnte – wie die, dass ihr Ansatz zu schnell und oberflächlich komplexe philosophische Texte abhandelt, sie des Weiteren nicht adäquat zwischen Sex und Gender unterscheidet und darüber hinaus ihre Darstellung zu glatt ist, da sie signifikante Gegenbeispiele (Hume und Spinoza sind darunter vielleicht die bekanntesten) herunterspielt –, so kann dennoch nicht geleugnet werden, dass das Portrait, welches sie von der westlichen Philosophie entwirft, stringent ist und eine tiefe Verbindung zwischen dem entworfenen Vernunftideal und der Realität der Geschlechterunterordnung herstellt. Die Definition der Vernunft als das Transzendente sowie die damit einhergehende Unterordnung des Weiblichen einerseits und das Konzept der Weiblichkeit als das Andere der Vernunft andererseits gehen Hand in Hand. Beides hat dazu beigetragen, Geschlechterunterordnung zu garantieren, zu rechtfertigen und zu rationalisieren.

Wie gesagt, bis jetzt ist die Kritik wohl bekannt und wie ich denke, auch weithin akzeptiert. Aber welche Implikationen gehen mit dieser Kritik einher? Was sollen Feministinnen und Feministen mit dieser Kritik anfangen? Wie sollen wir uns in der Disziplin der Philosophie mit ihrem zentralen Konzept – der Vernunft – im Lichte dieser Kritik auseinandersetzen? (Ich werde später darauf zurückkommen, was das mit der Kritischen Theorie zu tun hat.) Diese Fragen sind aus meiner Sicht bei Weitem nicht geklärt und holen die gegenwärtigen Debatten innerhalb der feministischen Theorie immer wieder ein. Lloyd selbst spricht in ihrer Zusammenfassung und in ihrem Vorwort zur zweiten Ausgabe ihres Buches diese Fragen kurz an, auf die sich zwei mögliche Antworten anbieten; unglücklicherweise scheint allerdings keine von beiden besonders vielversprechend zu sein. Die erste Möglichkeit ist, „gegen frühere Philosophen ein-[zu]wenden, daß die Geschlechter in gleicher Weise im Besitz der Vernunft sind; und daß den Frauen nun Zugang zur vollen Beteiligung an ihren kulturellen Manifestationen gewährt werden muß"[14]. Lloyd führt diesen Ansatz (berechtigt oder nicht, da bin ich mir nicht so sicher) auf Simone de Beauvoir zurück; er mag allerdings auch mit verschiedenen Versionen des liberalen Feminismus, inklusive

---

13 Vgl. Okin 1979.

14 „[I]nsist against past philosophers that the sexes are equal in possession of Reason; and that women must now be admitted to full participation in its cultural manifestations" (Lloyd 1993: 104, dt. zitiert nach Lloyd 1985: 138).

der klassischen Version, die von Mary Wollstonecraft und John Stuart Mill stammt, assoziiert werden. Dieser Ansatz leidet daran, dass sich mit ihm nicht erfassen lässt, dass Frauen sich nur an ein kulturelles Ideal anpassen können, welches als Gegensatz zum Weiblichen durch die implizite Akzeptanz der Abwertung dieses Weiblichen definiert wurde.[15] Folglich scheint die Akzeptanz des traditionell verstandenen Vernunftideals von Frauen die Beteiligung an der eigenen Selbstentfremdung vorauszusetzen, die mit der Verleugnung der klassisch mit Weiblichkeit assoziierten Qualitäten und Charakteristiken einhergeht. Das würde zuallererst aber heißen, stillschweigend die Logik zu akzeptieren, durch die das Weibliche abgewertet wurde.

Die zweite mögliche Antwort auf die systematische Abwertung alles Weiblichen ist das neue Bekräftigen oder die Aufwertung des Weiblichen, das heißt, sich das Andere der Vernunft zu eigen zu machen.[16] Das ist der Ansatz, auf den Fürsorge-Ethikerinnen wie Carol Gilligan und viele von ihr inspirierte feministische Ethikerinnen sowie Luce Irigaray sich beziehen, das allerdings auf ganz andere Art und Weise. So fruchtbar Projekte wie diese auch gewesen sein mögen, so ist der Nachteil dieses Ansatzes als Antwort auf die feministische Vernunftkritik offenkundig: Auch dieser kann die von der feministischen Kritik offengelegte hierarchische Struktur der Beurteilung nicht grundlegend anfechten. Lloyd drückt es so aus:

„Man kann nicht erwarten, daß die Bekräftigung des Wertes und der Bedeutung ‚des Weiblichen' die zugrundeliegenden normativen Strukturen erschüttert, denn es erscheint ironischerweise in einem Bereich, der dafür bereits von der intellektuellen Tradition vorbereitet ist, die es abzulehnen sucht".[17]

Dieser Ansatz läuft des weiteren Gefahr, sich den Irrationalismus zu eigen zu machen, was sich in Irigarays Werk vielleicht am offensichtlichsten zeigt.

Die erste Möglichkeit, so möchte ich an dieser Stelle betonen, hat ihren Reiz in ihrem *empowernden*[18] Bezug auf die eigene Vernünftigkeit bzw. die Inan-

---

15 Vgl. ebd.
16 Vgl. ebd.
17 „The affirmation of the value and importance of ‚the feminine' cannot of itself be expected to shake the underlying normative structure, for, ironically, it will occur in a space already prepared for it by the intellectual tradition it seeks to reject" (ebd. 105, dt. zitiert nach Lloyd 1985: 140).
18 Das meint ermächtigenden, bemächtigenden, bevollmächtigenden Bezug. Um die Bedeutungspanne des Begriffs *empowerment*, der sowohl Bemächtigung, Bevollmächti-

spruchnahme der Vernunft. In dem Maße, in dem Gründe als Triebfeder für ein bestimmtes Handeln von Individuen verstanden werden können, das heißt Gründe, ohne die Individuen – bei gleichzeitiger Wahrung ihrer Freiheit – so nicht handeln würden, können die uns von anderen gegebenen Gründe als motivierend und zu einer Handlung bewegend und in diesem Sinne als *empowernd* verstanden werden.[19] Daher heißt „vernünftig sein" zugleich „mächtig sein". Vor dem Hintergrund des Ausschlusses aus dem Raum der Gründe wie auch der widerstrebenden Inklusion, in der man jedoch nicht als gleichberechtigte, sondern als untergeordnete Teilnehmerin markiert ist, kann die Bezug- oder Inanspruchnahme der Vernunft als je eigene Vernünftigkeit als Widerstandsakt gegen diese Unterordnung verstanden werden. Darin liegt aber, wie gesagt, zugleich die Zurückweisung der Aufforderung „vernünftig zu sein" von feministischer Seite begründet, infolgedessen Widerstand gegen diese Art der Unterordnung dann – auch auf die oben bereits genannte Gefahr hin – an „das Andere der Vernunft" gebunden wird, sei es nun an Körperlichkeit, Irrationalität oder Affektivität. Diese zweite Möglichkeit ist, so denke ich, gleichermaßen reizvoll. Das liegt daran, dass die Vernunft selbst auf der Exklusion von Anderem und der Herrschaft über das Andere basiert – also dem Wahnsinn, dem Körper, Emotionen oder Leidenschaften, Irrationalität – und dass all dieses wiederum mit dem Weiblichen assoziiert ist (und, wie wir gleich sehen werden, mit *queerness* sowie mit rassifizierten und kolonisierten Subjektivitäten). Die Vernunft ist also nicht nur *empowernd*, sondern auch mit bestimmten Herrschaftsverhältnissen verstrickt. Das heißt, dass der Anspruch, gleichermaßen Zugang zum Reich der Vernunft zu haben – zumindest was das klassische Verständnis des Konzeptes angeht – mit der Wiederholung der eigenen Unterordnung einhergeht und man sich selbst an einer Form der eigenen Selbstentfremdung beteiligt. Daraus folgt, dass der hier dargelegte Konflikt als einer begriffen werden kann, der aus der gleichzeitigen Verstrickung zweier Modalitäten der Macht entsteht: *empowerment* und Herrschaft.

Lloyd schließt ihre Untersuchung mit einer damit zusammenhängenden Frage ab: „Was läßt sich aus dem geschlechtslosen Vernunftideal verwerten?"[20] Oder anders gefragt: Können die Verwicklungen des Vernunftideals mit der hierarchischen Ordnung der Geschlechter durch das, worüber es selbst definiert

---

gung, Ermächtigung, Aktivierung und Mitwirkungsmöglichkeit meint, durch eine Übersetzung nicht zu verengen und in eine Richtung zu vereindeutigen, wird er als Terminus übernommen (CK).

19 Vgl. Forst (unveröffentlichtes Manuskript).

20 „Can anything be slavaged of the ideal of a Reason which knows no sex?" (Lloyd 1993: 107, dt. zitiert nach Lloyd 1985: 143).

wurde und was gleichwohl dazu diente, genau jene Verstrickungen zu rechtfertigen, gelöst werden? Man könnte meinen, dass diese Frage ganz offensichtlich mit „ja" beantwortet werden können muss. Schließlich hat sich unser Vernunftideal in der Vergangenheit nur bedingt und nicht notwendigerweise mit den historischen, sozialen und kulturellen Bedingungen verstrickt, einschließlich der Abwertung und Unterordnung des Weiblichen. Da diesem Umstand also keine Notwendigkeit zukommt, muss es nicht so sein und wir wären in der Lage, ein anderes Verständnis des Vernunftideals anzustreben, das tatsächlich frei von dieser Art von Verzerrungen durch bestimmte Machtverhältnisse ist. Aber in welche Art von Annahmen ist die Behauptung, das Vernunftideal sei nur zufällig mit Unterordnungsverhältnissen verbunden, eingebettet? Und verpflichtet uns dieses Bild des nur zufällig an Machtverhältnisse gebundenen Vernunftideals nicht einem unhaltbaren Verständnis purer Vernunft, einer Vernunft, die weder verkörpert noch in historische, kulturelle und soziale Strukturen, Institutionen, Praktiken und Lebensformen eingebettet ist?

Sexualität, „Rasse" und postkoloniale Subjektivität

Man könnte meinen, dass all diese Fragen eher altmodisch sind und aktuelle Entwicklungen in feministischer Theorie – und das bezieht sich auch auf die Vernunftkonzeption, auf die ich weiter unten zurückkommen werde – Lloyds Analyse überholt haben. Schließlich kann zusätzlich zu den Problemen, die ich bereits erwähnt habe, Lloyds Argumentation überdies zu Recht für ihren Mangel an einer intersektionalen und transnationalen Perspektive kritisiert werden, die auch „Rasse", Klasse, Geschlecht, Sexualität und Nationalität theoretisch integriert. Auch der Zusammenhang von Geschlecht, Macht und Vernunft gestaltet sich ganz gewiss komplizierter als Lloyd ihn versteht. Allerdings wäre so eine Antwort auf das Dilemma, das Lloyd aufzeigt, zu schnell gegeben. Wenn wir uns einige aktuellere Diskussionen innerhalb der feministischen Theorie ansehen, die eine breitere, intersektionale und transnationale Perspektive einbeziehen, dann zeigt sich, dass die gegenwärtige feministische Theoriebildung von der gleichen grundlegenden Problematik, wie sie von Lloyd umrissen wurde, immer wieder eingeholt wird.

Fangen wir zum Beispiel mit der *Queer Theory* an. Wie allseits bekannt, wurde Homosexualität bis 1980 von Psychiatern offiziell als Geisteskrankheit definiert, bis der politische Druck homosexueller Aktivisten die American Psychiatric Association dazu zwang, diese von ihrer Liste der Diagnostic and Statistical Manual of Mental Disorders (DSM) zu streichen. Zur gleichen Zeit wurde eine neue Diagnose, die der Geschlechtsidentitätsstörung, eingeführt.[21] Beide Diagnosen dienen dazu, sexuelle Minderheiten als deviant, nicht der Norm entsprechend und demzufolge als irrational zu charakterisieren. Obwohl die Medikalisierung von Homosexualität und von Trans-Identitäten ein relativ modernes Phänomen ist (20. Jahrhundert), handelt es sich bei der Assoziation von *queerness* mit Wahnsinn oder Unvernunft nicht um etwas Neuartiges. Wie Foucault in *History of Madness* (*Wahnsinn und Gesellschaft*)[22] nachweist, diente das Gefängnis im 17. Jahrhundert nicht nur einem moralischen Ausschluss der Wahnsinnigen, Kriminellen und Armen aus der Gesellschaft, sondern auch dem der sexuellen Abweichler.[23]

Die langlebige und tiefgreifende Assoziation der Homosexualität und anderer sexueller Minderheiten mit Devianz, Abnormalität, Irrationalität und Unvernunft hatte eine bedeutende Auswirkung auf gegenwärtige Debatten innerhalb der *Queer Theory*. Während viele liberale Theoretikerinnen und Theoretiker sowie Aktivisten der Homo- und Schwulenbewegung beispielsweise argumentieren, dass das Recht einer und eines jeden, den oder die Auserwählte zu heiraten, sich aus dem Recht der Gleichbehandlung sowie aus den Bürger- oder Menschenrechten ergibt, und dass erst durch die Gewährung dieses Rechts Schwule und Lesben voll in unsere politische Gesellschaft und in unser Menschenbild eingeschlossen werden, argumentieren andere gegen die Homo-Ehe, da diese lediglich ein weiterer Mechanismus der Rationalisierung und Normalisierung ist, dem im Namen der *queerness* und der Zelebrierung des Queeren widerstanden werden sollte.[24] Eine ähnliche Logik untermauert die Trennung zwischen feministischen Theoretikerinnen und Theoretikern, die für eine moralische Kritik sexueller Belästigung, von Frauenhandel und Pornografie im Namen der Geschlechtergleichheit und der vollen Bürger- und Menschenrechte argumentieren und sex-positiven queeren Theoretikerinnen und Theoretikern, die den Feminismus als Komplizen der Normalisierung und des gewaltförmigen Ausschlusses sexuell anderer ansehen.[25] So sind *Queer*-Theoretikerinnen und -Theoretiker in dem Dilemma ihres Ausschlusses aus dem Vernunftideal gefangen und konfron-

---

21 Für eine aufschlussreiche Diskussion dieser historischen Entwicklungen und ihrer Folgen vgl. Sedgwick 1993.
22 Vgl. Foucault 2006 (dt. 1973).
23 Dieser Punkt wird kürzlich durch *queer*-theoretische Lesarten von *History of Madness* (*Wahnsinn und Gesellschaft*) herausgearbeitet. Vgl. Eribon 2004 und Huffer 2010.
24 Für die letztere Position vgl. Warner 1999.
25 Vgl. Huffer 2010: 44-46.

tiert mit der Wahl zwischen der Forderung nach Einschluss in die Ideale der Rationalität, Moralität und Normalität, von denen sie ausgeschlossen waren, oder sie verbünden sich mit einer alternativen Ethik des *Eros*, die *queerness* als eine Form der Unvernunft und sozusagen selbst des Wahnsinns zulässt.

Ein zweites Beispiel kommt aus der *Critical Race Theory*.[26] Interessanterweise gibt es hier eine direkte Analogie zu Lloyds feministischer Vernunftkritik in einem der grundlegenden Texte der *Critical Race Theory*, dem Klassiker von Frantz Fanon *Black Skin, White Masks* (*Schwarze Haut, weiße Masken*).[27] Fanon skizziert in bestechender Weise die Dilemmata und Ausweglosigkeiten, mit denen kolonisierte schwarze Subjekte konfrontiert sind, wenn europäische Kolonisatoren Vernunft in Form des Ausschlusses und der Unterordnung von als primitiv und kindlich verstandenen Schwarzen definieren. Aufgrund dieser aufgezwungenen Position kann das kolonisierte Subjekt entweder versuchen, sich selbst als ein vernünftiges zu behaupten – das kann es verfolgen, indem es perfekt französisch spricht, sich das französische Gedankengut oder die französische Kultur zu eigen macht und sich so an der eigenen Selbstentfremdung beteiligt –, oder es kann die eigene Andersartigkeit aufwerten – ein Schritt, den Fanon mit der *Négritude*-Bewegung assoziiert, deren Konzeption des Schwarzseins als die eines poetischeren, naturnaheren, weniger kalten und rationalen Seins artikuliert wird. Aber wie Fanon klarmacht, sind die Karten erst einmal zum Nachteil schwarzer, kolonisierter Subjekte gemischt, ist jede Karte eine schlechte Karte. Oder wie es Fanon ausdrückt: „Ich wollte ein typischer Negro sein – das war nicht mehr möglich. Ich wollte weiß sein – das war ein Witz. Und als ich versuchte, im Bereich der Vorstellung und der intellektuellen Tätigkeit meine Négritude zurückzubekommen, wurde sie mir entrissen."[28]

---

26 *Critical Race Theory* ist eine in den USA entstandene Theorierichtung, die aus den Rechtswissenschaften entwickelt wurde und in deren Rahmen interdisziplinäre Grundlagen zur (herrschafts-)kritischen Analyse von „Rasse", als intersektional verstandener Kategorie sozialer Ungleichheit, und Rassismus ausgearbeitet werden (Anmerkung der Übersetzerin).

27 Vgl. Fanon 2008 (dt. 1985).

28 „I wanted to be a typically Negro – it was no longer possible. I wanted to be white – that was a joke. And, when I tried, on the level of ideas and intellectual activity, to reclaim my negritude, it was snatched away from me" (ebd. 132; übersetzt von CK und nicht nach der dt. Fassung Fanon 1985: 96, da in dieser nicht deutlich wird, dass der Begriff der *Négritude* (und damit verbunden die in diesem Kontext verwendete Selbstbezeichnung *Negro*) aus der wenngleich umstrittenen frankophonen literarisch-philosophisch politischen Strömung hervorgegangen ist und daher nicht einfach ins Deutsche

Die gegenwärtige feministische Theorie, die sich ausgiebig mit der *Critical Race Theory* beschäftigt, sieht sich ebenfalls mit den Dilemmata konfrontiert, die durch die Exklusion des Weiblichen, Nicht-Weißen aus dem Vernunftideal generiert werden. Cynthia Willet fasst diesen Aspekt folgendermaßen zusammen (und es ist bemerkenswert, dass sie hier von Habermas und Benhabib spricht und nicht etwa von Platon oder Kant):

„Das moderne Maß der Vernunft funktioniert nach einer absolut dualistischen Logik, in der nur diejenigen, die die Bewährungsprobe bestehen, als moralisches Subjekt gelten. Diejenigen, die die Logik verteidigen, argumentieren, dass Modernisierung, anders als ‚vormoderner' Tribalismus, auf universelle Inklusion abzielt. Die Praktiken der Exklusion reichen indessen zurück auf die Definition des Menschen. Für diejenigen, die aus dem universalen Diskurs entlassen wurden, ist das Problem klar: Die ‚Definitionen [stehen] denen [zu], die definieren, nicht denen, die definiert werden.'"[29]

Diesem Dilemma begegnet Willett ähnlich wie die *Queer*-Theoretikerinnen und -Theoretiker mit dem bereits besprochenen Ansatz einer Ethik, die auf dem verkörperten *Eros* basiert. Dieser Ansicht zufolge kann Freiheit von denjenigen, die gewaltsam von den Normen der westlichen Rationalität ausgeschlossen wurden, nicht durch Vernunft oder rationale Autonomie erlangt werden, sondern nur durch das, was Willett den sozialen *Eros* nennt.

Ich möchte nun noch auf ein letztes Beispiel bezüglich der Überschneidung von Feminismus und postkolonialer Theorie eingehen. Die Verbindung zwischen dem Vernunftideal und der Zivilisierungs- und Kolonisierungsmission des Westens ist ein bedeutendes Thema in der postkolonialen Forschung. Lucius Outlaw fasst dies treffend zusammen, wenn er festhält, dass die Vernunft der Aufklä-

---

übersetzt werden kann. Historisch-politisch und sprachlich gibt es keine deutsche Entsprechung, in der dies zum Ausdruck käme, sondern nur die unumstritten rassistische und abwertende Sprache weißer Kolonisatoren über das kolonisierte schwarze Subjekt [Anmerkung der Übersetzerin]).

29 Übersetzt von CK nach dem Original: „The modern measurement of reason functions in a starkly dualistic logic in which only those who test positive count as moral subject. Those who defend the logic argue that modernization, unlike ‚premodern' tribalism, aims for universal inclusion. However, the practices of exclusion trace back to the defintion of the human. For those who have been dismissed from universal discourse, the problem is clear: the ‚definitions belonged to the definers – not to the defined." (Willet 2001: 70f.; Willet zitiert Morrison 1987: 190 [dt. Übersetzung Morrison 1992: 261]).

rung, wie sie klassisch konzipiert wurde, zum „Gerichtshof der Vernunft für Rassismus und Ethnozentrismus und ihre Globalisierung zum Imperialismus" wurde[30]. Darüber hinaus, so argumentiert Chandra Mohanty in ihrem wegweisenden Essay *Under Western Eyes*, hat die kolonialistische und imperialistische Logik auch die westliche feministische Theorie geformt; sogar oder vielleicht gerade wenn bestimmte Feministinnen versucht haben, das Leben der Frauen des globalen Südens theoretisch zu fassen.[31] Diese Anstrengungen basieren der Tendenz nach auf einem ethnozentrischen Universalismus, welcher der sogenannten „Dritte-Welt-Frau" die Rolle eines ausgebeuteten Opfers zuweist, das keine eigene authentische Handlungsfähigkeit besitzt und von ihren aufgeklärteren westlichen Schwestern gerettet werden muss. Resultat dieser Kritik ist die Debatte zwischen liberalen, kosmopolitischen Feministinnen und Feministen, die ihre moralischen und politischen Prinzipien in einer universalistischen Vernunftkonzeption zu begründen suchen und postkolonialen Feministinnen und Feministen, die dieses Bestreben als imperialistischen Feminismus betrachten. Diese Diagnose bringt Mohanty schließlich dazu, zur Dekolonisation feministischer Theorie aufzurufen. Was aber würde eine Dekolonisation, also eine Entwirrung der Verstrickungen der feministischen „Vernunft-Einsätze" von kolonisatorischer, imperialistischer Herrschaft mit sich bringen? Was ist geboten, um einen nichtimperialistischen Feminismus auszuarbeiten? Mohantys Fassung der Dekolonisation setzt „Autonomie und Selbstbestimmung [...] als zentral für den Prozess der Befreiung", einen Prozess, „der nur durch ‚selbst-reflexive kollektive Praktiken' erreicht werden kann"[32]. Obwohl Mohanty auch bemerkt, dass „Geschichte, Erinnerung, Emotion und emotionale Beziehungen maßgebliche Elemente für die Konstruktion eines kritischen, selbst-reflexiven feministischen Selbst sind"[33], unterlässt sie es gleichwohl, die liberalen, westlichen Ideale der Autonomie und Selbstbestimmung selbst in Frage zu stellen.

Aus dieser Perspektive stellt Saba Mahmoods Buch *Politics of Piety* eine radikalere Reflexion feministischer Theorie aus der Perspektive postkolonialer

---

30 Übersetzt von CK nach dem Original: „court rationalist to racism and ethnocentrism and their globalization as imperialism" (Outlaw 1996: 45).
31 In Mohanty 2003.
32 Übersetzt von CK nach dem Original: „autonomy and self-determination [...] central to the process of liberation", „can only be achieved through ‚self-reflexive collective practice'" (ebd. 8).
33 Übersetzt von CK nach dem Original: „history, memory, emotion, and affectional ties are significant cognitive elements of the construction of critical, self-reflexive feminist selves" (ebd.).

Theorie vor, indem sie das Ideal der Autonomie an sich problematisiert.[34] Mit Rückgriff auf ihre ethnografische Forschung über Mitglieder der Moschee-Bewegung der Frauen in Ägypten, einer Bewegung, die Teil einer größeren islamischen Wiederbelebung war und durch die Frauen eine größere religiöse Pietät und Tugend begehrten, strebt Mahmood an, Lebensformen, ethische Praktiken und verschiedenste Arten von Handlungsfähigkeit, die Frauen zugänglich gemacht wurden, sichtbar zu machen, auch wenn die Teilnahme an der Bewegung die Akzeptanz der Unterordnung unter den Mann voraussetzte. Dabei bemerkt sie, dass sogar jene Feministinnen und Feministen, die gegen die Anwendung militärischer Gewalt seien, um Frauen in Nahost vor ihrer Unterordnung unter islamisches Recht zu „retten", wahrscheinlich keine Schwierigkeiten hätten, Projekte für Bildung und soziale Reformen zu unterstützen, die es solchen Frauen ermöglichen würden, ein „aufgeklärteres Leben zu leben". Vor diesem Hintergrund fragt Mahmood:

„Werden meine politischen Visionen jemals gegen die Verantwortung ankommen, die ich für die Zerstörung der Lebensformen auf mich lade, damit ‚unaufgeklärten' Frauen beigebracht werden kann, freier zu leben? Verstehe ich die Lebensformen überhaupt völlig, die ich so leidenschaftlich gern erneuern würde? Würde mich ein detailliertes Wissen von Lebenswelten, die sich von meiner unterscheiden, jemals dazu führen, meine eigene Gewissheit darüber, was ich als übergeordnete Lebensweise für andere vorschreibe, infrage zu stellen?"[35]

Das Ergebnis dieser Fragen ist die Übernahme einer bescheidenen Haltung gegenüber den eigenen rational gerechtfertigten normativen und politischen Verbindlichkeiten. Eine Haltung, welche die eigenen Grenzen und Ungewissheiten erkennt und die offen und bereit ist, die eigenen Verbindlichkeiten durch Begegnungen mit anderen Lebensformen zu destabilisieren, ohne dass bereits klar ist, wohin das führt.[36]

---

34 Vgl. Mahmood 2005.
35 Übersetzt von CK nach dem Original: „Do my political visions ever run up against the responsibility that I incur for the destruction of life forms so that ‚unenlightened' women may be taught to live more freely? Do I even fully comprehend the forms of life that I want so passionately to remake? Would an intimate knowledge of lifeworlds distinct from mine ever lead me to question my own certainty about what I prescribe as a superior way of life for others?" (Ebd. 197f.).
36 Man muss Mahmood hier anrechnen, dass sie davon Abstand nimmt, diese Lebensweise schon an sich als unvernünftig oder irrational zu charakterisieren. Daher ver-

Durch das Heranziehen dieser Bespiele wollte ich nicht darauf hinaus, die Besonderheiten der Argumentationen aller genannten Autoren gutzuheißen. Ich habe sie einzig aufgeführt, um die Langlebigkeit und fortdauernde Relevanz der feministischen Vernunftkritik, wie sie von Lloyd umrissen wurde, und die damit entstehenden Dilemmata aufzuzeigen, selbst wenn wir die Perspektive erweitern und Sexualität, „Rasse" und das Erbe des Kolonialismus mit einbeziehen.

KRITISCHE THEORIE UND VERNUNFTKRITIK

An dieser Stelle mag man sich fragen, was das alles mit Kritischer Theorie zu tun hat. Auf den letzten Seiten habe ich viel zur Vernunftkritik an der Schnittstelle zwischen feministischer, queerer, *Crictical-Race-* und postkolonialer Theorie gesagt, aber noch nicht viel darüber, was das mit der Tradition kritischer Sozialtheorie der Frankfurter Schule zu tun hat. Wenn es sich aber so verhält, wie Nancy Fraser schon vor über zwanzig Jahren argumentiert hat, dass sich die Kritische Theorie, um wirklich kritisch zu sein, an der Selbstaufklärung gegenwärtiger Kämpfe und Begehren beteiligen muss[37], und wenn wir feministische, queere, anti-rassistische und anti-koloniale Kämpfe als wichtige Kämpfe unserer Zeit ansehen, dann ist die Verbindung ganz offensichtlich. Dabei ist die Liste der Kämpfe, die ich hier aufgemacht habe, keineswegs als erschöpft anzusehen, noch sind hier die dringlichsten oder wichtigsten Kämpfe unserer Zeit aufgezählt. So fehlt in meiner Diskussion hier der Kampf gegen den Kapitalismus und damit verbunden der Kampf gegen die ökologische Zerstörung. Für meine Zwecke ist es an dieser Stelle aber vorerst ausreichend festzuhalten, dass jede Liste

---

meidet sie die Orientalisierung der Frauen, die sie erforscht. Oder, wie sie es ausdrückt, „in dem Maße in dem das gegenwärtige politische Klima dazu neigt, alle Formen des Islamismus [...] als Produkte eines ausfasernden Irrationalismus anzusehen, verspüre ich eine gewisse Verantwortung, der Rationalität das wiederzugeben, was aus ihrem Bereich verbannt wurde". [Übersetzt von CK nach dem Orignal: „to the extent that the tilt of the current political climate is such that all forms of Islamism [...] are seen as the products of a roving irrationality, I feel a certain responsibility to render to reason that which has been banished from its domain" (Mahmood 2005: 199).]. Trotzdem schlägt sie vor, die Gründe und Logiken dieser Praktiken als etwas Eigenes anzusehen – als „die Systematik und Vernunft des Unvertrauten, Fremden oder Unversöhnlichen". [Übersetzt von CK nach dem Original: „the systematicity and reason of the unfamiliar, the strange, or the intransigent" (ebd.).].

37 Vgl. Fraser 1989.

aktueller Kämpfe und Begehren, die feministische, queere, anti-rassistische und anti-koloniale Kämpfe nicht berücksichtigt, auf bedauerliche Weise unvollständig und unzureichend wäre. Wenn das der Fall ist, dann muss die Kritische Theorie, um wirklich kritisch zu sein, die Einsichten und Interessen, die in diesen Bewegungen generiert und artikuliert werden, sehr ernst nehmen. Das heißt umgekehrt aber auch, dass die Kritische Theorie die langlebigen Verstrickungen (praktischer) Vernunft mit sexistischer, heterosexistischer, rassistischer und kolonialer Herrschaft ernst zu nehmen hat – und das in der Tat mehr, als das bislang der Fall war, geht man von der Tendenz der Theoretiker der zweiten, dritten und vierten Generation der Frankfurter Schule aus, die ihre Konzepte entweder mit dem kantianischen oder hegelianischen Vernunftbegriff fundieren wollen.

Kritische Theorie muss also die beharrlich formulierte Vernunftkritik ernst nehmen. Was aber, so stellt sich die Frage, sollen die Theoretikerinnen und Theoretiker damit machen? Eine mögliche Antwort wäre, dass es zwar eine höchst unglückselige Angelegenheit ist, dass die Ideen und Ideale, auf denen die Kritische Theorie basiert, historisch in sexistischer, heterosexistischer, rassistischer und kolonialistischer Weise artikuliert wurden, dass aber dennoch darauf zu bestehen ist, dass die Koppelung der Vernunft mit diesen Herrschaftsformen keine Notwendigkeit darstellt. Man könnte in der Tat sagen, dass post-hegelianische Vernunftkonzeptionen, so wie sie von Habermas, Honneth und Forst verteidigt werden, den traditionellen philosophischen Vernunftbegriff in de-transzendentalisierter und postmetaphysischer Weise re-interpretiert haben, was sie gegen die von mir hier umrissene Kritik immunisiert. Gegenwärtige Theoretikerinnen und Theoretiker der Kritischen Theorie betrachten Vernunft nicht als eine bestimmte Fähigkeit des Geistes, die *a priori* und universal im Sinne Kants verstanden wird, sondern vielmehr als eine diskursive und in soziale Praktiken eingebettete Praxis, d.h. eine Praxis, die sowohl Gründe angibt als auch nach Gründen fragt.[38] Die Frage ist also, ob die an soziale Praktiken zurückgebundenen postmetaphysischen Vernunftkonzeptionen den feministischen, queeren, *Critical-Race-* und postkolonialen Vernunftkritiken entkommen.

Angesichts der Betonung einer sozialen, praktischen und diskursiven Vernunftkonzeption der kritischen Theoretikerinnen und Theoretiker ist es umso erstaunlicher, dass all diesen Konzepten eine Auseinandersetzung mit den Verstrickungen der praktischen Vernunft in Machtverhältnisse abgeht. Wenn der Raum der Vernunft ein sozialer ist, dann ist er zugleich einer der Macht – es sei denn, wir akzeptieren die problematische Annahme humaner, sozialer Lebensformen jenseits von Machtverhältnissen – und das in mindestens zweierlei Hinsicht. Der

---

38 Zu diesem Standpunkt vgl. Forst 2007 (engl. 2012).

Eintritt in den Raum der Gründe setzt aber, erstens, die Internalisierung einer bestimmten Machtstruktur und Autorität voraus, da diese erst danach als legitim oder gerechtfertigt angesehen werden können. Und wenn, zweitens, das Angeben von Gründen eine soziale Praktik ist, dann ist sie vollständig von Machtbeziehungen durchdrungen. Wer aber als rationaler *agent* angesehen wird, was als ein guter oder plausibler Grund gilt, welche Arten von Gründen Individuen tatsächlich zum Handeln motivieren, all das sind Fragen, die nicht unter Absehung der Verschränkungen „unserer" Vernunftkonzeption mit heterosexistischen, rassistischen, kolonialen und anderen Herrschaftsformen beantwortet werden können.[39] Letztlich tendieren Habermas und Honneth dazu, Macht als etwas Externes zur Praktik der Angabe von Gründen zu konzipieren, eine Kraft, welche die Vernunft von außen beeinflussen kann und sie zu etwas Pathologischem macht. Beide Autoren nehmen Abstand davon, Machtbeziehungen als der Vernunft selbst innewohnend zu denken.[40] Im Unterschied dazu versteht Forst Macht und Rechtfertigung als etwas, was intern Bezug zueinander hat. Allerdings definiert er die Rechtfertigungsmacht positiv als eine *empowernde* Kraft, die von den Unterdrückten in Form der Einforderung einer Rechtfertigung ihrer Unterdrückung gegen ihre Unterdrücker ausgeübt werden kann.[41]

Dennoch könnte man denken, dass Habermas' Vorstellung einer kommunikativen Rationalität Vernunft in der Weise neu gestaltet, dass sie der oben skizzierten Vernunftkritik insofern entkommt, als seine Reformulierung der Vernunft das rationale Subjekt von Anfang an intersubjektiv und sozial begreift. Wie in den vergangenen Jahren jedoch von Theoretikerinnen und Theoretikern wie Allison Weir, Joel Whitebook, Albrecht Wellmer, Nikolas Kompridis und anderen bereits gründlich erörtert wurde, basiert die kommunikative Rationalität auf der Transzendenz, wenn nicht gar der Leugnung des Affektiven, des Unbewussten und des Ästhetischen.[42] Daraus folgt, dass er sich der Logik der Exklusion, welche die feministische, queere, anti-rassistische und postkoloniale Kritik zum Gegenstand hat, nicht ganz entziehen kann. Darüber hinaus ist Habermas' entschiedene Verteidigung der normativen Gehalte der Moderne und der Aufklärung gut bekannt.[43] Was etwas weniger offensichtlich, aber dennoch sehr bedeutsam für

---

39 Ich diskutiere diese Aspekte ausführlicher in Allen (im Erscheinen a).
40 Vgl. Habermas 1985 (engl. 1987) und Honneth 2007 (engl. 2009).
41 Vgl. Forst 2007 (engl. 2012). Ich diskutiere die Grenzen von Forsts Ansatz mit besonderem Augenmerk auf dem Verhältnis zwischen Macht und Gründen in Allen (im Erscheinen b).
42 Vgl. Weir 1995, Whitebook 1995, Wellmer 1993 (engl. 2000), Kompridis 2006.
43 Vgl. Habermas 1985 (engl. 1987).

diese Auseinandersetzung ist, ist die Fundierung seiner eigenen diskurstheoretisch eingebetteten gehaltvollen Moral und das daran hängende politische Projekt, das er als Resultat eines Prozesses sozialer Evolution begreift.[44] Was Konzepten wie dem der Autonomie, der Argumentation und des Diskurses ihre positive normative Wertigkeit gibt, ist, dass sie Habermas zufolge als Ergebnis eines Lernprozesses rekonstruiert werden können, der sich durch wachsende Reflexivität und Rationalisierung der Strukturen der Lebenswelt auszeichnet. Das Dilemma, in das sich Habermas dadurch manövriert, ist klar: Er kann seine Auffassung der Geschichte als einer Fortschrittsgeschichte nicht aufgeben, ohne zugleich die Grundlagen für seinen normativen Universalismus zu untergraben.[45]

Mit Bezug auf Honneth könnte man argumentieren, dass er gerade aufgrund der Tatsache, dass er in seiner Theorie der Anerkennung äußerst gehaltvollen ethischen Konzepten und körperlichen, affektiven und psychischen Dynamiken der Missachtung und Nichtanerkennung mehr Aufmerksamkeit schenkt als Habermas, weniger angreifbar hinsichtlich der oben umrissenen Vernunftkritik wäre. Auch wenn es keinen Zweifel daran gibt, dass Honneth an normativen Konzepten praktischer Vernunft hängt, hat er eine komplexe Sicht auf diese. So integriert er affektive, verkörperlichte und psychische Dimensionen und nimmt zudem die Rolle des Irrationalen in der Umschreibung der normativen Arbeit der Kritischen Theorie ernst. In dieser Hinsicht kann Honneth ziemlich gut viele der Belange, die ich hier aufgeworfen habe, aufnehmen. Das Problem mit Honneths Darstellung entsteht, wenn wir die postkoloniale Kritik berücksichtigen. Wie Habermas, so bleibt Honneth ebenfalls einer progressiven, hegelianischen Lesart der Geschichte verpflichtet.[46] Auch wenn er die Vorstellung historischen Fortschritts in postmetaphysischen und de-transzendentalisierten Begriffen als eine an rein soziale Praktiken gebundene Hypothese reformuliert hat, ist die Fortschrittsgeschichte immer noch an die problematische Annahme einer normativen

---

44 Für eine aufschlussreiche Diskussion dieser Aspekte von Habermas' Werk siehe Owen 2002.

45 Man könnte argumentieren, dass Habermas' aktuellstes Schaffen zu postsäkularer Vernunft und multiplen Modernitäten dazu beitragen könnte, das Problem zu lösen, indem Raum für das Andere der Vernunft gemacht wird – hier durch die Religion repräsentiert – und durch das Aufbieten von Konzepten wie z.B. dem des auf Gegenseitigkeit beruhenden Lernens, der wechselseitigen Übersetzung und Bescheidenheit. Diese Behauptungen überzeugen mich nicht, die Begründung würde hier allerdings zu viel Platz, der nicht gegeben ist, einnehmen. Diesen Aspekt von Habermas' aktueller Arbeit diskutiere ich in einem anderen Aufsatz; vgl. Allen (im Erscheinen b).

46 Vgl. Honneth 2007 (engl. 2009).

Moderne und eines *telos* des Modernisierungsprozesses gebunden. Das kann nur schwer gegen die postkoloniale Kritik verteidigt werden. Dipesh Chakrabarty fasst es so:

„Vernunft wird immer dann elitär, wenn wir Unvernunft und Aberglauben den Platz für Rückständigkeit einräumen, das heißt, wenn Vernunft mit der Logik eines historistischen [am Ideal der Entwicklung orientierten] Denkens zusammenspielt. Dann sehen wir unsere ‚abergläubischen' Zeitgenossen als Beispiele eines ‚früheren Typs', als menschliche Verkörperungen des anachronistischen Prinzips, an"[47].

Was würde man demnach also brauchen, um die Kritische Theorie zu dekolonisieren und zu provinzialisieren? Welche Möglichkeiten gäbe es, die kritischen Perspektiven der feministischen, queeren, *Critical-Race-* und postkolonialen Theorie auf die praktische Vernunft aufzunehmen? Das lässt sich, so mein Vorschlag, lösen, indem die Verschränkung der Vernunft mit Macht aufgenommen und in das Zentrum des Projekts der Kritischen Theorie gestellt wird. Diese Erkenntnis kann bereits in der Theorie der ersten Generation Kritischer Theoretiker gefunden werden, nachdrücklich in der *Dialektik der Aufklärung* von Horkheimer und Adorno. Gleichzeitig ist diese Erkenntnis aber eine, die von nachfolgenden Generationen der Kritischen Theorie meist zurückgewiesen wurde. Die Gründe dafür hängen mit der falschen, aber einflussreichen Habermas'schen Lesart dieses Textes zusammen, die Horkheimers und Adornos *hochambivalente* Darstellung des Erbes der Aufklärung, der Moderne und Rationalität zu einem extremen Pessimismus verflacht hat.[48] Was Kritische Theoretikerinnen und Theoretiker auch heute noch von der *Dialektik der Aufklärung* lernen können, ist, so möchte ich behaupten, das Verhältnis zwischen Vernunft und Macht als ein essentiell spannungsgeladenes (und damit meine ich: unversöhnliches) im menschlichen sozialen Leben und in der politischen Theorie zu betrachten.[49] Wird das

---

47 Übersetzt von CK nach dem Original: „reason becomes elitist whenever we allow unreason and superstition to stand in for backwardness, that is to say, when reason colludes with the logic of historicist [developmentalist] thought. For then we see our ‚superstitious' contemporaries as examples of an ‚earlier type', as human embodiments of the principle of anachronism" (Chakrabarty 2008: 238).
48 Vgl. Habermas 1985 (engl. 1987).
49 Damit will ich nicht behaupten, dass kritische Theoretikerinnen und Theoretiker das Bezugssystem der *Dialektik der Aufklärung* einfach so übernehmen sollten, wie es ist. Ich behaupte nur, dass die *Dialektik der Aufklärung* eine wichtige Erkenntnis hinsichtlich der wesentlichen Spannung zwischen Vernunft und Macht bietet und kritische

Verhältnis zwischen Macht und Vernunft auf diese Weise verstanden, kann hervorgehoben werden, was das Charakteristische der Methodologie der Kritischen Theorie ist – und das hebt sie auch von einer Idealtheorie ab, die auf der Ebene reiner Vernunft verbleibt (solange sie sich nicht mit Fragen der Anwendbarkeit beschäftigt), wie auch von empirischen Sozialwissenschaften, welche die existierenden Machtverhältnisse und -strukturen erklären, ohne diese rational zu legitimieren oder zu kritisieren. Darüber hinaus behaupte ich, dass nur dadurch, dass die unversöhnliche Spannung zwischen Macht und Vernunft anerkannt und diese Einsicht in unsere Praktiken der Theoriebildung im Sinne der Klärung der eigenen Situierung bezüglich der Kämpfe und Begehren eingebunden wird, die Kritische Theorie wirklich kritisch sein kann.

An dieser Stelle könnte man sich fragen, warum ich nicht zwischen guten und schlechten Formen der Macht unterscheide? Es ist eine Sache zu behaupten, dass Vernunft notwendigerweise mit Macht, eine ganz andere Sache aber, dass sie mit Herrschaft verschränkt ist. Die Verschränkung der Vernunft mit Macht ist jedoch nur problematisch, wenn es sich um eine Verschränkung mit Herrschaftsverhältnissen handelt. Wenn auf der anderen Seite die praktische Vernunft an sich schon *empowernd* wirkt, dann ist ihre Verstrickung mit Machtverhältnissen kaum als problematisch aufzufassen. Wenn diese Analyse tatsächlich stimmt, dann ist nicht klar, dass wir überhaupt in der Lage sind, zwischen harmlosen oder sogar *empowernden* Formen der Macht und Herrschaft zu unterscheiden. Wenn Vernunft schließlich mit Machtverhältnissen verstrickt ist, wie können wir unser Denkvermögen dazu nutzen, zwischen verschiedenen Formen der Macht zu unterscheiden? Und wenn wir nicht auf unsere Vernunft bauen können, um diese Unterscheidung zu machen, wie ist dann Kritik möglich? Und ist diese Sorge nicht gerade der Grund, weshalb Habermas den Ansatz der *Dialektik der Aufklärung* – ihre „trübe Fusion" der Macht mit Geltungsansprüchen[50] – verworfen hat und danach strebte, die Kritische Theorie mit seiner Vorstellung einer kommunikativen Vernunft auf sichere normative Beine zu stellen?

Natürlich schlage ich hier nicht vor, dass wir nicht zwischen Macht und Herrschaft oder Machtverhältnissen, die befähigen und welchen, die unterordnen, unterscheiden sollen. Wir könnten keine Kritische Theorie oder feministische Theorie ohne diese Unterscheidung machen. Was ich hier vorschlage, ist,

---

Theoretikerinnen und Theoretiker gut daran täten, diese wieder einzubringen. Meiner Ansicht nach kann diese Einsicht am besten mittels des weniger metaphysischen und historischeren Ansatzes von Michel Foucault entwickelt werden. Diese Belange diskutiere ich ausführlicher in Allen (unveröffentlichtes Manuskript).

50 Habermas 1985: 137 (engl. 1987: 112).

dass wir uns darüber klar sein müssen, dass unser eigenes kritisches Rüstzeug auf verschiedene Weise selbst als Erbe in ebenjene Machtverhältnisse eingeschlossen ist, die wir kritisieren wollen. Oder, um es mit Chakrabarty zu sagen: „Kritisches Denken bekämpft das Vorurteil und ist zugleich Träger des Vorurteils, denn kritisches Denken [...] bleibt Orten verbunden"[51]. Zwar zwingt uns mein Argument dazu, uns mit der Tatsache zu konfrontieren, dass wir nicht *endgültig* zwischen Macht und Herrschaft unterscheiden können. Mit anderen Worten, wir können nie in der Position sein, mit Sicherheit zu wissen, dass wir unsere Begriffe von Vernunft, Rationalität, Universalität, Normativität erfolgreich von Herrschaft, Unterdrückung oder Ethnozentrismus gereinigt haben. Das stellt jedoch kein Problem für mein Verständnis einer Kritischen Theorie dar, wie ich es hier verfechte. Das ist vielmehr ein Problem der sozialen, politischen und kulturellen Welt, die wir bewohnen und welche die Kritische Theorie beleuchten will. Deshalb täten kritische Theoretikerinnen und Theoretiker gut daran, dieses Problem anzuerkennen. Die Anerkennung dieses Problems sollte uns, so denke ich, dazu veranlassen, die Normativität der Kritischen Theorie in einer kontextualistischen meta-normativen Position und Konzeption praktischer Vernunft zu begründen.[52] Solch eine Herangehensweise ist, so meine Behauptung, in einer sehr viel besseren Position, die Kritik von feministischer, queerer, *Critical-Race-* und postkolonialer Seite unterzubringen und würde es Kritischer Theorie infolgedessen erlauben, wirklich kritisch zu sein.

So viel zu Kritischer Theorie, was aber ist mit dem Feminismus? Bislang habe ich argumentiert, dass die Kritische Theorie, um wirklich kritisch zu sein, die Vernunftkritik in sehr viel stärkerem Maße einbeziehen muss, als das bislang der Fall war. Das zu gewährleisten heißt, das Verständnis des Zusammenhangs von Vernunft und Macht umzugestalten. Warum sollte man aber annehmen, dass sich Theoretikerinnen und Theoretiker des Feminismus, der *Queer Theory* und der *Postcolonial Theory* überhaupt mit dem Projekt, die Vernunft zu überdenken, beschäftigen sollten? Und weshalb sollten sie Kritische Theorie dafür brauchen? Die vorhergegangene Erörterung von Lloyds Arbeit hat, denke ich, die Gefahren aufgezeigt, die damit einhergehen, wenn der Vernunftdiskurs zugunsten der al-

---

51 Übersetzt von CK nach dem Original: „critical thought fights prejudice and yet carries prejudice at the same time, for critical thought [...] remains related to places" (Chakrabarty 2008: xvi).

52 Für diese Sicht argumentiere ich ausführlicher in Allen 2008. Für Ansätze, die in eine ähnliche Richtung argumentieren vgl. Cooke 2006 und Azmanova (im Erscheinen). Für einen interessanten, ähnlichen Ansatz zum (vernünftigen) Denken als sozialer Praxis siehe Laden 2012.

leinigen Bezugnahme auf Wahnsinn, Unvernunft, *Eros*, Verkörperung, Affektivität etc. verworfen wird. Das lässt die Logik der Exklusion und Herrschaft im Diskurs selbst unangetastet und bleibt daher im Dilemma gefangen. Obwohl es keinen einfachen Weg aus dieser misslichen Lage gibt, scheint es mir eine zwingende Aufgabe für feministische Theorie zu sein, durch diese Logik der Exklusion hindurch zu denken. Wie Foucault das einst formulierte: Es ist uns „glücklicherweise gegeben [...], einer Rationalität zu folgen, die unglücklicherweise Gefahren birgt", und es ist die Aufgabe der feministischen kritischen Theorie heute, durch diese „Spirale" hindurch zu denken[53]. Die Kritische Theorie kann dazu eine hilfreiche Ressource für einen Feminismus bieten, welcher anderenfalls in zahlreichen Wiederholungen der Dilemmata gefangen bliebe, die aus dem Vernunftverständnis, das wir geerbt haben, resultieren. Denn die Methodologie der Kritischen Theorie besteht, fasst man sie in richtiger Weise auf, genau darin, durch die Spirale hindurchzudenken.

Übersetzt von Christine Kley

---

53 „[F]ortunately committed to practicing a rationality that is unfortunately crisscrossed by intrinsic dangers" (Foucault 2000: 358, dt. zitiert nach Foucault 2005: 334).

Literatur

Adorno, Theodor W. (1966): *Negative Dialektik*, Frankfurt a. M. (englisch: ders. (1973): *Negative Dialectics*, übersetzt von E. B. Ashton, New York).

Allen, Amy (2008): *The Politics of Our Selves: Power, Autonomy, and Gender in Contemporary Critical Theory*, New York.

Dies. (im Erscheinen a): The Power of Justification: Reflections on Rainer Forst's „The Right to Justification", in: David Owen (Hg.), *Justice, Toleration, and the Right to Justification*, London.

Dies. (im Erscheinen b): Having One's Cake and Eating It, Too: Habermas's Genealogy of Post-Secular Reason, in: Craig Calhoun/Eduardo Mendieta/Jonathan van Antwerpen (Hg.), *Habermas and Religion*, Cambridge.

Dies. (unveröffentlichtes Manuskript): *Reason, Power, and History: Re-reading the Dialectic of Enlightenment*, Manuskript bei der Autorin.

Azmanova, Albena (im Erscheinen): *The Scandal of Reason: A Critical Theory of Political Judgment*, New York.

Chakrabarty, Dipesh (2008): *Provincializing Europe: Postcolonial Thought and Historical Difference*, Princeton.

Cooke, Maeve (2006): *Re-Presenting the Good Society*, Cambridge.

Eribon, Didier (2004): *Insult and the Making of the Gay Self*, übersetzt von Michael Lucey, Durham, NC.

Fanon, Frantz (2008): *Black Skin, White Masks*, übersetzt von Richard Philcox, New York.

Forst, Rainer (2007): *Das Recht auf Rechtfertigung. Elemente einer konstruktivistischen Theorie der Gerechtigkeit*, Frankfurt a. M. (englisch: ders. (2012): *The Right to Justification: Elements of a Constructivist Theory of Justice*, übersetzt von Jeffrey Flynn, New York).

Ders. (unveröffentlichtes Manuskript): *Noumenal Power*, Manuskript beim Autor.

Foucault, Michel (1973): *Wahnsinn und Gesellschaft. Eine Geschichte des Wahns im Zeitalter der Vernunft*, Frankfurt a. M. (englisch: ders. (2006): *History of Madness*, übersetzt von Jonathan Murphy/Jean Khalfa, New York).

Ders. (2005): Raum, Wissen, Macht, in: ders., *Schriften in vier Bänden. Dits et Ecrits*, hrsg. v. Daniel Defert, Band 4, Frankfurt a. M., S. 324-340 (englisch: ders. (2000): Space, Knowledge, Power, in: ders., *The Essential Works of Michel Foucault*, hrsg. v. James Faubion, Band 3: Power, New York, S. 349-364).

Fraser, Nancy (1989): What's Critical about Critical Theory? The Case of Habermas and Gender, in: dies., *Unruly Practices: Power, Discourse, and Gender in Contemporary Social Theory*, Minneapolis, MN, S. 113-143.

Habermas, Jürgen (1981): *Theorie des kommunikativen Handelns. Handlungsrationalität und gesellschaftliche Rationalisierung*, Band 1, Frankfurt a. M. (englisch: ders. (1984): *The Theory of Communicative Action*, Band 1: *Reason and the Rationalization of Society*, übersetzt von Thomas McCarthy, Boston).

Ders. (1985): *Der philosophische Diskurs der Moderne, Zwölf Vorlesungen*, Frankfurt a. M. (englisch: ders. (1987): *The Philosophical Discourse of Modernity: Twelve Lectures*, übersetzt von Frederick G. Lawrence, Cambridge).

Heyes, Cressida (im Erscheinen): Be Reasonable: A Response to Amy Allen's The Politics of Our Selves, in: *Philosophy and Social Criticism*.

Honneth, Axel (2007): *Pathologien der Vernunft: Geschichte und Gegenwart der Kritischen Theorie*, Frankfurt a. M. (englisch: ders. (2009): *Pathologies of Reason: On the Legacy of Critical Theory*, übersetzt von James Ingram, New York).

Horkheimer, Max/Adorno, Theodor W. (1981): *Dialektik der Aufklärung. Philosophische Fragmente*, Frankfurt a. M. (englisch: dies. (2002): *Dialectic of Enlightenment: Philosophical Fragments*, übersetzt von Edmund Jephcott, Stanford).

Huffer, Lynne (2010): *Mad for Foucault: Rethinking the Foundations of Queer Theory*, New York.

Kompridis, Nikolas (2006): *Critique and Disclosure: Critical Theory Between Past and Future*, Cambridge.

Laden, Anthony Simon (2012): *Reasoning: A Social Picture*, New York.

Lloyd, Genevieve (1993): *The Man of Reason: „Male" and „Female" in Western Philosophy*, 2. Auflage, Minneapolis (deutsch: dies. (1985): *Das Patriarchat der Vernunft. „Männlich" und „weiblich" in der westlichen Philosophie*, übersetzt von Adriane Rinsche, Bielefeld).

Dies. (2008): *Providence Lost*, Cambridge, MA.

Marasco, Robyn (2009): Review of „The Politics of Our Selves", in: *Hypatia* 24 (2), S. 211-215.

Mahmood, Saba (2005): *Politics of Piety: The Islamic Revival and the Feminist Subject*, Princeton, NJ.

Mohanty, Chandra T. (2003): „Under Western Eyes" Revisited: Feminist Solidarity through Anticapitalist Struggles, in: dies., *Feminism Without Borders: Decolonizing Theory, Practicing Solidarity*, Durham, NC, S. 221-251.

Morrison, Toni (1987): *Beloved*, New York (deutsch: dies. (2000), *Menschenkind*, übersetzt von Helga Pfetsch, Reinbek).
Okin, Susan Moller (1979): *Women in Western Political Thought*, Princeton, NJ.
Okin, Susan Moller et al. (1999): *Is Multiculturalism Bad for Women?*, Princeton, NJ.
Outlaw, Lucius (1996): *On Race and Philosophy*, New York.
Owen, David S. (2002): *Between Reason and History: Habermas and the Idea of Progress*, Albany.
Sedgwick, Eve Kosofsky (1993): How to Bring Your Kids Up Gay: The War on Effeminate Boys, in: dies., *Tendencies*, Durham, NC, S. 154-166.
Warner, Michael (1999): *The Trouble with Normal: Sex, Politics, and the Ethics of Queer Life*, Cambridge, MA.
Wellmer, Albrecht (1993): *Endspiele. Die unversöhnliche Moderne*, Frankfurt a. M. (englisch: ders. (2000): *Endgames: The Irreconcilable Nature of Modernity*, übersetzt von David Midgley, Cambridge).
Weir, Allison (1995): Toward a Model of Self-Identity: Habermas and Kristeva, in: Johanna Meehan (Hg.), *Feminists Read Habermas*, New York.
Whitebook, Joel (1995): *Perversion and Utopia: A Study in Psychoanalysis and Critical Theory*, Cambridge.
Willett, Cynthia (2001): *The Soul of Justice: Social Bonds and Racial Hubris*, Ithaca, NY.

Schweigen und institutionelle Vorurteile

MIRANDA FRICKER

Lassen Sie mich dort beginnen, wo ich auch enden werde: beim Begriff des *Schweigens*. Es gibt viele Arten des Schweigens, auf der allgemeinsten Ebene könnte man jedoch sagen, dass Schweigen zwei Aspekte aufweist – einen positiven und einen negativen. Der negative Aspekt besteht im erzwungenen Schweigen derjenigen, die auf irgendeine Weise daran gehindert werden, ihren Stimmen Gehör zu verschaffen. Diese Art von Schweigen wird normalerweise durch eine Ungerechtigkeit bewirkt. Der positive Aspekt besteht im aktiven, aufmerksamen Schweigen derjenigen, die *zuhören*, und die vielleicht versuchen, eine Stimme auszumachen, die selten gehört wird. Diese Art des Schweigens gehört zu einer moralischen Haltung der *Aufmerksamkeit* für andere – eine Offenheit dafür, wer sie sind und was sie zu sagen haben. Der Großteil dessen, was ich in diesem Text diskutieren möchte, kann unter einen dieser beiden Aspekte des Schweigens subsumiert werden.

Es gibt eine Bemerkung von Simone Weil, die ich in diesem allgemeinen Zusammenhang besonders anregend finde, sowohl politisch als auch philosophisch. Sie sagt darin Folgendes:

„Der Mensch ist so gemacht, dass derjenige, der zertritt, nichts fühlt; nur derjenige, der zertreten wird, fühlt. Solange man sich nicht auf die Seite der Unterdrückten gestellt hat, um mit ihnen zu fühlen, kann man sich das nicht klarmachen."[1]

---

1 Weil 1978: 139. „L'homme est ainsi fait que celui qui écrase ne sent rien, que c'est celui qui est écrasé qui sent. Tant qu'on ne s'est pas mis du côté des opprimés pour sentir avec eux on ne peut pas se rendre compte." (Weil 1959: 142, Übersetzung: Bunkenborg/Miller). Ich danke Clark Elliston für seine Hilfe bei der Quellensuche dieses Zitats. Meine Überlegungen wurden zum ersten Mal im Rahmen der „Simone

Die hier formulierte Idee betrifft eine politische Dimension des Wissens und Verstehens – sie bringt den Gedanken zur Sprache, dass das Innehaben einer Position sozialer Macht dazu tendiert, bestimmte Stellen der Realität zu verschleiern oder zu verfälschen. Diese grundlegende Idee ist in zwei verschiedenen Zusammenhängen bedeutsam, die ich hervorheben und beleuchten möchte: Der erste Zusammenhang betrifft eine aus der feministischen Philosophie stammende allgemeine methodologische Auffassung über die Art und Weise, wie Philosophie betrieben werden soll (diese Auffassung ist vielleicht gerade dabei, sich nach und nach doch auch im gängigeren Philosophieverständnis zu etablieren). Weils Bemerkung nimmt diese Auffassung vorweg, die uns lehrt, dass wir den Blickwinkel derjenigen auf der Verliererseite einnehmen müssen, wenn wir ein umfassendes Verständnis von menschlichen Praktiken, sozialen Phänomenen und Beziehungsmustern erlangen wollen. Als diejenigen, die unterdrücken (die „zertreten", um Weils Formulierung beizubehalten), sind wir nicht nur nicht in der Lage zu wissen, wie es ist, unterdrückt zu werden, sondern – und das ist ein eigener Punkt – auch unsere allgemeine Auffassung der sozialen Welt, in der Unterdrückungen statthaben, unterliegt einer einseitigen Perspektive, der Perspektive der Mächtigen.

Diese Idee ist mindestens so alt wie Marx, aber der Feminismus hat ihr einen neuen und weniger theoretisch überfrachteten Ausdruck verliehen, und es ist allen voran der Feminismus, der sie kürzlich der englischsprachigen Philosophie zugänglich gemacht hat. Besonders wichtig ist, dass wir in der feministischen Philosophie seit den 1980er Jahren eine Auseinandersetzung mit der Idee des Standpunktes finden, von dem aus die Welt betrachtet wird. Ein Standpunkt ist dabei ein Blickwinkel, der durch eine gegebene sozial-identitäre Positionierung und die Bandbreite der sozialen Erfahrungen, die typischerweise mit ihr einhergeht, ermöglicht (aber nicht garantiert) wird – soziale Positionierungen, die wir mit Kategorien wie „älter", „Frau", „homosexuell", „heterosexuell", „Mensch mit Behinderung", „Mensch ohne Behinderung", „Mann" zu erfassen beginnen können sowie mit zahlreichen Zusammensetzungen solcher einfachen Identitätskategorien. Im makroökonomischen Kontext meint dieser Gedanke, dass jemand, der am oberen Ende der Leiter steht, nicht in der Lage ist, die Situation derjenigen am Boden vollständig zu erfassen. Im häuslichen Bereich bedeutet es,

---

Weil Lectures on Human Value – 2009" in Melbourne und Sydney vorgestellt, und sie haben von den Diskussionen in diesem Kontext enorm profitiert. Besonders danken möchte ich C.A.J. Coady, Karen Jones, Martin Krygier, Genevieve Lloyd und Michael Smith für ihre hilfreichen Beiträge und insbesondere Raimond Gaita – für die Einladung, für die gewonnenen philosophischen Einsichten und für seine unendlich großherzige Gastfreundschaft.

dass es unwahrscheinlich ist, dass jemand, der von klein auf daran gewöhnt ist, dass sich jemand anderer um die alltägliche Reproduktionsarbeit kümmert – ihn ernährt und im Allgemeinen hinter ihm herräumt –, eine realistische Einschätzung davon besitzt, wie viel Arbeit wirklich dabei anfällt, jemanden zu versorgen. Die Standpunkte der ökonomisch Unterlegenen oder der ungewürdigten Fürsorgenden sind als „epistemisch privilegiert" beschrieben worden – privilegiert sind sie in doppelter Hinsicht: sowohl im Hinblick auf den größeren Umfang sozialer Realität, die sie in den Blick bekommen, als auch hinsichtlich einer entsprechend weniger einseitigen Perspektive, die es vermag, die Welt auf allgemeinere Weise zu verstehen.

Obwohl diese philosophischen Ideen sich im Laufe der 1980er Jahre entwickelten, bin ich ihnen erst 1990 begegnet, als ich ein Masterstudium in *Women's Studies* absolvierte. Der Philosophie-Bachelor, den ich zuvor gemacht hatte, konfrontierte die Studierenden nicht mit feministischer philosophischer Literatur – das ist verständlich: Es waren noch die Anfangstage. Doch als ich dann schließlich feministische philosophische Literatur las, war ich erstaunt. Das war offensichtlich Philosophie, und trotzdem schien es so, als ob dieser Denkstil irgendwo im toten Winkel des englischsprachigen Philosophiekanons stattfand. Philosophie ist immerhin auch eine sozial-historische Instanz, eine kollektive Unterhaltung, die sich über Historie und sozialen Raum erstreckt, und ich entdeckte, als ich zum ersten Mal feministische Philosophie las, dass man sich darum bemühen muss, auch dem Schweigen Gehör zu schenken, um zu verstehen, was Philosophie ist, das heißt, um eine angemessene Perspektive auf die historische Entwicklung der Philosophie zu finden. Auf der Ebene des philosophischen Kanons wird das von der bereits erwähnten methodologischen Lektion veranschaulicht, die uns von der feministischen Philosophie angetragen wird: Wenn man ein soziales Phänomen verstehen will, ist man gut beraten, es von der Perspektive derjenigen zu betrachten, deren Stimmen kaum zu hören sind. Man kann dies als eine moderatere Variante derselben Idee verstehen, der Weil politischen Ausdruck gibt, wenn sie sagt: „Solange man sich nicht auf die Seite der Unterdrückten gestellt hat [...], kann man sich das nicht klarmachen."

Dies ist also die erste Idee, die ich in Bezug auf Weils anregende Bemerkung herausstellen möchte. Um den Punkt ganz allgemein zu fassen: Dem Schweigen zuzuhören, ist häufig lehrreich. Aber was bedeutet es, dem Schweigen zuzuhören, wenn wir Philosophie betreiben? Es ist eine Sache, eine historische Perspektive auf den Kanon einzunehmen, um eine informiert kritische Haltung denjenigen Mechanismen gegenüber zu erlangen, die bestimmen, was aufgenommen und was außen vor gelassen wird. Eine ganz andere Sache aber ist es, so könnte man einwenden, vorzuschlagen, dass *dem Schweigen zuzuhören* als solches ein nützliches philosophisches Instrument sein kann, ein Leitfaden für das Vorgehen philosophischen Erklärens. Nehmen wir an, unser methodologisches Gebot sei wie folgt: Was auch immer du verstehen willst, versuche es vom Blickwinkel der Machtlosen aus zu betrachten, von denjenigen aus, die als Verlierende aus der Praxis hervorgehen, die du erklären willst. Nun ist es völlig richtig, dass diese Idee bei vielen Fragen oder Themen der Philosophie keine Anwendung finden wird. Wenn ich mich zum Beispiel für eine metaphysische Frage wie „Warum gibt es etwas und nicht vielmehr nichts?" interessiere, bezweifle ich, dass ich mit dem methodologischen Vorschlag, die Frage vom Blickwinkel der Machtlosen aus zu betrachten, etwas anfangen könnte. Oder auch, wenn mein Interesse einer durch und durch abstrakten Frage der Erkenntnistheorie gilt – wie zum Beispiel der Frage, ob es dasselbe ist, den gerechtfertigten und wahren Glauben zu haben, dass die Katze auf der Matte sitzt, wie zu wissen, dass die Katze auf der Matte sitzt –, dann bemühe ich mich wohl tatsächlich vergeblich, wenn ich versuche, sie vom Blickwinkel der Machtlosen aus zu betrachten. Aber nicht alle philosophischen Fragen sind von dieser Art. Tatsächlich sind nicht einmal alle *epistemologischen* Fragen dieser Art (oder zumindest sind sie es nicht mehr). Was, wenn wir uns für die Epistemologie des Bezeugens oder testimonialer Akte interessieren – also insbesondere für die Frage, was Hörende berechtigt, etwas zu glauben, das ihnen eine andere Person erzählt und so vielleicht dank dieser zu Wissen zu gelangen. In der jüngeren Vergangenheit kam es Erkenntnistheoretikerinnen und -theoretikern, die sich für diese Frage interessierten, nicht in den Sinn, dass es lohnenswert sein könnte, diese Angelegenheit vom Blickwinkel der Machtlosen anzugehen. Es wird sich aber herausstellen, dass es dies durchaus ist.

Es bedarf nur zweier Schritte, um zu der Position zu gelangen, von der aus wir dies erkennen können. Zunächst müssen wir die Epistemologie testimonialer Akte als die Epistemologie einer *sozialen Praxis zwischen Menschen* begreifen. Im Wesentlichen ist sie die Praxis des Gebens und Empfangens von Informationen, eine Praxis, in der die Hörenden dem, was ihnen erzählt wird, unterschiedlich viel Vertrauen schenken oder es zurückweisen oder sich vielleicht eines Urteils vorerst enthalten werden. Testimoniale Akte als eine Praxis zu begreifen, ist tatsächlich ein großer Schritt in Anbetracht des historisch vorherrschenden Selbstverständnisses der analytischen Philosophie, das sie lediglich als Auseinandersetzung mit der Natur unserer Konzepte und mit den Worten, die wir zu ihrer Formulierung nutzen, auffasst. (Wenn die Idee von Praktiken überhaupt eine Rolle spielte, dann nur in der Form unserer begrifflichen und linguistischen Praktiken.) Glücklicherweise hat die Idee, dass der Untersuchungsgegenstand der Philosophie auf das Begriffliche und Linguistische beschränkt ist, seit einigen Jahrzehnten an Einfluss für das Schaffen von Philosophinnen und Philosophen verloren und ist in jüngster Zeit explizit in Kritik geraten,[2] sodass die linguistische Wende (*linguistic turn*) nun als abgelöst betrachtet werden kann von alternativen, lebensnäheren Auffassungen davon, was Philosophie erklären und beleuchten kann. Nachdem wir nun diesen ersten Schritt gemacht haben, also dahin gekommen sind, den Untersuchungsgegenstand der Epistemologie testimonialer Akte in *den menschlichen Praktiken des Erzählens und des (Nicht-) Akzeptierens dessen, was uns erzählt wird*, zu erkennen, bekommen wir eine Idee davon, wie wir den zweiten Schritt unternehmen können. Wir verstehen nun, was es bedeuten könnte, diese Praxis vom Blickwinkel der Machtlosen aus zu betrachten, vom Blickwinkel der zum Schweigen Gebrachten. Testimoniale Praktiken beinhalten Versuche der Wissensübermittlung an andere, aber was, wenn diese anderen nicht hören, nicht hören können oder wollen? In diesem Fall wird die Sprecherin oder der Sprecher vielleicht zum Schweigen gebracht. Eine erste Formulierung könnte also lauten: Wenn eine Sprecherin oder ein Sprecher gehört werden sollte, aber nicht gehört wird, wird sie oder er zum Schweigen gebracht.

Dies wäre natürlich zu voreilig. Immerhin gibt es Fälle, in denen Sprecherinnen und Sprecher, die angehört werden sollten, letztendlich doch nicht gehört werden und in denen es ein Fehler wäre, diese als „zum Schweigen gebracht" zu charakterisieren. Vor allem wäre es völlig falsch, die Zuhörende oder den Zuhörenden zu beschuldigen, jene zum Schweigen *gebracht* zu haben. Ein Beispiel hierfür kann eine irrtümliche Identitätszuschreibung sein, oder die schlichte Unkenntnis über jemandes Fachkompetenz in einem bestimmten Bereich. Man stelle sich die Situation in einem Flugzeug vor, wenn ein Passagier plötzlich ernsthaft erkrankt. Der Flugbegleiter tut sein Bestes, um mit der Situation zurechtzukommen, als eine andere Passagierin anfängt, ihm energisch Anweisungen zu geben. Bis zu dem Moment, in dem der Flugbegleiter merkt, dass die rechthaberische Passagierin Krankenschwester ist (vielleicht dauert es einige Minuten, bevor sie etwas offensichtlich Medizinisches sagt), nimmt er ihre Vorschläge vielleicht nicht allzu ernst und schenkt ihren Worten wenig Glauben, bis sie ihre Fachkenntnis auf irgendeine Weise unter Beweis stellt. In Beispielen wie diesen wird die Sprecherin nicht zum Schweigen gebracht, und zwar weil es sich lediglich um einen unschuldigen Fehler von Seiten des Hörers handelt.

Es gibt allerdings auch andere Beispiele. Man stelle sich vor, eine Managerin – eine attraktive, junge, blonde Frau – macht bei einer geschäftlichen Besprechung einen guten Vorschlag darüber, wie die Firma eine ihrer Leistungen ver-

---

2 Vgl. Williamson 2007; obwohl seine beeindruckende Verteidigung der „Lehnstuhl-Philosophie" die linguistische Konzeption unglücklicherweise keineswegs durch etwas Differenzierteres ersetzt.

bessern könnte, doch niemand am Tisch nimmt ihren Vorschlag wirklich ernst. Oder man stelle sich einen weißen Polizeibeamten vor, der den schwarzen Fahrer eines teuren Autos anhält, um ihn zu fragen, ob er der Eigentümer ist und der Behauptung des Fahrers gegenüber misstrauisch bleibt. Bei dieser Art von Beispielen kommuniziert eine Person eine Aussage irgendeiner Art (einen Vorschlag oder eine bezeugende Aussage), und die oder der Zuhörende misst den Worten der Sprecherin oder des Sprechers zu wenig Glaubwürdigkeit bei – dieses Mal aber nicht aufgrund eines unschuldigen Fehlers; die Abwertung der Glaubwürdigkeit ist hier vielmehr Vorurteilen geschuldet. Der entsprechende Vorgang, mit dem wir die Worte anderer aufnehmen und ihre Glaubwürdigkeit herabstufen, wird durch die vorurteilsbehaftete Wahrnehmung der Sprechenden durch die Zuhörenden korrumpiert. Die Gesprächsteilnehmerinnen und -teilnehmer nehmen die attraktive, junge, blonde Frau auf eine Weise wahr, die unvereinbar damit ist, dass sie nützliche, sachkundige Vorschläge macht; der weiße Polizeibeamte nimmt den schwarzen Fahrer in einer Art wahr, die es als unwahrscheinlich erscheinen lässt, dass er wahrheitsgemäß behauptet, der rechtmäßige Besitzer des Autos zu sein.

Führen wir ein reales Beispiel an, um unsere Aufmerksamkeit auf die Wichtigkeit des Phänomens zu lenken. Am 22. April 1993 wurde ein Jugendlicher namens Stephen Lawrence im Londoner Stadtbezirk Greenwich von einer kleinen Gang weißer Jugendlicher erstochen. Stephen Lawrence und sein Freund Duwayne Brooks, mit dem er gemeinsam an der Bushaltestelle wartete, waren schwarz. Dem Mord ging keine Provokation, überhaupt keine feindselige Interaktion voraus. Es war eine vollkommen einseitige, explizit rassistisch motivierte Attacke – das Einzige, das ihr vorausging, war der Zuruf rassistischer Beschimpfungen von Seiten der fünf oder sechs Angreifer auf der gegenüberliegenden Straßenseite. Die Gang stürzte sich dann auf Stephen Lawrence, wobei ein oder möglicherweise zwei ihrer Mitglieder ihm zwei tiefe Stichwunden zufügten, die seinem Leben wenige Minuten später ein Ende setzten. Die mittlerweile allgemein bekannte polizeiliche Handhabung der Mordermittlung war so schuldhaft verpfuscht, dass eine unabhängige Untersuchung unter der Leitung von Sir William Macpherson in Auftrag gegeben wurde – der Bericht dieser Untersuchung ist als der „Macpherson-Bericht" bekannt. Aus diesem Bericht beziehe ich meine Informationen sowie die Grundlagen für die epistemische, ethische und politische Interpretation, die ich vorschlagen werde.

Duwayne Brooks war Hauptzeuge des Verbrechens und, obwohl physisch unverletzt, ebenfalls Opfer des Angriffs. Es gibt klare Vorschriften, die regeln, wie das Opfer eines Verbrechens zu behandeln ist: Es muss getröstet und entsprechend seiner Bedürfnisse behandelt werden. Einer der größten Verhaltensmängel der Polizei an jenem Tag war, dass sie Herrn Brooks zu keiner Zeit auf die durch die Vorschriften festgelegte Weise betreute. Der Bericht hält fest, dass niemand, obwohl er offensichtlich ein entsetzliches Trauma erlitten hatte, versuchte, Duwayne Brooks zu trösten oder zu beruhigen.[3] Er war vermutlich knapp einer direkten körperlichen Attacke entkommen, er war terrorisiert worden und hatte seinen Freund vor seinen Augen verbluten sehen, während er, einige Zeit nachdem sich die Polizei bereits am Tatort eingefunden hatte, auf das Eintreffen des Rettungswagens wartete. Diese Ankunftsreihenfolge der beiden Notdienste war unglücklich und nicht gerade hilfreich für die Beziehung zwischen Duwayne Brooks und den anwesenden Polizeibeamten. Aber wichtiger ist, dass die Polizei anscheinend von der Annahme ausging, dass es irgendeine Form von Kampf gegeben hatte, der letztlich in der Messerattacke gipfelte und Brooks, ganz zu schweigen von seinem ermordeten Freund, dementsprechend als einen am Verbrechen Beteiligten behandelte. Er war also ein Opfer, das nicht wie ein Opfer behandelt, sondern stattdessen spontan als Teil des Problems wahrgenommen wurde. Es gilt in all dem aber noch etwas anderes zu berücksichtigen – nämlich den *epistemischen* Strang der Geschichte, den ich herausstellen möchte. Die polizeiliche Wahrnehmung von Duwayne Brooks macht erklärlich, warum er, obwohl er offiziell ein Zeuge war – die Hauptinformationsquelle über das Verbrechen –, vor Ort genauso wenig auf angemessene Weise als Zeuge behandelt wurde wie als Opfer. Aus dem Macpherson-Bericht geht deutlich hervor, dass die untersuchenden Beamten Duwayne Brooks' Worte auf eine Weise wahrnahmen, die unvereinbar damit war, seiner Zeugenaussage über den Angriff irgendeine ernsthafte Glaubwürdigkeit beizumessen. Im Absatz 5.11 legt der Bericht dar:

„Die Beamten versäumten es, sich auf Herrn Brooks einzulassen und den Informationen, die er ihnen gab, gründlich nachzugehen. Obwohl er wusste, wo die Angreifer zuletzt gesehen worden waren, schlug niemand vor, dass er an der Durchsuchung der Gegend beteiligt werden sollte. Niemand scheint richtig versucht zu haben, ihn zu beruhigen oder anzuerkennen, dass er die Wahrheit sprach. Hinzu kommt noch, dass Inspector Steven Groves, der einzige leitende Beamte, der bereits vor dem Eintreffen des Rettungswagens zugegen war, offensichtlich nicht versuchte, von Herrn Brooks zu erfahren, was vorgefallen war."

In dieser Geschichte eines rassistischen Mordes an einem 18-jährigen Mann und einer polizeilichen Untersuchung, die aufgrund von rassistischen Vorurteilen so verzerrt und falsch gehandhabt wurde, dass es viele Jahre lang so aussah, als ob

---

3   Vgl. Kapitel fünf des Macpherson-Berichts, vor allem 5.10-12 und 5.3. Der Bericht wurde 1999 veröffentlicht und kann online eingesehen werden. Für die URL siehe das Literaturverzeichnis.

keine erfolgreiche Strafverfolgung stattfinden könnte,[4] finden wir ein eindrucksvolles Beispiel des Phänomens, das ich testimoniale Ungerechtigkeit nenne. Hierbei verzerren Vorurteile auf der Seite der oder des Zuhörenden die Wahrnehmung der oder des Sprechenden derart, dass die ihm oder ihr zugeschriebene Glaubwürdigkeit abgewertet wird. In diesem Fall scheint es so, dass die Polizei vor Ort so gut wie gar nicht hörte, was Duwayne Brooks zu sagen hatte, und dass vorurteilsbehaftete rassistische Stereotypisierungen die Ursache dafür waren. Es ist deshalb angemessen, Duwayne Brooks als auf höchst ungerechte Weise zum Schweigen gebracht zu betrachten. Neben den offensichtlichen Auswirkungen dieses Zum-Schweigen-Bringens auf die polizeiliche Untersuchung und das anschließende Gerichtsverfahren ist da außerdem die intrinsische epistemische Ungerechtigkeit, die Duwayne Brooks zugefügt wurde – ihm wurde in seiner Fähigkeit als Wissender, genauer: als Wissensvermittler Unrecht getan. Er wurde aufgrund von Vorurteilen daran gehindert, Wissen weiterzugeben, das er zu teilen in der Lage war. Wir können ihn als in zweifacher Weise daran gehindert begreifen, Wissen mitzuteilen, zwei Weisen, die es zu unterscheiden gilt:

Erstens wurde er *präventiv* zum Schweigen gebracht, das heißt, die Art, wie die Polizei ihn wahrnahm, brachte sie dazu, sich im Großen und Ganzen einfach nicht darum zu bemühen, ihn um Informationen zu ersuchen. Wir haben bereits im Macpherson-Bericht gesehen, dass der einzige vor Ankunft des Rettungswagens anwesende leitende Beamte nicht versuchte, „von Herrn Brooks zu erfahren, was passiert war". Zweitens, insoweit Duwayne Brooks tatsächlich die Möglichkeit gegeben wurde, sein Wissen vor Ort weiterzugeben, wurde er, so scheint es, nicht richtig gehört. Seine Aufregung wurde als Feindseligkeit statt als traumatischer Stress wahrgenommen, und seine wütende Frustration dem gegenüber, was er als mangelndes polizeiliches Bemühen um das Leben seines Freundes ansah, der bis zur Ankunft des Rettungswagens blutend auf dem Gehweg lag, wurde als Aggression gegen die Polizei verstanden. Insgesamt wurde er also nicht gebührend anerkannt als die Wissensquelle, die er ganz eindeutig war.[5] Diese beiden Formen des Zum-Schweigen-Bringens sind zentrale Formen testimonialer Ungerechtigkeit.

---

4 Im Januar 2012 wurden zwei Männer für den Mord an Stephen Lawrence verurteilt.

5 Der Bericht macht deutlich (unter 5.14), dass, während die polizeiliche Behandlung von Herrn Brooks am Tatort und selbst später noch im Krankenhaus völlig unangemessen und inadäquat war, die Behandlung, die er später in der Plumstead Police Station erfahren hat, besser war: Ein Beamter kam, um ihm die Möglichkeit zu geben, seine Mutter zu sehen und nach Hause zu gehen (was er ablehnte) und um im Verlauf der Nacht ein ausführliches Zeugnis von ihm aufzunehmen.

Das Unrecht der hier verübten testimonialen Ungerechtigkeit mag einem als einigermaßen unerheblich erscheinen, verglichen mit der ungeheuerlichen rechtlichen Ungerechtigkeit, die darin besteht, dass ein oder mehrere Mörder der Strafverfolgung entgehen. In einem offenkundigen Sinn ist dies wahr: Es ist wichtiger, dass ein Mord angemessen untersucht und Recht gesprochen wird, als dass jemand *einen* Fall von testimonialer Ungerechtigkeit vermeidet. Dass Duwayne Brooks zum Schweigen gebracht wurde, könnte als lediglich ein schuldhaftes Versagen der Polizei unter vielen anderen erscheinen, die zusammengenommen letztlich in der gescheiterten Ermittlung gipfelten. Ich glaube jedoch, dass die hier auf dem Spiel stehenden testimonialen und rechtlichen Ungerechtigkeiten nicht voneinander trennbar sind, da die rechtliche Ungerechtigkeit bei dieser Untersuchung, die so falsch gehandhabt wurde, dass dies eine Strafverfolgung letztlich vereitelte, vor allem auf die an Duwayne Brooks verübte testimoniale Ungerechtigkeit zurückzuführen ist. Mit anderen Worten: Dass Brooks zum Schweigen gebracht wurde, war selbst Teil der misslungenen Untersuchung und scheint einer der Hauptgründe ihres Scheiterns gewesen zu sein und zwar weil insbesondere die testimoniale Ungerechtigkeit dafür verantwortlich war, dass man sich die entscheidende Gelegenheit, vor Ort Hinweise aufzunehmen, entgehen ließ. Insofern rechtliche Gerechtigkeit direkt von einer Offenheit gegenüber dem abhängt, was Zeuginnen und Zeugen sowie andere Beteiligte zu sagen haben, hängt sie auch direkt von testimonialer Gerechtigkeit ab. Wenn wir darüber hinaus über das Unrecht nachdenken, das mit der von Duwayne Brooks erlittenen testimonialen Ungerechtigkeit zusammenhängt, so wird offensichtlich, dass es in keiner Weise isoliert, flüchtig oder einmalig ist; es ist vielmehr Teil eines allgemeinen Musters vorurteilsbehafteter Wahrnehmung und vorurteilsförmiger Glaubwürdigkeitsurteile. Er war außerdem nicht die einzige schwarze Person, die im Laufe der Untersuchungen testimoniale Ungerechtigkeit durch die Polizei erfahren musste. Im Macpherson-Bericht findet sich ein Zitat von Doreen Lawrence, der Mutter von Stephen Lawrence, in dem sie ihre Erfahrungen mit der Polizei zu jenem Zeitpunkt beschreibt, zu dem sie und ihr Mann eigentlich regelmäßig über den Fortgang der Ermittlungen hätten informiert werden sollen. Sie berichtet:

„Im Grunde wurden wir als leichtgläubige Einfaltspinsel betrachtet. Das zeigt sich vor allem in Detective Chief Superintendent Isleys Kommentar, ich sei wohl dazu angehalten worden, Fragen zu stellen. Vermutlich ist es in seinen Augen nicht möglich, dass ich eine intelligente, schwarze Frau mit eigenen Gedanken bin, die selbst in der Lage ist, Fragen zu stellen. Wir wurden herablassend behandelt und abgespeist [...]."[6]

---

6 Macpherson-Bericht unter 4.4.

Betrachten wir das Wesen des hier involvierten epistemischen Unrechts. Das intrinsische Unrecht testimonialer Ungerechtigkeit liegt in der *epistemischen Beleidigung*: Das Subjekt wird in seiner Fähigkeit als wissendes, also als rationales Wesen, abgewertet. Diese Beleidigung ist weitreichend. Stimmt man der Annahme zu, dass unsere Rationalität Teil unseres Wertes als Menschen ist, dann ist der Umstand, in seiner Fähigkeit als Wissende oder Wissender als minderwertig wahrgenommen und behandelt zu werden gleichbedeutend damit, als ein minderwertiger Mensch wahrgenommen und behandelt zu werden. Im Anschluss an das Trauma des Mordes erfuhr auch Duwayne Brooks diese erweiterte epistemische Beleidigung durch die Polizei. Seine Behandlung ist eine ethische Ungerechtigkeit. Sie ist außerdem eine grobe epistemische Fehlleistung, da der Polizei Wissen entging, das sie benötigt hätte, um das Beweismaterial zusammenzutragen. Hier beobachten wir die eigenartige Hybridität testimonialer Ungerechtigkeit, die zugleich ethisch und epistemisch ist: Duwayne Brooks wurde moralisches Unrecht zugefügt, und der Polizei (ganz zu schweigen von der Familie Lawrence und der Gesellschaft als ganzer) entging Wissen, das von Herrn Brooks zum Zweck strafrechtlicher Beweise hätte entgegengenommen werden sollen.

Ich habe an anderer Stelle über das Wesen dieser Art von Unrecht geschrieben und auch über die Hoffnung, dass wir als Individuen in uns selbst eine korrigierende Tugend testimonialer Gerechtigkeit zu kultivieren versuchen könnten, anhand derer wir den Einfluss von Vorurteilen auf unsere Glaubwürdigkeitsurteile ausgleichen.[7] Ich stelle sie als korrektive Tugend dar, weil wir vernünftigerweise nicht darauf hoffen können, unsere Urteile vollständig von Vorurteilen zu befreien. Dies liegt daran, dass ich der (vielleicht eher pessimistischen) Überzeugung bin, dass vorurteilsförmige Stereotypen in der sozialen Luft liegen, die wir atmen – ich meine damit, dass sie in der kollektiven sozialen Vorstellung dauerhaft vorhanden sind –, und wir deshalb, selbst dann, wenn wir keine sexistischen oder rassistischen *Überzeugungen* vertreten, nicht davor gefeit sind, dass vorurteilsförmige Stereotypen unsere Glaubwürdigkeitsurteile beeinträchtigen, sodass wir auf von uns selbst unbemerkte Weise eine Abwertung der Glaubwürdigkeit zulassen, die wir bestimmten Sprecherinnen und Sprechern aufgrund ihrer Gruppenzugehörigkeit zuweisen (das geschieht freilich auch in Abhängigkeit von den sozialen Gruppen, denen *wir* jeweils angehören). Ein Mitglied eines Einstellungskomitees zum Beispiel mag keine altersdiskriminierenden Überzeugungen vertreten und dennoch die jüngere Bewerberin allein aufgrund ihrer Jugendlichkeit spontan bevorzugen, wobei sich das einzig und allein mit dem sub-

---

7   Vgl. Fricker 2007, Kapitel vier und sieben.

tilen Einfluss des Stereotyps vom langsameren, weniger flexiblen, sich weniger bereitwillig aufopfernden älteren Mitarbeiter erklären lässt.

Es ist eine gewisse *kritische Offenheit* dem Wort anderer gegenüber, vermittelt durch eine unvoreingenommene Wahrnehmung ihrer als Individuen, welche die oder der Einzelne herzustellen versuchen muss. Wir könnten diese Fähigkeit des Zuhörens als eine besondere Art der *Aufmerksamkeit* für andere begreifen. Inspiriert von Simone Weils Konzept der Aufmerksamkeit, die Weil als letztlich mit jener *unfokussierten* Betrachtungsform verknüpft betrachtet, die sie als für das Gebet charakteristisch begreift, entwickelt Iris Murdoch ihr eigenes deutlicher ethisches Konzept der „liebevollen Aufmerksamkeit", wie wir sie Personen und anderen Wesen zuteilwerden lassen.[8] Trotz der fokussierten Natur von Murdochs liebevoller Aufmerksamkeit teilt diese mit Weils Konzept eine Sichtweise, die von Aspekten des Selbst unverstellt, unvoreingenommen ist – eine Art der Wahrnehmung oder ein *Wahrnehmungsvermögen*, möchte ich sagen, das seinem Wesen nach fundamental passiv ist, im Sinne von frei von jeder Beeinflussung durch den Willen.[9] In Murdochs bekannter, wenn auch mittlerweile etwas überholter Veranschaulichung dieser Art von Aufmerksamkeit präsentiert sie uns eine Schwiegermutter, die ihre neue Schwiegertochter zunächst als ein „dummes vulgäres Mädchen" wahrnimmt und beklagt, dass ihr Sohn „unter seinem Niveau" geheiratet hat[10]. Es gelingt ihr, sich durch ihr Verhalten nicht zu verraten, sodass niemand außer ihr selbst weiß, was sie fühlt. Nach und nach beginnt sie, ihre Schwiegertochter mit anderen Augen zu sehen. Anhand eines bewundernswerten Prozesses der Selbstdisziplinierung gelangt sie schließlich zu

---

8 Vgl. Murdoch 1970: 34.

9 „Simone Weil sagt, dass der Wille uns nicht zu moralischer Verbesserung führt, sondern nur mit der Idee strenger Pflichten verbunden werden sollte. Moralische Veränderung rührt her von der *Aufmerksamkeit* für die Welt, deren natürliches Resultat eine Minderung des Egoismus ist, weil sie einen stärkeren Sinn primär natürlich für die Realität von anderen Menschen, aber auch für die anderer Dinge bewirkt. Diese Sichtweise stimmt mit der östlichen Weisheit (und mit Schopenhauer) darin überein, dass wir letzten Endes keinen Willen haben sollten." [Übersetzung: Bunkenborg/Miller].

„Simone Weil says that will does not lead us to moral improvement, but should be connected only with the idea of strict obligations. Moral change comes from an *attention* to the world whose natural result is a decrease in egoism through an increased sense of the reality of, primarily of course other people, but also other things. Such a view accords with oriental wisdom (and with Schopenhauer) to the effect that ultimately we ought to have no will." (Murdoch 1992: 52).

10 Vgl. Murdoch 1970:17 [Übersetzung: Bunkenborg/Miller].

einer neuen, vom Standesdünkel befreiten Wahrnehmung von ihr. Murdoch stellt sich vor, dass diese Frau zu sich selbst sagt: „Ich bin altmodisch und konventionell. Ich könnte Vorurteile haben und engstirnig sein. Ich könnte einen Standesdünkel haben. Ich bin zweifellos neidisch. Schaue ich nochmal hin." Daraufhin beobachtet sie ihre Schwiegertochter und denkt ganz bewusst über sie nach, bis sich allmählich ihr Blick auf sie ändert.[11]

Was Murdoch hier beschreibt, trifft den Kern dessen, was wir unter der individuellen Tugend der testimonialen Gerechtigkeit verstehen sollten. Erstens verlangt sie reflexives Bewusstsein darüber, dass man für dieses oder jenes Vorurteil anfällig sein könnte. Zweitens gründet sie sich auf eine beständige Motivation, solche Vorurteile zu überwinden und drittens gewährleistet sie hierbei ein angemessenes Maß an Erfolg. Im Fall der testimonialen Gerechtigkeit beruht die Überwindung eines Vorurteils darauf, dass es jemandem gelingt, ihre oder seine Wahrnehmung der oder des Sprechenden so zu korrigieren, dass ihr oder ihm ein gebührendes Maß an Glaubwürdigkeit zuteilwird. Dort, wo dieses angemessene Maß unklar ist, können wir nach weiterer Evidenz suchen oder unser Urteil einfach zunächst einmal zurückhalten. Die Fähigkeit zur Aufmerksamkeit – das Vermögen, die echten menschlichen Individuen hinter den Vorurteilen zu sehen – ist im ethischen Leben unentbehrlich. Sie ist in persönlichen Beziehungen so unabdingbar, wie zwischen Murdochs Schwiegermutter und -tochter, und sie ist ebenfalls unentbehrlich als Teil des sozialen, institutionellen Lebens. Wenn nur einer der zuständigen, nach Stephen Lawrences Mord anwesenden Polizeibeamten die Fähigkeit für diese Art der Aufmerksamkeit besessen hätte, dann wäre Duwayne Brooks *angehört* worden. Er hätte nicht die epistemische Ungerechtigkeit erlitten, die ihm widerfahren ist, und mehr Beweise hätten sichergestellt werden können, bevor es dafür zu spät war. Aber ich werde hier nicht weiter auf die Frage individueller Tugenden eingehen, denn tugendhafte Individuen, die innerhalb einer Institution arbeiten, sind offensichtlich bloß ein Teil der Antwort. Manchmal weisen Institutionen tief verwurzelte Laster auf, wie zum Beispiel Rassismus, selbst wenn die dort arbeitenden Individuen für sich, *als Individuen*, dieses Laster nicht aufweisen. Einige der wichtigsten Fälle testimonialer Ungerechtigkeit betreffen die Behandlung von Individuen durch Kollektive und vor allem durch Institutionen wie Einstellungskomitees, Unternehmen, Gerichte und natürlich auch Polizeikräfte. Und Tatsache ist, dass mehr hinter dem Rassismus (oder was immer das Laster sein mag) solcher Institutionen steckt als die Summe der rassistischen Individuen, die in ihnen arbeiten. Deshalb möchte ich mich auf die kollektive Dimension des Rassismus konzentrieren, welche in der gerade betrachteten Geschichte voller rassistischer Vorurteile am Werk ist.

---

11 Vgl. ebd. [Übersetzung: Bunkenborg/Miller].

Ich kann die Frage nicht klären, inwiefern es bei der Londoner Polizei einzelne rassistische Beamtinnen oder Beamte gab oder noch gibt. Aber das wichtigste und gesellschaftlich am prominentesten diskutierte Ergebnis des Macpherson-Berichts war, dass wir es bei der Londoner Polizei mit „institutionellem Rassismus" zu tun haben.[12] Das ist eine Idee, die (zumindest in ihrer Reinform) zu unterscheiden ist von der Behauptung, dass es eine bestimmte Zahl von Beamtinnen oder Beamten gab, die Rassistinnen oder Rassisten waren. Das Konzept des institutionellen Rassismus ist in der Tat ethisch so wichtig wie schwer auszumachen; die Anschuldigungen gegen die Londoner Polizei führten damals dementsprechend zu vielen irritierten und kontrovers geführten gesellschaftlichen Diskussionen. Diese Irritation drückte sich bereits in der vom damaligen Kommissar der Londoner Polizei öffentlich geäußerten Befürchtung aus, dass, sollte der Bericht die Polizei als institutionell rassistisch darstellen, diese Anschuldigung von den durchschnittlichen Polizeibeamten und dem Großteil der Öffentlichkeit so aufgenommen würde, als ob die Mehrheit der Polizeibeamten „ihren Alltag im Lichte und im Sinne rassistischer Überzeugungen bewältigen"[13]. Die Gefahr eines fortwährenden öffentlichen Missverständnisses über die Rolle, die polizeilicher Rassismus in diesem Fall gespielt hatte, und die intelligenten Bemühungen, die im Macpherson-Bericht unternommen wurden, um dieses Verständnis zu verbessern, unterstreichen die soziale Wichtigkeit der philosophischen Unterscheidung zwischen Haltungen, die auf der Ebene des Indivi-

---

12 Der Macpherson-Bericht setzt sich vornehmlich in Kapitel sechs mit Rassismus auseinander und betont ausdrücklich den Unterschied zwischen individuellen rassistischen Einstellungen und nicht intendierten rassistischen Resultaten in Bezug auf die Behandlung von schwarzen und ethnischen Minderheiten durch die Polizei. Unter 6.34 definiert er für die Zwecke des Berichts das Konzept des institutionellen Rassismus wie folgt: „Das kollektive Versäumnis einer Organisation, Menschen aufgrund ihrer Hautfarbe, Kultur oder ihrer ethnischen Zugehörigkeit einen angemessenen und professionellen Service zu bieten. Beobachtet werden kann dies in Prozessen, Haltungen und Verhaltensweisen, die aufgrund von unbeabsichtigten Vorurteilen, Unkenntnis, Gedankenlosigkeit und rassistischen Stereotypisierungen in Diskriminierungen zu Lasten von ethnischen Minderheiten gipfeln". Der Absatz fährt folgendermaßen fort: „Er [der Rassismus] besteht fort aufgrund des Versäumnisses der Organisation, seine Existenz und Ursachen offen anzuerkennen und ihm durch Grundsätze, Beispielhaftigkeit und Führung angemessen zu begegnen. Ohne ein Eingeständnis und ohne die Ergreifung von Gegenmaßnahmen gegen diese Form des Rassismus kann er als Teil des Ethos und der Kultur der jeweiligen Organisation fortbestehen. Er ist eine zermürbende Krankheit."
13 Er wird im Macpherson-Bericht unter 6.46 zitiert.

duums und Haltungen, die auf der Gruppenebene vertreten werden. Kürzlich kam es in den Medien des UK zu erneuten Diskussionen über institutionellen Rassismus (veranlasst durch den zehnten Jahrestag der Veröffentlichung des Berichts) und mein Eindruck ist, dass unser kollektives öffentliches Verständnis davon, zumindest im UK, nach wie vor unzureichend ist. Ich werde deshalb versuchen, etwas Nützliches über diese Art von institutionellem Laster zu sagen, sodass wir zu einem fundierteren philosophischen Verständnis davon gelangen können und damit auch über die Ursachen jener Art von testimonialer Ungerechtigkeit, die Duwayne Brooks erlitt.

In viele Formen des institutionellen Rassismus sind sicherlich eine beachtliche Zahl rassistischer Individuen involviert. Um jedoch den institutionellen Aspekt herauszuschälen, können wir uns das Beispiel vornehmen, in dem eine Gruppe von Mitarbeiterinnen und Mitarbeitern in einer bestimmten Institution als Privatpersonen nicht rassistisch sind, in der jedoch trotzdem institutioneller Rassismus vorhanden ist. Wie ist dies möglich? Eine mögliche Erklärung bezieht sich nur auf die Verfahren: Es ist sicherlich möglich, dass es in einer Institution schlechte Verfahren gibt, die diskriminierende Resultate zeitigen, selbst wenn keine einzelne Mitarbeiterin und kein einzelner Mitarbeiter affirmativ diskriminierende Einstellungen vertritt. Manchmal wird dies als indirekte Diskriminierung bezeichnet. Ein Beispiel hierfür ist die Festsetzung einer Mindestkörpergröße für einen bestimmten Beruf, wodurch Angehörige ethnischer Gruppen, deren Durchschnittsgröße geringer ist als der nationale Durchschnitt, indirekt diskriminiert werden. Verfahren können in Bezug auf ihre Ergebnisse gut oder schlecht verfasst sein. Aber es sind nicht die Verfahren selbst, auf die ich mich konzentrieren möchte. Vielmehr möchte ich den Fokus auf die mögliche Spannung zwischen den privaten Einstellungen von Individuen und denjenigen Einstellungen, die auf der Ebene der jeweiligen Gruppe vertreten werden, richten.

Der Hauptgrund einer solchen Entkoppelung der Einstellungen auf Gruppenebene von denjenigen auf individueller Ebene ist darin zu suchen, dass Menschen soziale Akteure mit multiplen sozialen Rollen sind, die ihrerseits verschiedene „praktische Identitäten"[14] hervorbringen. Praktische Identitäten können rollenspezifische Handlungsgründe generieren, sodass eine einzelne Person sich in einer Spannung – sogar in einem Widerspruch – zwischen Verpflichtungen und Motiven wiederfinden kann, die von zwei verschiedenen praktischen Identitäten hervorgebracht werden. Ich kann Gründe haben, etwas *als* Mutter, *als* Lehrerin, *als* Universitätsangestellte, *als* Tochter, *als* Freundin zu tun, und all dies wären praktische Identitäten von mir. Offensichtlich können die Gründe, die

---

14 Ich übernehme diesen Ausdruck von Christine Korsgaard (vgl. dies. 1996, Kapitel drei).

durch meine Rolle als Lehrerin entstehen, mit Gründen, die ich als Mutter habe, in Konflikt geraten, zum Beispiel, wenn eine in Bedrängnis geratene Studentin in letzter Minute Hilfe braucht, um ihre Dissertation rechtzeitig einzureichen, aber die Kinder krank sind. Oder stellen wir uns, um ein ganz anderes Beispiel zu nennen, ein altgedientes Vorstandsmitglied eines örtlichen Musikvereins vor. Als Vorstandsmitglied mag er der Förderung des Vereins aufrichtig verpflichtet sein, während er als Anwohner in Bezug auf die wiederholten Unannehmlichkeiten, die dadurch entstehen, dass an den Probeabenden des Vereins schon früh alle Parkplätze belegt sind, ebenso der Meinung sein kann, dass es keine Katastrophe wäre, würde sich der Verein auflösen. Der Mechanismus beruht hier darauf, dass unsere zahlreichen Verpflichtungen relativ sind zu der einen oder anderen unserer praktischen Identitäten. Die persönlichen Bedenken des Vorstandsmitglieds über die Weiterführung des Musikvereins sind real, aber obwohl er diese Bedenken hat, kann er sich trotzdem als Teil des Musikvereins freimütig dem kollektiven Einsatz für die Förderung des Vereins anschließen. Dies liegt daran, dass er sich gemeinsam mit den anderen Mitgliedern der Arbeit für die Zukunft des Vereins verpflichtet fühlt.[15]

Ich denke, dass berufliche und halb-berufliche Bindungen an Ziele, Werte und sogar Überzeugungen oft diese praktische identitäts-relative Form annehmen. Und das ist auch gut so, denn sonst wären die einzigen Bindungen, zu denen wir im Stande wären, jene, die wir schon persönlich eingegangen sind, unabhängig von den praktischen Identitäten, die mit unserer Mitgliedschaft in Berufs- oder Freizeitgruppen einhergehen. Ich möchte außerdem darauf hinweisen, dass die rollenspezifischen Verpflichtungen sehr oft auch in persönliche Verpflichtungen übergehen können, was durchaus hilfreich für die Festigung unserer beruflichen und sonstigen Verpflichtungen sein kann. Sind diese Rollen außerdem von ethischer Bedeutsamkeit, kann dies Teil eines Prozesses der persönlichen moralischen Entwicklung sein – eines Prozesses der Erweiterung unseres moralischen Horizonts in einer bestimmten Richtung. Ein Hochschullehrer etwa könnte sich zunächst aus reinem Pflichtbewusstsein im Kontext seiner Lehrerrolle um die Angelegenheiten seiner Studierenden kümmern, sich dann aber bald so in seine Rolle finden, dass ihm daraus ein persönliches Anliegen wird. Dies könnte ihn zu einer empathischeren, menschlicheren Perspektive führen, beispielsweise mit Blick darauf, was ein Hochschulstudium für Studierende ohne akademischen Hintergrund bedeutet. Angesichts der Tatsache, dass solche Entwicklungen im moralischen Bewusstsein nicht auf Anhieb geschehen, sondern

---

15 Ich rekurriere hier auf das „Joint-commitment-Modell" kollektiver Handlungsfähigkeit, das Margaret Gilbert entwickelt hat, insbesondere auf ihre Ausführungen bezüglich kollektiver Überzeugungen (vgl. Gilbert 1994: 251 sowie dies. 2004: 102).

Zeit benötigen, ist es eine gute Sache, dass solch ein Lehrer die Aufgabe des gewissenhaften Betreuers für seine Studierenden annehmen kann, noch bevor er dahin gelangt (wenn er denn dahin gelangt), ihr mit persönlichem Engagement nachzugehen.

Dieses allgemeine Modell davon, wie Menschen Verpflichtungen als Teil ihrer unterschiedlichen praktischen Identitäten eingehen, ist auf unseren institutionellen Rassismusfall anwendbar. Fragen wir uns also, wie es moralisch verwerfliche kollektive Einstellungen – zum Beispiel Rassismus auf Gruppenebene – geben kann, ohne dass sie von rassistischen Einstellungen herrühren, die Beamte als Privatpersonen vertreten. Ich schlage vor, dass dies auf dieselbe Weise funktioniert wie im Beispiel unseres Vorstandsmitglieds im Musikverein: als Frage verschiedener praktischer Identitäten, die bestimmte Haltungen und Bindungen mit sich bringen, die wiederum einen irreduzibel kollektiven Charakter besitzen. Solche Verpflichtungen sind Beispiele für ein „Wir-Denken" und die Einstellungen sind irreduzible „Wir-Haltungen"[16]. Als Privatperson mag eine Beamtin oder ein Beamter aktiv keine rassistischen Vorurteile besitzen, und trotzdem schließt oder passt sie oder er sich in der Uniform einer rassistischen Kultur am Arbeitsplatz an. Solch eine Kultur könnte von auf den ersten Blick harmlosen rassistischen Witzen und Spitznamen geprägt sein, von einer Neigung, rassistische Stereotype zu bedienen, die wiederum Einfluss darauf nehmen, wie Beamtinnen oder Beamte schwarze Menschen am Ort eines Verbrechens oder beim Verhör wahrnehmen. Im Macpherson-Bericht äußerten sich Mitglieder der Black Police Association zu eben dieser rassistischen „Berufskultur" bei der Londoner Polizei. Lassen Sie mich ein Zitat anführen, das zwei entscheidende Punkte berührt: Der eine betrifft die spezifische Natur der Polizeiarbeit, der andere die Macht der Berufskultur am Arbeitsplatz, die bei nahezu allen, ganz gleich ob weiß oder schwarz, rassistisch vorurteilsförmige Haltungen produziert. Nachfolgend das Zitat des Beamten:

„Angesichts der Tatsache, dass die mehrheitlich weißen Beamten nur in konfrontativen Situationen auf Angehörige der schwarzen Community treffen, neigen sie dazu, Schwarze im Allgemeinen mit Stereotypen zu belegen. Dies kann zu vielerlei negativen Einstellungen gegenüber Schwarzen und Annahmen über Schwarze führen. Wir sollten also nicht unterschätzen, dass die Berufskultur innerhalb der Polizei eine der Hauptursachen für institutionellen Rassismus ist, dafür also, dass wir schwarze Menschen auf ungleiche Weise behandeln.

---

16 Diese suggestive Bezeichnung wird von Raimo Tuomela in seiner Arbeit zu kollektiver Intentionalität verwendet; vgl. z.B. ders. 2002.

Interessanterweise sage ich ‚wir', denn im Wesentlichen ist innerhalb der Einheit kein merklicher Unterschied zwischen schwarz und weiß auszumachen. Wir alle erliegen dieser Berufskultur. Einige von uns mögen denken, dass wir sie bei der ein oder anderen Gelegenheit überwinden, aber im Großen und Ganzen neigen wir dazu, den Normen dieser Berufskultur zu entsprechen, die, sagen wir, übermächtig ist in Bezug auf die Formung unserer Ansichten über eine bestimmte Community und unsere Wahrnehmung derselben".[17]

Dieser Kommentar weist auf den besonderen Mechanismus des institutionellen Rassismus hin, den ich herauszustellen versuche (ich bezweifle nicht, dass es darüber hinaus noch andere gibt). Das institutionelle Laster rührt daher, dass Gruppenmitglieder sich letztlich dadurch einer Praxis der rassistischen Stereotypisierung verpflichten, dass sie sich dieser Praxis als Teil der Arbeitsplatzkultur anschließen. Das kollektive Engagement im Sinne dieser Praxis wird auf diese Weise Teil der praktischen Identität einer Polizeibeamtin oder eines Polizeibeamten dieser Einheit. Und wurde diese Bindung erst einmal eingegangen, macht die Identifizierung mit der Gruppe es kostspielig, sie wieder aufzukündigen. Sich von den rassistischen Einstellungen loszusagen wird, aufgrund der lokalen Wirksamkeit bzw. Konstruktion dieser praktischen Identität, gleichbedeutend damit, seine Gruppenzugehörigkeit in Frage zu stellen. Es ist beinahe wie zu sagen „Ich bin nicht länger *eine/einer von euch*", nicht länger Teil des „Wir". Dies scheint jedenfalls ein Weg zu sein, auf dem ein Laster wie Rassismus sich in einer Institution festsetzen kann, ohne dass es notwendigerweise der Fall wäre, dass eine Beamtin oder ein Beamter *als Privatperson* vernünftigerweise als Rassistin bzw. Rassist beschrieben werden könnte. Es ist selbstverständlich nicht mein Ziel, irgendjemanden freizusprechen, mein Anliegen ist es vielmehr, eine Erklärung zu bieten. Sich rassistischen Einstellungen als Teil einer beruflicher Identität passiv anzuschließen, *ist* eine Art Rassismus; es ist allerdings etwas anderes als bereits im Vorfeld rassistische Einstellungen aktiv zu vertreten, die man dann als Teil einer unabhängigen praktischen Identität in das Kollektiv einbringt. Das passive Phänomen ist damit vereinbar, persönlich nichtrassistische Einstellungen zu vertreten, sogar antirassistische Einstellungen, aber nicht genug Mut aufzubringen, sich dem Gruppendruck durch die Kolleginnen und Kollegen entgegenzustellen. Es kann sehr viel Mut erfordern, sich einer bestehenden Arbeitsplatzkultur zu verweigern, mag sie noch so abstoßend sein. Und diese Schwierigkeit wird noch durch die Tatsache verschärft, dass die Duldung der Werte, Ziele oder Überzeugungen der Gruppe mit einer Verpflichtung den anderen Gruppenmitgliedern gegenüber einhergeht. Das heißt, die Distanzierung von verwerflichen Haltungen bedeutet, den übernommenen Verpflichtungen nicht zu entsprechen – Verpflich-

---

17 Macpherson-Bericht, Absatz 6.28.

tungen, die jemand eingeht, wenn er zu solchen Witzen, Redensweisen und Einstellungen beiträgt.

Natürlich handelt es sich um eine Verpflichtung, die nicht hätte eingegangen werden sollen und nun, da sie einmal eingegangen wurde, aufgekündigt werden sollte; doch das ändert nichts an der Tatsache, dass diese Verpflichtung einige psychologische Kraft besitzt. In ihr liegt die inhärent zwangsförmige Macht, die diese Form der „Wir-Einstellung" annehmen kann.[18] Es ist gut möglich, dass das Einzige, was von einer ethisch guten Person in einer solchen Situation erwartet werden kann, darin besteht, sich eine unausgesprochene Nicht-Teilnahme an dieser Kultur zu eigen zu machen und zweifellos selbst noch hierbei das Risiko der Isolation in Kauf zu nehmen.

Wenn institutionelle Laster tatsächlich auf diese Weise Fuß fassen können, dann haben wir auch etwas über institutionelle Tugend gelernt. Denn beide können durch denselben Mechanismus Einfluss gewinnen. Wenn sich die Mitglieder eines Einstellungskomitees, eines Gerichts oder einer Polizeieinheit gemeinsam einem tugendhaften Ziel verschreiben, wie zum Beispiel dem des seriösen, nicht rassistischen zwischenmenschlichen Umgangs im Beruf, dann kann diese Verpflichtung an die mit der Mitgliedschaft verbundene praktische Identität geknüpft werden. Das ist eine mögliche Erklärung dafür, wie sich ein *Ethos* innerhalb einer Institution etablieren kann: indem es durch wertbezogene Bindungen verwoben wird mit der eigenen Identität als Beamtin oder Beamter dieser Institution.

Die ethische Bedeutung, die der institutionellen Tugend testimonialer Gerechtigkeit zukommt, ist in der vorangegangenen Diskussion offensichtlich geworden (Duwayne Brooks wurde in seiner Fähigkeit als Wissensvermittler Unrecht getan). Und ich habe auch versucht, ihre epistemische Bedeutung in Form von verlorenem Wissen herauszustellen (der Polizei entging wertvolles Beweismaterial am Tatort). Es gibt da allerdings noch eine *politische* Dimension, auf die ich abschließend noch mein Augenmerk richten möchte. Nach einer weitverbreiteten Auffassung von politischer Freiheit, namentlich der republikanischen, ist Freiheit eine Frage der Nichtbeherrschung.[19] Wenn zum Beispiel eine Person mit einem Mann verheiratet ist in einer Gesellschaft, in der Vergewaltigung in der Ehe nicht strafbar ist, dann wird diese Person beherrscht, selbst wenn sie wie selbstverständlich davon ausgehen kann, dass ihr Ehemann noch nicht einmal im Traum daran denken würde, ihr Gewalt anzutun oder sie zu nötigen. Ihr Status

---

18 Dieses Argument zur internen, zwingenden Kraft von gemeinsamer Verpflichtung wird von Margaret Gilbert vorgebracht, auf deren Modell pluraler Subjektivität ich implizit zurückgreife; vgl. insbesondere Gilbert 2000.

19 Vgl. Pettit 1997.

als unfrei wird durch das Kontrafaktische bestimmt: *Wenn* er sie verletzen würde, würde er das ungestraft tun. Dass diese kontrafaktische Möglichkeit gegeben ist, macht ihre Beherrschung aus und in diesem Sinne ist die Person nicht frei. Wird jemand von einer Person beschäftigt, die sie oder ihn ohne gebührenden Grund und ohne Entschädigung entlassen könnte, sind die Betroffenen in ähnlicher Weise beherrscht und in diesem Sinne nicht frei. Was hier Freiheit von Unfreiheit unterscheidet, ist die Sicherheit vor oder das Ausgeliefertsein an bestimmte Formen des willkürlichen Eingriffs, wobei sich ein willkürlicher Eingriff dadurch auszeichnet, dass er nicht an kollektiven Interessen ausgerichtet ist. Besteuerung ist ein Eingriff, aber er ist nicht willkürlich; für ein Verbrechen verhaftet zu werden ist ein Eingriff, aber wenn es auf richtige Weise geschieht, ist er nicht willkürlich. Natürlich geschehen in jeder Gesellschaft schlimme Dinge: Menschen werden angegriffen, ausgeraubt, ohne gebührenden Grund entlassen und so weiter. Aber entscheidend dafür, dass diese Eingriffe nicht als willkürlich gelten, ist die Möglichkeit des Opfers, die ungerechte Behandlung anzufechten. Ein Verbrechen könnte man anfechten, indem man es anzeigt, eine ungerechte Entlassung, indem man seinen Fall vor ein Arbeitsgericht bringt. Insofern man sie anfechten kann, gilt die Behandlung nicht mehr als willkürlich. Der Auffassung von politischer Freiheit als Nichtbeherrschung zufolge sind wir also frei, insofern wir angemessen vor willkürlichen Eingriffen geschützt sind und gebührend geschützt zu sein, ist eine Frage unserer Möglichkeit, sie dort, wo sie geschehen, anzufechten.

Freiheit als Nichtbeherrschung hängt also entscheidend vom Vermögen der Anfechtung ab. Aber was erfordert Anfechtung? Neben der grundlegenden linguistischen Bedingung kommunikativen Erfolgs erfordert das Anfechten ungerechter Behandlung ganz entscheidend, dass der betreffenden Person richtig zugehört wird, frei von Vorurteilen.[20] Es erfordert somit, dass das Arbeitsgericht, die Beschwerdekommission, die untersuchende Polizeieinheit oder was immer die relevante institutionelle Einrichtung sein mag, die *Tugend testimonialer Gerechtigkeit besitzt*. Duwayne Brooks wurde nicht richtig angehört, er wurde zum Schweigen gebracht. Es erübrigt sich zu sagen, dass er nicht zum Schweigen gebracht worden wäre, hätte die Polizei über die institutionelle Tugend testimonialer Gerechtigkeit verfügt, das heißt, hätte die Polizei das gemeinsame Anliegen verfolgt, die Aussagen der Zeugen vorurteilsfrei anzuhören. Doch zusätzlich zur testimonialen Ungerechtigkeit, die Duwayne Brooks erlitt, und aufgrund derselben erweist es sich, dass er in bedeutender Weise politisch unfrei war.

Seine Anfälligkeit für testimoniale Ungerechtigkeit bedeutete, dass seine Anfechtungsfähigkeit radikal beeinträchtigt war. In der Nacht des Mordes an sei-

---

20 Dies ist eine explizite Festlegung von Pettits Darstellung (vgl. Pettit 1997: 63).

nem Freund versuchte er unter anderem durchaus die Attacke, der *er* selbst ebenfalls zum Opfer gefallen war, anzufechten; aber er konnte sie nicht anklagen, weil die anwesende Polizei nicht imstande war, ihn ohne Vorurteile anzuhören. Zusätzlich zur ethischen und epistemischen Relevanz testimonialer Ungerechtigkeit können wir nun also ihre politische Dimension erkennen. Für die hier betrachtete republikanische Freiheitskonzeption erweist sich die institutionelle Tugend testimonialer Gerechtigkeit (für jene Institutionen, an die Bürgerinnen und Bürger ihre Anfechtungen richten können müssen) als konstitutive Bedingung für politische Freiheit.

Ich habe dieses Argument in Bezug auf eine Konzeption von Freiheit als Nichtbeherrschung angebracht. Das Argument kann jedoch auf andere Konzeptionen politischer Freiheit ausgeweitet werden, vorausgesetzt, sie berücksichtigen das Vermögen der Anfechtung. Wenn Freiheit als negative Freiheit verstanden wird, dann ist man frei, insoweit man nicht daran gehindert wird, Dinge zu tun, die man tun will. In dieser liberalen Konzeption ist Freiheit eine Frage der De-facto-Freiheit vor Eingriffen. Hier ist man nicht *dadurch* unfrei, dass die Chefin oder der Chef das Recht hat, eine Person ohne gebührenden Grund zu entlassen. Die Person bleibt frei, es sei denn, dass und solange bis die Chefin oder der Chef sie tatsächlich grundlos feuert. In dieser Sichtweise ist das Vermögen der Anfechtung nicht als konstitutive Bedingung in die Freiheit eingelassen, nichtsdestotrotz können wir aber eine direkte kausale Verbindung zu ihr erkennen: Wenn eine Person einer Gruppe angehört, die für testimoniale Ungerechtigkeit von Seiten von Institutionen wie etwa Arbeitgeberseite oder Arbeitsgerichte anfällig ist, dann weiß die jeweilige Chefin oder der Chef, dass sie oder er mit größerer Wahrscheinlichkeit als bei anderen Angestellten damit durchkommen wird, diese Person grundlos zu entlassen. Das vergrößert das Risiko eines solchen Freiheitsmissbrauchs ungemein. Wir können deshalb für alle liberalen Freiheitskonzeptionen gleichermaßen festhalten, dass die Anfälligkeit für testimoniale Ungerechtigkeit eine spezifische Verletzlichkeit gegenüber Übergriffen auf die politische Freiheit eines Menschen hervorbringt.

Es ist nun an der Zeit, den Bogen zurück zu unserem Ausgangspunkt zu schlagen. Ich habe mit der Idee begonnen, dass Schweigen positive und negative Aspekte aufweist. Ich habe eine negative Art des Schweigens untersucht, die mit einer bestimmten Ungerechtigkeit einhergeht, nämlich testimonialer Ungerechtigkeit. Und ich habe eine positive Art des Schweigens diskutiert, die mit jener Art liebevoller Aufmerksamkeit gegenüber einem Individuum einhergeht, die es einem ermöglicht, *durch* das Rauschen der Vorurteile hindurch zu *hören*. Abschließend möchte ich nun zu meinem ersten Gedanken über die philosophische Methode zurückkehren und zum Wert, der darin liegt, soziale Praktiken vom

Blickwinkel derjenigen aus zu betrachten, die verlieren, wenn die Dinge schiefgehen. Bereits der Begriff testimonialer *Un*gerechtigkeit signalisiert eine gewisse Aufmerksamkeit für die Schattenseite epistemischer Praktiken – das heißt eine Aufmerksamkeit dafür, wie unsere zahlreichen Praktiken, mithilfe derer wir Wissen erlangen, bewahren oder eben verlieren, schiefgehen und Unrecht bewirken können. Das für sich ist bereits eine Abweichung von der Norm. Die Philosophie neigt dazu, sich ausschließlich darauf zu konzentrieren, was erforderlich ist, damit eine bestimmte Praxis gelingt; darauf, was etwa für Gerechtigkeit erforderlich ist. Dahinter verbirgt dich die Annahme, dass – sofern eine klare Vorstellung von den Bedingungen gegeben ist, derer es bedarf, um Gerechtigkeit innerhalb der Gesellschaft zu realisieren – Ungerechtigkeit in der Nichteinhaltung einer ihrer positiven Bedingungen besteht. Dies aber setzt die implizite methodologische Annahme voraus, dass alle Phänomene, die wir mit unserer Philosophie zu erklären suchen, in der Situation verwirklichter Gerechtigkeit gegeben sein werden, sodass also ein Fokus auf die Mechanismen der Ungerechtigkeit keine weiteren Erkenntnisse über die positive Konstitution und Aufrechterhaltung von Gerechtigkeit ans Licht bringen kann.

Zwar habe ich eingeräumt, dass dies ein geeignetes Vorgehen bezüglich einiger Themen sein kann, für den Fall testimonialer Praxis allerdings habe ich versucht zu zeigen, dass es Aspekte der vollständig funktionalen Praxis – gar der idealen Praxis – gibt, die nur dann sichtbar werden, wenn wir untersuchen, was geschieht, wenn die Dinge schiefgehen. Das traditionelle philosophische Ideal testimonialen Austausches besagt nur, dass die Glaubwürdigkeit, welche die oder der Zuhörende dem Gesagten schenkt, im Verhältnis zur Wahrscheinlichkeit seiner Wahrheit stehen muss. Wir sollten aber in Abgrenzung dazu über das Ideal testimonialer Praxis nachdenken, das aus der hier geführten Diskussion hervorgegangen ist. Das hier entwickelte Ideal ist eines, in welchem jeder und jedem, die oder der etwas Relevantes zu sagen hat, die Möglichkeit offensteht, es zu kommunizieren und vorurteilsfrei angehört zu werden.

In solch einer Situation könnten die jeweils Sprechenden zuversichtlich sein, dass sie keiner testimonialen Ungerechtigkeit ausgesetzt sein werden. Die Zuhörenden wären nicht nur den *Inhalten* des Gesagten gegenüber intellektuell und emotional offen (kritisch offen, wie ich es ausgedrückt habe), sondern sie wären darüber hinaus auch der *Person* der oder des Sprechenden gegenüber offen („liebevoll aufmerksam", um Murdochs Formulierung zu gebrauchen). Um noch knapper zu beschreiben, worauf es ankommt: Die Zuhörenden kultivieren eine Fähigkeit, den Einfluss von Vorurteilen auf ihre Urteile auszugleichen. Das Gelingen dieser Praxis – *falls* sie uns gelingt; ich spreche, wie gesagt, von einem Ideal – wird wohl immer ein großes Maß an selbstkritischer Bemühung und längerer Bekanntschaft voraussetzen, so wie im Falle von Murdochs Beispiel der Schwiegermutter, die ihre Wahrnehmung reflektiert und diszipliniert, sodass sie ihre Schwiegertochter nach und nach anders, nämlich passiver, wahrheitsgemäßer wahrzunehmen lernt.

Man sollte hinzufügen, dass es auch ernsthafter Bemühungen der Schwiegertochter bedürfen könnte, da die Leistung, jemandem richtig und aufmerksam zuzuhören, sicherlich erfordern kann, dass die jeweils Sprechenden versuchen, sich Gehör zu verschaffen; dass sie tatsächlich versucht, die eingefahrenen Muster der Wahrnehmung und der Glaubwürdigkeitsurteile der Zuhörerin zu durchbrechen, sodass sie *befähigt* wird, zu hören, was gesagt wird.

Diese Konzeption der idealen testimonialen Praxis ist weit entfernt von der skelettartigen traditionellen Konzeption, die nur betont, dass jemandes Glauben im Verhältnis zur Wahrscheinlichkeit stehen muss, dass die testimoniale Aussage wahr ist. Das ist das denkbar schlankste epistemische Ideal testimonialen Austausches und in der ein oder anderen Gestalt sollte es als das wesentliche Ziel des von mir vorgestellten umfassenderen Ideals erhalten bleiben. Aber für sich allein genommen ist es methodologisch bei Weitem zu unterkomplex. Es ist, als würde man Leuten erklären, dass die idealen Abenteuerferien solche sind, in denen nichts schiefgeht und niemand verletzt wird, ohne nur auf die Idee zu kommen, auch nur einige der Dinge zu erwähnen, die bei Abenteuerferien ganz eindeutig schiefgehen können. Ein intelligentes Praxisideal kennt die Risiken und die Maßnahmen, die gegen diese in Anschlag gebracht werden können. Im Gegensatz zum traditionellen Ideal testimonialer Akte nimmt unser differenzierteres Ideal entscheidende Informationen über einen der testimonialen Praxis endemisch innewohnenden Typus des Risikos in sich auf – nämlich des Risikos, dass Vorurteile die Sprechenden zugewiesene Glaubwürdigkeit herabzustufen vermögen mit dem Ergebnis, dass eine Ungerechtigkeit begangen wird und Wissen verloren geht. Die Omnipräsenz dieses Risikos ist in unserer Diskussion nur aufgrund der Konzeption tiefgreifender sozialer Situiertheit von Sprechenden und Zuhörenden zutage getreten, welche sich wiederum unserem methodologischen Vorhaben verdankt, testimoniale Akte vom Blickwinkel derjenigen aus zu betrachten, die benachteiligt werden, wenn die Dinge schiefgehen. Ohne diese Konzeption hätte sich nichts von dem Vorangegangenen unter philosophischen Gesichtspunkten zugänglich machen lassen.

In der Aufmerksamkeit gegenüber diesen Formen der Dysfunktionalität testimonialer Praxis liegt also der Schlüssel für ein umfassenderes Verständnis auch des Idealfalls. Nur indem wir das Phänomen testimonialer *Ungerechtigkeit* untersuchen, können wir lernen zu erkennen, dass es so etwas wie testimoniale *Gerechtigkeit* gibt, können wir dazu gelangen, ihre ethische Bedeutung und ihre

Verbindung zur politischen Freiheit zu würdigen. Ich habe dargelegt, dass dieses Projekt in der feministischen methodologischen Einsicht wurzelt, die wir uns zum Ausgangspunkt gemacht haben und die bereits in Simone Weils eingangs zitierter Bemerkung anklingt. Eine Philosophie, die sich von dieser Einsicht leiten lässt, hofft, indem sie dem Schweigen Gehör schenkt, zu einem sozial fundierteren und philosophisch reichhaltigeren Verständnis der menschlichen Praxis zu gelangen, die sie jeweils zu verstehen beabsichtigt.

Übersetzt von Francesca Bunkenborg und Simone Miller

Literatur

Fricker, Miranda (2007): *Epistemic Injustice: Power and the Ethics of Knowing*, Oxford.
Gilbert, Margaret (2000): *Sociality and Responsibility: New Essays in Plural Subject Theory*, Lanham, MD.
Dies. (1994): Remarks on Collective Belief, in: Frederick F. Schmitt (Hg.), *Socializing Epistemology: The Social Dimensions of Knowledge*, Lanham, MD, S. 235-255.
Dies. (2004): Collective Epistemology, in: *Episteme* 1 (2) (October), S. 95-97.
Korsgaard, Christine (1996): *The Sources of Normativity*, Cambridge.
Murdoch, Iris (1970): *The Sovereignty of Good*, London.
Dies. (1992): *Metaphysics as a Guide to Morals*, London.
Pettit, Philip (1997): *Republicanism: A Theory of Freedom and Government*, Oxford.
Tuomela, Raimo (2002): *The Philosophy of Social Practices: A Collective Acceptance View*, Cambridge.
Weil, Simone (1959): *Leçons de Philosophie*, Paris (englisch: dies. (1978): *Lectures on Philosophy*, übersetzt von Hugh Price, Cambridge).
Williamson, Tim (2007): *The Philosophy of Philosophy*, Oxford.

Online-Quellen

Macpherson, Sir William (1999): *The Stephen Lawrence Inquiry: Report of an Inquiry by Sir William Macpherson of Cluny*, advised by Tom Cook, The Right Reverend Dr John Sentamu, Dr Richard Stone (Feb 1999) siehe: http://www.archive.official-documents.co.uk/document/cm42/4262/sli-00.htm

Der Begriff der Entmenschlichung und seine Rolle in der feministischen Philosophie*

MARI MIKKOLA

1. EINLEITUNG

In ihrem Text *‚Human Nature' and its role in feminist theory* argumentiert Louise Antony dafür, dass es im Feminismus auch des Humanismus bedarf:

„[…] feministische Theorie muss an eine universale menschliche Natur appellieren, um ihre Kritik an dem, was Frauen unter dem Patriarchat angetan wird, zu formulieren und zu verteidigen und auch um ihre positive Vision von gleichberechtigten und tragenden menschlichen Beziehungen zu fundieren".[1]

In einem anderen Aufsatz erläutert sie diesen Gedanken wie folgt: Um sagen zu können, was am Patriarchat falsch ist, müssen Feministinnen und Feministen das Menschsein der Frauen betonen, indem sie geltend machen, dass diese „essenti-

---

* Frühere Versionen dieses Textes habe ich an den Universitäten von Cardiff, Göttingen, Hull, Lancaster, Manchester Metropolitan und Nottingham sowie an der Freien Universität Berlin vorgestellt. Ich bin den Anwesenden für ihre konstruktive Kritik, schwierigen Fragen und hilfreichen Vorschläge sehr dankbar. Besonderer Dank geht an David Archard, Thom Brooks, Francesca Bunkenborg, Hilkje Hänel, Jules Holroyd, Christine Kley, Simone Miller, Komarine Romdenh-Romluc, Jenny Saul, Mark Sinclair, Alessandra Tanesini, Jon Webber und Garrath Williams.

1 „[…] feminist theory needs an appeal to a universal human nature in order to articulate and defend its critical claims about the damage done to women under patriarchy, and also to ground its positive vision of equitable and sustaining human relationships." (Antony 1998: 67). Alle Übersetzungen stammen von Bunkenborg/Miller.

ell Wesen einer bestimmten Art"[2] (nämlich Menschen) sind, und dass es „angemessene und unangemessene Behandlungsweisen für Wesen dieser Art gibt"[3]. Antony nutzt Martha Nussbaums bekannten Fähigkeitenansatz (*capabilities approach*), um diese Art des humanistischen Denkens darzustellen. Nussbaum bestimmt zuerst „die wichtigsten das menschliche Leben definierende Funktionen und Fähigkeiten des Menschen"[4], um das Konzept des Menschen herauszustellen. Daraufhin stellt sie eine Liste von funktionalen Fähigkeiten auf, welche definieren, was für diejenigen, die unter dieses Konzept fallen, als *gutes* Leben zählt. Diese Konzeption eines guten menschlichen Lebens kann dann genutzt werden, um unsere sozialpolitischen Strategien und sozialen Ordnungen auszuarbeiten.

In ihrer Argumentation für einen humanistischen Feminismus greift Nussbaum den Aristotelischen Essentialismus auf und identifiziert zwei mögliche Arten, diesen zu verstehen: als externalistischen Essentialismus, wie er Aristoteles von Bernard Williams zugeschrieben wird, und als internalistischen Essentialismus, wie er Aristoteles von Nussbaum selbst zugeschrieben wird. Ersterer versteht die Frage, was essentiell menschlich ist, als eine „Frage nach naturwissenschaftlichen Tatsachen, nicht nach ethischen Werten"[5]. Der Internalismus dagegen

„[...] etabliert seine Darstellung dessen, was für einen Menschen essentiell ist, durch expliziten Rekurs auf die Normen und Werte, die menschlichen Praktiken innewohnen, und benutzt die Urteile der Menschen darüber, was ihr Leben ‚menschlich' macht, um menschliche Charakteristika in essentielle und akzidentelle zu unterscheiden".[6]

Mit der Wahl dieses Ansatzes macht Nussbaum ihre Absicht explizit, *Mensch* als ein normatives ethisches Konzept zu definieren und nicht auf eine wertneutrale Weise. Essentielle menschliche Charakteristika beinhalten für Nussbaum: Sterblichkeit und Körperlichkeit; die Fähigkeit zu Freude und Schmerz, bestimmte

---

2 „[E]ssentially beings of a certain kind" (Antony 2000: 11).
3 „[...] there are modes of treatment that are appropriate, and others that are inappropriate, for beings of this kind" (ebd. 11).
4 „[...] the most important functions and capabilities of the human being, in terms of which human life is defined" (Nussbaum 1995b: 72).
5 „[...] matters of natural scientific fact, not of ethical value" (Nussbaum 1995a: 88).
6 „[...] constructs its account of what is essential to a human being by drawing explicitly on the norms and values embodied in human practices, using human beings' own judgements about what makes their lives ‚human' to sort human characteristics into the essential and the accidental" (Antony 2000: 14f.).

kognitive Fähigkeiten und die zu praktischem Denken; eine gemeinsame frühkindliche Entwicklung; das Bedürfnis nach Verbundenheit mit anderen, nach Erholung (Spiel) und Lachen (Humor); die Anerkennung, dass wir nicht die einzigen lebenden Kreaturen sind und logische, historische und physische Gesondertheit von anderen.[7]

In ihrer Diskussion des humanistischen Feminismus stimmt Antony nicht mit Nussbaum überein. Sie hat zwar nichts gegen Nussbaums Aristoteles-Interpretation einzuwenden: Für Antony ist es irrelevant, welchen Ansatz (den externalistischen oder den internalistischen) Aristoteles *tatsächlich* vertrat. Ihr Dissens mit Nussbaum liegt vielmehr darin, dass es für sie keinen plausiblen „Begriff der menschlichen Natur" gibt, der die erforderliche „normative Arbeit" leisten könnte[8]. Das heißt, im Unterschied zu ihrem eigenen früheren Eintreten für einen Humanismus im Feminismus stellt sich Antony hier auf den Standpunkt, dass es keinen Begriff des Menschen gibt, der verwendet werden könnte, um zu zeigen, wie Frauen im Patriarchat verletzt und entmenschlicht werden, und der positive feministische ethische und politische Forderungen begründen könnte. Insbesondere mit Blick auf Nussbaum argumentiert Antony wie folgt: Erstens muss der Begriff „Mensch", um ihn in einer genuin inklusiven Weise zu bestimmen, anhand von bestimmten menschlichen Universalien definiert werden. *Prima facie* ist die externalistische Strategie für diese Aufgabe geeignet. Aber sie scheitert, weil die einzigen Merkmale, die einen Anspruch darauf haben, genuin menschliche Universalien zu sein, biologische oder genetische Merkmale sind. Diese haben jedoch keine ethische oder normative Bedeutung. Der Externalismus „liefert [folglich keine] Gründe dafür, ethische Aussagen darüber zu akzeptieren, was Menschen tun oder lassen sollten"[9]. Der Internalismus hingegen macht Werte und Normen zum Teil der Definition des Menschen. Damit steht das erforderliche normative Element zur Verfügung und macht ethische Schlussfolgerungen möglich. „Die entscheidende Prämisse über die menschliche Natur wird jedoch nur für jemanden akzeptabel sein, der bereits im Voraus die darin verkörperten Werturteile teilt"[10]. Eine internalistische Definition wird diejenigen nicht überzeugen, die anderer Meinung darüber sind, welche Werte und Normen den Menschen definieren sollten. Die Aussichten, das Konzept auf eine Weise auszu-

---

7 Vgl. Nussbaum 1995b: 76-79.
8 „[...] there is no plausible notion of human nature"; „normative work" (Antony 2000: 11).
9 „[...] generate reasons for accepting ethical propositions about what human beings should and should not do" (ebd. 15).
10 „[...] the crucial premise about human nature will only be acceptable to someone who antecedently endorse the value judgments embodied therein" (ebd. 16).

buchstabieren, die feministische ethische und politische Forderungen begründen kann, sind also laut Antony nicht vielversprechend. Kurzum: Die Definition wird entweder zu normativ oder nicht normativ genug sein. Und dies untergräbt die Erfolgsaussichten für die Entwicklung eines humanistischen Feminismus: Wir können den Sinn von Entmenschlichung nicht verstehen, wenn wir nicht in der Lage sind, ein genuin inklusives Konzept des Menschen auszubuchstabieren, das normative Ansprüche darüber, wie Frauen als Menschen behandelt oder nicht behandelt werden sollten, unterstützen kann.

Ich bin der Meinung, dass der Feminismus den Humanismus braucht. Aber ich glaube, dass Antony Recht hat, wenn sie behauptet, dass die Aussichten schlecht sind, ein genuin inklusives, ethisch starkes Konzept des Menschen zu entwickeln. Wir können jedoch einen humanistischen Feminismus entwickeln, der verständlich macht, wie das Patriarchat Frauen schädigt, *ohne* auf ein solches Konzept angewiesen zu sein. Zumindest werde ich das hier zu zeigen versuchen. Meine Strategie sieht wie folgt aus: Erstens müssen wir „Mensch" auf allgemeine externalistische Weise verstehen, als ein Konzept, das die biologische Art Mensch bezeichnet, so wie wir diese Art gemeinhin im Alltag verstehen. Angehörige dieser Art gehören typischerweise zur Gattung *Homo Sapiens*, sie sind federlose Zweibeiner mit bestimmten kognitiven Fähigkeiten (wie Sprache und der Fähigkeit zu rationalem Denken), welche sich unter adäquaten Umweltbedingungen entwickeln.[11] Zweitens sehe ich es als unbestreitbare Tatsache an, dass Angehörige dieser Art auf entmenschlichende Weisen behandelt werden können und oft behandelt werden, was sie schädigt. Insbesondere betrachte ich Vergewaltigung, das heißt nicht-einvernehmlichen Sex, als einen paradigmatischen Fall einer solchen Behandlung.[12] Mit diesen beiden Behauptungen als

---

11 Diese Art wird keine starren Grenzen haben, und es gibt viele schwierige Fragen darüber, wo biologisches Menschsein beginnt und wo es aufhört, die ich hier nicht behandeln werde. Meine Absicht ist nur, an unser alltägliches Denken über Menschen als eine biologische Art anzuknüpfen.

12 Für mich geht es bei Vergewaltigung um nicht-einvernehmlichen Sex. Das heißt nicht, dass wir für jeden vermeintlichen Fall feststellen können, ob definitiv eine Vergewaltigung stattgefunden hat. Immerhin gibt es viele schwierige Fragen dazu, wie „nicht-einvernehmlich" und „Sex" zu definieren sind. Diese Schwierigkeiten werden hier beiseitegelassen, da an ihnen für meine Zwecke nichts hängt. Der Punkt ist, dass jeder Fall von nicht-einvernehmlichem Sex Vergewaltigung ist, obwohl es Uneinigkeit darüber geben kann, ob in einigen Fällen Nicht-Einvernehmlichkeit und/oder Sex vorliegen. Ferner sind die Fälle, die ich betrachten werde, klare Fälle von nicht-einvernehmlichem Sex, also auch klare Fälle von Vergewaltigung. Dementsprechend muss ich für meine Zwecke hier nicht alle Probleme hinsichtlich der Definition von

Ausgangspunkt können wir, so meine ich, einen Begriff von Entmenschlichung entwickeln, der nutzbringend angewendet werden kann, um feministische ethische und politische Forderungen zu begründen. Das heißt, wenn es zutrifft, dass Vergewaltigung ein paradigmatischer Fall einer Behandlung ist, die Menschen schädigt, indem sie sie entmenschlicht, kann ich jetzt (i) untersuchen, welches die Hauptmerkmale sind, die Vergewaltigung entmenschlichend machen und (ii) die so gewonnenen Einsichten für eine allgemeine Darstellung von Entmenschlichung als Eigenschaft oder Merkmal von Behandlungsweisen von Menschen verwenden. Mein Vorschlag erfordert es nicht, „Mensch" als ein normatives ethisches Konzept auszubuchstabieren. Und dennoch kann es die für den Humanismus erforderliche normative Arbeit leisten: Die vorgeschlagene Definition von Entmenschlichung kann verwendet werden, um Behandlungsweisen herauszustellen, die Frauen (genauso wie Männer und Trans-Leute) schädigen, und um die ihnen entsprechenden positiven Erwiderungen zu entwerfen.

Ich werde wie folgt vorgehen: Im 2. Abschnitt werde ich kurz begründen, warum der Feminismus den Humanismus braucht. In Abschnitt 3 werde ich untersuchen, was Vergewaltigung entmenschlichend macht. Abschließend, in Teil 4, werde ich ein allgemeines Konzept von Entmenschlichung vorschlagen.

2. WARUM HUMANISMUS?

Dass Frauen nicht auf entmenschlichende Weise behandelt werden sollten, ist selbstverständlich. Für Humanismus im Feminismus einzutreten, ist hingegen umstritten. Feministinnen und Feministen haben den Rekurs auf die Menschlichkeit oder die ‚menschliche Natur' für die Konzeptualisierung ethischer und politischer Visionen oft als, in Antonys Worten, „konzeptuelle Niete" und „unweigerlich schädlich" betrachtet[13]. Erstens, so behauptet sie, traten eine Reihe von Philosophen (unter ihnen Aristoteles, Rousseau und Kant) für Gleichheit unter allen Angehörigen der Menschheit ein, schlossen Frauen aber weiterhin aus (oder betrachteten sie zumindest als defizitäre Angehörige der Menschheit).

Vergewaltigung lösen. Weiterhin ist festzuhalten, dass ich Vergewaltigung, obwohl ich von Männern an Frauen begangene Fälle betrachten werde, als einen wesentlich gender-neutralen Begriff verstehe. Jede oder jeder, der oder die nicht-einvernehmlichem Sex unterworfen wird, wird vergewaltigt, unabhängig von ihrem oder seinem biologisches Geschlecht oder Gender.

13 „[H]uman nature", „conceptually bankrupt", „inevitably pernicious" (Antony 1998: 67).

Zweitens wurden bestimmte gesellschaftliche Rollen und dem Geschlecht zugeschriebene Verhaltensweisen allzu oft mit dem Verweis auf unsere vermeintliche ‚menschliche Natur' erklärt und gerechtfertigt. Im Gegensatz dazu sind feministische ethische und politische Forderungen heute gemeinhin in den sozialen Konzepten von Gender und Frau verankert. Feministinnen und Feministen unterscheiden üblicherweise das biologische oder anatomische Geschlecht eines Menschen (biologisch weiblich/männlich) von dessen sozial erworbenem und sozial hervorgebrachtem Geschlecht oder Gender (Frau-Sein/Mann-Sein).[14] Da Biologie nicht Bestimmung ist und unsere sozial erworbenen Merkmale bzw. kulturell hervorgebrachten Rollen veränderbar sind, sollten Feministinnen und Feministen sich auf Letzteres konzentrieren – auf das, was uns zu Frauen und Männern mit zugeschriebenen Geschlechtseigenschaften macht. Das zugrunde gelegt, können wir sozialpolitische Strategien ausarbeiten, die die schädigenden Effekte unseres sozial konstruierten Geschlechts unterbinden und soziale Verhältnisse anvisieren, welche die Gender-Formierung insgesamt untergraben. Im Verlauf der letzten dreißig Jahre feministischer Theorie ist es üblich geworden, die Gender-Kategorien „Männer" und „Frauen" als *die* relevante Klassifikation zu behandeln.

Im Gegensatz zu dieser dominanten Sichtweise denke ich, dass Feministinnen und Feministen ihren Rekurs auf Gender aufgeben sollten. Mein Eintreten für den Humanismus ist teilweise pragmatisch begründet: Ich bin die (wie ich sie nennen werde) „Gender-Kontroverse" leid. Kurz gesagt: Gender wird als sozial konstruiert bezeichnet, aber anzugeben, worin die „soziale Konstruktion von Gender" besteht, ist eine große feministische Kontroverse. Es gibt keine Einigkeit in dieser Frage.[15] Meiner Ansicht nach ist es nicht möglich, Definitionen von Gender und Frau anzugeben, welche diese in irgendeinem Sinn als sozial konstruiert auffassen und denen alle zustimmen können, und die für die Begründung positiver feministischer Visionen produktiv gemacht werden können. Die Probleme, die hier aufeinandertreffen, entsprechen dabei, laut Antony, den Problemen, denen sich auch Nussbaums internalistische Definition des *Menschen* gegenübergestellt sieht. Die Konzepte „Gender"/„Frau" sind soziale, nicht biologische. Aus diesem Grund sind bestimmte Normen und Werte in ihre Definitionen eingelassen. Feministinnen und Feministen sind sich jedoch uneins darüber, welche Werte und Normen in diese Konzepte Eingang finden sollten. Deshalb wer-

---

14 Anmerkung der Übersetzerinnen: Da es im Deutschen keine mit der englischen Sex/Gender-Trennung vergleichbare klare begriffliche Unterscheidung gibt, werden im Folgenden die Begriffe „biologisches Geschlecht" und „Gender" verwendet.

15 Für eine Diskussion siehe meinen Beitrag *Feminist Perspectives on Sex and Gender* (2008); bezüglich unterschiedlicher Verständnisse von „sozialer Konstruktion" vgl. Haslanger 1995.

den die zahlreichen Definitionen nur für jene überzeugend sein, die sich bereits im Voraus darüber einig sind, welche die relevanten und wichtigen Werte und Normen sind; es gibt keine objektiv gegebenen Tatsachen zur Klärung dieser Angelegenheit. Gender-Konzepte sind in der feministischen Theorie ungeheuer umstritten und waren dies auch in den letzten dreißig Jahren. Und deshalb meine ich, angesichts der Tatsache, dass die Gender-Kontroverse so unlösbar ist, wären Feministinnen und Feministen gut beraten, ihren Rekurs auf Gender bzw. das Frau-Sein aufzugeben. Es scheint mir in der Tat eine schlechte Strategie zu sein, feministische ethische und politische Forderungen auf solch umstrittene Konzepte zu gründen.

Darüber hinaus nimmt der feministische Gender-Fokus nicht in den Blick, worauf es wirklich ankommt: Wenn Frauen auf benachteiligende und schädigende Weise behandelt werden, so werden sie (wie Antony es ausdrückt) „auf Weisen behandelt, welche die volle Entwicklung ihrer *menschlichen* Fähigkeiten verhindern oder behindern"[16]. Das scheint mir unmittelbar richtig. Es gibt also einige Behandlungsweisen, die für Angehörige unserer biologischen Art unangemessen sind, ganz unabhängig von deren biologischem Geschlecht und Gender. Ein Beispiel hierfür ist Vergewaltigung: Meiner Meinung nach ist diese nicht schädlich für Frauen *als* Frau und Männer *als* Mann. Sie ist in erster Linie und vor allem schädlich für beide *als* Mensch. Deshalb meine ich, dass der Humanismus, nicht Gender, im Zentrum des Feminismus stehen sollte. Das bedeutet nicht, dass wir Gender-Konzepte abschaffen sollten oder dass wir nicht über Frauen und Männer reden können. Mein Punkt ist lediglich, dass Gender, obwohl es für die Analyse unserer sozialen, politischen, ökonomischen und kulturellen Verhältnisse zu berücksichtigen wichtig ist, nicht das Fundament und die Grundlage zur Stützung feministischer ethischer und politischer Forderungen sein sollte. Gender sollte also nicht der Kern des Feminismus sein.

3. VERGEWALTIGUNG ALS ENTMENSCHLICHEND

Für mich ist Vergewaltigung ein paradigmatischer Fall entmenschlichender Behandlung.[17] Um dies darzulegen, werde ich mich auf zwei neuere Argumente

---

16 „[…] treated in ways that prevent or impede the full development of their *human* capacities" (Antony 1998: 85).

17 Nicht alle teilen diese Ansicht: Baber 2002 etwa argumentiert, dass gewisse Arbeiten schädlicher sind als Vergewaltigung. Vergewaltigung sei nur eine vorübergehende Schädigung des Opfers, wohingegen insbesondere schlechte und Niedriglohnarbeit, zu

konzentrieren in Bezug auf das, was Vergewaltigung entmenschlichend macht: das „Verdinglichungsargument" von John Gardner und Stephen Shute (2000) und das „Seelenmordargument" von David Archard (2007b). Ich denke, dass Archards Argument plausibler und präziser trifft, was Vergewaltigung entmenschlichend macht, und letztendlich werde ich mein allgemeines Konzept der Entmenschlichung unter Rückgriff auf Archard entwickeln. Aber zunächst: Was fehlt in Gardners und Shutes Darstellung?

3.1 Das Verdinglichungsargument

Gardner und Shute argumentieren, dass Vergewaltigung verwerflich ist, weil der Vergewaltiger[18] sein Opfer *verdinglicht*, indem er es als bloßes Ding oder Instrument zur Einlösung seiner eigenen Zwecke behandelt. Es kommt uns als Person ein bestimmter Wert zu, dank dessen „ein Umgang mit Menschen, der sie nicht gleichzeitig in diesem Wert anerkennt, bedeutet, sie als etwas anderes zu behandeln denn als Mensch. Es bedeutet, sie als Dinge zu behandeln"[19]. Das entspricht der bekannten Kantischen Perspektive: Man sollte andere nicht als bloßes Mittel zum Zweck, sondern als Zweck an sich selbst behandeln. Und Vergewaltigung verletzt dies, indem sie das Opfer verdinglicht. In Anlehnung an Nussbaums Diskussion zu Verdinglichung (1995c) behaupten die Autoren, dass der Vergewaltiger das Opfer verdinglicht, indem er sie oder ihn *instrumentalisiert*: Indem er eine Person als ein *bloßes* Hilfsmittel oder Instrument für seinen eigenen Zweck behandelt. Durch die Herabsetzung zum „bloßen Gebrauch" eines

---

der manche Frauen gezwungen werden, Langzeitschäden mit sich brächten. Im Gegensatz dazu, einer schlimmen Arbeit nachzugehen, hielte Vergewaltigung das Opfer nicht davon ab, „andere Zielen zu verfolgen, die in seinem [sic] Interesse sind" (Baber 2002: 308). Es trifft sicherlich zu, dass Vergewaltigung nicht von allen Opfern auf dieselbe Weise erlebt wird, und dass Vergewaltigungen, beispielsweise in Abhängigkeit von der mit ihr verbundenen Brutalität, unterschiedlich viel Schaden anrichten. Ich bin aber der Überzeugung, dass Vergewaltigung, unabhängig von der Erfahrung der Opfer, *per se* entmenschlichend ist, weil nicht-einvernehmlichem Sex unterworfen zu werden immer ein schwerwiegendes Unrecht und eine moralische Verletzung ist.

18 Nicht alle Vergewaltigungen werden von Männern begangen. Da in den im Weiteren behandelten Fällen jedoch immer Männer die Täter sind, wird hier ausschließlich die männliche Form „Vergewaltiger" verwendet (vgl. auch Fußnote 13).

19 „To use people without at the same time respecting this [worth] involves treating them as something other than people" (Gardner/Shute 2000: 203f.).

anderen verweigert Vergewaltigung dem Opfer das Personsein, was sie buchstäblich „entmenschlichend" macht.[20]

Diese Ansicht lässt jedoch einiges zu wünschen übrig: Erstens entsprechen viele Vergewaltigungen nicht diesem Modell von Entmenschlichung und trotzdem verstehen wir sie als entmenschlichend; zweitens bin ich nicht überzeugt davon, dass Vergewaltigung notwendigerweise Instrumentalisierung im Sinne Gardners und Shutes beinhaltet. Die Autoren sehen Vergewaltigung als entmenschlichend an, weil sie der rein instrumentelle Gebrauch einer Person sei. Sie sagen zwar nicht explizit, dass Vergewaltigung entmenschlichend ist, weil sie der rein instrumentelle Gebrauch einer Person *zu sexuellen Zwecken* ist. Diese Ansicht müssen sie allerdings vertreten – ansonsten können sie die moralische Falschheit von Vergewaltigung nicht von der moralischen Falschheit anderer rein instrumenteller Behandlungsweisen von Personen unterscheiden, was sie aber eindeutig tun wollen. Betrachten wir ihr Beispiel der „harmlosen Vergewaltigung als bloße Vergewaltigung". Obwohl Vergewaltigung normalerweise physisches, psychologisches und/oder emotionales Leid mit sich bringt, müsse dies nicht so sein – dieses sei lediglich eine Begleiterscheinung von Vergewaltigung. Dieses Beispiel fängt also genau das ein, was, dieser Perspektive zufolge, an Vergewaltigung moralisch falsch ist:

„Wenn auch selten, so ist es doch möglich, dass ein Vergewaltiger kein Leid erzeugt. Im Falle, dass sie unter Drogen stand oder während der Vergewaltigung bis zur Bewusstlosigkeit betrunken war und der Vergewaltiger ein Kondom verwendet hat, könnte das Opfer die Tatsache, dass sie vergewaltigt wurde, niemals bemerken […] dann ist uns ein Opfer gegeben, dessen Leben sich durch die Vergewaltigung nicht zum Schlechteren, ja, das sich überhaupt nicht verändert hat. Sie „fühlt" sich nicht „vergewaltigt". Sie hat keine Gefühle in Bezug auf den Vorfall, weil sie nichts von ihm weiß [und] er nie ans Tageslicht gelangen wird".[21]

Angesichts der Auffassung von Gardner und Shute darüber, worin die moralische Falschheit von Vergewaltigung besteht, müssen sie vertreten, dass dieser Fall den rein instrumentellen Gebrauch von Personen beinhaltet – der Vergewal-

---

20 Vgl. ebd. 205.

21 „It is possible, although unusual, for a rapist to do no harm. A victim may be forever oblivious to the fact that she was raped, if, say, she was drugged or drunk to the point of unconsciousness when the rape was committed, and the rapist wore a condom […] we have a victim of rape whose life is not changed for the worse, or at all, by the rape. She does not […],feel violated'. She has no feelings about the incident, since she knows nothing of it [and][…] the incident never comes to light at all" (ebd. 196).

tiger muss das Opfer als ein bloßes Mittel zu seinem Zweck gebrauchen. Vergleichen wir nun den Fall der bloßen Vergewaltigung mit einem Fall, der Archards nicht-einvernehmlichem Mundabstrich ähnlich ist.[22] Stellen wir uns eine vergleichbare Situation vor, in welcher der Täter für einen anderen Zweck von seinem Opfer bloßen Gebrauch macht; das Opfer wird beispielsweise betäubt und einem Mundabstrich unterzogen, damit seine DNA für wissenschaftliche Zwecke entnommen werden kann, obwohl es der Entnahme (aus welchen Gründen auch immer) nicht zugestimmt hat. Dies geschieht in einer Weise, die keine physischen Spuren zurücklässt, und das Opfer wird niemals erfahren, was ihm passiert ist. Die Person wurde als ein bloßes Instrument behandelt. In dieser Hinsicht entspricht das Beispiel also dem Fall der bloßen Vergewaltigung und die beiden Beispiele sind in diesem Sinne moralisch ununterscheidbar. Gardner und Shute weisen dies jedoch zurück: Es geht ihnen ausdrücklich darum, das spezifisch Falsche an Vergewaltigung herauszustellen, das sie moralisch von anderen scheußlichen Verbrechen unterscheidet. Und diese Unterscheidung kann nur in Hinblick auf ihre jeweiligen Zwecke vorgenommen werden: Der Zweck des Mundabstrichs ist die DNA-Entnahme, der des Vergewaltigungsfalls ist „sexuelles Vergnügen"[23]. Gardner und Shute müssen also sagen, dass das moralisch Falsche einer Vergewaltigung im schieren Gebrauch einer Person für sexuelle Zwecke liegt. Der altbekannte bloße Gebrauch (unabhängig vom Zweck) wird es allein also nicht tun.

Unter Berücksichtigung dieser Qualifizierung wird ihr Bild des Vergewaltigers zu Rae Langtons sexuellem Solipsisten. Der bloße sexuelle Gebrauch von Personen entmenschlicht diese; er macht aus Menschen Dinge. Laut Langton begreift diese Art von sexuellen Solipsisten nicht, dass Frauen in sexuellen Kontexten keine Dinge sind: Sie behandeln Frauen „als bloße Körper, als bloß sinnliche Erscheinungen, als unfrei, als Dinge, die man in Besitz nehmen kann, als Gegenstände von rein instrumentellem Wert"[24]. Und es ist das sexuelle Begehren der Solipsisten, aufgrund dessen sie diese verdinglichende Haltung zum Objekt ihres Begehrens an den Tag legen, das Frauen auf diese Weise instrumentalisiert. „Sie betrachten eine Person, als wäre sie ein Ding, als wäre sie nicht mehr als ein Körper, nicht mehr als ein gut arrangiertes Bündel aus Augen, Lippen, Gesicht,

---

22 Vgl. Archard 2007a.
23 „[S]exual pleasure" (Gardner/Shute 2000: 204).
24 „[…] mere bodies, as merely sensory appearances, as not free, as items that can be possessed, as items whose value is purely instrumental" (Langton 1995: 153).

Brüsten, Hintern und Beinen"²⁵. In dieser Perspektive behandelt der Vergewaltiger eine Person als Sexual*objekt*, das lediglich als Mittel für seine sexuellen Zwecke dient. Selbstverständlich sind Frauen allerdings mehr als Sexualobjekte, die zur sexuellen Befriedigung gebraucht werden können.

Im Folgenden soll die Praxis, Vergewaltigung als Mittel der Kriegsführung einzusetzen, beleuchtet werden, um zu verstehen, was an der eben dargestellten Sichtweise problematisch ist. In der Demokratischen Republik Kongo (DR Kongo), um den Fokus auf einen Kontext zu beschränken, ist die Vergewaltigung von Zivilistinnen und Zivilisten durch Kombattanten eine *systematische* Praktik, in der nicht-einvernehmlicher Sex als Teil der Kriegsführung eingesetzt wird „für eine Vielzahl von Absichten, unter ihnen Einschüchterung, Erniedrigung, politischer Terror, Informationsbeschaffung, Belohnung der Soldaten und ‚ethnische Säuberung'"²⁶. Vergewaltigungen sind ein integraler Bestandteil der Übergriffe auf Gemeinschaften, bei denen Kombattanten/Soldaten auch Zivilistinnen und Zivilisten töten oder verletzen und ihren Besitz zerstören.²⁷ Vergewaltigung wird genutzt, „um Gemeinschaften durch Terror dazu zu bringen, dass sie die Kontrolle (durch die Kombattanten/Soldaten) akzeptieren, oder um sie für tatsächliche oder vermeintliche Unterstützung gegnerischer Kräfte zu bestrafen"²⁸. Vergewaltigung zielt darauf ab, „Kontrolle über Zivilisten und deren Territorium zu gewinnen oder aufrechtzuerhalten"²⁹, insbesondere durch die Terrorisierung und Erniedrigung von Frauen, welche in diesem kulturellen Kontext als die Repräsentantinnen ihrer Gemeinschaften angesehen werden. So werden Frauen und Kinder zum Beispiel oft öffentlich vor den Augen ihrer Ehemänner und Eltern vergewaltigt.

---

25 „[...] view a person as thing like [...] as being nothing more than a body, nothing more than a conveniently packed bundle of eyes, lips, face, breasts, buttocks, legs" (ebd. 165).

26 Amnesty International 2005: 1. „[...] for a variety of purposes, including intimidation, humiliation, political terror, extracting information, rewarding soldiers, and ‚ethnic cleansing'" (Human Rights Watch 2005:1).

27 Ich werde von Kombattanten und Soldaten sprechen, ohne zu differenzieren, wen (Soldaten/Kombattanten) ich im Sinne habe. Das schuldet sich der Tatsache, dass die Situation in der DR Kongo durch die vielen verschiedenen sich einander bekämpfenden Fraktionen extrem komplex ist. Es macht tatsächlich keinen Unterschied, da von allen Gruppierungen berichtet wird, dass sie Kriegsvergewaltigung praktizieren.

28 „[...] to terrorize communities into accepting [the combatants'/soldiers'] control or to punish them for real or supposed aid to opposed forces" (Human Rights Watch 2002).

29 „[...] win or maintain control over civilians and [their] territory" (ebd.).

In diesem Kontext scheinen die Täter von Vergewaltigung ihre Opfer nicht primär für sexuelle Zwecke, sondern zum Führen eines Krieges zu benutzen. Zwar benutzen die Täter, die Kriegsvergewaltigungen begehen, ihre Opfer zweifellos als bloße Mittel für ihre eigenen Zwecke; aber angesichts der Absichten, für welche diese Vorgehensweise eingesetzt wird, scheint dieser Zweck nicht sexuell zu sein. Folglich passt der Kriegsvergewaltiger einfach nicht in das Bild des Vergewaltigers als sexuellem Solipsisten. Das Verdinglichungsargument besagt, dass Vergewaltigung wegen des schieren Gebrauchs, das der Vergewaltiger von seinem Opfer für sexuelle Zwecke macht, entmenschlicht. Dies trifft jedoch nicht, was an Kriegsvergewaltigung entmenschlichend ist: Der Kriegsvergewaltiger benutzt sein Opfer zwar als ein bloßes Hilfsmittel oder Instrument, aber *nicht* (ausschließlich) für sexuelle Zwecke. Sex stellt sich letztlich als nachrangig für diese Praktik heraus. Die Opfer werden vielmehr für andere Zwecke der Vergewaltiger, die mit der Kriegführung zusammenhängen, instrumentalisiert. Die Unterscheidung zwischen sexuellen und sexualisierten Zwecken verdeutlicht diesen Punkt. Erstere meinen Zwecke, die direkt mit Sex zu tun haben, wie beispielsweise sexuelle Befriedigung. Letztere hingegen zielen auf Instrumentalisierung anhand von sexuellen Mitteln für irgendwelche anderen Zwecke. Genau das scheint in Fällen von Kriegsvergewaltigung zu geschehen: Sexuelle Mittel werden eingesetzt, um Zwecke zu erreichen, die mit Kriegsführung zusammenhängen. Weil das Verdinglichungsargument darauf baut, dass es sich bei Vergewaltigung um Instrumentalisierung für sexuelle Zwecke handelt, gelingt es ihm nicht, das Unrecht zu berücksichtigen, das dem Opfer einer Kriegsvergewaltigung angetan wird. Selbst wenn also der bloße Gebrauch von Personen für sexuelle Zwecke entmenschlichend ist, ist es nicht das, was Kriegsvergewaltigung entmenschlichend macht.

Vergewaltigung bringt darüber hinaus nicht notwendigerweise Instrumentalisierung, so wie sie von Gardner und Shute verstanden wird, mit sich: Die *Art* der sich vollziehenden Instrumentalisierung besteht nicht unbedingt darin, dass Personen *wortwörtlich* als Dinge behandelt werden. Wiederum ist es aufschlussreich, einen Blick auf die Kriegsvergewaltigungen in der DR Kongo zu werfen, wo Frauen vergewaltigt werden, weil sie (unter anderem) als Repräsentantinnen ihrer Gemeinschaften und Garantinnen von deren Erhalt betrachtet werden. Angesichts dieser Tatsache und der Ziele von Kriegsvergewaltigung scheint der Kriegsvergewaltiger das Opfer nicht als Ding wahrzunehmen. Frauen werden hier vielmehr als Personen mit Zielen, Lebensplänen und einem Anspruch auf Wohlbefinden betrachtet; Vergewaltigung als Kriegspraktik zielt gerade darauf ab, diese Aspekte des Lebens von Frauen zu konterkarieren, dabei ganze Gemeinschaften zu zerstören und es für die Menschen extrem schwer zu machen, diese wieder aufzubauen. Die Opfer von Kriegsvergewaltigung werden nicht wie leblose Dinge behandelt, die es einfach zu zerstören gilt, so wie Wohnstätten und Dörfer. Tatsächlich ähneln Kriegsvergewaltiger eher sadistischen Vergewaltigern, die wollen, dass ihre Opfer sich wehren und somit bestätigen, dass sie Subjekte und gerade nicht leblose Dinge sind. Eine Form von Autonomiebekräftigung ist eines der zentralen Merkmale sadistischer Vergewaltigung.[30] Auch in Kriegsvergewaltigungen wird das Personsein von Frauen insofern bestätigt, als ihre gesellschaftliche Rolle als Repräsentantinnen der Gemeinschaft anerkannt wird; dies ist eine notwendige Voraussetzung für die Verletzung ihres Personseins. Die Situation ähnelt David Sussmans jüngster Beschreibung jener Formen der Folter (wie etwa jene, die in Abu Ghraib stattfanden), bei denen das Opfer zum Komplizen seiner eigenen Misshandlung wird: Folter „beinhaltet nicht nur die Beleidigungen und Verletzungen, die auch bei anderen Formen der Gewalt zu finden sind, sondern ein Unrecht, das am besten als Erniedrigung zu bezeichnen ist, weil es die eigene Beteiligung des Opfers ausnutzt."[31] Leblose Objekte können sich nicht an ihrer eigenen Misshandlung beteiligen, das können nur Personen oder Subjekte mit Handlungsfähigkeit. Folglich setzt jene Art des schieren Missbrauchs der Opfer von Kriegsvergewaltigungen voraus, dass diese Subjekte mit Lebensplänen und bestimmten gesellschaftlichen Rollen sind. Und darauf, genau das auszubeuten, zielt das vom Vergewaltiger begangene Unrecht ab.

3.2 Das Seelenmordargument

Um dem, was eine Vergewaltigung entmenschlichend macht, näherzukommen, werde ich mich stattdessen auf Archards Darstellung konzentrieren, welche die Unrechtmäßigkeit von Vergewaltigung darin sieht, dass diese „eine untragbare Verletzung bzw. Beschädigung unseres legitimen Interesses ist, das zu schützen, was zentral für unser Personsein ist"[32]. Um diese Behauptung detaillierter zu erläutern, unterscheidet er zunächst zwischen dem Verletzenden, der Schädlichkeit und der Unrechtmäßigkeit einer Handlung: Das „Verletzende" bezeichnet das Leiden, die Schmerzen und das Ablehnen der Handlung; „Schaden" das Übergehen von Interessen; und das „Unrecht" das unhaltbare (unentschuldbare und un-

---

30 Vgl. hierzu Langton 2009.
31 Vgl. Sussman 2005: 30. Vielen Dank an Garrath Williams für den Hinweis auf diesen Artikel.
32 „[...] an indefensible harming of a legitimate interest in safeguarding what is central to our personhood" (Archard 2007b: 390).

verantwortliche) Übergehen von Interessen.[33] Archard behauptet, dass die Verletzung zwar die Unrechtmäßigkeit von Vergewaltigung belegen kann, dafür aber nicht konstitutiv ist. Um das nachzuvollziehen, muss man zwischen den definierenden und den erschwerenden Schädigungen unterscheiden. Erstere sind Schäden, die dem Opfer in *jedem* Fall angetan werden; letztere sind „zusätzliche [Schäden], die auf die Besonderheiten jeder einzelnen Vergewaltigung (wie Gewalt oder Brutalität) und die Umstände, unter denen sie begangen wurde, oder auf andere Eigenschaften des Opfers oder seiner Gesellschaft zurückzuführen sind"[34]. Die erschwerenden Schäden der Vergewaltigung verschlimmern die mit einer Vergewaltigung grundlegend einhergehenden Schädigungen und machen die Vergewaltigung somit für das Opfer schlimmer. Deshalb „entspricht das, was das wesentliche Unrecht eines jeden Vergewaltigungsakts ausmacht, den grundlegenden, direkten und unverzeihlichen Schädigungen, die sie verursacht."[35]

Da Schaden als das Übergehen von Interessen definiert ist, müssen nun die Interessen bestimmt werden, welche durch die Vergewaltigung auf unhaltbare Weise verletzt werden. Archard stellt zwei Modelle vor, wie Interessen verstanden werden können: das Netzwerkmodell und das räumliche Modell. Joel Feinberg diskutiert ersteres. Alle Personen haben irgendwelche „letzte[n] Ziele und Bestrebungen"[36]; und es gibt gewisse Wohlfahrtsinteressen, die allgemeine, oft unverzichtbare Mittel für die Förderung solch weitergehender hintergründiger Ziele und Bestrebungen darstellen[37]. Sie entsprechen minimalen, grundlegenden Voraussetzungen für das Wohlergehen eines Menschen und umfassen mindestens:

„[...] die Fortdauer des eigenen Lebens für eine voraussehbare Zeitspanne und das Interesse an der eigenen physischen Gesundheit und Vitalität, die Integrität und normale

---

33 Vgl. Archard 2007b: 378. In Archards Typologie wäre die harmlose Vergewaltigung nach Gardner/Shute nicht schadlos, sondern schmerzlos, da das Opfer keine Leiden oder physische Schmerzen erfuhr. Damit der Fall der bloßen Vergewaltigung für Archard schädlich ist, müssen einige der Interessen des Opfers übergangen worden sein. Und nach Archards Ansicht können die Interessen des Opfers, obwohl diesem die Vergewaltigung nicht bekannt ist und es nicht das Gefühl hat, dass seine Interessen verletzt wurden, übergangen worden sein.
34 „[...] additional and due to particular features of individual rape [like violence or brutality], to the circumstances in which it was committed, or to other features of the victim or her society" (ebd. 380).
35 „[...] the essential wrong of any instance of rape is the set of indefensible core direct harms it causes." (Ebd. 382).
36 „[U]ltimate goals and aspirations" (Feinberg 1984: 37).
37 Vgl. ebd. 42.

Funktionsfähigkeit des eigenen Körpers, die Abwesenheit von stark belastenden Schmerzen, von Leid oder auffälligen Entstellungen, minimale intellektuelle Aktivität, emotionale Stabilität, die Abwesenheit unbegründeter Angst und Verbitterung, die Fähigkeit, sich normal am gesellschaftlichen Umgang zu beteiligen und Freundschaften zu unterhalten, ein wenigstens minimales Einkommen und finanzielle Sicherheit, eine tolerierbare soziale und physische Umwelt, ein gewisses Maß an Freiheit vor Eingriffen und Zwang."[38]

Diese Interessen bilden ein ganzes Netzwerk von Interessen, die Bestandteile des persönlichen Wohlergehens sind. Im Gegensatz zum Netzwerkmodell befürwortet Archard das räumliche Modell, welches Interessen so versteht, „dass sie einen Raum einnehmen, über den das Selbst oder das Personsein definiert werden kann, und die wichtigsten Interessen sind jene, die einer Person oder dem Selbst am nächsten sind bzw. ihren Kern ausmachen"[39] – die wichtigsten Interessen sind also die, die definieren, *wer wir sind*. Vergewaltigung als Verletzung solcher Interessen zu verstehen, passt laut Archard dazu, dass Vergewaltigungsopfer die Vergewaltigung als „Seelenmord" und äußerste „Verletzung des Selbst" beschreiben[40]. Ferner haben die Interessen, die den Kern des Selbst ausmachen, mit Sexualität zu tun. Für Archard gilt: „[W]enn unsere Sexualität ein Interesse ist, das definiert, wer und was jeder von uns ist, dann liegt es im Zentrum unserer Identität. Daraus folgt, dass Vergewaltigung etwas angreift und beschädigt, dass wesentlich für unser Sein und unser Personsein ist"[41]. Vergewaltigung ist entmenschlichend, insofern sie Seelenmord ist und das Selbst verletzt. Diese Ansicht stützt sich auf Shafer und Frye, die annehmen, dass es einen die Person definierenden Bereich gibt, bestehend aus dem „physischen, emotionalen, psycho-

---

38 „[...] Continuance for a foreseeable interval of one's life, and the interests in one's own physical health and vigor, the integrity and normal functioning of one's body, the absence of absorbing pain and suffering or grotesque disfigurement, minimal intellectual activity, emotional stability, the absence of groundless anxieties and resentments, the capacity to engage normally in social intercourse and to enjoy and maintain friendships, at least minimal income and financial security, a tolerable social and physical environment, a certain amount of freedom from interference and coercion." (Ebd. 37).

39 „[...] to occupy a space which helps to define the self or personhood, and the most important interests are those that are the closest to, are at the core of, a person or the self" (Archard 2007b: 387).

40 Ebd. 388, 390.

41 „[...] if our sexuality is an interest which defines who and what each of us is, then it is at the very heart of our self-identity. In consequence, rape attacks and damages something crucial to our being and personhood" (ebd. 388).

logischen und intellektuellen Raum, in dem [die Person] lebt"⁴². Für sie dringt Vergewaltigung in diesen die Person definierenden Bereich ein und greift ihn an, indem die autonome Fähigkeit des Opfers zur Zustimmung nicht respektiert wird, was dem „gefährlich nahe kommt, die Person selbst mit Füßen zu treten"⁴³. Archard geht davon aus, dass Vergewaltigung sich dadurch auszeichnet, das Zentrum dieses Bereichs zu missbrauchen: das sexuell verkörperte Selbst. Und dies kommt laut Jean Hampton (1999) einer moralischen Verletzung gleich: Für Archard ist nach Hampton das Übergehen des Interesses an sexueller Integrität eine moralische Verletzung, insofern sie die „Verwirklichung und Anerkennung des Wertes des Opfers" beschädigt⁴⁴, wobei Wert im Kantischen Sinn als die Würde verstanden wird, die wir als Zweck-an-uns-selbst besitzen. Obwohl weder Archard noch Hampton diese Terminologie verwenden, finde ich es nützlich, diese Schädigung als einen Mangel an achtungsvoller Anerkennung (*recognition respect*) zu bezeichnen. Solche Achtung beinhaltet, in „seinen Überlegungen einige Besonderheiten des betreffenden Dings [angemessen abzuwägen] und entsprechend zu handeln"⁴⁵. Das Objekt achtungsvoller Anerkennung ist eine Tatsache, die „man in seinen Überlegungen berücksichtigen sollte"⁴⁶. Ein Fehlen achtungsvoller Anerkennung beinhaltet also das Versäumnis, ein bestimmtes Faktum eines Dings sowohl in den eigenen Überlegungen als auch im eigenen Verhalten angemessen zu berücksichtigen. Der Vergewaltiger versäumt es in seinem Verhalten folglich, der Tatsache, dass das Interesse des Opfers an sexueller Integrität nicht verletzt werden sollte, angemessene Bedeutung beizumessen.⁴⁷

---

42 „[...] the physical, emotional, psychological and intellectual space [the person] lives in" (Shafer/Frye 1981: 338).
43 „[...] comes dangerously [...] close to treading upon the person itself" (ebd. 338).
44 „[...] the realization and acknowledgement of the vicitm's value" (Hampton 1999: 123).
45 „[...] in one's deliberations some feature of the thing in question and [acting] accordingly" (Darwall 1977: 38).
46 „[...] one ought to take into account in deliberation" (ebd. 40).
47 Die Behauptung zur moralischen Verletzung auf diese Weise zu verstehen, umgeht Archards Angewiesenheit auf Hamptons Kantische Konzeption von Menschheit. Mein Argument stützt sich letztlich darauf, dass gewisse mit dem Menschen verbundene *Tatsachen* nicht berücksichtigt werden, wobei diese aber unter Rückgriff auf den schwachen externalistischen Ansatz von Menschheit Berücksichtigung finden, mit dem ich begonnen habe. Nehmen wir das Beispiel der Selbstbestimmung über den eigenen Lebensplan. Es gibt viele Weisen, auf die unsere Entscheidungsfindung eingeschränkt sein kann. 1,51 m groß zu sein macht es mir schlicht unmöglich, eine Basketballerin von Weltklasse zu werden. Mein Wohnort kann meine Heiratsentscheidun-

Die zentrale Behauptung in Archards Darstellung ist konditionaler Art: Wenn sexuelle Integrität ein Interesse ist, das im Kern definiert, wer wir sind, dann verletzt Vergewaltigung dies auf untragbare Weise. Aber warum sollte man die Voraussetzung für wahr halten? Archard ist der Ansicht, dass hier nichts sonderlich Strittiges behauptet wird. Es scheint nicht kontrovers zu sein, dass Menschen sexuelle Wesen sind. Dies bedeutet jedoch nicht, dass wir Wesen sind, die Sex wertschätzen oder unsere Sexualität überhaupt ausleben. Es bedeutet nur, dass wir Wesen sind, die sexuelle *Integrität* wertschätzen. Selbst jene, die sich entschließen, keinen Sex zu haben, scheinen die Tatsache wertzuschätzen, dass sie sich selbst so entscheiden können – sexuelle Autonomie ist uns als Personen wichtig. Sexualität macht also insofern den Kern unseres Wesens aus, als wir es für wichtig erachten, sexuelle Selbstbestimmung ausüben zu können. Und nicht-einvernehmlicher Sex verletzt dies auf unhaltbare Weise.

Viel von dem, was Archard über Vergewaltigung sagt, scheint mir zutreffend zu sein. Ich wende jedoch ein, dass die Verletzung von Interessen, die im Netzwerkmodell benannt werden, ebenfalls zu Seelenmord führen können; wenn man sie zu bloß erschwerenden Schäden von Vergewaltigung degradiert, könnte man etwas Wichtiges übersehen. Archard muss natürlich nicht bestreiten, dass in einigen Vergewaltigungsfällen das Übergehen von im Netzwerkmodell beschriebenen Interessen die Vergewaltigung für die Opfer verschlimmert. Aber die Unrechtmäßigkeit der Vergewaltigung entsteht durch die grundlegende Beschädigung des Interesses des Opfers an sexueller Integrität. Das macht Vergewaltigung für Archard zu einer Form von Seelenmord. Aus meiner Sicht kann Vergewaltigung die Seele aber auch auf andere Weisen „ermorden". Wenden wir uns wieder der Kriegsvergewaltigung in der DR Kongo zu. Diese Praktik stellt zweifellos ein Übergehen des Interesses des Opfers an sexueller Integrität dar; aber angesichts der gesellschaftlichen Überzeugungen und kulturellen Tabus, die

---

gen einschränken: In Ländern, die gleichgeschlechtliche Verbindungen nicht anerkennen, kann man sich nicht einfach dazu entscheiden, seinen gleichgeschlechtlichen Partner zu heiraten. Manche Beschränkungen unserer Handlungsfreiheit sind legitim, andere nicht. Letztere zum Beispiel ist es nicht, da das Verbot gleichgeschlechtlicher Verbindungen normalerweise durch Vorurteile gerechtfertigt wird, die Fakten über schwule und lesbische Menschen schlicht und ergreifend falsch verstehen (zum Beispiel indem sie annehmen, diese wären aufgrund ihrer sexuellen Orientierung intrinsisch böse und unmoralisch). Auf diese Weise verweigern diejenigen, die gleichgeschlechtliche Verbindungen aufgrund von Vorurteilen verhindern, achtungsvolle Anerkennung. Anstelle eines Gebrauchs einer Menschheitskonzeption im Sinne der Kantischen Kategorie des Zweck-an-sich-selbst, ist es letztlich dies, was meinen Argumentationsgang stützt.

Vergewaltigung in der DR Kongo umgeben, leiden Vergewaltigungsopfer auch daran, dass bestimmte, äußerst wichtige Wohlfahrtsinteressen übergangen werden, was auch auf „Seelenmord" hinauslaufen kann. Das heißt, Vergewaltigung im Krieg verletzt gewisse Wohlfahrtsinteressen, und schädigt deshalb das, was „wesentlich für unser Sein und unser Personsein ist"[48], weil diese Verletzungen so schwerwiegend sind, dass sie die Opfer daran hindern, persönliches Wohlbefinden in irgendeinem bedeutungsvollen Sinne zu erlangen. Und, wie Feinberg es ausdrückt: „[O]hne solche Erfüllung ist die Person verloren"[49]. Folglich wird bei Opfern von Kriegsvergewaltigung das legitime Interesse an sexueller Integrität verletzt, gleichzeitig werden aber auch andere Interessen auf eine Art unträgbar übergangen, die Verletzungen des Selbst darstellen.

Inwiefern stellt Kriegsvergewaltigung das Übergehen des eigenen Wohlfahrtsinteresses dar, und inwiefern macht dies eine Verletzung des Selbst aus? Kriegsvergewaltigung, im hier betrachteten Zusammenhang, übergeht fast all diese Interessen (vgl. Feinbergs Liste von Netzwerkinteressen weiter oben). Zunächst einmal ist Vergewaltigung mit einem enormen gesellschaftlichen Stigma belegt und weibliche Opfer werden häufig sowohl aus ihren Gemeinschaften ausgeschlossen, als auch von ihren Familien und Ehemännern zurückgewiesen. Dies ist besonders problematisch, da viele Frauen durch die Vergewaltigung schwanger werden und infolgedessen unter schwerer wirtschaftlicher Not leiden. Eine kongolesische Frau berichtet, wie ihr Ehemann, nachdem sie vergewaltigt worden war, „mich mit meinen acht Kindern allein ließ und zwei von diesen seitdem an Hunger gestorben sind. Ich habe viel Gewicht verloren. Ich leide an Schlaflosigkeit und habe keine Kraft, mich um meine Kinder zu kümmern"[50]. Ein anderes Opfer von Kriegsvergewaltigung berichtet, dass ihr Ehemann, wenn sie ihn um Essen bittet, antwortet: „Warum fragst du nicht deinen Ehemann im Wald nach Essen?"[51], womit er den Mann meint, der sie vergewaltigt hat. Außerdem werden viele Frauen vergewaltigt, während sie auf dem Feld arbeiten, wobei diese Arbeit für sie „der einzige Weg ist, sicherzustellen, dass sie ihre Kinder ernähren können"[52]. Das Wissen um das Risiko, während der Feldarbeit vergewaltigt zu werden, führt aber dazu, dass die Frauen von der Arbeit abge-

---

48 „[C]rucial to our being and personhood" (Archard 2007b: 388).
49 „[W]ithout [such] fulfillment, the person is lost" (Feinberg 1984: 37).
50 „[…] left me alone with my eight children and two of them have died since because of starvation. I have lost a lot of weight. I am suffering from insomnia and I don't have any strength to look after my children" (Médecins Sans Frontières 2004: 28).
51 „When I ask my husband to give me some food he replies to me, why don't you go and ask for food to your husband in the forest" (ebd. 31).
52 „[T]he only way of ensuring that they can feed their children" (ebd. 31).

schreckt werden, was die wirtschaftlichen Nöte, unter denen sie leiden, noch vergrößert oder sie zwingt, unter der beständigen Angst vor einer Vergewaltigung zu arbeiten, was ihr psychisches Wohlbefinden untergräbt.

Opfer von Kriegsvergewaltigungen in der DR Kongo leiden auch häufig an schweren Gesundheitsproblemen. Schätzungen zufolge sind 60 Prozent der Soldaten und Kombattanten mit HIV infiziert. Angesichts der weiten Verbreitung von Kriegsvergewaltigung[53] und der Tatsache, dass die Täter Schilderungen zufolge keine Kondome verwenden, wird befürchtet, dass die Langzeitwirkungen verheerend sein werden. Schilderungen zufolge sind die Vergewaltigungen außerdem besonders brutal und lassen ihre Opfer mit langfristigen oder gar dauerhaften physischen Problemen zurück. So leiden viele Opfer an entsetzlichen Formen von Genitalverstümmelung: Es wird von Frauen berichtet, denen nach der Vergewaltigung in die Vagina geschossen wurde, denen Klitoris und Brüste abgeschnitten wurden; und „viele wurden auf so sadistische Weise misshandelt, von Bajonetten zerfleischt und mit Holzklötzen vergewaltigt, dass ihre Fortpflanzungs- und Verdauungsapparate nie mehr heilen können"[54]. Der kongolesische Gynäkologe Denis Mukwege äußert: „[Die Kombattanten] vergewaltigen eine Frau zu fünft oder sechst – aber das ist noch nicht genug. Sie schießen ihr anschließend mit einer Waffe in die Vagina. [...] In meinem ganzen Leben habe ich etwas Derartiges noch nicht erlebt. [...] Es schockiert mich, dass so viele vergewaltigt werden, aber die Art wie sie vergewaltigt werden, schockiert mich noch mehr"[55]. Das alles verändert „das zukünftige Leben, die Lebensgrundlage und die Aussichten"[56] der Opfer von Kriegsvergewaltigung in der Region auf grundlegende und umfassende Weise.

---

53 Laut UN-Menschenrechtsexpertin Yakin Erturk wurden in *einer* östlichen Provinz der DR Kongo während der ersten sechs Monate des Jahres 2007 4500 Vergewaltigungen gezählt. Ihr zufolge muss außerdem angenommen werden, dass diese Zahl nur einen Bruchteil der tatsächlich stattgefundenen Vergewaltigungen spiegelt: Aufgrund des kulturellen Stigmas, mit dem Vergewaltigung belegt ist, und der Straflosigkeit von Vergewaltigung melden viele Frauen in der Region vorgefallene Vergewaltigungen einfach nicht (vgl. BBC News vom 30. Juli 2007).

54 „Many have been so sadistically attacked from the inside out, butchered by bayonets and assaulted with chunks of wood, that their reproductive and digestive systems are beyond repair" (Gettleman 2007).

55 „[The combatants] rape a woman, five or six of them at a time – but that is not enough. Then they shoot a gun into her vagina [...] In all my years here, I never saw anything like it [...] [T]o see so many raped, that shocks me, but what shocks me more is the way they are raped" (Nolen 2005).

56 „[F]uture lives, livelihoods and prospects" (Human Rights Watch 2002).

In Archards Modell wird jemand in seinem Personsein verletzt, wenn der die Person definierende Raum auf eine Art und Weise angegriffen wird, die als moralisch verletzend betrachtet werden kann. Und mir scheint das Übergehen von Wohlfahrtsinteressen durch Kriegsvergewaltigung so schwerwiegend, dass es eine solche Verletzung darstellt. Denn für Archard verletzt Vergewaltigung den die Person definierenden Bereich, der (nach Shafer/Frye) physische, psychologische und emotionale Dimensionen umfasst. Diese Dimensionen greift eine Kriegsvergewaltigung offensichtlich an und dringt in sie vor; deshalb stellt die Verletzung der Wohlfahrtsinteressen des Opfers letztlich einen Übergriff auf den Bereich dar, der maßgeblich bestimmt, wer wir sind. Kriegsvergewaltigungen, die Wohlfahrtsinteressen übergehen, missachten etwas anderes als unser Interesse an sexueller Integrität und dieses Andere ist wesentlich für den Person definierenden Bereich: Sie missbrauchen jene zentralen Wohlfahrtsinteressen, ohne deren Berücksichtigung es gar keine Person gibt. Außerdem ist Kriegsvergewaltigung offenkundig insofern als moralisch schädigend zu betrachten, als sie „die Verwirklichung und Anerkennung des Wertes des Opfers" behindert[57], was wiederum als Untergrabung achtungsvoller Anerkennung verstanden werden kann. Der Kriegsvergewaltiger missachtet die Tatsache, dass die Wohlfahrtsinteressen des Opfers auf schwerwiegende Weise übergangen werden und dass sie nicht auf eine Weise verletzt werden sollten, die die Erreichung persönlichen Wohlbefindens auf bedeutsame Weise behindert. Vor diesem Hintergrund widerspreche ich Archard in ihrer Behauptung, dass „Vergewaltigung aus der Perspektive des Netzwerkansatzes unrechtmäßig ist, weil sie eine Person davon abhält, zu tun, was sie will; im Raumansatz aber, [...] weil sie abstreitet, dass die Person Respekt verdient in Hinblick auf das, was für ihr Personsein zentral ist"[58]. In den betrachteten Fällen der Verletzung von Wohlfahrtsinteressen wird den Opfern der ihnen gebührende Respekt genau dadurch verweigert, dass sie daran gehindert werden, eine Lebensweise wählen zu können, die Wohlbefinden ermöglicht. Sich lediglich darauf zu konzentrieren, wie eine Vergewaltigung das Interesse an sexueller Integrität übergeht, ist zu kurz gedacht, auch wenn es offensichtlich ein Interesse ist, das definiert, *wer wir sind*. Darin ist es allerdings nicht das einzige.

---

57 „[...] the realization and acknowledgement of the victim's value" (Hampton 1999: 123).
58 „[...] [r]ape, on the network account, is wrong because it stops a person from doing what she chooses. [But] on the spatial account [...] because it denies that she is, on regard to what is central to her personhood, worthy of respect" (Archard 2007b: 393).

4. Entmenschlichung im Allgemeinen

In Archards Modell ist Vergewaltigung insofern falsch, als sie ein untragbares Übergehen bestimmter Interessen darstellt (i), wobei es sich um räumliche (nicht um Netzwerk-) Interessen handelt (ii) und insofern als die Erfahrung dieses Übergangenwerdens eine moralische Verletzung darstellt (iii). Im Vorangegangenen habe ich gegen (ii) argumentiert: Ich habe behauptet, dass Vergewaltigung sowohl räumliche als auch Netzwerkinteressen auf eine Weise beeinträchtigt, die auf Seelenmord hinausläuft. An (i) und (iii) möchte ich allerdings anknüpfen und vor diesem Hintergrund eine allgemeine Definition von Entmenschlichung vorschlagen, die als ein humanistisch-feministisches Werkzeug dafür eingesetzt werden kann, darüber zu befinden, welche Behandlungsweisen gegenüber Frauen (als Menschen) unangemessen sind.

Eine Handlung oder Behandlung ist genau dann entmenschlichend, wenn sie legitime menschliche Interessen auf unverzeihliche Weise übergeht und dieses Übergehen von Interessen eine moralische Verletzung begründet.

Betrachten wir diese Behauptung genauer: Entmenschlichende Handlungen übergehen auf untragbare Weise einige *unserer* Interessen. Wer aber sind *wir*? Ich denke hier an den Menschen als biologische Art, verstanden im anfangs erläuterten alltäglichen Sinne, auf den auch das Konzept des Menschen der weiten externalistischen Bestimmung rekurriert: Eine Art, deren Angehörige typischerweise zur Spezies *Homo Sapiens* gehören und federlose Zweibeiner sind, die unter adäquaten Umweltbedingungen bestimmte kognitive Fähigkeiten entwickeln. Sich auf diese Form von schwachem externalistischen Konzept der Menschheit zu beziehen, bietet theoretische Vorteile, die sogar Antony anerkennt, obwohl sie die Vorstellung, „Mensch" könne so definiert werden, dass sich ein humanistischer Feminismus darauf stützen kann, zurückweist. So schreibt sie, dass der Externalismus, obgleich er nicht in der Lage ist, ein hinreichend starkes normatives Konzept zu liefern, Folgendes leisten kann; er vermag

„zwei Aspekte zu zeigen, die für ethisches Denken relevant sind: erstens, dass wir in der Tat jede Menge Ähnlichkeiten unter Menschen erwarten können [die sich auf rein biologische Kriterien beziehen]. [...] Zweitens dass wir, angesichts der Funktionsweise unserer Körperlichkeit, extrem dazu neigen, eine ganze Reihe von grundlegenden Wünschen und Bedürfnissen zu teilen".[59]

---

59 „[T]ell is two kinds of things that will be relevant to ethical thinking: the first is that we can indeed expect lots of similarity among human beings [picked out on purely bi-

Antonys Darstellungen scheinen mir richtig zu sein. Die externalistische Definition des Menschen vorausgesetzt, die unsere geteilte menschliche Körperlichkeit berücksichtigt, teilen diejenigen, die unter diesen Begriff fallen (im Großen und Ganzen), die von Feinberg herausgestellten Netzwerkinteressen. Der Externalismus liefert die Grundlage, um über legitime menschliche Interessen nachzudenken, die von entmenschlichenden Behandlungen übergangen werden: Er sagt uns etwas über den Gehalt dieser Interessen und deren gemeinsame Natur.

Mein Vorschlag konzentriert sich allerdings nicht ausschließlich auf entweder Netzwerk- oder räumliche Interessen: Aus meiner Sicht können beiderlei Verletzungen auf Seelenmord hinauslaufen. Die betreffende Unterscheidung ist darüber hinaus gar nicht so eindeutig. Einen eigenen Lebensplan bestimmen zu können, scheint ein räumliches Interesse zu sein: Die (Un-)Fähigkeit dazu trägt plausiblerweise dazu bei, zu definieren, *wer wir sind*. Über seinen eigenen Lebensplan verfügen zu können, ist allerdings gleichermaßen ein Netzwerkinteresse: Wird dieses Interesse beschnitten, werden auch viele andere Interessen und Ziele behindert. Es ist Teil eines ganzen Zusammenhangs von Interessen und notwendig für die Verwirklichung der jeweils letzten Ziele und des effektiven Wohlbefindens. Werden Frauen auf Weisen behandelt, die sie daran hindern, ihre eigenen Lebenspläne verfolgen zu können – etwa indem ihnen der Zugang zu Bildung verwehrt wird –, beschädigt dies ein ganzes Netzwerk von Interessen, die wiederum notwendige Mittel zur Erreichung anderer Ziele darstellen (wie zum Beispiel das Ziel, berufliche Qualifikationen zur Verfolgung der angestrebten Karriere zu erlangen). Außerdem ist anzunehmen, dass dies tiefgreifende Auswirkungen auf das Selbstverständnis der betreffenden Menschen zeitigt. Wir sehen hier also, dass „die Autorin des eigenen Lebens" zu sein, sowohl als räumliches als auch als Netzwerkinteresse von Belang sein kann. Das allgemeine Konzept der Entmenschlichung auf eines von beiden zu begrenzen, scheint aus diesem Grund theoretisch ungünstig zu sein: Frauen aufgrund von Vorurteilen (etwa aufgrund von Annahmen über ihre Fähigkeiten, Rollen oder ihr ‚Natur') daran zu hindern, ihre eigenen Lebenspläne zu bestimmen, ist ein untragbares Übergehen eines legitimen Interesses, unabhängig davon, ob es als räumliches oder Netzwerkinteresse aufgefasst wird. Wichtig ist weiterhin zu betonen, dass Interessenverletzungen aus der Perspektive meines Ansatzes *untragbar* sein müssen: Sie müssen unverzeihlich beziehungsweise nicht zu rechtfertigen sein. Nicht alle Interessenverletzungen sind untragbar. Denken wir etwa an einen vorurteilsfreien Wettbewerb am Arbeitsmarkt: Bekomme ich die Stelle, um die ich mich beworben habe, nicht, könnte mein Interesse an finanzieller Sicherheit übergan-

---

ological criteria] ...Second,...given the way our embodiment works, we are extremely apt to have a variety of fundamental wants and needs in common." (Antony 2000: 35).

gen werden. Liegt das aber daran, dass jemand anderes tatsächlich besser qualifiziert ist, als ich es bin, würde mein Interesse nicht auf *untragbare* Weise übergangen. Diese Behandlung würde meiner Definition zufolge also nicht als entmenschlichend gelten.

Zu guter Letzt muss eine Behandlung, um wirklich unter die Definition Entmenschlichung zu fallen, ein legitimes menschliches Interesse auf eine moralisch schädigende Weise verletzen: Sie muss der Verwirklichung und Anerkennung des Wertes der Person Schaden zufügen. Ich habe das oben als ein Fehlen achtungsvoller Anerkennung dargestellt, was wiederum das Versäumnis meint, innerhalb seiner Überlegungen und seines Handelns bestimmte, mit einer Sache verbundene Fakten zu berücksichtigen. Denken wir etwa an die Einschränkung, die Frauen beim Zugang zu Bildung erfahren: In diesem Fall wird Frauen die Möglichkeit versagt, in (mindestens) einem wichtigen Bereich ihres Lebens für sich selbst zu entscheiden. Üblicherweise gründen sich solche Beschränkungen auf bestimmte Annahmen über Frauen und ihre Natur qua Frau. Hier findet offensichtlich die Tatsache keine Berücksichtigung, dass Frauen als Frauen nichts intrinsisches anhaftet, das sie dazu unfähig machte, Bildung zu erhalten und eigene Lebenspläne zu wählen – diese Behandlung versteht schlicht mit Frauen verknüpfte Fakten falsch. Insofern als Frauen Bildung vorzuenthalten ein legitimes menschliches Interesse auf untragbare Weise übergeht und mit dem Fehlen von achtungsvoller Anerkennung einhergeht (was eine moralische Verletzung bedeutet), ist es entmenschlichende Behandlung. Es macht im Übrigen keinen Unterschied, ob sich diese Behandlung gegen Frauen oder Männer richtet: *Ganz gleich wer* diese Behandlung aufgrund von Vorurteilen erfährt, wird diese Person auf entmenschlichende Weise behandelt.

Hier sind einige Erläuterungen angebracht. Obwohl ich denke, dass alle entmenschlichenden Behandlungsweisen moralisch schädigend sind, sind nicht alle moralisch schädigenden Handlungen entmenschlichend. Sie sind nur dann entmenschlichend, wenn legitime menschliche Interessen auf unhaltbare Weise übergangen werden. Betrachten wir folgendes Beispiel: Man belügt eine Freundin oder einen Freund damit, man sei krank, um eine Einladung zum Abendessen auszuschlagen. In diesem Fall scheint ein Fehlen achtungsvoller Anerkennung vorzuliegen: In ihrem Verhalten versäumt es die Lügnerin oder der Lügner, bestimmte Tatsachen über den Freund oder die Freundin zu würdigen, nämlich dass er oder sie *qua* Freund/Freundin nicht betrogen werden sollte.[60] Es wäre aber seltsam und verquer zu behaupten, diese Lüge sei entmenschlichend, nur weil sie moralisch schädigend ist – wir wissen intuitiv, dass dies die Bedingungen für Entmenschlichung zu sehr lockern würde. Ich behaupte nun, dass eine

---

60 Mein Dank geht an Jules Holroyd für die Anregung zu diesem Thema.

Lüge, obwohl sie moralisch schädigend sein mag, nicht entmenschlichend sein muss und zwar entweder weil die Handlung nicht eindeutig ein legitimes menschliches Interesse übergeht oder weil sie nicht untragbar ist. Man könnte etwa ernsthafte familiäre Probleme haben, die man nicht offenlegen möchte, und die Lüge anführen, um eine Entschuldigung zu haben. In diesem Fall ist die Lüge nicht untragbar und die Handlung nicht entmenschlichend, obwohl es sehr wohl Fälle von Lügen geben mag, die das sind. Es sind wesentlich die Details der jeweiligen Situation, die entmenschlichende Fälle von solchen unterscheiden, die es nicht sind. Gleichwohl kann eine Handlung, obwohl sie moralisch schädigend sein kann, ohne entmenschlichend zu sein, nicht entmenschlichend sein, ohne moralisch schädigend zu sein. Das liegt daran, dass untragbare Zurückweisungen legitimer Interessen einer moralischen Verletzung gleichkommen, also einem Fehlen von achtungsvoller Anerkennung. Betrachten wir das Beispiel vom Wettbewerb am Arbeitsmarkt. Mein Interesse an finanzieller Sicherheit könnte beeinträchtigt werden, wenn ich die Stelle, auf die ich mich beworben habe, nicht bekomme. Wenn dies daran liegt, dass der Auswahlprozess offensichtlich durch ungerechtfertigte Diskriminierung bestimmt war, wodurch die Position jemand weniger qualifiziertem zuerkannt wurde, wurden meine legitimen Interessen auf unhaltbare Weise übergangen. In diesem Beispiel ist die moralische Verletzung schon implizit gegenwärtig: Die Mitglieder der Einstellungskommission haben mir achtungsvolle Anerkennung verweigert, indem sie in ihrer Überlegung und ihrem Verhalten gewisse Fakten über mich als Kandidatin nicht würdigten – nämlich, dass mein Hintergrund in Bezug auf ‚Rasse', Ethnizität, Gender, biologisches Geschlecht, Klasse oder was auch immer mich für die Stelle nicht untauglich macht. Die Behandlung weist meine legitimen Interessen auf so unhaltbare Weise zurück, dass sie auf eine moralische Verletzung hinausläuft; und somit ist sie entmenschlichend. Es wird zusätzlich zum Übergehen meiner Interessen keine *weitere* moralische Verletzung begangen, weil das Übergehen selbst schon moralisch schädigend ist.

Nun mag man sich fragen, ob meine Auffassung von Entmenschlichung adäquat ist, insoweit sie auf einem gender-neutralen Verständnis von Vergewaltigung als paradigmatisch für Entmenschlichung beruht. Das Argument lautet dann wie folgt: *Im Gegensatz zu* meiner Ansicht schädigt Vergewaltigung Frauen und Männer unterschiedlich – sie schädigt Frauen als Frauen und Männer als Männer. Dies liegt daran, dass die Zusammenstellung von Gründen für die Vergewaltigung von Frauen (im Allgemeinen und im Krieg) sich von jener für die Vergewaltigung von Männern unterscheidet und beide wiederum von jener für die Vergewaltigung von Trans-Leuten.[61] Da der Schaden, der Frauen als Frauen,

---

61 Für eine Diskussion von Transphobie vgl. Bettcher 2007.

Männern als Männern und Trans-Leuten als Trans-Leuten zugefügt wird, unterschiedlich ist, unterscheiden sich auch die daraus folgenden Entmenschlichungen. Somit sollte ich (mindestens) Entmenschlichung als Frau, als Mann und als Trans als der Art nach unterschiedlich anerkennen. Meine Definition von Entmenschlichung kann diese Überlegung in der Tat nicht aufnehmen. Aus meiner Perspektive ist Vergewaltigung eine Verletzung unseres gemeinsamen Menschseins und dies macht die Vergewaltigung von Frauen, Männern, Jungen und Alten, Trans und Nicht-Trans gleicherweise paradigmatisch entmenschlichend. In diesem Sinne meine ich, dass entmenschlichende Handlungen sich nicht der Art nach unterscheiden, vielmehr unterliegen sie als entmenschlichende Handlungen den gleichen konstitutiven Bedingungen. Natürlich gibt es viele verschiedene Weisen, in denen die Bedingungen erfüllt sein können, abhängig von der Situation, den Umständen, den Hintergrundbedingungen, dem Kontext und dem biologischen Geschlecht/dem Gender derjenigen, die entmenschlichende Behandlung erfahren. So gibt es zum Beispiel viele verschiedene Arten, auf die man vergewaltigt werden kann. Hier besteht eine Ähnlichkeit zum Beispiel des (gewöhnlichen) Vermieters. Man ist genau dann ein Vermieter, wenn man eine Immobilie vermietet, die man besitzt. Es gibt aber verschiedene Arten, diese Bedingung zu erfüllen: Die Immobilie kann geerbt oder gekauft sein, man kann die finanziellen Mittel, um eine Immobilie zur Vermietung zu erwerben, auf viele verschiedene Arten erlangen – der Besitz unterscheidet sich von einem Vermieter zum anderen, man kann ein Vermittlungsbüro beauftragen etc. Trotzdem bleiben die konstitutiven Bedingungen dafür, ein Vermieter zu sein, dieselben. Meiner Meinung nach gilt das Gleiche für Entmenschlichung und Vergewaltigung.

Ferner könnte man einwenden, dass die schwache externalistische Konzeption des Menschen, auf die sich mein Ansatz stützt, keine ethischen Implikationen besitzt. Genauer gesagt, wir können aus der allgemeinen externalistischen Konzeption, die „Mensch" als Bezeichnung für die biologische Art begreift, so wie wir sie im alltäglichen Leben verstehen, keine normativen Ansprüche dafür ableiten, wie Frauen als Menschen behandelt werden sollten. Genau das ist Antonys zu Beginn erläuterter Einwand gegen den Externalismus, dem ich zustimme. Aber er trifft mein Modell nicht, weil ich nicht versuche, normative feministische Ansprüche auf die externalistische Konzeption des Menschen zu gründen. Meine Position ist Folgende: Zunächst wird die schwache externalistische Konzeption des Menschen verwendet, um einen Begriff von Entmenschlichung zu entwickeln, der einen normativen ethischen Gehalt besitzt. Daraufhin wird der Begriff von Entmenschlichung verwendet, um ethische Ansprüche in Bezug darauf zu begründen, wie Frauen behandelt werden sollten. Es wäre also ein Fehler zu denken, dass mein Modell schlicht versucht, die externalistische

Konzeption des Menschen mit normativen ethischen Ansprüchen zu verbinden. Stattdessen verbindet es beide Seiten durch den hier vorgeschlagenen Begriff der Entmenschlichung, um die benötigte Brücke von nicht normativen zu normativen Aspekten zu schlagen.

Zu guter Letzt habe ich weiter oben behauptet, dass einer der Gründe, der für einen humanistischen Feminismus spricht, darin besteht, der Gender-Kontroverse zu entkommen: Frau und Gender sind enorm umstrittene Begriffe, und Feministinnen und Feministen, so habe ich behauptet, täten gut daran, ihren Fokus neu auszurichten. Man könnte sich allerdings fragen, ob es weniger umstritten ist, auf den Begriff der Entmenschlichung zu verweisen – er ist sicher nicht unstrittig. Inwiefern ist mein Vorschlag also überhaupt besser? Ich gestehe zu, dass meine vorgeschlagene Definition von Entmenschlichung nicht unumstritten ist. Aber sie ist weniger strittig als Gender und Frau. Ich habe mit ziemlich gewöhnlichen Behauptungen über uns als Menschen begonnen: Ich habe behauptet, dass Angehörige dieser Art typischerweise zur Spezies *Homo Sapiens* gehören, dass sie federlose Zweibeiner mit gewissen kognitiven Fähigkeiten wie der zu Sprache und zu rationalem Denken sind, welche sich unter adäquaten Umweltbedingungen entwickeln. Danach habe ich behauptet, dass Angehörige dieser Art auf schädigende Weise behandelt werden können und werden, wobei Vergewaltigung ein paradigmatischer Fall für solche Behandlung ist. Diese beiden Behauptungen wurden dann genutzt, um meinen Begriff von Entmenschlichung zu entwickeln. Mir scheint, dass sie nicht strittig sind. Somit folgt die Definition, die ich vorgeschlagen habe, aus ziemlich leicht zu akzeptierenden Annahmen, was sie weniger strittig macht als ein Modell, das auf Gender und Frau beruht und in das sehr viel mehr umstrittene Werte, Normen und Annahmen eingehen. Um nur eine Sache zu nennen: Diese beiden Definitionen gehen von der Annahme aus, dass es eine scharfe und deutliche Unterscheidung zwischen biologischem Geschlecht und Gender gibt, was in völligem Kontrast zum Alltagsdenken steht, welches das biologische Geschlecht und Gender grob gesagt als zwei Weisen versteht, über dasselbe Ding zu sprechen. Wir können bereits hier sehen, dass die zugrundeliegende Annahme kontrovers ist – im Gegensatz zu den beiden Annahmen, die meinen Ausgangspunkt bilden.

5. Abschliessende Bemerkungen

Ich habe eine Definition von Entmenschlichung vorgeschlagen, die nicht darauf angewiesen ist, „Mensch" auf ethisch substanzielle Weise auszubuchstabieren und die den humanistischen Feminismus untermauert. Meine Definition ist zugegebenermaßen allgemein und verweist nicht speziell auf Frauen oder den Feminismus. Ich hoffe in der Tat, dass sie für die Auseinandersetzung mit vielen unterschiedlichen Fällen von Entmenschlichung, die von verschiedenen Gruppen und Subgruppen von Menschen erlebt wird, produktiv gemacht werden kann. Was trägt meine Definition dann zum Feminismus im Besonderen bei, könnte man fragen, und was hat sie mit feministischen ethischen und politischen Ansprüchen zu tun? Kurz gesagt: Die Definition *per se* hat mit solchen Ansprüchen nichts zu tun. Aber aus meiner Sicht ist dies nicht problematisch. Immerhin sollte jede Moraltheorie erster Ordnung feministisch sein. Mit anderen Worten, wenn eine Theorie der Ansicht entgegensteht, dass Frauen nicht benachteiligt und nicht in entmenschlichender Weise behandelt werden sollten, weil sie Frauen sind, ist es Zeit, die Theorie zu revidieren.

Übersetzt von Francesca Bunkenborg und Simone Miller

Literatur

Antony, Louise (1998): „Human Nature" and its role in feminist theory, in: J. Kourany (Hg.), *Philosophy in a Feminist Voice*, New Haven, CT, S. 63-91.
Dies. (2000): Natures and Norms, in: *Ethics* 111, S. 8-36.
Archard, David (2007a): Informed Consent: Autonomy and Self-Ownership, in: *Journal of Applied Philosophy* 24, S. 19-34.
Ders. (2007b): The Wrong of Rape, in: *Philosophical Quarterly* 57, S. 374-393.
Baber, Harriet (2002): How Bad is Rape?, in: Alan Soble (Hg.), *The Philosophy of Sex*, Lanham, MD, S. 303-320.
Bettcher, Talia Mae (2007): Evil Deceivers and Make-Believers: On Transphobic Violence and the Politics of Illusion, in: *Hypatia* 22, S. 43-65.
Darwall, Stephen (1977): Two Kinds of Respect, in: *Ethics* 88, S. 36-49.
Feinberg, Joel (1984): *Harm to Others*, Oxford.
Gardner, John/Shute, Stephen (2000): The Wrongness of Rape, in: Jeremy Horder (Hg.), *Oxford Essays in Jurisprudence*, Oxford, S. 193-217.
Gettleman, Jeffrey (2007): Rape Epidemic Raises Trauma of Congo War, in: *New York Times* vom 7. Oktober 2007, S. A1.
Hampton, Jean (1999): Defining Wrong and Defining Rape, in: Keith Burgess-Jackson (Hg.), *The Most Detestable Crime: New Philosophical Essays on Rape*, Oxford, S. 18-56.
Haslanger, Sally (1995): Ontology and Social Construction, in: *Philosophical Topics* 23, S. 95-125.
Langton, Rae (2009): *Sexual Solipsism*, Oxford.
Ders. (1995): Sexual Solipsism, in: *Philosophical Topics* 23, S. 149-187.
Nussbaum, Martha (1995a): Aristotle on Human Nature and the Foundations of Ethics, in: J.E.J. Altham/Ross Harrison (Hg.), *World, Mind, and Ethics*, Cambridge, S. 86-131.
Dies. (1995b): Human Capabilities, Female Human Beings, in: Martha Nussbaum/Jonathan Glover (Hg.), *Women, Culture and Development,* Oxford, S. 61-104.
Dies. (1995c): Objectification, in: *Philosophy and Public Affairs* 24, S. 249-291.
Shafer, Carolyn/Frye, Marilyn (1981): Rape and Respect, in: Mary Vetterling-Braggin/Frederick Elliston/Jane English (Hg.), *Feminism and Philosophy*, Totowa, NJ, S. 333-346.
Sussman, David (2005): What is Wrong with Torture?, in: *Philosophy and Public Affairs* 33, S. 1-33.

ONLINE-QUELLEN

Amnesty International (2005): *Rape as a Tool of War: A Fact Sheet* siehe: http://www.vsdvalliance.org/Resources/airapeinwar.html

BBC News (2007): *Shock at Sex Crimes in DR Congo*, BBC News vom 30.06.2007 siehe: http://news.bbc.co.uk/go/pr/fr/-/1/hi/world/africa/6922132.stm vom 29.05.2009.

Human Rights Watch (2002): *The War Within The War. Sexual Violence Against Women and Girls in Eastern Congo*, Human Rights Watch vom 20.06.2002 siehe: http://www.hrw.org/node/78573 vom 29.05.2009.

Médecins Sans Frontières (2004): „*I Have No Joy, No Peace of Mind*". *Medical, Psychological, and Socio-economic Consequences of Sexual Violence in Eastern DRC* siehe: http://www.doctorswithoutborders.org/publications/reports/2004/sexualviolence_2004.pdf

Mikkola, Mari (2008): Feminist Perspectives on Sex and Gender, in: E.N. Zalta (Hg.), *The Stanford Encyclopedia of Philosophy* (Summer 2008 Edition) siehe: http://plato.stanford.edu/archives/sum2008/entries/feminism-gender vom 20.01.2010.

Nolen, Stephanie (2005): „Not women anymore..." The Congo's Rape Survivors Face Pain, Shame and AIDS, in: *Ms. Magazine* vom Frühjahr 2005 siehe: http://www.msmagazine.com/spring2005/congo.asp vom 29.05.2009.

Der Streit um die feministische Utopie, oder: Warum Selbstbestimmung?

SIMONE MILLER

Dieser Artikel möchte die Debatte zwischen Realistinnen[1] und Nominalistinnen in der Absicht in den Blick nehmen, die Relevanz dieses begrifflichen Streits für die jeweils angestrebte feministische Intervention und Utopie hervorzukehren. Der Streit zwischen den Realistinnen und den Nominalistinnen bezieht sich in erster Linie auf die Grundbegrifflichkeiten, auf die der Feminismus sein Unternehmen stützen soll. Während die Realistinnen Gründe für die Untrennbarkeit von Sex und Gender anführen und vor diesem Hintergrund für ein „Frau/Mann-Vokabular" optieren, stehen die Nominalistinnen für eine strikte Trennung von Sex und Gender ein und setzen auf ein klares Gender-Primat mit Blick auf die Verfolgung feministischer Anliegen. Ich werde zeigen, dass Nominalistinnen und Realistinnen zwei unterschiedliche Visionen einer geschlechtergerechten Welt zeichnen und dementsprechend auch differente theoretische und politische Anliegen verfolgen. Weiterhin werde ich dafür argumentieren, dass die nominalistische Position der realistischen aus Gründen der Gerechtigkeit vorzuziehen ist. Gleichzeitig werde ich aber auch darauf hinweisen, dass der nominalistischen Position ein normativer Bezugspunkt fehlt, der unentbehrlich dafür ist, die Konturen der feministischen Utopie tatsächlich klar zu umreißen. Ich werde deshalb vorschlagen, die Sex/Gender-Unterscheidung in den Dienst der Kategorie Selbstbestimmung zu stellen, deren theoretische und praktische Vorzüge ich für das feministische Unternehmen herausstellen werde.

---

1   Ich verwende im Folgenden durchgehend die weibliche Funktionsbezeichnung, weil es sich mehrheitlich um Frauen handelt. Damit sollen aber ausdrücklich alle Gender mitgemeint sein (soweit nicht anders spezifiziert).

DER STREIT UM DIE FEMINISTISCHE UTOPIE

Dreh- und Angelpunkt der mit harten Bandagen gefochtenen Debatte um die Sex/Gender-Unterscheidung ist die Frage danach, ob man die Kategorien Frau und Mann zum grundlegenden Instrumentarium feministischer Theoriebildung und politischer Intervention machen sollte und aus welchen Gründen (nicht). Die beiden ursprünglichen Extrempositionen[2] der Debatte lassen sich interessanterweise auf denselben Nenner bringen, allerdings unter spiegelbildlichen Vorzeichen: Wo das radikal-konstruktivistische Extrem davon ausging, dass Gender Sex vereinnahmt (Gender = Sex), appelliert das gender-realistische Extrem dafür, Gender als die direkte soziale Verlängerung von Sex zu verstehen (Sex = Gender).

Aktuell finden sich kaum noch Positionen, die versuchen, die materiale Grundlage von Geschlecht gänzlich im Diskurs aufzulösen. In diesem (zweifelhaften) Sinne wurden die frühen Schriften Judith Butlers oft ausgelegt und kontrovers diskutiert. Weil also heute nur noch wenige die recht unplausible These vertreten würden, es gäbe überhaupt keine körperlichen und leiblichen Grundlagen von Geschlecht, die dem deterministisch verstandenen Einfluss der sozialen Ordnung enthoben blieben, lässt sich die aktuelle Kontroverse um die Sex/Gender-Unterscheidung unter etwas verschobenen Vorzeichen darstellen: Die Realistinnen stimmen in der Annahme überein, dass es bestimmte Eigenschaften und Erfahrungen gibt, die Frauen qua Frau und Männer qua Mann miteinander teilen. Diese Gemeinsamkeiten unter Frauen und Männern haben, dieser Position zufolge, notwendigerweise mit dem biologischen Geschlecht zu tun, wobei für diesen notwendigen Zusammenhang unterschiedliche Argumente angeführt werden. Eine klassische Begründung[3] rekurriert auf die Fortpflanzungsfunktion von Geschlecht: Weil erst die zwei verschiedenen biologischen Körper Fortpflanzung ermöglichen und weil Fortpflanzung die soziale Funktion von Geschlecht ist, sind die Kategorien Mann und Frau solange gesellschaftlich notwendig, bis Reproduktion vom Zutun von Männern und Frauen unabhängig gemacht wird – bis

---

2   Es ist der Kürze des Artikels geschuldet, dass die Gegenüberstellung der opponierenden Positionen sehr simplifizierend und idealisierend vorgehen muss und der Komplexität der meisten Beiträge dementsprechend leider nicht gerecht wird. Ich erlaube mir dieses holzschnittartige Vorgehen nur, um das zentrale Anliegen des Artikels vorbringen zu können. Ein guter Überblick über die aktuelle Sex/Gender-Debatte findet sich in Mikkola 2011b.

3   Aktuell zum Beispiel von Witt angeführt, vgl. Witt 2011.

sich die Gesellschaft per Klonung reproduziert.⁴ Soziale Gender-Normen fußen, nach dieser Argumentation, auf den unterschiedlichen Fortpflanzungsrollen, sprich auf Sex. Sex und Gender lassen sich dann zwar noch analytisch voneinander unterscheiden, die Unterscheidung ist aber keine substanzielle. Witt schreibt etwa: „Although I do not think that there is a bright line distinction between sex and gender, the distinction is useful in explaining the difference between the biological function of reproduction and the socially mediated *reproductive function*".⁵

Ein anderes Argument für die Gemeinsamkeiten unter Frauen qua Frau nimmt seinen Ausgangspunkt bei der Gesellschaft: Was Frauen verbindet, sind typische Gender-Erfahrungen. Diese spezifischen Erfahrungen rekurrieren aber immer schon auf Sex, weil die gesellschaftlichen Auffassungen von Geschlecht keine Unterscheidung zwischen Sex und Gender kennen. Weil also die Gemeinsamkeiten unter Frauen bereits auf Sex fußen, mache es nicht viel Sinn, Gender von Sex zu entkoppeln.⁶ Vielerorts wird außerdem betont, dass Frauen aufgrund ihrer Körperlichkeit und ihren Körperfunktionen spezifische leibliche und soziale Erfahrungen teilen (Menstruation, Schwangerschaft, Vergewaltigungsangst, etc.).⁷

Die Sex/Gender-Unterscheidung wird von Realistinnen also insofern relativiert, als Sex als Ausgangspunkt des Feminismus akzeptiert und Gender in einen notwendigen Zusammenhang mit den biologischen Körpern und deren Fortpflanzungsfunktion gebracht wird. Gender ist hier die gesellschaftliche Verlängerung von Sex und begründet damit einen Feminismus für Frauen als Frauen.

Den meisten nominalistischen Feministinnen geht es hingegen weniger um die erkenntnistheoretisch-ontologische oder deskriptive Dimension der Untrennbarkeit von Sex und Gender als um die *soziale Bedeutung*, die ihr beigemessen wird. Sie problematisieren die Bedeutung, die die Kategorien Frau und Mann für die soziale Praxis spielen. Sie gehen davon aus, dass die materiale Grundlage der Fortpflanzung keine notwendigen Implikationen für die soziale Ordnung und Organisation besitzt und treten deshalb für eine klare theoretische Trennung von Sex und Gender ein. Sie räumen Gender nicht nur ein Primat für die Theoretisie-

---

4   Vgl. Witt 2011: 34ff. Hier muss man spezifizieren, dass sich die sozialontologische Funktion der Kategorien Mann und Frau genau genommen auf zwei Körper*funktionen* bezieht. Die Kategorien beziehen sich auf *fruchtbare* Frauen- und Männerkörper; nicht auf solche, die Gebärmutter oder Sperma lediglich aufweisen (vgl. u.a. Landweer 1994a).
5   Witt 2011: 32. [Herv. d. V.].
6   Vgl. u.a. Alcoff 2006, Haslanger 2003, Mikkola 2011a.
7   Vgl. u.a. Alcoff 2006, Young 1997, Stoljar 1995.

rung feministischer Frage- und Problemstellungen ein, sondern sie halten auch die Relevanz, die Gender für unterschiedliche soziale Praktiken besitzt, für veränderlich. Sie zweifeln weiterhin an der Möglichkeit, konstitutive Gemeinsamkeiten unter Frauen identifizieren zu können und/oder an der Möglichkeit, die Kontingenz möglicher Gemeinsamkeiten auszuschließen.

Der feministische Realismus kann in weiten Teilen als Reaktion auf die innere Fragmentierung verstanden werden, der das feministische Subjekt im Zuge der radikalen Infragestellung der Kategorie Frau ausgesetzt zu sein schien. Mit der Thematisierung von Differenzen zwischen Frauen und der nicht lediglich deskriptiven, sondern immer auch normativen Natur von Identitätskategorien, kam erheblicher Zweifel darüber auf, was Frauen denn qua Frau verbindet beziehungsweise verbinden soll. Realistische Positionen antworteten auf diese Fragmentierungsbewegung mit dem Verweis darauf, dass sich der Feminismus sein eigenes Subjekt nehme, dass es der Kategorie Frau zur Theoretisierung von geschlechtsspezifischen systematischen, strukturellen und institutionalisierten Macht- und Herrschaftsverhältnissen bedarf. Dieser Herausforderung wollen die Nominalistinnen dagegen im Sinne eines strategischen Essentialismus begegnen. Der Rückgriff auf die tradierten Kategorien ist ihnen zufolge dort richtig, wo politisch nötig, doch dort wo es möglich ist, soll die Theorie ihr Augenmerk auf Möglichkeiten alternativer Praxis richten. Den strategischen Essentialismus setzen sie in der Hoffnung ein, damit auf eine Gesellschaft hinzuwirken, in der die Geschlechtergerechtigkeit soweit realisiert worden ist, dass die Kategorien Mann und Frau für die soziale Praxis an Bedeutung verloren haben werden. In diesem Sinne wäre die effektive Gleichstellung von Frauen und Männern der Endpunkt des strategischen Essentialismus.

Damit wollen sich die Realistinnen aber nicht zufriedengeben: Jüngst hat etwa Mikkola ins Feld geführt, die Sex/Gender-Unterscheidung bringe unerwünschte praktische Probleme mit sich. Sie argumentiert, die Kluft zwischen dem mehrheitsgesellschaftlichen Verständnis von Geschlecht, das keine Unterscheidung zwischen Sex und Gender kennt, und dem konstruktivistischen sei zu groß – dadurch, dass letzteres vor allem auf gesellschaftliches Unverständnis stoße, verschenke die feministische Theorie emanzipatorisches Potenzial. Darüber hinaus lege die Auffassung, die derzeitigen Geschlechterpraktiken seien (teils) herrschaftsförmig, die Perspektive nahe, die Abschaffung der Kategorien Frau und Mann sei ein wichtiges feministisches Ziel. Die meisten Menschen würden sich allerdings affirmativ auf ihre Geschlechtszugehörigkeit beziehen, sie sogar als wertvoll und sinnstiftend erleben. Die nominalistische Position würde also mehr zur Demotivation denn zur Motivation der breiten Gesellschaft führen, sich mit feministischen Anliegen zu beschäftigen und sich für Geschlechtergerechtigkeit starkzumachen.⁸ Die feministische Debatte werde sich außerdem, so Mikkola, nie darauf einigen können, was Frauen qua Gender einige. In diesem Band optiert sie daher dafür, die Sex/Gender-Begrifflichkeit aus dem Fokus der feministischen Theorie zu nehmen und nach einer konzeptuellen Lösung zu suchen, die das Anliegen des Feminismus auf festere und konsensfähigere Beine stellt: In diesem Sinne schlägt sie vor, den Feminismus als Kampf gegen Entmenschlichung zu begreifen. Die Unterdrückung von Frauen könne im Sinne einer Verletzung qua Mensch angeklagt werden – sie veranschaulicht diesen Vorschlag anhand von Vergewaltigung als einer Erfahrung, die paradigmatisch für entmenschlichende Behandlung steht.⁹

So interessant dieser Vorschlag ist, so macht er doch gleichzeitig deutlich, dass sich der Rekurs auf die Geschlechtlichkeit des feministischen Subjekts nicht vermeiden lässt. Ein Ansatz, der keine theoretischen Ressourcen dafür besitzt, die Spezifik geschlechtlicher und vergeschlechtlichter Erfahrung und Praxis einzufangen, verliert sein feministisches Profil. Die feministische Theorie muss versiert genug sein, erkennen zu können, dass spezifische sozial hervorgebrachte (und ontologisch gegebene) Realitäten auch spezifische Subjekte und Erfahrungswelten hervorbringen, die partikularer sind als der abstrakte Mensch. Möchte sich der Ansatz vor drohender Blindheit bewahren, muss er notgedrungen auf das Geschlecht seiner Interessengruppe Bezug nehmen und zwar auf theoretisch informierte Weise – womit wir wieder beim Ausgangspunkt der Debatte um Sex und Gender angelangt wären. Es zeigt sich also: Es gibt kein einfaches Entrinnen.

Die Diskussion zwischen den Realistinnen und den Nominalistinnen spiegelt vor allem diejenigen Probleme, die sich zwangsläufig aus dem feministischen Unternehmen ergeben: Der Feminismus ist ein genuin politisches Unterfangen, das deshalb zum einen vor der Schwierigkeit steht, zwischen Theorie und Praxis vermitteln zu müssen, das sich zum anderen aber auch mit dem politischen Gehalt und der politischen Wirkung feministischer Theorie auseinandersetzen muss. Mari Mikkolas Antwort auf die Vermittlungsschwierigkeit zwischen Theorie und Praxis scheint mir eine zu sein, die vielen Feministinnen aus dem Herzen spricht: Sie ist lebensnah und pragmatisch, weshalb sie Raum schafft für den Kampf um Gleichberechtigung und Gleichbehandlung. Es stellt sich jedoch die Frage, inwieweit sich die feministische Theorie den mehrheitsgesellschaftlichen Auffassungen von Geschlecht anpassen sollte: Das Denken und Agieren im Sinne von kontrafaktischen Visionen einzuschränken zugunsten reformerischer Pro-

---

8   Vgl. Mikkola 2011a.
9   Vgl. den Beitrag *Der Begriff der Entmenschlichung und seine Rolle in der feministischen Philosophie* von Mikkola in diesem Band.

jekte ist eine umstrittene Forderung. Wie streitbar sie ist, wird sich im weiteren Verlauf des Artikels noch erweisen.

Der größte Unterschied zwischen den beiden hier diskutierten opponierenden Parteien scheint mir im utopischen Fluchtpunkt zu liegen, den sie jeweils anvisieren: Fragen wir also, welche positiven Utopien im Subtext der beiden Positionen schlummern. Der Subtext der Realistinnen spricht von einer Welt, in der Frauen und Männer gleichberechtigt sind, in der Frauen in ihren unterschiedlichen praktischen Rollen als Frauen gebührende Anerkennung finden. In den Worten Patricia Purtscherts könnte man sagen, dass das realistische Anliegen und Instrumentarium die Grundlage des „Gerechtigkeitsfeminismus" bereithält.[10] Es zielt auf die Gleichheit von Frauen vor dem Recht und beim Zugang zu unterschiedlichen sozialen Gütern und Ressourcen. Die Benachteiligung von Frauen in unterschiedlichen Belangen kann mit dem Vokabular dieser Perspektive als ungerechtfertigte Ungleichbehandlung und deshalb als Ungerechtigkeit verstanden und bekämpft werden.[11]

Zwischen den Zeilen der Nominalistinnen tummeln sich jedoch nicht nur Frauen und Männer, sondern auch jene, die sich entweder selbst gerne als „*queer*"[12] bezeichnen oder gerne so bezeichnet werden. Die Utopie derjenigen, die sich aus unterschiedlichen Gründen nicht in das dualistische, bislang heteronormative System von Mann und Frau einfügen können und wollen, ist mindestens genauso pink wie lila. Natürlich könnte man einwenden, auch Lesben wollten qua Frau anerkannt werden und Trans-Personen gehe es schließlich darum, das spezifisch Andere des oppositionellen Geschlechts zu leben. Zweifellos ist dem so, der Einwand verfehlt nur sein Ziel: Es geht nicht darum, zu sagen, Lesben seien keine Frauen (das wäre albern) und auch nicht, Trans-Personen transzendierten Zweigeschlechtlichkeit (das wäre falsch, vgl. Landweer 1994b). Es geht vielmehr darum, dass in einer feministischen Vision, in der die Kategorien Frau und Mann zum Instrumentarium des Feminismus schlechthin erhoben werden, wenig Platz bleibt für Intersex-Personen und für Identitäten und Bedürfnisse von Menschen, die dieser magnetischen wechselseitigen Verwiesenheit der beiden Kategorien auf die eine oder andere Weise entkommen möchten.

---

10 Vgl. den Beitrag *Gerechtigkeit herstellen oder gegen Normierung angehen?* von Purtschert in diesem Band.

11 Vgl. ebd.

12 Als „*queer*" bezeichne ich aus pragmatischen Gründen Personen, die aufgrund ihres Sex', ihres Genders oder ihrer sexuellen Orientierung von der heterosexuellen und -normativen Matrix abweichen. Ich möchte hier nicht beanspruchen, dass diese Verwendung von „*queer*" die sinnvollste ist; sie bietet sich allerdings für die Zwecke dieses Artikels an.

Man kann die Geschichte des Feminismus als Geschichte einer sich nach und nach vollziehenden Anerkennungsbewegung verstehen, in deren Verlauf bislang unberücksichtigte Realitäten und Unrechtserfahrungen sozial immer differenzierterer Gruppen Berücksichtigung gefunden haben und vielleicht noch finden werden – die feministische Geschichte ist eine der Differenzierung und der Anerkennung von Differenz, die jedoch vor dem Hintergrund der spezifischen biologischen und/oder sozialen Geschlechtlichkeit der jeweiligen Interessengruppe stattfindet. Die Offenlegung der mannigfaltigen Differenzen zwischen Lebensrealitäten und Bedürfnisstrukturen von Frauen muss nicht zur Behauptung führen, die Abschaffung der Kategorie Frau sei zum Ziel feministischer Anstrengungen zu erheben; jedoch relativiert sie die Sogkraft der Verweisungsstruktur von Mann und Frau beträchtlich. Es geht also nicht um die Abschaffung der Kategorie Frau oder die Leugnung ihrer materialen Grundlage, es geht vielmehr um die soziale Bedeutung, die ihr innerhalb gesellschaftlicher Praktiken zugewiesen wird.

Die realistische Forderung, als Frau anerkannt zu werden, macht nur unter der Voraussetzung Sinn, dass es sich hierbei um ein irgendwie definierbares Spezifikum handelt – ganz gleich, ob dieses Besondere nun etwas mit den biologischen Grundlagen von Geschlecht oder lediglich mit seiner sozialen Konstruktion zu tun hat. Soll diese Agenda gesetzt werden, will dieses Definierbare auch ausbuchstabiert werden. Genau an dieser Stelle scheiden sich die Geister: Nominalistinnen bringen hier das Argument in Anschlag, dass wir nicht über die erkenntnistheoretische Möglichkeit verfügen, das objektiv gegebene spezifisch Weibliche (und Männliche) zu identifizieren, weil wir den epistemischen Fesseln unserer aktuellen Vergesellschaftungsmodi nicht entkommen können. Daraus schließen sie, dass der deskriptive Zugriff auf aktuelle Ausprägungen der Geschlechterdifferenz in diversen sozialen Praktiken keine Anhaltspunkte dafür liefern kann, welchen Stellenwert und welche Funktion Geschlechtlichkeit für die soziale Praxis einer Gesellschaft besitzen *soll*, auch wenn wir natürlich Aussagen darüber treffen können, welche sie derzeit besitzt und auf sozialontologischer Ebene ihre Funktion ausmachen können. Das Interesse der Nominalistinnen an den aktuellen Funktionsmechanismen der Sex/Gender-Regimes steht jedoch unter der Prämisse, Möglichkeiten seiner Transformation ausfindig zu machen. Der transformatorische Anspruch ist hier holistisch: Es geht ihnen sozusagen ums Ganze. Das Ganze betrifft auch und vor allem die Idee, dass der physischen Differenz zwischen Frauen- und Männerkörpern und ihrer biologischen Angewiesenheit aufeinander für die Reproduktion keine immanente Bedeutung für Vergesellschaftung zukommt. Realistische Ansätze laufen aufgrund ihres auf die Mann/Frau-Unterscheidung gemünzten Vokabulars Gefahr, Differenzen dort als gegeben hinzunehmen, wo sie eigentlich überwindbar wären. Die methodologische Festschreibung einer gegebenen Differenz zwischen Frau und Mann kann sich mit dem feministischen Ziel beißen, die Relevanz von Geschlecht für die Verfasstheit unterschiedlicher Lebensbereiche als veränderbar, als minimierbar, an einigen Stellen vielleicht sogar als überwindbar herauszustellen. In anderen Worten: Es ist eine Gesellschaft vorstellbar, in der die Geschlechterdifferenz ihrer heutigen Signifikanz beraubt wurde; in der zum Beispiel die Kategorie erziehend/nicht-erziehend weit wichtiger ist als die Mann/Frau-Unterscheidung. Vor dem Hintergrund der von den Nominalistinnen anvisierten Utopie wird also deutlich, dass zum einen die scharfe Trennung von Sex und Gender für sie ein unentbehrliches theoretisches Fundament bleibt – sie eröffnet den utopischen Raum, in dem Veränderbarkeit konzipiert und für sie gestritten werden kann – und dass zum anderen die Kategorien Mann und Frau für sie nur ein begrenzt zielführendes Instrumentarium für den Kampf in Richtung Utopie sind.

Vergleicht man die zwei angedeuteten Visionen, so wird deutlich, dass sie sich vor allem darin unterscheiden, welchen Stellenwert sie den Kategorien Frau und Mann für das feministische Unternehmen zuweisen wollen. Während die Realistinnen Frau und Mann zum tragfähigen Fundament einer geschlechtergerechten Welt erklären, visieren die Nominalistinnen eine Welt an, in der die Kategorien Mann und Frau an symbolischer Relevanz eingebüßt haben.

Wie bereits angedeutet, können viele realistische Ansätze unter den Schirm des Gerechtigkeitsfeminismus gebracht werden: Viele Realistinnen verstehen sich als Anwältinnen der Geschlechtergerechtigkeit zwischen Mann und Frau. Weiterhin hat sich bereits gezeigt, dass das theoretische Vokabular (Mann/Frau), auf das sie zurückgreifen und anhand dessen sie eine positive Utopie entwerfen, queere Identitäten als deviant erscheinen lässt. Bringt man das Anliegen der Nominalistinnen nun unter den Gesichtspunkt der Gerechtigkeit, lässt sich erkennen, dass den realistischen Begrifflichkeiten und ihrer Vision ein Gerechtigkeitsproblem innewohnt. Gerechtigkeit bezieht sich auf die Anerkennung eines abstrakten und deshalb ungeschlechtlichen Subjekts als vollberechtigter, freier und gleicher Bürger. Die Verbürgung dieser Gleichheit ist allerdings angewiesen auf die substanzielle, gesellschaftlich geteilte (nicht lediglich rechtliche) Anerkennung aller Subjekte in für das Menschsein bedeutsamen Kompetenzen, Eigenschaften und Bedürfnissen. Die Anerkennung eines Individuums in diesen genuin menschlichen Größen ist die Grundlage sogenannter „intrinsischer" Gerechtigkeit.[13]

Es geht an dieser Stelle nicht darum, dass der Status des (formal geschlechtslosen) freien und gleichen Rechtssubjekts einer sozialen Gruppe bislang vorent-

---

13 Vgl. Fricker 2007: 44ff.

halten geblieben wäre, sondern um die Frage, wie die epistemischen Begrifflichkeiten, das theoretische Vokabular, anhand dessen wir die soziale Welt erfassen, beschaffen sein muss, damit die Anerkennung von relevanter Partikularität und durch sie das allgemeine Gerechtigkeitsversprechen eingelöst werden kann. Ich möchte hier behaupten, dass eine Welt, die (Rechts-)Subjekte zwangsläufig in Männer und Frauen unterteilt und deren Anerkennungsgrammatik grundlegend vom Geschlechterdualismus geprägt ist, von theoretischen Ressourcen regiert wird, die Gerechtigkeit erschweren. Die Epistemik und Vision der Realistinnen muss in Kauf nehmen, bestimmte soziale Gruppen auf ungerechte Weise zu benachteiligen für eine Gleichheit zwischen den zwei dualistisch entworfenen Geschlechtern. Ich möchte hier also die These vertreten, dass die Fixierung auf die realistische Mann/Frau-Unterscheidung eine epistemische Grundlage ist, die auf zwei unterschiedliche Weisen zu epistemischer Ungerechtigkeit führt:

Erstens. Die Existenz als geschlechtliches und deshalb auch als begehrendes Wesen ist eine wichtige anthropologische Konstante, die mit zentralen schutzbedürftigen und -würdigen menschlichen Bedürfnissen einhergeht (unter anderem die Schutzbedürftigkeit von sexueller Integrität, sexueller Identität und freier Partnerwahl). Findet Geschlechtlichkeit nur in Form von Mann und Frau rechtlich verbuchte und institutionalisierte Anerkennung, drohen elementare Bedürfnisse von Menschen übersehen und verletzt zu werden, die aus dem Raster der Zweigeschlechtlichkeit herausfallen.

Es scheint mir offensichtlich zu sein, dass die begrifflichen Ressourcen zur Erfassung von Erfahrungen rund um Geschlechtlichkeit für diejenigen, die aus dem (normierenden) Raster der Zweigeschlechtlichkeit auf die eine oder andere Weise herausfallen, in eben deren Unsichtbarkeit resultiert. Das kann dazu führen, dass bestimmte Personengruppen aufgrund der auf die realistische Mann/Frau-Unterscheidung reduzierten epistemischen Grundlagen entweder wichtige Erfahrungen im Zusammenhang mit ihrer geschlechtlichen Identität selbst nicht angemessen verstehen können oder aber, dass sie diese nicht als schützenswert einklagen können. Wenn etwa Transgender-Kinder im Bewusstsein aufwachsen, krank zu sein (oder zumindest als krank betrachtet zu werden), sie medizinischen, therapeutischen und psychiatrischen Maßnahmen und Eingriffen ausgesetzt werden, um „geschlechtsatypisches Verhalten zu unterbinden"[14], wird es ihnen extrem erschwert, ein angemessenes Verständnis von ihrer geschlechtli-

---

14 Zitat nach Chefarzt Klaus Beier, Charité Berlin in Oestreich 2011. Ein eindrückliches und aktuelles Beispiel für das gesellschaftliche Unverständnis gegenüber Transgender-Personen und die weitreichenden Konsequenzen für die betreffenden Personen ist die Geschichte der elfjährigen Alex. Siehe Oestreich 2011 und 2012.

chen und auch begehrenden Identität zu entwickeln: Es fehlt schlicht der epistemische und soziale Raum, sich als heranwachsende Transgender-Person affirmativ auf die eigene Identität zu beziehen und sich ihr entsprechend zu geben. Als Beispiel für die rechtliche Tragweite dieses epistemischen Problems kann die fehlende rechtliche Grundlage für sexuelle Integrität von Intersex-Personen angeführt werden: Aufgrund dieser fehlenden rechtlichen Grundlage werden bis heute im frühkindlichen Alter operationelle Geschlechtsangleichungen vorgenommen, die häufig nicht im Sinne der Heranwachsenden sind.[15] In diesem Sinne ist die realistische Mann/Frau-Unterscheidung eine epistemische Ressource, die „hermeneutische Ungerechtigkeit"[16] wahrscheinlich macht.

Zweitens. Zweitens führen realistische Konzepte häufig zur Restabilisierung von Herteronormativität: Das realistische Vokabular stützt sich, wie oben bereits angeführt, auf den als notwendig verstandenen Zusammenhang von Sex und Gender. Wird die soziale Interpretation vom biologischen Geschlecht erneut rückgebunden an die reproduktive Funktion des geschlechtlichen Körpers, dann wird Weiblichkeit und Männlichkeit wieder zur natürlichen Verlängerung von Frau und Mann. Wenn Gender als eine Funktion von Sex verstanden wird und Sex Reproduktion sichert, dann impliziert Gender auf sozialontologischer Ebene eine natürliche Verwiesenheit der beiden dualistisch angeordneten Kategorien. Auf diese Art und Weise wird Gender renaturalisiert und damit etwas Sozialpolitisches ontologisiert. Übernimmt man diesen doch etwas biologistischen Nexus von Sex und sozialem Geschlecht, kauft man sich damit auch die ihm implizite Heteronormativität ein. Begehrensstrukturen, die nicht der sozialen Funktion ihres Geschlechts entsprechen, erscheinen dann als deviant. Darüber hinaus entgehen auch diejenigen, die sich nicht ins Muster der Zweigeschlechtlichkeit pressen lassen, der heraufbeschworenen Heteronormativität nicht: Dadurch, dass Dualismen, metaphorisch gesprochen, so funktionieren wie zwei Pole sich gegenseitig anziehender Magneten, bleibt zum einen nicht viel Platz für die Existenzen, die zwischen den Geschlechterpolen liegen, zum anderen werden diese – einmal mit den sozialen Attributen der Männlichkeit und Weiblichkeit versehen – immer auch als Partikel gedacht, die sich dem magnetischen Feld der Anziehungskraft entsprechend ausrichten, sie werden in die Logik der heteronormativen Verweisungsstruktur eingebaut.

---

15 Erfreulicherweise wendet sich der deutsche Ethikrat in einer Stellungnahme vom 23. Februar 2012 gegen die Fortführung operationeller Eingriffe bei Intersex-Kindern. Zur entsprechenden Publikation des Ethikrats vgl. Deutscher Ethikrat 2012.
16 Vgl. Fricker 2007: 147ff.

Queere Personen sehen sich aufgrund ihres gesellschaftlich markierten Queer-Seins häufig intrinsischer Ungerechtigkeit ausgesetzt, wobei das wesentlich mit dem zentralen Stellenwert der implizit normierenden Kategorien Mann und Frau für die soziale Praxis erklärt werden muss. Sozial markierte Devianz ist ein fruchtbarer Nährboden für Ungerechtigkeit aufgrund von abwertenden Identitätszuschreibungen. Wäre die Bedeutung des Frau- oder Mannseins für unterschiedliche soziale Praktiken von geringerer oder keiner Relevanz, böte sie sich auch nicht dazu an, derart zum Schauplatz sozialer Anerkennung respektive Abwertung gemacht zu werden. Das realistische Vokabular unterstützt also eine epistemische Grundlage, aufgrund derer queere Minoritäten häufig „testimonialer Ungerechtigkeit"[17] ausgesetzt sind. Testimoniale Ungerechtigkeit bezeichnet die unbegründete Infragestellung zentraler menschlicher Qualitäten (beispielsweise die Fähigkeit zu wissen und die Wahrheit zu sprechen) aufgrund von abwertenden Identitätszuschreibungen, mit welchen askriptive soziale Gruppen belegt werden. Diese Form der intrinsischen Ungerechtigkeit kann weitere extrinsische Ungerechtigkeit nach sich ziehen.[18]

An dieser Stelle zeigt sich, weshalb Mari Mikkolas Versuch, die Kategorie Entmenschlichung für das feministische Unternehmen stark zu machen, interessant ist, selbst wenn sie die Sex/Gender-Unterscheidung nicht überflüssig macht. Die Anerkennung qua Mensch ist für manche unvereinbar mit einem dualistischen Geschlechterverständnis und -regime, in dem man immer nur als Frau oder Mann anerkannt werden kann – nämlich mindestens für diejenigen, die weder Mann noch Frau sind und auch für jene, die den Implikationen dieses Regimes nicht entsprechen (wollen).

Weil diese beiden Aspekte epistemischer Ungerechtigkeit mit den Begrifflichkeiten und der feministischen Utopie der Realistinnen einhergehen, plädiere ich dafür, die nominalistische Version der Sex/Gender-Unterscheidung, die Gender für feministische Anliegen strikten Vorrang vor Sex einräumt, aufrechtzuerhalten. Sie bietet das theoretische Werkzeug, die symbolische Bedeutung und die praktische Relevanz des biologischen Geschlechts für gesellschaftliche Praxis nicht vorschnell als gegeben zu betrachten und zu legitimieren. Weiterhin dient sie auch als epistemische Ressource für queere Menschen, ihre eigene Identität zu verstehen und für Anerkennung zu kämpfen. Der Streit um die epistemischen Ressourcen des Feminismus macht nur dann Sinn, wenn er sich von der Praxis informieren lässt – und dann wird es auch möglich, ihn unter ethischen Gesichtspunkten zu führen. Ermüdend hingegen wird er dann, wenn es ihm einzig

---

17 Vgl. ebd. 9ff.
18 Vgl. ebd. 43ff. und den Beitrag *Schweigen und institutionelle Vorurteile* von Fricker in diesem Band.

und allein darum geht, die Welt möglichst umfassend unter Kategorien zu bringen und darüber die Frage aus dem Blick gerät, welche praktische Wirkung das eine oder andere Konzept herbeiführt.

Wenn die von den Realistinnen angestrebte vollständige Anerkennung als Frau oder als Mann aus Gründen der Gerechtigkeit kein sinnvolles epistemisches und normatives Fundament des Feminismus darstellen kann,[19] stellt sich erneut die Frage, worum wir eigentlich streiten. Es bedarf einer das feministische Unternehmen anleitenden normativen Bezugsgröße, die inklusiv genug ist, um vom biologischen Geschlecht zu abstrahieren und lebensweltlich genug, um nicht einem rücksichtslosen Relativismus anheim zu fallen. Was den Nominalistinnen fehlt, ist genau dieser normative Bezugspunkt, der die Utopie anleitet und sie davor bewahrt, zum Sprachrohr von Verfechterinnen eines radikal relativistisch gewendeten Kontingenztraums zu werden und ihre Position zu einem unrealistischen Voluntarismus zu verflachen. Es bedarf einer Kategorie, die nicht nur kompatibel mit Gerechtigkeit, sondern selbst schon in die Grammatik der Gerechtigkeit eingelassen ist. Ich möchte hier vorschlagen, die nominalistische Sex/Gender-Unterscheidung aus den oben dargelegten Gründen beizubehalten, aber in den Dienst der normativ informierten Kategorie Selbstbestimmung zu stellen. Über den normativen Charakter des Selbstbestimmungsbegriffs hinaus werde ich außerdem weitere epistemische, praktische und gesellschaftstheoretische Vorzüge dieses Konzepts für den Feminismus anführen. Dieser Vorschlag hat propädeutischen Charakter, versteht sich also selbst als ein grober und vorläufiger Entwurf.

...ODER: WARUM SELBSTBESTIMMUNG?

Vor dem bisherigen Hintergrund läge es nahe, Mikkolas Vorschlag aufzugreifen und die nominalistische Version der Sex/Gender-Unterscheidung für die Kategorie Entmenschlichung arbeiten zu lassen. Warum aber Selbstbestimmung und nicht Entmenschlichung, wo ich doch dafür argumentiert habe, dass die realistische Begrifflichkeit dazu führt, dass bestimmten Menschen Unrecht zugefügt wird und dieses Unrecht eines ist, das qua Mensch erfahren wird? Der Vorzug

---

19 Die Begriffe „Gleichberechtigung" und „Geschlechtergerechtigkeit" bieten sich nicht an, weil Gleichberechtigung einen zu starken Akzent auf die rechtliche Dimension des feministischen Anliegens setzt und so die substanzielleren verschleiert. Geschlechtergerechtigkeit macht nur zwischen gegebenen Geschlechtern Sinn und nicht innerhalb eines Geschlechts – auch das wäre eine Verengung des feministischen Unternehmens.

des Entmenschlichungsbegriffs liegt darin, dass er auf der Ebene fundamentaler menschlicher Kompetenzen und Bedürfnisse angesiedelt ist. Das Unrecht an Frauen und anderen Subjekten des Feminismus betrifft jedoch nicht immer die Grundfesten menschlicher Existenz, soll aber trotzdem anklagbar sein. Die Lohnungleichheit zwischen den Geschlechtern etwa kann nicht sinnvollerweise unter den Begriff der Entmenschlichung gebracht werden: Frauen werden nicht entmenschlicht, wenn sie finanziell benachteiligt werden. Vielleicht könnte man herausstellen, dass Lohnungleichheit entlang der Geschlechtszugehörigkeit indirekt etwas mit Entmenschlichung zu tun hat; der Zusammenhang wäre aber ein stark vermittelter. Der Versuch, den Begriff der Entmenschlichung für die ganze Bandbreite feministischer Anliegen in Anschlag zu bringen, würde meines Erachtens zu einer rhetorischen Aufweichung des Konzepts führen und ihm damit auf empfindliche Weise politische Durchschlagkraft nehmen. Gleichzeitig scheint mir aber die Verbindung von Selbstbestimmung und Entmenschlichung offensichtlich und relevant zu sein: Selbstbestimmung ist *ein* genuin *menschliches* Vermögen, das für all diejenigen, die es potenziell ausbilden können, unter Schutz gestellt und gefördert werden soll. In diesem Sinne ist das Selbstbestimmungskonzept perfektionistisch und sein Perfektionismus gründet sich auf eine aufklärerische Vorstellung des Menschlichen. Gleichzeitig darf das theoretische Jonglieren mit der Kategorie Selbstbestimmung natürlich nicht dazu führen, dass nicht zur Selbstbestimmung fähige Menschen entmenschlicht werden. Selbstbestimmung und Entmenschlichung stehen also in einem doppelten und ambivalenten Zusammenhang: Einerseits bezieht Selbstbestimmung seine normative Kraft aus einer kontingenten und perfektionistischen Auffassung darüber, was es bedeutet, Mensch zu sein; andererseits kann genau diese normative Interpretation des Menschseins zur entmenschlichenden Bedrohung für diejenigen werden, die aus unterschiedlichen Gründen der Selbstbestimmung nicht fähig sind. Diese Gefahr gilt es auszuräumen: Wichtig, auch für das feministische Anliegen, ist es deshalb, Selbstbestimmung lediglich als *eine* normative Größe zu begreifen, die für die menschliche Existenz von Wert ist. Ich möchte allerdings dafür argumentieren, dass ihr ein für den Feminismus zentraler Stellenwert zukommt. Warum? Um diese Frage beantworten zu können, sollten wir uns zunächst ansehen, was Selbstbestimmung eigentlich bedeutet und was ihre Ermöglichungsbedingungen sind.

Das aktuelle Verständnis von Selbstbestimmung, hier synonym mit personaler Autonomie gebraucht, meint die Fähigkeit, einen eigenen funktionstüchtigen Willen zu entwickeln und ihm gemäß zu handeln. Diese Fähigkeit ist dem Menschen nicht so beigegeben, wie dem Fisch das Schwimmen, sie muss vielmehr als Vermögen betrachtet werden, das ein Mensch in Abhängigkeit günstiger Umstände entfalten kann. Es lassen sich direkte und indirekte Kompetenzkriterien von Selbstbestimmung ausmachen, die wiederum ein Licht auf ihre Ermöglichungsbedingungen werfen. Die direkten Kompetenzkriterien betreffen die Fähigkeit einer Person, sich ihre Willensinhalte immer wieder klar zu machen, übergeordnete Anliegen, Wünsche und Interessen auszubilden, sich mit diesen zu identifizieren, diese dazu einzusetzen, Präferenzen zu setzen und mit inneren Widersprüchen umzugehen. Diese Kompetenz ist wesentlich praktisch: Sie betrifft die Fähigkeit, auf die Herausforderungen der jeweiligen Lebenssituation dem eigenen Willen gemäße Antworten zu finden – auch dann, wenn man sich in seiner positiven Freiheit beschnitten sieht, das heißt, wenn man dazu gezwungen ist, auf (gewaltsame) Beschränkungen seines Handlungsspielraums zu reagieren. Die indirekten Kompetenzkriterien liegen in den psychischen Voraussetzungen zur Ausbildung der direkten begründet: Eine Person muss sich als kompetente Autorin ihres eigenen Lebens begreifen, um einen eigenen Willen entwickeln und aufrechterhalten zu können. Dieses Selbstverständnis ist anspruchsvoll: Es setzt ein beachtliches Maß an Selbstrespekt, Selbstwertgefühl und Selbstvertrauen – kurz Selbstachtung – voraus. Selbst*respekt* ist insofern eine Voraussetzung von personaler Autonomie, als man sich als legitime Urheberin sinnvoller Handlungsgründe und als gleichberechtigte Teilnehmerin an Auseinandersetzungen verstehen können muss, um selbstbestimmt zu sein. Unser Selbst*wert*gefühl ist einer Form semantischer Verletzlichkeit überantwortet und damit von den epistemischen Voraussetzungen einer Gesellschaft überformt: Wie wir unsere eigene soziale Identität und unseren Lebensstil verstehen und bewerten, hängt von den hermeneutischen Ressourcen ab, die uns von unserer sozialen Umwelt dazu an die Hand gegeben werden. Können wir unsere soziale Identität nicht affirmieren, können wir unser Leben auch nicht selbstbestimmt gestalten. Selbst*vertrauen* schließlich meint die Fähigkeit, auf unsere eigenen Gefühle, Wünsche, Impulse und Anliegen zu vertrauen und einen offenen Zugang zu ihnen zu besitzen. Jemand, der sich nicht auf sich einlassen kann, der ein entfremdetes Verhältnis zu sich hat, sieht sich ebenfalls daran gehindert, seine Lebenssituation in seinem eigenen Sinne in die Hand zu nehmen.[20]

Über diese psychosozialen Bedingungen hinaus, wird der Rahmen, innerhalb dessen Selbstbestimmung praktiziert werden kann, natürlich auch von im klassischeren Sinne politischen Voraussetzungen gefördert oder begrenzt (oder gar gänzlich zerstört): Eine Gesellschaft muss ihren Mitgliedern für die Ausübung von Selbstbestimmung negative Freiheiten gewähren (beispielsweise Freiheit vor Willkür) und positive Freiheiten unterstützen (beispielsweise Freiheit als effektiver Zugang zu Bildung). Die politische Verfasstheit einer Gesellschaft bestimmt

---

20 Vgl. Anderson/Honneth 2004: 133ff., Mackenzie 2000:139ff.

maßgeblich, über welchen Grad an Wahl- und Handlungsfreiheit eine Person verfügt. Welche Freiheitseinschränkungen als legitim empfunden werden, ist zweifelsfrei Sache gesellschaftlicher Auslegung und Kämpfen unterworfen. Das bedeutet aber nicht, dass es ob der Kontingenz des Selbstbestimmungsbegriffs keine Anhaltspunkte für emanzipatorische oder aber reaktionäre Auslegungen gibt, sondern vielmehr, dass die gesellschaftliche Vertiefung und Erweiterung des Verständnisses von Selbstbestimmung und ihren Voraussetzungen immer soziale Errungenschaften sind, die zerbrechlich bleiben.

Wir sehen also, dass die Kategorie Selbstbestimmung eine zutiefst relationale ist: Personale Autonomie ist ein individuelles Vermögen, das in intersubjektiven Zusammenhängen ausgebildet, vereitelt oder sogar zerstört werden kann. Dementsprechend sind ihre Ermöglichungsbedingungen auch sozialer Natur, und da es sich hier um ein normatives Konzept handelt, besitzen sie darüber hinaus ethischen Gehalt: Weil Selbstbestimmung als für das menschliche Leben, sowohl in ethischer als auch in politischer Hinsicht, von zentraler Bedeutung erscheint, bedeutet es ein intrinsisches Unrecht, in seiner Selbstbestimmungsfähigkeit verletzt zu werden. Selbstbestimmung ist auf diese Weise in die Grammatik der Gerechtigkeit eingelassen.

Was macht nun Selbstbestimmung zu einer attraktiven Idee für den Feminismus? Ich werde dafür argumentieren, dass sowohl epistemische und praktische als auch gesellschaftstheoretische Gründe für ihre Attraktivität sprechen. Die praktischen können unter die Schlagwörter Inklusivität und Integrationskraft für das feministische Unternehmen gebracht werden, die gesellschaftstheoretischen auf die Nenner Relationalität und Normativität. Ich werde mich im Folgenden erst den epistemischen und den praktischen Argumenten, anschließend den gesellschaftstheoretischen zuwenden.

Selbstbestimmung ist zum einen eine inklusive Kategorie, zum anderen trifft sie das Herz des feministischen Anliegens. Inklusiv ist sie insofern, als sie nicht auf ein realistisches Verständnis des Zusammenhangs von Sex und Gender und des Subjekts des Feminismus angewiesen ist. Dadurch, dass sie keine Annahmen darüber treffen muss, welche symbolische Bedeutung und Relevanz Geschlechtlichkeit für soziale Praktiken unterschiedlicher Art zukommt bzw. zukommen soll, erhält sie einen theoretischen Raum, innerhalb dessen für Transformation zugunsten von Gerechtigkeit und Inklusivität gestritten werden kann. Selbstbestimmung ist ein von der Geschlechtlichkeit des feministischen Subjekts abstrahierendes Konzept, das aber in Verbindung mit Gender trotzdem die Spezifik des Selbstbestimmungsdefizits der jeweilig betrachteten Gruppe erfassen kann – das ist der epistemische Vorteil des Begriffs. Inklusiv ist sie aber noch in einem anderen, einem integrativen Sinn: Ich vertrete hier die These, dass Selbstbestimmung immer noch eines der zentralsten feministischen Anliegen ist und zwar für alle sozialen Gruppen und theoretischen Strömungen, die in Verbindung mit dem Anliegen des Feminismus gebracht werden können oder sich ihm selbst zurechnen.

Das erklärte historische und praktische Interesse feministischer Theorie ist die Emanzipation von Frauen. Dank der Entdeckung des Gender-Konzepts geht es vielen Stimmen innerhalb des Feminismus heute nicht mehr nur um Menschen mit weiblichem Geschlecht, sondern auch um Minderheiten, die aufgrund ihrer Geschlechtszugehörigkeit, ihrer sexuellen Identität oder ihrer sexuellen Orientierung Benachteiligungen erfahren. Mit dem Aufkommen des Gender-Konzepts hat sich nicht nur das Subjekt des Feminismus ausdifferenziert, sondern auch seine Forderungen: Dem Feminismus geht es nicht mehr nur darum, gegen die (rechtliche) Diskriminierung von Frauen zu kämpfen, sondern er ist für die vielfachen subtilen und produktiven Funktionsweisen von Macht insgesamt sensibel geworden. Er hat seinen Blick geschärft für den Einfluss von Sozialisation und Geschlechternormen, von Körperpraktiken und Identitätszuschreibungen, für die Produktion und Stabilisierung problematischer und oft intersektionaler Ungleichheiten entlang von Sex und Gender. Gleichwohl können die Forderungen noch immer als Kampf um Selbstbestimmung verstanden werden – die beschriebene Entwicklung spiegelt eine sukzessive Erschließung des Terrains möglicher Selbstbestimmung, nicht aber eine Verschiebung der politischen Motivation des Feminismus. Noch heute geht es darum, dass Frauen und queere Minoritäten für (vollständige) Selbstbestimmung kämpfen in Bezug auf ihren eigenen Körper, auf intime Beziehungen, auf den eigenständigen Zugang zu überlebensnotwendigen und anderen Ressourcen, auf die Wahl des Berufs und die Behandlung am Arbeitsplatz, auf ihre quantitative und symbolische Repräsentation in der gesellschaftlichen Öffentlichkeit.

Dass nicht jedes feministische Anliegen unter dem expliziten Banner der Selbstbestimmung vorgetragen wird, heißt nicht, dass es nicht in seinem Namen stattfindet: Selbst die Forderungen nach und die Bemühungen um eine Transformation der symbolischen Repräsentation von Frauen und des Weiblichen in der sozialen Imagination (in den prominenten Medien, in gängigen Auffassungen und Narrativen, in der Ideengeschichte und Theorie) kann als wesentlicher Bestandteil des Kampfes um Selbstbestimmung verstanden werden. Denn die genannte vorurteilsbehaftete und unzulängliche Repräsentation von Frauen und queeren Minoritäten wird aufgrund ihrer negativen Konsequenzen für die Betreffenden zum Gegenstand des feministischen Engagements gemacht und nicht aus rein epistemischen Gründen: Der Feminismus ist eben kein rein philosophisches oder gar ästhetisches, sondern ein politisches Unternehmen, das seine Kapazitäten bislang auf *politisch* bedeutsame Inhalte verwendet hat. Fragen wir uns, worin die politischen Probleme des doppelten Repräsentationsmankos bestehen, scheint folgende Antwort nahezuliegen: Verzerrende Vorstellungen darüber, was es bedeutet, Frau zu sein und/oder über das Weibliche führen dazu, dass Frauen in bestimmten Kompetenzen abgewertet und auf andere verpflichtet werden. In der Konsequenz wird ihnen dadurch der Zugang zu bestimmten, meist sozial angesehenen gesellschaftlichen Bereichen und Gütern erschwert und ihre Übernahme weniger honorierter Aufgaben naturalisiert. Eine so strukturierte Umwelt erschwert die Selbstbestimmung von Frauen, indem sie ihre Wahlfreiheit erheblich beeinträchtigt. Die Einschränkung der Wahlfreiheit entsteht dabei einerseits durch die Zuschreibung vorurteilsförmiger Identitätskategorien durch andere, andererseits auch durch die Selbstidentifizierung von Frauen mit diesen Zuschreibungen. In ähnlicher Weise kann die oben genannte Problematik, die sich Transgender- und Intersex-Personen stellt, entschlüsselt werden: Wenn der Zugang zu Selbstwertgefühl und zu angemessenen hermeneutischen Ressourcen, die für das Verständnis eigener Erfahrungen erforderlich sind, beeinträchtigt ist und/oder zentrale menschliche Bedürfnisse (hier sexuelle Integrität) deshalb nicht geschützt sind, fehlen zentrale Voraussetzung zur Entfaltung von Selbstbestimmung. Der Grund, warum Feministinnen die Ebene der Repräsentation zum Gegenstand machen, kann und sollte also durchaus auf den Nenner der Beschneidung von Selbstbestimmung gebracht werden.

Über ihre Vorzüge der Inklusivität und Zentralität hinaus, verschränkt die Komplexität der relationalen Ermöglichungsbedingungen von Selbstbestimmung den Feminismus mit einer normativ-gesellschaftstheoretischen Perspektive und entspricht dadurch der Vielfältigkeit feministischer Problemlagen.

Die Kategorie Selbstbestimmung hat den Vorteil, sowohl zur Thematisierung von akteursgebundener als auch von struktureller Macht dienlich zu sein und gleichzeitig schon den normativen Parameter zu setzen, anhand dessen sich der jeweilige Machteffekt problematisieren lässt. Rein strukturell ist Macht dann, wenn Einfluss auf das Handeln eines Akteurs genommen wird, wobei die Einflussnahme nicht eindeutig einem oder mehreren identifizierbaren Akteuren zugewiesen werden kann, gleichzeitig aber partikulare Interessen bedient. In diesem Sinne sind etwa die gesellschaftlich wirkmächtigen Ideen darüber, was es bedeutet Mann, Frau, Transgender, Schwuler und so weiter zu sein eine Form struktureller Macht. Akteursgebundene Macht hingegen ist das Vermögen eines Akteurs (Person oder Institution) vor dem Hintergrund der gegebenen sozialen Ordnung das Handeln eines anderen in seinem Sinne zu steuern. Akteursgebunde Macht betrifft eine ganze Bandbreite von für den Feminismus bedeutsamen Phänomenen, unter ihnen zum Beispiel häusliche Gewalt und diskriminierende Einstellungspolitik. Machteffekte, die niemanden in ihrer Selbstbestimmung einschränken oder die Voraussetzungen ihrer Autonomie unterwandern, scheinen zunächst harmlos zu sein und bieten keinen Anlass von feministischer Seite problematisiert zu werden.

Autonomie ist eine Frage des Grades – man kann in verschiedenen Bereichen seines Lebens unterschiedlich autonom sein – und sie ist ein zerbrechliches Vermögen. Dass Selbstbestimmung weder eine für alle Lebensbereiche notwendig ungebrochene Größe sein muss, noch eine Errungenschaft ist, die man einmal erlangt und dann nicht mehr verliert, erlaubt es zum einen, unterschiedliche Autonomieverluste differenziert zu bewerten, zum anderen ihre psychische Dimension in Abhängigkeit von sozialen Verhältnissen zu betrachten. Die Selbstbestimmung von Anke kann zum Beispiel eingeschränkt sein, weil sie gegen ihren Willen unter dem Diktat eines anderen oder eines autoritären Regimes steht, genau wie Berta sich in ihrer Selbstbestimmung beschnitten sehen kann, weil sie sich selbst und anderen Frauen weniger Kompetenz in ihrem Berufsfeld zurechnet als Männern. Ankes Selbstbestimmung ist auf globale und offensichtliche Weise eingeschränkt, wohingegen Berta auf lokale (Berufsfeld) und subtile Art an einem Selbstbestimmungsdefizit leidet. Aus feministischer Perspektive relevante Probleme aus dem Blickwinkel der Selbstbestimmung zu betrachten, gibt einem also die Möglichkeit an die Hand, unterschiedliche Qualitäten von Heteronomie zu analysieren und sie begrifflich in ein Verhältnis zu einander zu setzen.

In liberalen Gesellschaften westlichen Typs spiegeln sich die rechtlich verankerten Freiheiten, zumindest die negativen, in den Lebensrealitäten der meisten (aber keineswegs aller) Frauen und Queers. Es kann allerdings keine Rede von der Verwirklichung der Emanzipation sein. Wo Verfassung und Verfassungswirklichkeit eine große Diskrepanz aufweisen, bedarf es nicht nur der Untersuchung von Mikrostrukturen und deren Verflechtungen, sondern auch einer phänomenologischen Perspektive auf die Erfahrungswelten der in sie involvierten Subjekte, die gleichzeitig normativ informiert ist. An dieser Stelle erweist sich der Vermögenscharakter von Selbstbestimmung als hilfreich. Die Fragilität der oben genannten, indirekten Voraussetzungen von personaler Autonomie macht die psychische Dimension von Selbstbestimmung sichtbar. Auch Selbstachtung ist ein soziales Gut, dessen Zugang für bestimmte Gesellschaftsgruppen auf diverse Art und Weise erschwert werden oder versperrt sein kann. Herauszufinden für wen und auf welche Weise Selbstachtung ein uneingelöstes Versprechen bleibt und nach Möglichkeiten der Einlösung zu fragen, scheint mir ein wichtiges Anliegen des derzeitigen Feminismus zu sein und das relational angelegte Selbstbestimmungskonzept dabei ein sinnvoller Blickwinkel und Wegweiser.

Eine wichtige feministische Sorge betrifft des Weiteren die widerspruchslose Anpassung von Frauen und Queers an sexistische Ideologie. Die Ausbildung von herrschaftsförmigen Präferenzen soll aus feministischer Perspektive identifizierbar und kritisierbar sein, ohne aber dabei in patriarchaler Geste unzähligen Frauen und Queers per Ferndiagnose abzusprechen, ihr eigenes Interesse zu kennen und zu vertreten. Auch hier scheint mir ein differenziertes Selbstbestimmungskonzept einen wichtigen Dienst zu leisten: Wenn jemand begründen kann, warum sie sich für ihren teilweise oder weitgehend heteronomen Lebensstil entschieden hat und glaubhaft machen kann, dass sie ihn weiterhin bejaht, muss es als Verletzung ihrer Autonomie verstanden werden, wenn andere sie ‚zu ihrem eigenen Wohl' daran hindern, ihn fortzusetzen. Gleichzeitig gebietet der Blick auf die voraussetzungsvollen Ermöglichungsbedingungen von Selbstbestimmung eine soziale Ordnung, die alles daran setzt, soziale Praktiken und Lebensformen zu ermöglichen, die alle Menschen gleichermaßen darin unterstützen, ein gebührendes Maß an Selbstachtung zu etablieren. Sich als kompetente Autorin des eigenen Lebens mit wertvollen Bedürfnissen und bedeutsamen Interessen zu verstehen, scheint mir die beste Voraussetzung dafür, unterdrückerische Ideen und Lebensstile abzulehnen. In diesem Sinne ist das Konzept personaler Autonomie weder blind noch rücksichtslos in Bezug auf herrschaftsförmige Präferenzen und bietet Möglichkeiten, geeignete Mittel für deren Transformation in den Blick zu rücken.

Unvoreingenommen ist das Konzept der Selbstbestimmung zu guter Letzt in Bezug auf bestimmte Lebensentwürfe, kann aber als Kritik bestimmter Lebensformen fungieren: Wenn Lebensformen bestimmten Menschen systematisch die Etablierung und Ausübung von Selbstbestimmung erschweren oder verbieten, sind sie zweifelsfrei kritikwürdig. Ein Beispiel hierfür wäre eine Familienkonstruktion, die Frauen ihren Platz im Haushalt *a priori* zuweist. Gleichzeitig kann der Selbstbestimmungsbegriff aber auch dazu dienen, unkonventionelle Lebensstile vor den Übergriffen konservativer Sittlichkeitsvorstellungen zu schützen. Gerade mit Blick auf die gesellschaftliche Ächtung, die beispielsweise zahlenmäßig unterlegene und eher unübliche Partnerkonstellationen und Genderperformances oft erfahren, ist dieser Punkt von Belang.

Es ließen sich noch mehr Gründe dafür anführen, warum Selbstbestimmung ein geeignetes theoretisches Konzept für das feministische Unternehmen ist. Wichtig herauszustellen war mir hier vor allem, dass das Selbstbestimmungskonzept den Vorteil bietet, selbst Gegenstand gegenwärtiger Gerechtigkeitskonzeptionen zu sein: Weil Selbstbestimmung als zentrales menschliches Vermögen aufgefasst wird, kann die Verletzung eines Menschen in diesem Vermögen als intrinsische Ungerechtigkeit verstanden werden. Das heißt, der Kampf um Selbstbestimmung ist immer auch ein Kampf um Gerechtigkeit und besitzt deshalb nicht nur politische Schlagkraft, sondern auch ein normatives Profil, das der hier vertretenen nominalistischen Position sozialphilosophischen Boden unter die Füße geben kann. Das Konzept ist auch deshalb aus ethisch-epistemischen Gründen sinnvoll, weil es nicht auf eine fixierte Vorstellung der sozialen Bedeutung von Geschlechtlichkeit und ihrer Relevanz für unterschiedliche soziale Praktiken rekurrieren muss, zugleich aber unter Rückgriff auf das Gender-Konzept die Besonderheit der Selbstbestimmungsdefizite unterschiedlicher askriptiver Gruppen zu fassen bekommt. Besonders wichtig im Zusammenhang dieses Plädoyers für das Selbstbestimmungskonzept ist natürlich seine praktische Integrationskraft für das feministische Anliegen, die mir recht offensichtlich zu sein scheint und für die ich argumentiert habe. Ich habe außerdem darauf hingewiesen, dass Selbstbestimmung aufgrund ihrer komplexen relationalen Ermöglichungsbedingungen eine gesellschaftstheoretischen Perspektive öffnet, die für feministische Anliegen von Bedeutung ist.

Wenn man aus den angeführten ethischen (und/oder anderen) Gründen, die Übernahme des realistischen Geschlechterverständnisses und -vokabulars ablehnt, verschärft sich das Problem der Vermittlung von Theorie und Praxis wieder: Die mehrheitsgesellschaftliche Auffassung von Geschlecht ist weit entfernt davon, zwischen Sex und Gender zu unterscheiden und noch weiter davon, Gender und seine Relevanz als gesellschaftlich transformierbar zu verstehen. Von großer Bedeutung ist deshalb der Streit für mehr Sichtbarkeit von alternativen Lebensrealitäten und Praktiken und für mehr Diskussion um eine Einrichtung der Gesellschaft, die die Vielfalt von Sex und Gender besser berücksichtigt – anfangen lässt sich da schon bei so Banalem wie der Einrichtung von Toiletten und öffentlichen Fragebögen. Anstatt die mehrheitsgesellschaftliche Auffassung für die Philosophie fruchtbar zu machen, scheint es mir also sinnvoller zu sein, die feministische Theoriedebatte für die breitere gesellschaftliche Öffentlichkeit verständlich und zugänglich zu machen. Zu problematisieren gilt es hier aber nicht nur den peripheren Standpunkt der feministischen Debatte in der breiteren Öffentlichkeit, sondern auch die Position queerer Anliegen, die innerhalb der feministischen Theorie wieder in die Peripherie gedrängt zu werden drohen. In diesem Sinne sollte die feministische Philosophie ihre Hoffnung auf eine gerechte und utopische Praxis ernster nehmen und ihre theoretischen Ressourcen nach praktischen Anliegen ausrichten; sie sollte ihre Aufmerksamkeit dorthin richten, wo Praxis uns Ansätze für ein Anderstun lehren kann und uns praktische Gründe dafür aufgibt. Dieser doppelte Zusammenhang von Theorie und Praxis und mit ihm die angedeutete zweifache Peripherie zum Gegenstand zu erheben, ist vielleicht ein kleiner Schritt in Richtung einer Verschiebung des Zentrum-Peripherie-Verhältnisses innerhalb von Theorie und Praxis.

LITERATUR

Alcoff, Linda (2006): *Visible Identities*, Oxford.
Fricker, Miranda (2007): *Epistemic Injustice. Power and the Ethics of Knowing*, Oxford.
Haslanger, Sally (2003): Social Construction: The „Debunking Project", in: Frederick Schmitt (Hg.), *Socializing Metaphysics*, Lanham.
Landweer, Hilge (1994a): Ein blinder Fleck in der sex/gender-Debatte, in: Theresa Wobbe/Gesa Lindemann (Hg.), *Denkachsen. Zur institutionellen Rede von Geschlecht*, Frankfurt a. M., S. 147-176.
Dies. (1994b): Jenseits des Geschlechts? Zum Phänomen der theoretischen und politischen Fehleinschätzung von Travestie und Transsexualität, in: Institut für Sozialforschung/Frankfurt (Hg.), *Geschlechterverhältnisse und Politik*, Frankfurt a. M., S. 139-167.
Mackenzie, Catriona (2000): Imagining Oneself Otherwise, in: Catriona Mackenzie/Natalie Stoljar (Hg.) *Relational Autonomy. Feminist Perspectives on Autonomy, Agency, and the Social Self*, Oxford.
Mikkola, Mari (2011a): Ontological Commitments, Sex and Gender, in: Charlotte Witt (Hg.), *Feminist Metaphysics. Explorations in the Ontology of Sex, Gender and the Self*, Dordrecht/Heidelberg/London/New York, S. 67-85.
Stoljar, Natalie (1995): Essence, Identity and the Concept of Woman, in: *Philosophical Topics* 23, S. 261-293.
Witt, Charlotte (2011): *The Metaphysics of Gender*, Oxford.
Young, Iris Marion (1997): Gender as Seriality: Thinking about Woman as a Social Collective, in: dies., *Intersecting Voices*, Princeton.

ONLINE-QUELLEN

Anderson, Joel/Honneth, Axel (2004): *Autonomy, Vulnerability, Recognition, and Justice* siehe: http://phil.uu.nl/~joel/research/publications/Anderson-Honneth_Vulnerability.pdf vom 30.05.2012.
Deutscher Ethikrat (2012): *Stellungnahme Intersexualität* vom 23.02.2012 siehe: http://www.ethikrat.org/dateien/pdf/stellungnahme-intersexualiaet.pdf
Mikkola, Mari (2011b): Feminist Perspectives on Sex and Gender, in: *Standford Encyclopedia of Philosophy* siehe: http://plato.stanford.edu/entries/feminism-gender/ vom 30.05.2012.
Oestreich, Heide (2011): Alex soll in die Psychiatrie, in: taz.de vom 23.03.2011 siehe: http://www.taz.de/!90229/

Oestreich, Heide (2012): Wer wollte das rosa Einhorn?, in: taz.de vom 19.01.2012 siehe: http://www.taz.de/Transsexualitaet-im-Kindesalter/!85899/

Gerechtigkeit herstellen oder gegen Normierung angehen?
Nachdenken über zwei feministische Denkstile und ihre epistemische Differenz[*]

PATRICIA PURTSCHERT

In diesem Text, der nicht zuletzt eine Art Selbstverständigung darstellt, geht es um die Unterscheidung zweier Denkstile, die beide für die deutschsprachige feministische Theorie der letzten Jahrzehnte zentral gewesen sind, die sich aber nicht problemlos ineinander übersetzen und auch nicht immer miteinander ins Gespräch bringen lassen. Im Unterschied zu anderen Analysen dieses Phänomens, welche Generationenunterschiede, Theoriekonjunkturen, Übersetzungsprobleme, Institutionalisierungseffekte oder Identitätspolitiken ins Zentrum ihrer Deutungen gestellt haben, legt der vorliegende Aufsatz das Gewicht auf einen anderen Aspekt. Mir geht es um die Herausarbeitung *epistemischer* Unterschiede zwischen beiden Positionen und den Unvereinbarkeiten, die sich daraus ergeben. Dabei geht es keineswegs darum zu behaupten, inhaltliche Differenzen würden sich auflösen, wenn sie auf unterschiedliche Denkbedingungen zurückgeführt

---

[*] Dieser Artikel geht auf einen Vortrag zurück, den ich im November 2010 im Rahmen der Veranstaltungsreihe „Normalisierung und Othering – Debatten um Gleichheit und Differenz" am Graduiertenkolleg „Geschlechterforschung" der Universität Basel gehalten habe. Mein Dank geht an die Organisatorinnen Monika Götsch, Eveline Y. Nay und Andrea Zimmermann sowie an die Mitglieder des Philosophie-Forschungskolloquiums von Michael Hampe und Lutz Wingert an der ETH Zürich, wo ich diesen Text ebenfalls zur Diskussion stellen konnte. Für hilfreiche Kommentare danke ich zudem Caroline Arni, Regula Kolar, Marina Lienhard, Urs Lindner, Heike Walz sowie den Herausgeberinnen dieses Sammelbandes.

werden. Mein Interesse besteht vielmehr darin, die Vorstellung aufzubrechen, wonach sich feministische Subjekte gegenüberstehen und in zentralen Punkten uneins sind. Stattdessen möchte ich darüber nachdenken, inwiefern epistemische Unterschiede in einen Zusammenhang mit den normativen, ethischen und politischen Differenzen gebracht werden können, welche die feministische Diskussion bis in die Gegenwart hinein prägen.

Im Folgenden gehe ich aus heuristischen Zwecken von zwei distinkten Herangehensweisen aus, welche die feministische Diskussion prägen, und die sich an wesentlichen Punkten unterscheiden und gegenüberstellen lassen. Dabei konstruiere ich zwei *Idealtypen*. Die Probleme, die ich mir dabei einhandle, und die damit zu tun haben, dass die zwei Perspektiven so verschieden, wie sie an dieser Stelle erscheinen, nicht sind, und dass es zahlreiche hybride Positionen gibt, lasse ich erst einmal beiseite. Denn ich hoffe, durch die Herausstellung von zwei Denkstilen etwas begrifflich fassen zu können, was sich oftmals bemerkbar macht als Irritation, Ärger, Unverständnis, unterschiedliche Prioritätensetzung, konträre Einschätzung von Dringlichkeiten und umstrittene Bestimmung politischer Einsatzpunkte.

Beginnen will ich mit Gemeinsamkeiten. Beide Herangehensweisen, sowohl diejenige, die ich behelfsweise als *feministisches Gerechtigkeitsdenken* bezeichne, wie auch diejenige, die ich *feministische Normierungskritik* nenne, sind in Bezug auf die bestehenden Gesellschaftsverhältnisse *kritisch*, und beide fordern deren tiefgreifende Veränderung. Beiden schwebt, mit anderen Worten, eine bessere Welt vor Augen. Eine Welt, in der nicht die einen aufgrund ihres Geschlechts (und anderer Zuordnungen) Repression, Diskriminierung und Gewalt ausgesetzt werden und erschweren oder gar keinen Zugang zu ökonomischen, sozialen und kulturellen Ressourcen erhalten, während den anderen genau diese materiellen und symbolischen Möglichkeiten bedingungslos zur Verfügung stehen. Beide feministischen Ansätze untersuchen die Verknüpfung der ungleichen Verteilung von Macht mit den relevanten gesellschaftlichen Differenzen wie Geschlecht, Herkunft, Sexualität und Religion sowie deren konstitutives Zusammenspiel. Eine solche Analyse der *Machtförmigkeit* von Gesellschaftsstrukturen unterscheidet sowohl das *feministische Gerechtigkeitsdenken* als auch die *feministische Normierungskritik* von einem Liberalismus, der behauptet, in einer modernen Gesellschaft würden Einsatz, Wille, Talent und Fleiß darüber bestimmen, wer welches Leben führen kann, oder – gemäß der neoliberalen Umformulierung dieses Credos – im freien Markt könnten sich alle Menschen durch den engagierten und geschickten Einsatz ihrer jeweiligen *Human Resources* als erfolgreiche Unternehmerinnen und Unternehmer profilieren.

FEMINISTISCHES GERECHTIGKEITSDENKEN

Wie nun die Kritik an den ungleichen Gesellschaftsverhältnissen formuliert und wie deren Umgestaltung gedacht wird, das unterscheidet die beiden feministischen Traditionen voneinander. Das zeigt sich beispielsweise am Vokabular: Die einen sprechen von Gleichheit, Gerechtigkeit, Umverteilung, Anerkennung, die anderen von Normierung, Normalisierung, Hegemonie, *othering*. Die eine Seite verwendet *Gerechtigkeit* als normativen Leitbegriff, der bestehende Ungerechtigkeiten sichtbar machen, anprangern und aufheben soll, die andere Seite untersucht Prozesse der *Normierung*, also die Durchsetzung, Reproduktion und Transformation gesellschaftlicher Macht durch Normen. Daraus ergibt sich beispielsweise eine unterschiedliche Bedeutung des *Rechts*: Für die einen gilt es als wirksames Instrument zur Schaffung gerechterer Verhältnisse, für die anderen ist es, gerade wegen seiner Verdichtung von Normativität und Macht, ein bevorzugtes Objekt der Kritik.

In einem ersten Schritt werde ich das *feministische Gerechtigkeitsdenken* genauer bestimmen und dabei auf die Debatte zurückgreifen, die unter dem Titel „Gleichheit oder Differenz" in die Geschichte des deutschsprachigen Feminismus eingegangen ist. Dieser Ansatz tritt für eine gerechtere und insbesondere für eine geschlechtergerechte Gesellschaftsordnung ein. Gleichheit ist dabei ein unerlässlicher Begriff, weil die Vision einer gerechteren Gesellschaft die Vergleichbarkeit der Menschen voraussetzt: Sie sollen gleiche Löhne für die gleiche Arbeit, gleiche Zugänge zu Bildung, Beruf und Karriere sowie dieselbe Freiheit erhalten, ein selbstbestimmtes Leben führen zu können, und sie sollen von Institutionen, Staaten und anderen Menschen die gleiche Behandlung erfahren. Gleichheit ist deskriptiv nötig, wenn es darum geht, Ungleichheit zu erkennen, und sie ist präskriptiv nötig, wenn es darum geht, Gesetze zu erstellen, Regeln festzulegen und Verhaltensweisen zu koordinieren, die eine gerechte Behandlung sicherstellen sollen.

Die Frage, wie Gerechtigkeit mithilfe von Gleichheit erreicht werden kann, ist allerdings Gegenstand zahlreicher interner Auseinandersetzungen. Ausgangspunkt der Überlegungen zur Gleichheit ist, dass *verglichen* wird. Dass aber verglichen werden muss, impliziert die Verschiedenheit des zu Vergleichenden. Oder, in den Worten von Ute Gerhard: „Gleichheit muss immer erst gesucht, gefordert und hergestellt werden, und sie setzt voraus, dass das zu Vergleichende *an sich verschieden* ist. Denn völlige Gleichheit bedeutet Identität."[1] Wenn Gleichheit aber *hergestellt* werden muss, stellt sich die Frage, wer dies tut und auf Kosten welcher Differenzen dies getan wird: Welche Unterschiede werden zurückgestuft, übergangen oder hierarchisiert? Wenn die Vergleichbarkeit einen abstrakten Maßstab voraussetzt, der es ermöglicht, zwei konkrete Dinge miteinander in Bezug zu setzen, dann fragt das *feministische Gerechtigkeitsdenken* kritisch, was als *tertium comparationis* verwendet wird: Welche Lebensweise, welche Erfahrungen und welche Bedürfnisse werden ins Zentrum gerückt und gelten als Leitfaden für ein gutes menschliches Leben, für eine gelungene politische Partizipation, für eine erfolgreiche Berufstätigkeit? Zahlreiche feministische Analysen haben gezeigt, dass „der Mensch", „der Bürger" oder „der Konsument" keineswegs ein neutrales Drittes ist, sondern ein Maßstab, der am Modell des Mannes entwickelt wurde.

Weiter muss geklärt werden, wann der Versuch einer Angleichung der Menschen an Grenzen stößt und diesen Gewalt antut. Wann schlägt, mit anderen Worten, der Versuch, gleiche Bedingungen für gleiche Menschen herzustellen, in den Zwang um, sich einer vorgegebenen Norm angleichen zu müssen? Wie können unterschiedliche Lebensweisen gleich*berechtigt* nebeneinander bestehen ohne gleich*gemacht* zu werden? Wo kippt das Recht auf gleiche Behandlung in einen Zwang zur Gleichmacherei und Assimilation um? Wo beginnt das Recht auf Ungleichheit, auf Differenz, auf Alterität, das Recht darauf, *anders sein* zu können und deshalb *andere Rechte* in Anspruch nehmen zu dürfen? Wann soll das Recht den Anspruch auf Differenz sicherstellen, anstatt eine ungerechte Angleichung dessen zu erzwingen, was anders ist? Gibt es somit neben einem Recht auf Gleichheit ein Recht auf Differenz?

Aus dieser Problematik können zwei Positionen abgeleitet werden: Entweder man tritt für ein revidiertes übergeordnetes Recht ein, wie das etwa die Vertreterinnen und Vertreter einer Menschenrechtsordnung behaupten, ein Recht also, das für alle gültig sein soll, und unter dem dann einzelne Differenzierungen erfolgen können. Oder man plädiert für eine geschlechtergetrennte Rechtssphäre. Im ersten Fall soll das Verhältnis von Gleichheit und Differenz unter Bezugnahme auf die relevanten Geschlechterunterschiede neu ausgelotet werden. Indem die rechtliche Meta-Norm dessen, was als *tertium comparationis* gilt, sichtbar und anfechtbar gemacht wird, zielt diese feministische Intervention auf die Veränderung des gesamten Systems. Diese Vertreterinnen des Gleichheitsansat-

---

1 Gerhard 1990: 192. Daraus erklärt sich auch, dass an dieser Stelle das Verhältnis von Gleichheit und Differenz verhandelt wird und nicht das in der Philosophiegeschichte bekanntere Begriffspaar „Identität" und „Differenz".

zes fordern die Herstellung neuer universaler Grundlagen des Menschlichen, die den feministischen Idealen gerecht werden.[2] Das könnte bedeuten, dass ein Konzept des Menschen entwickelt und zur allgemein verbindlichen Norm gemacht wird, welches die *Care*-Arbeiten nicht auf weibliche, unbezahlte oder unterbezahlte, prekarisierte und oftmals migrantische Kräfte auslagert, sondern diese Tätigkeiten in die eigene Lebenspraxis integrieren kann.

Eine andere Herangehensweise besteht darin, die Logik des vermittelnden Dritten, und somit die Verwendung von *einer und nur einer privilegierten Norm*, grundsätzlich in Frage zu stellen. Andrea Maihofer gibt zu bedenken,

„dass es berechtigte Gründe gibt, dieser *Logik des Einen* selbst zu misstrauen. Denn die monistische Logik (herkömmlich formulierter) universaler Maßstäbe hat zur Konsequenz, dass es entweder *eine* Menschenwürde, *eine* Rationalität, *eine* Moralität oder keine gibt. Das aber zwingt zur *Hierarchisierung* menschlicher Verschiedenheiten und ist mit einer strukturellen Unfähigkeit verbunden, menschliche Andersartigkeiten in ihrer jeweiligen Wahrheit *nebeneinander* bestehen zu lassen."[3]

Adriana Cavarero verdeutlicht dieses Problem am Beispiel der Mutterschaft:

„Das Recht der Arbeitnehmerinnen auf Mutterschaftsurlaub wird in den modernen Gesetzgebungen mit dem Wortschatz der Krankheit formuliert. Die Gesetzgebung richtet sich nach den Männern, die keine Schwangerschaft erleben können, wohl aber physiologische Veränderungen, die eben Krankheiten sind."[4]

Mit anderen Worten: Frauen werden zwar wie Männer von der Arbeit freigestellt, wenn sie wegen ihrer körperlichen Verfassung nicht arbeiten können. Insofern werden sie ‚gleich' wie die Männer behandelt. Weil aber der Mann sowohl dasjenige, was mit der Frau verglichen wird, als auch das *tertium comparationis* ist, gelten alle physischen Prozesse, die jemanden von der Arbeit fernhalten, als Krankheiten. Das mag für den Mann zutreffend sein, bei der Frau wird dadurch aber eine ganze Reihe elementarer und existenzieller Phänomene

---

2 Vgl. etwa Seyla Benhabibs Projekt eines „interaktiven Universalismus": „Einem Universalismus dieser Art wäre es um das tatsächliche Zusammenspiel menschlicher Handlungen zu tun, nicht nur um das Aufstellen allgemeingültiger Regeln; er wäre sich der Geschlechterdifferenz bewusst, nicht ‚geschlechtsblind', und er wäre kontextsensibel statt situationsindifferent." (Vgl. Benhabib 1995: 10).
3 Maihofer 1990: 359. [Herv. i. O.].
4 Cavarero 1990: 105.

unter Krankheit verbucht, die damit nichts zu tun haben: Menstruation, Schwangerschaft, Geburt, Wochenbett oder Stillen. Cavarero fordert deshalb eine „Bisexualisierung des Rechts"[5], also die Einführung zweier unterschiedlicher Rechtssphären für Frauen und Männer, um die problematische Verschränkung von Differenz und Gleichheit (zumindest in Bezug auf das Geschlecht) auszuheben.[6] Diese Sichtweise wirft allerdings einige Probleme auf. Zum einen bleibt die kritisierte „Logik des Einen" auch dann im Spiel, wenn geschlechtsspezifische Rechtssysteme geschaffen werden. Die Kritik an der Abstrahierung von partikulären Kontexten und damit einhergehend an der Universalisierung bestimmter, privilegierter Erfahrungen lässt sich nicht nur auf den androzentrischen Aspekt des Menschlichen anwenden, sondern ebenso auf seinen implizit eurozentrischen oder heteronormativen Gehalt. Die Machtkritik wird somit in einer geschlechtsspezifischen Rechtsordnung nicht hinfällig, sondern verschiebt sich entlang der Geschlechterachse. Neu müsste gefragt werden, inwiefern die Erstellung eines weiblichen bzw. männlichen Maßstabes Differenzen *unter* Frauen und *unter* Männern negiert. Aus einer intersektionalen Perspektive ist die Vorstellung eines geschlechtsspezifischen Rechts zudem fragwürdig, weil dieses die Geschlechterdifferenz gegenüber anderen machtförmigen Unterschieden privilegieren würde.[7] Und aus einer queeren Perspektive lässt sich einwenden, dass die Zweigeschlechtlichkeit durch eine solche Rechtsordnung erneut festgeschrieben würde und damit auch der Zwang, sich dem einen oder andern Geschlecht zuzuordnen.

Die feministische Diskussion um Differenz und Gleichheit, die im deutschsprachigen Raum insbesondere um 1990 zentral war, zeigt die Reichweite und die Problematik des feministischen Gerechtigkeitsansatzes auf. Wenn Gerechtigkeit ein zentraler Begriff der feministischen Arbeit ist, wenn Gerechtigkeit über Gleichheit hergestellt wird – und hier klammere ich die anti-egalitaristischen Positionen aus, die eine Entkoppelung der Gerechtigkeit von der Gleichheit einfordern –,[8] wenn Gleichheit auf Vergleichbarkeit und diese wiederum notwendigerweise auf dem Einsatz eines Maßstabs gründet, dann ist dieser ein wichtiges Mittel im Kampf um Gerechtigkeit. Zugleich stellt dieser Maßstab

---

5   Cavarero 1990: 108.
6   Sie geht von einem „irreduziblen Anderssein" der beiden Geschlechter aus: „Jedes Geschlecht ist der Ort einer autonomen Subjektivität, die das andere Geschlecht weder von sich aus misst noch definiert, sondern ihm als ein Verschiedenes begegnet, dessen konstitutives Anderssein sie zur Kenntnis nimmt und akzeptiert." (Ebd. 102).
7   Vgl. dazu Kerner: 2009.
8   Z.B. der Ansatz von Angelika Krebs, vgl. Krebs 2000.

aber einen Gegenstand der Kritik dar, weil er selbst aufgrund politischer Kämpfe festgelegt wird und Abbild dieser Kämpfe ist. Auch muss das Verhältnis von Gleichheit und Differenz so ausgestaltet werden, dass der Verschiedenheit der Menschen Rechnung getragen und ihr Recht auf Differenz gewährleistet wird.

Bei der Verhältnisbestimmung von Differenz und Gleichheit kommen schließlich auch zeitliche Achsen ins Spiel: So zeigt die berühmte Studie von Carol Gilligan, dass Frauen nicht weniger moralisch handeln, sondern andere Kriterien in Anschlag bringen, indem sie sich, in Gilligans Begrifflichkeit, an einer Fürsorge- und nicht an einer Gerechtigkeitsethik orientieren.[9] Eine solche Analyse kann hilfreich sein, um die androzentrische Ausrichtung von Forschung und Gesellschaft offenzulegen und Ansätze denkbar zu machen, welche die Entscheidungen von Frauen nicht als deviant oder irrational erscheinen lassen, sondern eine ihnen eigene Rationalität ausarbeiten. Offen bleibt dabei (neben dem oben erwähnten Problem, dass ein solches Vorgehen Geschlecht als privilegierte Differenz behandelt und ein komplementäres und dichotomes Geschlechtermodell reproduziert), ob eine solche Analyse zum Schluss führen soll, dass zwei geschlechtsspezifische Moralverständnisse nebeneinander bestehen bleiben oder ob sie nicht gerade zum Anlass genommen werden, eine solche Aufgabenteilung zu problematisieren und anzufechten. Mit anderen Worten kann die Beschäftigung mit Differenz auch zur Einsicht führen, dass (mehr) Gleichheit angestrebt werden soll. Einen solchen Vorschlag umreißt Seyla Benhabib, wenn sie im Anschluss an Gilligan bemerkt:

„Nur wenn wir verstehen können, warum diese Stimme in der Moraltheorie derart marginalisiert wurde und wie die vorherrschenden Ideale moralischer Autonomie in unserer Kultur sowie die nach wie vor privilegierte Definition des moralischen Bereichs die Stimme der Frauen weiterhin zum Schweigen bringen, haben wir die Möglichkeit, zu einer ganzheitlicheren Sicht von uns selbst und unseren Mitmenschen als ‚verallgemeinerten Anderen' wie auch als konkreten anderen zu gelangen."[10]

Die Diskussion um „Gleichheit oder Differenz", das machen diese Überlegungen deutlich, verweisen auf die dilemmatische Verschränkung beider Begriffe, der aus der Binnensicht kaum zu entfliehen ist. Vielmehr muss durchgespielt werden, wie sie sich relational aufeinander beziehen und in welchem Verhältnis sie zu Prozessen gesellschaftlicher Transformation, Angleichung und Ausdifferenzierung stehen. An dieser Stelle wird deutlich, dass mein Versuch, das Gerech-

---

9 Vgl. Gilligan 1988.
10 Benhabib 1995: 191.

tigkeitsdenken von der Normierungskritik zu trennen, an Grenzen stößt. Auch wenn die Notwendigkeit permanenter (Selbst-)Kritik von den Gerechtigkeitsdenkerinnen weniger stark gewichtet wird als von den Normierungskritikerinnen, steht die unabschließbare Diskussion darüber, wie Gleichheit und Differenz zu bestimmen und aufeinander zu beziehen seien, *de facto* ebenfalls eine solche offene Denkbewegung dar.

FEMINISTISCHE NORMIERUNGSKRITIK

Que(e)r zur Debatte um „Differenz oder Gleichheit" kommt zu Beginn der 1990er Jahre eine Diskussion auf, welche die Prämissen feministischen Denkens radikal verschoben, in Bewegung gebracht und irritiert hat. Der Tatsache, dass die vorherrschende Gesellschaftsordnung ungerecht ist, nähert sich dieser neue Zugang, den ich im Folgenden als *feministische Normierungskritik* bezeichne, auf ganz andere Weise. Nicht mögliche, *bessere Normen* bilden den Horizont ihrer Anstrengung – also die Frage: Was ist Gerechtigkeit, welches Recht, welche gesellschaftlichen Regelungen, welche Normen ermöglichen (mehr) Gerechtigkeit? Sie zeichnet sich vielmehr durch ihr radikal kritisches Verhältnis zu Normen und den Prozessen der Normsetzung und -durchsetzung aus. Das Kerngeschäft der *feministischen Normierungskritik* besteht deshalb nicht darin, normativ setzend tätig zu sein, sondern jegliche Form der Normierung zu problematisieren. Dabei verschieben sich die Gewichte der Analyse: Das *feministische Gerechtigkeitsdenken* versucht eine Gesellschaft, die von Herrschaftsverhältnissen durchdrungen ist, gerechter, vielleicht sogar gerecht zu machen. Die *feministische Normierungskritik* fokussiert ihre Analysen darauf, dass die Gesellschaft grundlegend machtförmig ausgestaltet ist, und dass es kein Jenseits dieser Macht gibt. Ihr Verhältnis zum Normativen ist nicht primär instrumentell, sondern kritisch. Indem sie das Normative zum Einsatzpunkt ihrer Machtkritik macht, gerät auch jeder eigene Versuch, eine Unterscheidung zwischen guten und schlechten, gerechten oder ungerechten Normen zu treffen, unweigerlich in die Schlaufe der (Selbst-)Kritik.

Der Begriff der *Gleichheit* verschwindet dabei fast gänzlich. Für das *Gerechtigkeitsdenken* ist der Gleichheitsbegriff, wie ich ausgeführt habe, von der Ambivalenz zwischen *Egalisierung* und *Assimilierung* geprägt, zwischen einer wünschbaren Form der Angleichung, welche eine gerechtere Verteilung von Macht impliziert, und einer problematischen Form der Angleichung, welche das Differente der vorherrschenden Norm anpasst. Für die feministische Normierungskritik hingegen ist Gleichheit kein zentraler Begriff. Was Menschen vergleichbar macht, ist nicht ihr menschliches Wesen oder spezifisch menschliche Eigenschaften wie Sprache oder Vernunft, sondern dass sie gesellschaftlichen Regulierungssystemen unterworfen sind. Subjekte werden, wie der französische Begriff „*le sujet*" anzeigt, von Normen sowohl unterworfen als auch befähigt. Gesellschaftliche Konventionen, Gesetze, sprachliche Grammatiken, soziale Codes und kulturelle Verhaltensregeln sind komplexe und umkämpfte Normgebilde, in denen sich Unterwerfung und Ermächtigung verschränken; in der Durchsetzung sozialer Normen verknüpft sich Herrschaft untrennbar mit Handlungsfähigkeit und damit auch mit der Möglichkeit, Machtverhältnisse zu kritisieren oder anzufechten. Judith Butler schreibt dazu: „Subjektivation besteht eben in dieser grundlegenden Abhängigkeit von einem Diskurs, den wir uns nicht ausgesucht haben, der jedoch paradoxerweise erst unsere Handlungsfähigkeit ermöglicht und erhält."[11] Die Spannung zwischen Ermächtigung und Unterwerfung wird, mit anderen Worten, hier nicht mit dem (eher positiv konnotierten) Begriff der *Gleichheit* verbunden, sondern mit dem (eher negativ besetzten) Begriff der *Norm*.

Das aber ist eine folgenschwere Verschiebung. Vielleicht lässt sie sich am ehesten dadurch charakterisieren, dass sie eine gewisse *epistemische Distanz* zwischen dem Subjekt und der Norm auflöst. Die feministische Kritikerin steht nicht mehr vor verschiedenen Normensystemen, die sie vergleichen und gegeneinander abwägen kann. Zwar würden auch die Vertreterinnen des *Gerechtigkeitsdenkens* sagen, dass Normen den Subjekten nicht äußerlich sind, dass Gesetze oder soziale Normen die Menschen ganz direkt, im Alltag und in ihrem Selbstverständnis betreffen. Dennoch gehen die *Gerechtigkeitsdenkerinnen* von einer gewissen *Exteriorität* der Norm aus, und damit von einer Distanznahme, die es ermöglicht, sich zur Norm in ein Verhältnis zu setzen. Diese *epistemisch relevante* Distanz bricht ein, wenn Sprach- und Handlungsfähigkeit direkt an die Macht von Normen und an den Prozess der Normierung gebunden werden. Damit stellt sich eine gewisse Unentschiedenheit in Bezug auf die Validierung von Normen ein, oder anders gesagt: Die konstitutive Unmöglichkeit, Normen zu kritisieren, ohne Normen zu mobilisieren, führt zu einem kritischen Rückkoppelungseffekt. Wenn die Normen, die meine Kritik ermöglichen, mir nicht gänzlich zugänglich sind, und zwar gerade darum, weil sie die Bedingung meiner Kritikfähigkeit darstellen, dann bin ich durch meine kritische Haltung zum Prozess der Normierung gezwungen, auch zu denjenigen Normen in ein kritisches Verhältnis zu treten, die meine Kritik begründen und zwar auch dann (und das ist entscheidend), wenn mir diese Normen nicht bewusst und zugänglich sind. Die Normie-

---

11 Butler 2001: 8.

rungskritik impliziert somit, dass Wissen und Nicht-Wissen in der Selbstkritik konstitutiv gekoppelt werden. Das Wissen über die existenzielle Bedeutung von Normen ist als Meta-Wissen bekannt, impliziert aber das Wissen um die zumindest partielle Ignoranz gegenüber den konkreten Normen, die dem eigenen Denken zugrunde liegen. Aus der Forderung, alle Normen in ihrer Machtförmigkeit kritisch zu betrachten, erwächst darum die Notwendigkeit, das eigene Selbstverständnis permanent der Kritik zugänglich zu machen. Diese fortwährende Transformation der Kritik wird durch zwei Aspekte ermöglicht: durch die *zeitliche Struktur* der Normierung sowie das Faktum der *Alterität*.[12] Erstens wird die Veränderbarkeit von Normen durch ihre Instabilität und Nicht-Identität begründet, die auf ihre Iterabilität, auf die Notwendigkeit ihrer ständigen Wiederholung, zurückgeht. Der zweite Punkt weist darauf hin, dass Normen die Begegnung mit Anderen zwar ermöglichen, dass jene aber nicht mit diesen zusammenfallen, wie Butler festhält: „Manchmal geraten Normen, die die Anerkennung regeln, durch die Nichtanerkennbarkeit [der oder] des Anderen in die Krise."[13] Es sind solche Momente der Krise, in der die Normierung der anderen und die Erfahrung ihrer Alterität auseinanderklaffen, welche die Machtförmigkeit sichtbar und die (Selbst-)Kritik möglich machen.

Anstatt bestimmte Normen affirmativ zu vertreten, konzentriert sich die *feministische Normierungskritik* mithin darauf, die problematischen Effekte von Normen aufzuzeigen und durch deren subversive Aneignung andere Handlungsspielräume zu eröffnen. Sie thematisiert, was durch den Einsatz von Normen privilegiert, denkbar, intelligibel oder sichtbar gemacht und was zum Verschwinden gebracht und verworfen wird. Es geht im weitesten Sinn um die *ontologisierende Kraft* von Normen und um die daraus folgenden ethischen Konsequenzen – und zwar auch von jenen Normen, die als feministisch gelten. Das impliziert eine andere Herangehensweise, eine andere Logik und ein anderes Wissenschaftsverständnis als das Gerechtigkeitsdenken. Die *Normierungskritik* stellt sich dem *Gerechtigkeitsdenken* nicht gegenüber und sagt: Ich mache andere Argumente geltend und bevorzuge deshalb andere Normen. Sie sagt vielmehr: Wir müssen über den Preis der Normen nachdenken, die uns aus feministischen Gründen richtig erscheinen. Deshalb sagt sie zur Anti-Pornografischen Haltung von Catharine MacKinnon oder zur „PorNo-Debatte" von Alice Schwarzer nicht: Ihr habt die falschen Argumente gegen die Pornografie, wir haben bessere. Sie sagt: Was für neue Grenzen zieht die Forderung ein, jede Pornografie sei

---

12 Vgl. dazu auch meine Überlegungen zum Zusammenhang von Kritik und Kollektivität bei Audre Lorde in Purtschert 2010.
13 Butler 2003: 35.

verwerflich, jede pornografische Handlung müsse vom Staat verboten werden?[14] Wie arbeitet eine solche Position beispielsweise jenen Kräften in die Hände, welche die Darstellung von *queeren* und *nicht-weißen* Sexualitäten als pornografisch konnotieren und mithilfe von *feministischen* Argumenten verbieten wollen? Genau weil die *Normierungskritikerinnen* nicht mit normativen Setzungen argumentieren, sondern diese Setzungen kontinuierlich reflektieren, treiben sie zuweilen die *Gerechtigkeitsdenkerinnen* zur Weißglut: Welche Gesetze können denn erlassen werden, wenn es um Pornografie geht? Wie kann die Ausbeutung der Darstellerinnen gestoppt, wie der lukrative Handel mit sexistischem Material beendet, wie die Verbreitung von gewalttätigen sexistischen Bildern unterbunden werden? Der Vorwurf, der darauf folgt, lautet dann: Die *Normierungskritikerinnen* verlieren sich in endlosen Reflexionen. Ihnen fehlt der Mut zu klaren Positionen, sie drücken sich darum, jene Schritte zu machen, welche die Welt verändern könnten, sie verschließen sich vor den dringlichen Problemen, indem sie sich in intellektuellen Endlosschlaufen verlieren, anstatt neue Gesetze zu entwerfen und durchzusetzen oder bessere Weiblichkeits- und Männlichkeitskonzepte zu ersinnen und zu verbreiten.

KRITISCH-SETZENDER VERSUS STRATEGISCH-KRITISCHER UMGANG MIT DIFFERENZEN

Dieser Vorwurf ist schlagkräftig und wir müssen uns in der Tat fragen, welchen Erkenntnisgewinn die *Normierungskritik* ermöglicht. Ich schlage vor, diese Frage am Beispiel des Umgangs mit *Differenz* zu vergegenwärtigen. Der Begriff der *Gleichheit* stellt, wie ich gezeigt habe, für die *Normierungskritikerinnen* keinen Schlüsselbegriff dar. Anders sieht es mit dem Begriff der *Differenz* aus. Durchsucht man Texte, die im Bereich der postkolonialen, queeren, dekonstruktiven und poststrukturalistischen Studien verortet sind, nach dem Differenzbegriff, landet man vermutlich sehr viele Treffer. Bildet Differenz also, anders als der Gleichheitsbegriff, einen gemeinsamen Nenner der beiden feministischen Ansätze? Die Antwort ist ja und nein. Denn der Differenz-Begriff der *Gerechtigkeitsdenkerinnen* unterscheidet sich signifikant von jenem der *Normierungskritikerinnen*. Erstere verknüpfen die Kritik an Differenzen mit dem Ziel, neue affirmative Setzungen tätigen zu können, letztere verbinden den punktuellen strategischen Einsatz von Differenzen mit ihrer permanenten Kritik.

---

14 Vgl. dazu Butler 2006: 118ff.

Das *feministische Gerechtigkeitsdenken* versucht, wie ich ausgeführt habe, zwischen gesellschaftlich konstruierten, im Namen des Patriarchats instrumentalisierten Differenzen und „positiven" Differenzen zu unterscheiden. Demnach ist z.B. die Behauptung, Frauen seien weniger vernünftig als Männer, als historisch-soziale Konstruktion zu werten, die im Dienste einer sexistischen Gesellschaftsordnung steht, während die Tatsache, dass eine Mehrheit der Frauen zu einem bestimmten Zeitpunkt ihres Lebens ein Kind kriegen können, auf eine Geschlechterdifferenz hinweist, die relevant und „wahr" ist. Die eine Differenz gilt es abzulehnen und abzuschaffen, die andere von ihren sexistischen Inhalten zu befreien, neu zu definieren und zu stärken. Dieser Versuch einer Trennung zwischen guten und schlechten, falschen und richtigen Differenzen führt innerhalb des *Gerechtigkeitsdenkens* zu ausgedehnten Debatten. Es wäre darum falsch zu behaupten, man wäre sich einig über den Inhalt jener Differenzen, die man abschaffen und jenen, die man behalten, affirmativ besetzen, mobilisieren und starkmachen wolle. Bezeichnend aber ist, dass eine *Trennung* zwischen ideologischen Differenzen, die aufgelöst werden sollen, und „authentischen" Differenzen, die wesenhaft zu einem Geschlecht, zu einer Kultur oder zu einer Lebensform gehören, und die man aufwerten und bewahren will, *gemacht* oder wenigstens *versucht* werden soll, ja, dass sie überhaupt *gedacht* werden kann. Dies unterscheidet den epistemischen Rahmen des *Gerechtigkeitsdenkens* von demjenigen der *Normierungskritik*. Es ist mir wichtig darauf hinzuweisen, dass ich diesen Unterschied auf einer grundsätzlichen Ebene ansiedle – es geht mir an dieser Stelle nicht um inhaltliche Unterschiede, sondern um eine *epistemische Differenz*. Weil die *Normierungskritik* davon ausgeht, dass die Gesellschaft unhintergehbar machtförmig organisiert ist und dass Differenzen *immer auch* eingesetzt werden, um Machtverhältnisse zu erstellen, zu unterstützen und zu bestärken, aber auch um sie anzufechten, werden Differenzen in diesen Analysen immer auf ihre *strategische Funktion* hin gelesen. Die Analyse von Differenzen konzentriert sich also primär darauf zu verstehen, wie mit deren Hilfe gesellschaftliche Machtverhältnisse hergestellt, stabilisiert oder auch verändert werden. Das beschreibt etwa der Begriff des *otherings*, der insbesondere im postkolonialen Feminismus verwendet wird.[15] Demnach werden hegemoniale Subjekte – also solche, die sich in einer dominanten, machtvollen Position befinden – über den Ausschluss, die Verwerfung, die Spiegelung, die Projektion und andere Momente der *Instrumentalisierung von Anderen* hergestellt. Das *othering* ist eine Weise, Andere in den Dienst des Eigenen zu stellen – wobei das Eigene erst über diesen Gebrauch und Missbrauch des Anderen zustande kommt. Eine der

---

15 Der Begriff geht zurück auf Spivak 1985.

ganz wichtigen Erkenntnisse der *Normierungskritik* besteht somit darin, dass es nicht die Bedeutung und das Verhältnis bestehender Differenzen – biologisches Geschlecht versus soziales Geschlecht, Männer versus Frauen, Heterosexuelle versus Homosexuelle, Einheimische versus Migrierte, Weiße versus Schwarze – neu zu bestimmen gilt, sondern dass die *Differenzziehung* selbst als Effekt von Macht verstanden und in Frage gestellt werden muss. Das hat in der Tat zu revolutionären und neuen Ergebnissen geführt: Nicht der Unterschied zwischen Schwarz und Weiß wird neu bestimmt, sondern die vielfältigen Praktiken werden sichtbar gemacht, welche Rassendifferenzen herstellen, gesellschaftlich durchsetzen und naturalisieren. Nicht das Verhältnis zwischen Frauen und Männern wird neu ausgelotet, sondern ein Bereich *zwischen* den Geschlechtern aufgetan, ergründet und besiedelt. Im Zuge dieses Vorgangs werden neue Lebensformen erfunden, aber auch bestehende, zuvor marginalisierte Existenzweisen anerkannt und sogar zu Schlüsselfiguren feministischer Kritik gemacht: Butches, feminine Maskulinitäten, Transmänner, Transfrauen, Intersexuelle. Diese radikale Kritik nicht nur an der Art und Weise, wie Differenzen sozial konstruiert werden, sondern auch an der Grenzziehung selbst führt neben der erkenntnistheoretischen auch zu einer *emotionalen Ablösung* vom Differenzdenken – verteidigt werden muss nicht mehr die lieb gewonnene lesbische Identität, und auch nicht mehr eine gewisse Form der Weiblichkeit, an die man trotz aller Patriarchatskritik weiterhin glaubt. Damit stellt sich die Frage, an was oder wen man stattdessen affektiv gebunden ist? Wenn wir davon ausgehen, dass die Emotionen, die das *Gerechtigkeitsdenken* anleiten, sich nicht einfach verflüchtigen, sondern vermutlich verschieben, wenn also auch den *Normierungskritikerinnen* bestimmte Dinge am Herzen liegen, dann ist die Frage berechtigt und angebracht, was denn von ihnen emotional besetzt wird? Ich werde darauf zurückkommen.

Anders als beim *Gerechtigkeitsdenken* stehen Differenzen und Alteritäten also immer im Visier der Kritik oder sie werden im Namen der Kritik mobilisiert: Darüber hinaus gibt es keine affirmative Bestimmung und Verwendung von Differenzen. Während das feministische Gerechtigkeitsdenken nach zumindest punktuell und kontextuell stabilen Inhalten verlangt, verunmöglicht die reflexive und prozessuale Figur der Kritik, welche die feministische Normierungskritik antreibt, eine solche Festlegung. Ermöglicht es die Figur der Lesbe beispielsweise, die Heteronormativität aufzudecken, die sich mit dem Begriff „Frau" verbindet, dann lässt sich die „Lesbe" wiederum als Figur kritisieren, welche die Zweigeschlechtlichkeit zwar aufweicht, aber nicht aufbricht und damit beispielsweise Transgender-Personen nicht sichtbar machen kann. Jeder Versuch, einen Begriff in kritischer Absicht festzulegen, läuft der Bewegung zuwider, mit der dieser Denkansatz nicht nur die Gesellschaft, sondern fortwährend auch die eigene Theorieproduktion konfrontiert. Die Thematisierung von Differenzen bedeutet, wie Sabine Hark schreibt, „auch die eigenen analytischen Kategorien sowie die diese fundierenden Vorannahmen kritisch in den Blick zu nehmen"[16] – und zwar kontinuierlich.

HERAUSFORDERUNGEN FÜR DIE NORMIERUNGSKRITIK

Im Unterschied zu den Analysen der frühen 1990er Jahre, in denen die Normierungskritik das Augenmerk vor allem auf gesellschaftlich festgelegte, naturalisierte und als unverrückbar geltende Differenzen gelegt hatte – berühmt geworden ist etwa Judith Butlers Begriff der heterosexuellen Matrix –, wendet sie sich gegenwärtig verstärkt dem *flexiblen Einsatz* von Differenzen im neoliberalen Kontext zu. Untersucht wird demnach nicht mehr (nur), wie sich ein *stabiles hegemoniales* Verständnis von Geschlecht, Sexualität, nationaler oder ethnischer Zugehörigkeit durchsetzt und wie dies zur Negierung und Verwerfung anderer Lebensformen führt. Analysiert werden vermehrt neoliberale Logiken, welche Geschlechter-, Sexualitäts- und andere Differenzen flexibilisieren, sie (zumindest partiell und situativ) auflösen und in das neoliberale Regime integrieren. Ein bedeutsamer Aspekt des neoliberalen Umgangs mit kritischem Wissen ist demnach die Tendenz, sich kritisches Gedankengut anzueignen und die Grenze zwischen hegemonial-dominantem und marginalisiert-kritischem Denken zu unterlaufen. Feministische Begrifflichkeiten werden in dieser neuen Machtarchitektonik nicht einfach an die Ränder verbannt, sondern integriert und verwertet. Aus der Wirtschaft stammende Praktiken wie das Diversity Management, welches verspricht, die Welt gerechter zu machen und die Gewinne zu steigern, oder sogar: die Gewinne zu steigern, indem die Welt gerechter gemacht wird, zwingen feministische und andere kritische Bewegungen dazu, ihr Kritikverständnis zu überdenken.[17] Wenn der Widerspruch marginalisierter Gruppen nicht mehr nur abgewiesen, sondern medienwirksam und imagebefördernd aufgegriffen wird, müssen neue Kriterien und neue Strategien entwickelt werden, um problematische Vereinnahmungen von den angestrebten Veränderungen zu unterscheiden. Unter den gegenwärtigen Bedingungen, so schreibt Katharina Pühl, „wird die ursprünglich als Gegen-Wissen formulierte Erfahrung politisch enteignet und

---

16 Hark 2005: 303.
17 Vgl. dazu Purtschert 2007.

zu Gestaltungswissen mit anderer Stoßrichtung umformuliert; und dies paradoxerweise oft genau mit Bezug auf ‚empowerment'-Strategien".[18]

Die feministisch-queere Kritikerin steht somit nicht mehr nur vor der Aufgabe, Ausschlüsse sichtbar zu machen und anzufechten, sondern auch davor, die eigenen emanzipatorischen Konzepte auf mögliche Verwicklungen und Komplizenschaften mit dem neoliberalen System zu befragen.[19] So stehen etwa neue Geschlechterpolitiken, wie Pühl schreibt, nicht nur für die Entfaltung neuer Lebensformen: „Denn sie folgen zugleich den neu gesetzten sozialstaatlichen Steuerungsweisen neoliberaler Regierungs-Rationalitäten, die eine Neudefinition des Sozialen unter radikal individualistisch-ökonomischen Vorzeichen mit sich bringt".[20]

Auch von postkolonialer Seite wird eine Kritik an die feministische Normierungskritik herangetragen. So merkt Saba Mahmood kritisch an, dass diese stets auf die Subversion und Resignifizierung von Normen abziele und somit deren *Veränderung* privilegiere. Die *Erfüllung, Bewahrung und Aufrechterhaltung* von Normen, also die Erstellung *stabiler normativer Verhältnisse*, werden hingegen nicht als Ausdruck von Handlungsfähigkeit oder sogar Widerstand gelesen – eine epistemische Barriere, welche es dem westlichen Feminismus beispielsweise verunmögliche, bestimmte religiöse Praktiken als Ausdruck von Handlungsfähigkeit zu deuten.[21] Omise'eke Natasha Tinsley wiederum erinnert an die „negative Geschlechtergleichheit" der Sklaverei, wo die partielle Negation der Geschlechterdifferenz mit der Entmenschlichung von Sklavinnen und Sklaven gekoppelt war. Die Arbeit in den Plantagen, so führt sie aus, „brutalized men and women without discrimination – a gender queerness that calls into question the facile linkages between gender trouble and liberation".[22]

Die Hinwendung zu ökonomischen Strategien, welche Differenzen nicht nur bekämpfen und hierarchisieren, sondern sich diese im Rahmen neoliberaler Umgestaltungen strategisch zu eigen machen, und die postkoloniale Kritik an der emphatischen Besetzung von Subversion, Verschiebung und Umdeutung von Geschlechternormen hat die *Normierungskritik* verändert. Solange sich diese in

---

18 Pühl 2003: 65.
19 Es müsse gefragt werden, schreibt Antke Engel, „inwiefern Kämpfe gegen (Hetero-)Normalisierung ihrerseits zur Bestätigung hegemonialer Subjektivierungsweisen, so beispielsweise der neoliberalen Individualisierungsform, beitragen." (Engel 2002: 200).
20 Pühl 2008: 105.
21 Vgl. Mahmood 2005:17ff.
22 Tinsley 2008: 209.

einer ersten Phase vor allem gegen *stabile, hegemoniale, ausschließende* Normen richtete, konnte sie mit einem formalen Unterschied operieren: die Hegemonie suchte *Stabilität und Schließung*, die feministische Kritik konterte mit *Dynamik, Öffnung und Vervielfachung*. Dominanten Logiken von Einschluss und Ausschluss, Hegemonie und Verwerfung, Subjektivierung und Othering konnten derart Praktiken der Pluralisierung, Destabilisierung, Dezentrierung, Vervielfältigung und Subversion entgegengesetzt werden. Diese Gegenüberstellung und implizite Wertung – stabile, ausschließende, vereinheitlichende und machtförmige Norm*bildung* als Objekt der Kritik versus dynamische, pluralisierende, subversive und kritische Norm*zersetzung* als kritische Praxis – wird nun zunehmend in Frage gestellt. Mit den Erkenntnissen, dass erstens die scheinbar widerständigen Praktiken der *Normierungskritik* formale Ähnlichkeiten mit neoliberalem Denken aufweisen, welches (zumindest auf der Oberfläche) Differenzen zulässt, begrüßt und sogar zelebriert, und dass zweitens Handlungsfähigkeit auch in der Aufrechterhaltung von Geschlechternormen bestehen kann, weil koloniale und andere Formen der Gewalt nicht nur in der Stabilisierung, sondern auch in der Aufweichung von Geschlechternormen zum Ausdruck kommen können, wurde deutlich, dass der formale Unterschied zwischen einer *einheitlichen und stabilen* Herrschaftslogik und einer *pluralisierenden und dynamisierenden* feministischen Kritik unzureichend ist. Trotz dieser wichtigen Veränderung im Versuch, den Zusammenhang zwischen Differenz und Macht zu bestimmen, bleibt jener Aspekt, den ich als charakteristisch für die Normierungskritik beschrieben habe, relevant: Dass diese nämlich nur punktuell, vorläufig oder strategisch – wie etwa Gayatri Spivaks „strategischer Essentialismus"[23] anzeigt – inhaltliche Bestimmungen vornimmt.

Vielleicht lässt sich der Unterschied zwischen den beiden Perspektiven mit dem Gegensatz zwischen einem inhaltlich ausgerichteten *statischen* und einem prozessual orientierten *reflexiven* Denken in Verbindung bringen. Demnach kann sich das Gerechtigkeitsdenken beispielsweise auf das Verfassen eines Kodexes von Menschenrechten konzentrieren, welcher aus der Perspektive von Frauen geschrieben ist. Es kann auch, wie Nancy Fraser es tut, einen analytischen Rahmen anbieten, der Gerechtigkeit über die Achsen von *Anerkennung* und *Umverteilung* (und in jüngerer Zeit auch *Repräsentation*) zu denken sucht.[24] Es kann

---

23 Vgl. Spivak 1996.
24 Vgl. Fraser 2001: 54ff. Es gäbe gute Gründe, Fraser als „hybride" Denkerin einzuordnen. In der Tat versucht sie ja, dekonstruktive Ansätze mit einem sozialistischen Feminismus zu verbinden. Was mich dennoch dazu bringt, ihren Ansatz stärker mit dem Gerechtigkeitsansatz zu verbinden, ist ihr Vorgehen, d.h. die formale Aufteilung der

weiter, wie Martha Nussbaum es tut, für eine Liste von grundlegenden menschlichen Fähigkeiten (*capabilities*) argumentieren, die erforderlich sind, um ein menschenwürdiges Leben zu führen.[25] Anders geht, wie ich bereits gezeigt habe, die *Normierungskritik* vor: Listen, Kataloge, Tabellen, festgelegte Analyserahmen sind ihr Ding nicht. Die strukturellen Bedingungen dieses Ansatzes führen dazu, dass Erkenntnisse in der *Bewegung des Denkens* generiert und damit der Akzent auf den Vorgang der kontinuierlichen Reflexion gelegt wird. Vielleicht findet sich an dieser Stelle nun auch ein Hinweis auf die „Emotionalität" der *Normierungskritik*: Am Herzen liegt ihr nicht eine bestimmte Identität oder ein theoretisches Raster, das die Welt möglichst umfassend erklärt und ihre Veränderungsmöglichkeiten präskriptiv festlegt, sondern vielmehr die Weiterführung der Reflexionsbewegung, die ständig jene konstitutive diskursive Öffnung ermöglichen soll, durch welche noch nicht gedachte, noch nicht gehörte, noch nicht anerkannte Aspekte des Seins erscheinen und die aktuellen Verhandlungsprozesse auf unabsehbare Weise transformieren können. Es ist diese Bewegung, so möchte ich vermuten, der die *Normierungskritikerinnen* emotional verbunden und der sie vielleicht auch verhaftet sind. Gerade hier bestünde indes wiederum die Möglichkeit, meine idealtypische Aufteilung in Frage zu stellen und darüber nachzudenken, inwiefern die Notwendigkeit der permanenten Kritik und die ständige begriffliche Öffnung des Denkens für die Normierungskritik einen normativen Status einnimmt.

FAZIT

Die *Normierungskritik*, so wurde gezeigt, orientiert sich nicht in erster Linie an einem Zustand, der hergestellt werden soll, also an einer gerechteren Welt, deren Prämissen oder wenigstens Umrisse bereits bekannt sind, sondern widmet sich einer ausführlichen Kritik der gesellschaftlichen Situation. Dabei geht sie insofern weiter als das *Gerechtigkeitsdenken*, als sie Vorstellungen von Gerechtigkeit, von Gleichheit oder Differenz selbst als machtförmige Einsätze untersucht. Nicht die *Gerechtigkeit* stellt den Fluchtpunkt ihrer Analyse dar, ihr bevorzugter Angriffspunkt ist vielmehr die *Macht*. Sie arbeitet sich nicht an der *Gleichheit* ab, die in einem komplexen Wechselspiel zur *Differenz* gesetzt wird, sondern an der *Norm* als einem weit gefassten Begriff, der verschiedene Prozesse sozialer

---

Gerechtigkeitsproblematik in einen Anerkennungs- und einen Umverteilungsaspekt, dem entsprechende soziale Gruppen zugeordnet werden können.
25 Vgl. Nussbaum 2011.

Regulierung, Kontrolle und Anpassung bündelt. Ihre Kritik hat zum Ziel, Prozesse, die entweder gesellschaftlich sanktioniert, der Natur zugeschrieben oder ganz und gar unsichtbar gemacht werden, auf Effekte gesellschaftlicher Macht zurückzuführen.

Während der erste von mir analysierte Ansatz versucht, Veränderung über Gerechtigkeit zu denken – eine gerechte Verteilung von Ressourcen, ein egalitärer Zugang zu Bildung, die Anerkennung menschlicher Differenzen – hat die zweite hier thematisierte Tradition eine skeptische Beziehung zur Präskription transformatorischer Prozesse. Weil sie davon ausgeht, dass Machtverhältnisse nicht gänzlich abgeschafft werden können, versucht sie Veränderung als Subversion, Unterwanderung und Vervielfältigung bestehender Machtverhältnisse zu denken. Damit läuft sie allerdings Gefahr, die spezifischen, vom Gerechtigkeitsdenken mit guten Gründen unterschiedenen Sphären des Rechts, des Sozialen oder des Ökonomischen einzuebnen. Das transgressive Moment der *Normierungskritik*, das darin besteht, über den weit gefassten Begriff der Norm hinaus Gemeinsamkeiten der Machtförmigkeit in den unterschiedlichsten gesellschaftlichen Sphären auszumachen, droht sich auf problematische Weise zu verkürzen, wenn die *performative Wiederholung von Normen* zur Formel gerinnt, welche *alle* gesellschaftlichen Prozesse erfassen soll.

Der Vorwurf der *Gerechtigkeitsdenkerinnen* an die *Normierungskritikerinnen* lautet, dass diese sich in intellektuellen Reflexionen verlieren, anstatt die anstehenden Probleme anzupacken, indem sie Gerechtigkeit über die Veränderung des Rechts oder die Umverteilung von Ressourcen herstellen. Umgekehrt monieren *Normierungskritikerinnen*, die *Gerechtigkeitsdenkerinnen* würden einen paternalistischen und unreflektierten Ansatz vertreten. Sie sprächen im Namen von Anderen, deren Anliegen sie vertreten, ohne sich über die Frage von Repräsentation Gedanken zu machen. Damit laufen sie Gefahr, von anti-feministischen Kräften instrumentalisiert zu werden, so wie das zurzeit mit jenen westlichen Feministinnen passiert, die den fremdenfeindlichen Parteien in die Hände spielen, indem sie im Namen von unterdrückten Migrantinnen reaktionäre, orientalistische und rassistische Positionen vertreten.[26] Naivität wird dem *Gerechtigkeitsdenken* auch unterstellt, weil es zu wenig darüber nachdenke, inwiefern die Inhalte, die es entwickelt und vertritt, in spezifische kulturelle und historische Wissenskontexte eingebunden und damit Ausdruck dieser Machtverhältnisse sind.

---

26 Für den deutschen Kontext hat das sehr überzeugend Gabriele Dietze herausgearbeitet. Vgl. Dietze 2009.

Somit sind die jeweiligen Stärken und Schwächen der beiden Ansätze eng verflochten mit ihren Unterschieden: Insofern der *Gerechtigkeitsansatz* sich nicht scheut, selbst normativ vorzugehen, kann er das Gewicht seiner eigenen Setzungen in Anschlag bringen. Er kann Gesetzesentwürfe vorlegen, Gesellschaftsmodelle ausarbeiten, norm-setzend in politische Prozesse eingreifen. Andererseits ist er durch die Macht und die Grenzen der Normen, die er vertritt, gebunden. Dies im Unterschied zur *Normierungskritik*, die dadurch, dass sie sich nicht gleichermaßen normativ festlegt und stattdessen den Gestus der Kritik radikalisiert, eine Art neue intellektuelle Freiheit errungen hat. Sie muss weniger um inhaltliche Festlegungen ringen und kann bislang unbekannte Denkmöglichkeiten eröffnen, indem sie zeigt, dass sogar jene Setzungen, die unhintergehbar scheinen – der Unterschied zwischen Frauen und Männern oder die Trennung zwischen einem biologischen und einem sozio-historischen Geschlecht – als *Setzungen* behandelt werden können. Doch der Vorteil der *Normierungskritik*, dass sie nicht in das Ringen um bessere und gerechtere Normen eintritt, erweist sich gleichzeitig als ihre Schwäche: Sie kann die Kraft der Normsetzung nicht nützen. Ihre Interventionen, die weit reichen, solange sie kritisch sind, wirken vage und unpräzise, wenn es darum geht, das menschliche Zusammenleben konkret zu organisieren oder auf konkrete Verfahren wie etwa Gesetzesrevisionen Einfluss zu nehmen.

Ich habe versucht, zwei Denkstile herauszuarbeiten und gegeneinanderzustellen, welche die feministischen Diskussionen der letzten Jahre nachhaltig geprägt und deren Inkompatibilitäten und Antagonismen für zahlreiche und nicht selten produktive Konflikte und Missverständnisse gesorgt haben. Wenn meine Analyse ansatzweise zutrifft, dann sind *Gerechtigkeitsdenken* und *Normierungskritik* zwei unterschiedliche, teilweise gegenläufige feministische Denkstile, die nicht nur parallel nebeneinander existieren, sondern sich gegenseitig beeinflusst und befördert haben.[27] Die Differenzen zwischen beiden, das versuchen die hier angestellten Überlegungen deutlich zu machen, können nicht einfach auf falsche Schwerpunkte, inhaltliche Ausrichtungen, politische Präferenzen oder spezifische Erfahrungshintergründe zurückgeführt werden – sie weisen vielmehr auch auf einschneidende epistemische Unterschiede hin.

---

27 Vgl. dazu etwa die Debatte zwischen Nancy Fraser und Judith Butler zum Zusammenhang von Sexualität und Ökonomie (Butler 1998 und Fraser 1998).

Literatur

Benhabib, Seyla (1995): *Selbst im Kontext*, Frankfurt a. M.
Butler, Judith (2001): *Psyche der Macht. Das Subjekt der Unterwerfung*, Frankfurt a. M.
Dies. (2003): *Kritik der ethischen Gewalt*, Frankfurt a. M.
Dies. (2006): *Hass spricht. Zur Politik des Performativen*, Frankfurt a. M.
Dies. (1998): Mereley Cultural, in: *New Left Review* 1/227, S. 33-44.
Cavarero, Adriana (1990): Die Perspektive der Geschlechterdifferenz, in: Gerhard et al., *Differenz und Gleichheit*, S. 95-111.
Dietze, Gabriele (2009): Okzidentalismuskritik. Möglichkeiten und Grenzen einer Forschungsperspektivierung, in: dies. (Hg.), *Kritik des Okzidentalismus. Transdisziplinäre Beiträge zu (Neo-)Orientalismus und Geschlecht*, Bielefeld, S. 23-54.
Engel, Antke (2002): *Wider die Eindeutigkeit. Sexualität und Geschlecht im Fokus queerer Politik der Repräsentation*, Frankfurt a. M.
Fraser, Nancy (2001): *Die halbierte Gerechtigkeit. Schlüsselbegriffe des postindustriellen Sozialstaats*, Frankfurt a. M.
Dies. (1998): Heterosexism, Misrecognition and Capitalism. A Response to Judith Butler, in: *New Left Review* 1/228, S. 140-149.
Gerhard, Ute (1990): Bürgerliches Recht und Patriarchat, in: Gerhard et al., *Differenz und Gleichheit*, S. 188-204.
Gerhard, Ute et al. (Hg.) (1990): *Differenz und Gleichheit. Menschenrechte haben (k)ein Geschlecht*, Frankfurt a. M.
Gilligan, Carol (1988): *Die andere Stimme*, München.
Hark, Sabine (2005): *Dissidente Partizipation. Eine Diskursgeschichte des Feminismus*, Frankfurt a. M.
Kerner, Ina (2009): *Differenzen und Macht*, Frankfurt a. M./New York.
Krebs, Angelika (Hg.) (2000): *Gleichheit oder Gerechtigkeit. Texte der neuen Egalitarismuskritik*, Frankfurt a. M.
Mahmood, Saba (2005): *Politics of Piety. The Islamic Revival and the Feminist Subject*, Princeton.
Maihofer, Andrea (1990): Gleichheit nur für Gleiche?, in: Gerhard et al., *Differenz und Gleichheit*, S. 361-367.
Nussbaum, Martha Craven (2011): *Creating Capabilities. The Human Development Approach*, Cambridge, Mass.
Pühl, Katharina (2003): Geschlechterpolitik im Neoliberalismus, in: *Widerspruch* 44, S. 61-72.

Dies. (2008): Zur Ent-Sicherung von Geschlechterverhältnissen, Wohlfahrtsstaat und Sozialpolitik. Gouvernementalität der Entgarantierung und Prekarisierung, in: Patricia Purtschert/Katrin Meyer/Yves Winter (Hg.), *Gouvernementalität und Sicherheit. Zeitdiagnostische Beiträge im Anschluss an Foucault*, Bielefeld, S. 103-126.

Purtschert, Patricia (2007): Diversity Management: Mehr Gewinn durch weniger Diskriminierung? Von der Differenz im Umgang mit Differenzen, in: *femina politica* 16/1, S. 88-96.

Dies. (2010): Nicht so regiert werden wollen: Zum Verhältnis von Wut und Kritik, in: Birgit Mennel/Stefan Nowotny/Gerald Raunig (Hg.), *Kunst der Kritik*, Wien, S. 149-159.

Spivak, Gayatri Chakravorty (1985): The Rani of Sirmur, in: Francis Barker (Hg.), *Europe and ist Others. Proceedings of the Essex Conference on the Sociology of Literature, July 1984*, Band 2, Essex, S. 128-151.

Dies. (1996): Subaltern Studies. Deconstructing Historiography, in: Donna Landry/Gerald MacLean (Hg.), *The Spivak Reader*, New York/London, S. 203-235.

Tinsley, Omise'eke Natasha (2008): Black Atlantic, Queer Atlantic. Queer Imaginings of the Middle Passage, in: *GLQ: A Journal of Lesbian and Gay Studies* 14/2-3, S. 191-215.

Dezentrierung und Kritik
Die Frage nach Geschlechterverhältnissen in der Philosophie

SUSANNE LETTOW

Die akademische Disziplin der Philosophie versteht sich zum größten Teil noch immer als eine Disziplin, deren Fragestellungen, Theorien und Begriffe einer geschlechtertheoretischen Betrachtung enthoben sind, da diese sich auf einer Abstraktionsebene bewegen, die sich gerade dadurch auszeichnet, dass sie von den kontingenten Gegebenheiten des Alltagslebens, der Geschichte und der Gesellschaft absieht. Bis auf wenige Ausnahmen sind Geschlecht und Geschlechterverhältnisse kein ‚legitimer' Gegenstand, was zu der paradoxen Situation führt, dass Philosophinnen wie Rosi Braidotti und Judith Butler für einen Auszug aus der Philosophie plädieren – zumindest dafür, sich in jener „ertragreichen Region […], welche die Philosophie mit ihren institutionellen Ausschlüssen geschaffen hat"[1], anzusiedeln und zu wirken.[2] Die Philosophie, so die Diagnose, sei „in den heutigen Kulturwissenschaften und in der kulturellen Politikwissenschaft zu neuem Leben gekommen, da wo philosophische Vorstellungen sozialwissenschaftliche und literarische Texte prägen, die nach Gattungsgesichtspunkten nicht philosophisch sind, gleichwohl aber die Kulturwissenschaft als einen lebendigen Ort philosophischen Denkens in den Geisteswissenschaften begründen"[3]. Dies mag auf einen Teil der Sozialwissenschaften, der Literatur- und Kulturwissenschaften zutreffen, enthebt jedoch nicht der Aufgabe, sich mit der spezifischen Problematik des philosophischen Feldes auseinanderzusetzen, nämlich mit der Art und Weise, wie in diesem Feld die Produktion legitimer und nicht-legitimer Gegenstände reguliert wird. Dabei geht es keineswegs allein darum, von der Peripherie

---

1 Butler 2009: 392f.
2 Vgl. Braidotti 2010.
3 Butler 2009: 371.

„ins Zentrum" vorzudringen, um feministischen und geschlechtertheoretischen Perspektiven jene kulturelle Relevanz zu verleihen, die ihnen zukommt. Es geht vor allem auch um eine Reflexion der Disziplin auf sich selbst bzw. auf die theoretischen Praxen, die als „philosophisch" klassifiziert werden und das Ungedachte, das sie systematisch erzeugen. Philosophiekritik im Sinne einer Dezentrierung und Kritik der tradierten, dominanten theoretischen Praxen, also der Art und Weise, wie Fragen gestellt, Begriffe eingesetzt und Traditionslinien konstruiert werden, ist dabei seit jeher das ureigenste Geschäft der Philosophie. Wie z.B. hätte Descartes die für die gesamte neuzeitliche und moderne Philosophie zentrale Idee des *cogito* formulieren können, wenn nicht im Bruch mit der Scholastik, ihren Autoritäten, Begriffsspielen und Fragen? Nach Geschlechterverhältnissen in der Philosophie zu fragen, bedeutet daher, die Potenziale philosophischen Denkens im Modus der Kritik in der Gegenwart neu auszuloten. Nicht allein „Einschluss" und „Aufnahme" geschlechtertheoretischer Fragen in den philosophischen Diskurs stehen also auf dem Spiel, sondern ein radikales Überdenken dessen, was philosophische Reflexion leisten könnte und sollte. Butler gibt der Hoffnung auf eine solche Veränderung von Philosophie schließlich mit Bezug auf Hegels Herr-Knecht-Geschichte Ausdruck. Kritische Philosophie, zu der sie keineswegs nur die feministische Philosophie im engeren Sinne zählt, hat dabei die Rolle des Knechts inne. Dieser „schockiert den Herrn, indem er zu ihm zurückschaut und damit ein Bewusstsein bezeugt, von dem nicht vermutet wird, dass er (oder sie) es hat, und zeigt so dem Herrn, dass dieser sich selbst zum Anderen geworden ist. Der Herr hat sich vielleicht nicht mehr unter Kontrolle, aber für Hegel ist dieser Selbstverlust der Anfang von Gemeinschaft" und möglicherweise auch der Anfang einer Neubestimmung von Philosophie, die so erst ihren Platz „im Gewebe der Kultur" findet[4].

Ausgehend von der skizzierten Problematik werde ich im Folgenden zunächst auf die bisherige Entwicklung feministischer Philosophie eingehen und argumentieren, dass dieses „unvollendete Projekt" auf produktive Weise weiterentwickelt werden kann, wenn nicht allein nach Konstruktionen von Geschlecht, sondern nach Geschlechterverhältnissen in der Philosophie gefragt wird. In der Hauptsache geht es mir darum, dass die Frage nach den Geschlechterverhältnissen, die ja nicht auf ihre philosophischen Artikulationen zu reduzieren sind, zum einen auf ein Philosophieverständnis verweist, das Philosophie als *situiertes Wissen* begreift und also über die Disziplin der Philosophie hinausweist. Zum anderen dezentriert die Frage nach den Geschlechterverhältnissen die „Kategorie Geschlecht", insofern soziale Verhältnisse und Praxen, in denen diese hergestellt werden, ihr systematischer Ausgangspunkt sind, nicht aber eine „Kategorie". Im

---

4 Ebd. 393.

zweiten Teil werde ich dann auf drei theoretische Entwicklungen eingehen, die für die Weiterentwicklung von feministischer Philosophie bzw. Geschlechterforschung in der Philosophie von zentraler Bedeutung sind, nämlich den sogenannten *material turn*, den *postcolonial turn* und den *postdisciplinary turn*. Diese drei Wenden, die seit geraumer Zeit die Geistes- und Kulturwissenschaften und insbesondere die Genderstudies umtreiben, gilt es mit Blick auf den philosophischen Diskurs fruchtbar zu machen. Auf dem Spiel steht damit erstens ein Überdenken und eine ‚materialistische' Reformulierung jener Dezentrierung des Subjekts, die in poststrukturalistischen und feministischen Theorien vollzogen wurde. Insbesondere geht es um die Entwicklung einer Subjektkonzeption, die es erlaubt, Subjekte als in Naturzusammenhängen situierte und durch Beziehungen zu Dingen und anderen Lebewesen konstituierte zu begreifen. Zweitens geht es um eine kritische Auseinandersetzung mit dem eurozentrischen Blick der modernen Philosophie, inklusive der feministischen Philosophie, die sich bisher nur relativ selten mit der kolonialen Artikulation philosophischer Theoreme und Begriffe auseinandergesetzt hat. Drittens schließlich geht es um die Frage, wie sich kritische Philosophie in einer post- oder doch zumindest inter- und transdisziplinären Wissensordnung positionieren kann.

NACH GESCHLECHTERVERHÄLTNISSEN FRAGEN

Seit ihrer Entstehung in den 1970er und 80er Jahren hat die feministische Philosophie erhebliche Veränderungen durchgemacht. Stand am Anfang das empörte Erstaunen über die vielfältigen sexistischen Äußerungen, die sich in der gesamten Tradition finden, so hat feministische Philosophie in den 1990er Jahren einen „Quantensprung" gemacht, wie Cornelia Klinger im Anschluss an die australische Philosophin Moira Gatens formuliert[5]. Statt explizite Äußerungen über Frauen und Männer zu suchen, wurde nun, über die manifesten Texte hinaus, auch nach impliziten Geschlechterkonstruktionen gefragt und danach, wie diese systematisch in die jeweiligen philosophischen Theorien und Entwürfe eingebaut sind. Untersucht wurden somit auch das „beredte Schweigen" und das Ungedachte philosophischer Konzeptionen. Damit verbunden war der Anspruch, „das gesamte Fach", also sowohl die „systematischen Teilbereiche" als auch die verschiedenen Richtungen und Schulen „mit der Problematik der hierarchischen Geschlechterverhältnisse zu konfrontieren"[6].

---

5   Klinger 2005: 329.
6   Nagl-Docekal 2000: 13.

Dieses Unternehmen war extrem erfolgreich. Inzwischen gibt es zu so gut wie allen wichtigen Autorinnen und Autoren und zu allen wichtigen Richtungen und Ansätzen Analysen, die die expliziten und impliziten Konstruktionen von Geschlecht aufweisen und zeigen, dass diese keineswegs allein an den Rändern der Philosophie angesiedelt sind, sondern dass sie von systematischer Bedeutung für das jeweilige konzeptionelle Zentrum sind. Obwohl diese Untersuchungen noch längst nicht abgeschlossen sind, ist es an der Zeit, dass philosophische Geschlechterforschung einen weiteren „Quantensprung" macht. Ein solcher ist schon deshalb notwendig, weil das Projekt, alle Teilbereiche und Richtungen der Philosophie geschlechterkritisch zu befragen, von einer relativ stabilen Ordnung der Disziplin und ihrer Subdisziplinen ausging. In den vergangenen Jahrzehnten aber haben sich, trotz aller Stabilität des Feldes, auch Veränderungen ergeben. Im Kontext dessen, was vielfach „Krise der Geisteswissenschaften" genannt wird, also im Zuge einer Neubestimmung des Verhältnisses von Natur- und Geisteswissenschaften und der Debatten über Inter- und Transdisziplinarität ist zum Beispiel eine Reihe von neuen Subdisziplinen entstanden: Medienphilosophie, Computerphilosophie, Bioethik sowie der gesamte Komplex der Angewandten Ethik, um nur einige zu nennen. Diese, sowie auch die große Resonanz, auf die die Neurowissenschaften in der Philosophie stoßen, zeigen, dass sich die Konturen der Disziplin verändert haben.

Philosophie erweist sich somit als ein dynamisches Feld, das auch jenseits feministischer Interventionen Dezentrierungsbewegungen unterliegt; es zeigt sich, dass Zentrum und Peripherie der Disziplin fragil und veränderlich sind. Geschlechterforschung in der Philosophie kann sich demzufolge nicht auf die Analyse von Traditionsbeständen oder die Etablierung eines eigenen Kanons beschränken, sondern muss sich mit diesen Veränderungen der epistemischen Grenzen selbst befassen und dazu Stellung beziehen. Dabei leistet die Frage nach den Geschlechterverhältnissen zweierlei.

Erstens weist die Frage nach Geschlechterverhältnissen, im Gegensatz zur Frage nach Konstruktionen von Geschlecht in der Philosophie, über die Ebene der Texte, der Diskurse und der symbolischen Ordnung hinaus. Geschlechterverhältnisse sind zunächst gesellschaftliche, in der Alltagswelt und im praktischen Tun von Individuen hervorgebrachte und geformte Verhältnisse. Wir sind immer schon ‚in' Geschlechterverhältnissen und reproduzieren, modifizieren und verändern sie. In der Sprache Heideggers könnte man sagen, dass Geschlechterverhältnisse eine Dimension unseres In-der-Welt-Seins sind, des alltäglichen Umgangs mit sich, mit anderen und mit den Dingen. In der Sprache der Feuerbachthesen von Marx wären Geschlechterverhältnisse eine Dimension des

„Ensembles der gesellschaftlichen Verhältnisse"[7]. In jedem Fall sind Geschlechterverhältnisse vor-theoretisch. Wir handeln in ihnen, bevor wir versuchen, sie zu benennen und theoretisch zu fassen. Die theoretische Einstellung zur Welt, das Erkennen, ist dagegen eine „,Modalität' des In-seins"[8]. Das bedeutet, dass Theorie – also auch Philosophie – eine spezifische Form des Sich-zu-sich- und Sich-zur-Welt-Verhaltens, also selbst eine Tätigkeit, eine Form von Praxis ist. Philosophie ist zwar ein eigenständiges Feld, das durch ein spezifisches Vokabular und spezifische Konstruktionsregeln konstituiert wird, aber dennoch im sozialen Gefüge verankert ist. Nach Geschlechterverhältnissen in der Philosophie zu fragen, bedeutet also nicht nur philosophische Konzepte und Entwürfe auf Geschlechterkonstruktionen hin zu untersuchen. Es bedeutet auch danach zu fragen, wie diese Konzepte und Entwürfe in die Geschlechterverhältnisse intervenieren. Denn sofern es sich bei der Philosophie – mit Donna Haraways Formulierung – um „situiertes Wissen" handelt[9], sind philosophische Entwürfe zugleich von der historischen und gesellschaftlichen Situation, in der sie entstehen, geprägt und greifen in sie ein, modifizieren sie. Daher ist es von zentraler Bedeutung, dass die Art und Weise der Situierung selbst zum Thema wird und auch die je eigene philosophische Praxis zum Gegenstand der Reflexion und Auseinandersetzung.

Zweitens dezentriert die Frage nach den Geschlechterverhältnissen auch die „Kategorie Geschlecht", indem nicht mehr nach der Konstruktion von Geschlecht oder nach der Geschlechterdifferenz gefragt wird, sondern nach Verhältnissen. Es geht also von vornherein um ein kontextualistisches Verständnis von Geschlecht, d.h. Geschlechterverhältnisse können grundsätzlich nicht auf Verhältnisse zwischen Männern und Frauen ‚als solchen' oder gar zwischen „Kategorien" reduziert werden. Sie lassen sich überhaupt nur in einem sozialen Gefüge denken, also in einem Komplex von Verhältnissen, in denen die Einzelnen unterschiedlich situiert sind und handeln. Schließlich finden Prozesse der Vergeschlechtlichung in allen Bereichen statt, in denen Individuen Verhältnisse zueinander eingehen, sodass die Geschlechterverhältnisse eine Vielzahl von Beziehungen umfassen: Arbeitsverhältnisse, Liebesverhältnisse, Rechtsverhältnisse, politische und ökonomische Verhältnisse, sexuelle Verhältnisse, Familien- und Generationenverhältnisse, gesellschaftliche Naturverhältnisse. Schon diese Reihe, die sich natürlich weiterführen lässt, macht klar, dass sich die verschiedenen Formen von Verhältnissen im Hinblick auf die Art und Weise der mittelbaren und der unmittelbaren Bezugnahme auf sich selbst und auf andere erheblich unterscheiden. Insbesondere im Hinblick auf die institutionellen Gegebenheiten,

---

7 Marx (1888/1983): 6.
8 Heidegger (1926/1981): 59.
9 Vgl. Haraway 1988.

in denen Alltagshandeln stattfindet, unterscheiden sie sich beträchtlich. Daher sind auch die von ihnen produzierten geschlechtlichen Subjekteffekte nicht homogen und gleichförmig, sondern höchst verschieden, je nachdem auf welche Art wir in sie praktisch eingebunden sind. In diesen Verhältnissen findet schließlich nicht allein geschlechtliche Subjektivierung statt, die sozusagen Geschlecht in Reinform hervorbringt, sondern immer spezifische Formen von geschlechtlicher Subjektivität. Diese sind durch soziale Ungleichheit, kulturelle, religiöse, geopolitische Macht- und Herrschaftsverhältnisse und insgesamt durch die institutionellen Settings, in denen wir uns bewegen, geprägt. In gewisser Weise dezentriert sich also die Frage nach den Geschlechterverhältnissen selbst, insofern der Verhältnisbegriff immer schon auf das komplexe Ineinander unterschiedlicher Verhältnisse, auf Verhältnisse von Verhältnissen verweist. Demnach geht es also nie allein um die Konstitution von Geschlecht, sondern immer um geschlechtliche Konstituierung im Kontext oder um *situiertes Geschlecht*.

Das bedeutet nicht zuletzt, dass sich das Problem der „Intersektionalität", also der Verknüpfung und Überlagerung von Macht- und Herrschaftsverhältnissen, verschiebt. Statt von verschiedenen Kategorien wie „Klasse", „Ethnizität" und „Geschlecht" auszugehen bzw. von soziologischen Ordnungsbegriffen, richtet sich der Blick grundsätzlich zunächst auf die alltäglichen Praxen. Das heißt es geht darum, ausgehend von den Phänomenen der sozialen Welt – die nicht schlicht ‚gegeben', sondern Resultate von Praxis, also geronnene Praxis sind – Begriffe zu bilden, statt umgekehrt von den fertigen Begriffen ausgehend die Realität unter sie zu subsumieren. Statt also von unverbundenen, isolierten „Kategorien" auszugehen und dann anschließend zu fragen, wo und wie sich zwischen den einzelnen Sektionen Verbindungen ergeben, geht die Frage nach den Geschlechterverhältnissen hinter diese Kategorien zurück und wendet sich der undurchsichtigen Mannigfaltigkeit der Alltagswelt und der gesellschaftlichen Verhältnisse zu. Man kann eine solche Perspektive als post-phänomenologisch oder praxeologisch bezeichnen, insofern sie die alltägliche Praxis, Tätigkeit, Aktivität zum Ausgangspunkt nimmt und danach fragt, welche Verhältnisse Individuen eingehen und unter welchen Bedingungen. Man kann sie auch, im Anschluss an Etienne Balibar, als eine „Ontologie der Verhältnisse"[10] bezeichnen, die vom Primat menschlicher Existenz in sozialen und historischen Verhältnissen ausgeht. „Geschlecht" – und Gleiches gilt für „Klasse" sowie für „Rasse" oder „Ethnizität" – ist demnach immer das historisch kontingente Ergebnis gesellschaftlicher Prozesse. Zu einer „Kategorie", unter die Individuen subsumiert werden können, wird „Geschlecht" erst in einem Abstraktionsprozess, der mit klassifikatorischen Begriffen operiert und ist in diesem Sinne als ein spezifisches

---

10 Vgl. Balibar 2001.

Resultat, nicht aber als Ausgangspunkt von Theoriebildung zu betrachten. Diese beiden Dezentrierungsbewegungen, die mit der Frage nach Geschlechterverhältnissen verbunden sind, also die Dezentrierung von Philosophie und die praxeologisch-relationale Dezentrierung der „Kategorie Geschlecht" erhalten dabei gegenwärtig wichtige Impulse von drei Theorieentwicklungen, nämlich dem *material*, dem *postcolonial* und dem *postdisciplinary turn*.

IMPULSE I: DER *MATERIAL TURN*

Die Auffassung, dass Subjekte „konstituiert" und „konstruiert" werden, dass also Bewusstsein und Subjektivität keine erste, unmittelbare Gegebenheit sind, daher auch in der Theoriebildung das reine Selbstbewusstsein nicht, wie etwa bei Kant, als der „oberste [Grundsatz] im Ganzen menschlicher Erkenntnis"[11] gelten kann, ist in den vergangenen Jahrzehnten zu einem Allgemeinplatz feministischer Theorie geworden. Subjektivität und Handlungsfähigkeit werden zwar keineswegs geleugnet, wenn man, wie Butler im Anschluss an Nietzsche, davon ausgeht, dass es „keinen Täter hinter der Tat gibt"[12], wohl aber neu artikuliert.

Bei Butler ist dabei bekanntermaßen der Begriff der Performativität zentral, der es erlaubt, das Augenmerk auf die Mikroprozesse der Herstellung und der Inszenierung von Geschlecht und Subjektivität zu richten, die so als permanente Wiederholung und Verschiebung von Normen gefasst werden. Diese Prozesse gelten als Zitierungen von Normen, die dabei immer zugleich aktualisiert und modifiziert werden. Die Stärke dieser Perspektive liegt darin, dass sie – ähnlich wie Foucaults Begriff der Subjektivierung – die Verwobenheit von Handlungsfähigkeit und Macht in den Blick rückt, also das Subjekt immer zugleich als handlungsfähiges und als *sub-iectum*, als unterworfenes, thematisiert. Allerdings sind Subjektivität und Handlungsfähigkeit in dieser Art der Dezentrierung des Subjekts auch verengt worden. Auf grundlegende Weise ist Praxis bei und im Anschluss an Butler nämlich zur Signifikation geworden, zur Hervorbringung und Veränderung von Bedeutung. Nun kann es selbstverständlich nicht darum gehen zu leugnen, dass Handeln, in einem weiten Sinn als Tätigkeit, Praxis verstanden, immer sprachvermittelt und also bedeutsam ist. Doch Praxis als Signifikation zu fassen bedeutet, einen Aspekt menschlicher Praxis zum Ganzen zu machen. Dieses *pars pro toto*, die Gleichsetzung von Tätigkeit und Bedeutungsproduktion, hat bekanntermaßen von Beginn an Kritik und eine endlos scheinen-

---

11 Kant (1781/1977): B135.
12 Butler 1991: 209.

de Debatte um das Verhältnis von Diskurs und Materialität hervorgebracht, die sich allerdings oft in genau jene Dualismen von Idee und Materie, Geist und Körper, Kultur und Natur verstrickt hat, die sie überwinden wollte.

In jüngster Zeit wird das Problem nun unter dem Titel „*material feminism*" neu aufgerollt, wobei die Problematisierung nicht so sehr vom Praxisbegriff als von dem der Materie ausgeht. Dennoch wird in diesen Ansätzen meines Erachtens die poststrukturalistische Dezentrierung des Subjekts in einer relevanten Hinsicht weitergeführt bzw. selbst dezentriert. Susan Hekman und Stacy Alaimo gehen von dem Befund aus, dass die linguistische Wende in Form poststrukturalistischen Denkens nur eine Seite der traditionellen Dualismen, des Geistes und der Kultur, überhöht hat, sodass die andere, die Seite der „Natur", „is implicitly or explicitly reconfirmed as the treacherous quicksand of misogyny"[13]. Ihr Anliegen ist es daher, dieses Ungedachte der feministischen Theorie ins Zentrum zu rücken. Die Welt der Dinge, der Artefakte und der nicht-menschlichen Natur, insbesondere der Tiere und Pflanzen, ist aber auch bei Autorinnen wie Rosi Braidotti, Donna Haraway, Karen Barad und Nancy Tuana in den vergangenen Jahren stärker in den Blick geraten.

Donna Haraway hat dabei das Konzept der *companion species*[14] bzw. der „Mit-Gattungen" eingeführt. Damit fügt sie den drei von Freud sogenannten „narzisstischen Kränkungen" des Subjekts eine vierte hinzu. Freud hatte die Kränkungen durch die kopernikanische Wende, durch den Darwinismus und durch seine eigene Theorie des Unbewussten im Blick, also theoretische Neuerungen, die zu der Einsicht geführt hatten, dass das Subjekt keineswegs im Zentrum der Welt steht und souverän über sie verfügt. Zu diesen drei Kränkungen fügt Haraway eine weitere hinzu, die die Grenzen der menschlichen Gattung in eine Menge von technologischen und organischen Bezügen auflöst. Dabei geht es gerade nicht darum, jegliche Differenz zwischen Menschen, Tieren, anderen Lebewesen und Artefakten posthumanistisch zu negieren. Vielmehr geht es um ein erweitertes, relationales Verständnis von Handlungsfähigkeit, das die je spezifischen Beziehungen zwischen Menschen und Tieren und anderen Entitäten beleuchtet. „Contemporary human being's meetings with other critters"[15] zu thematisieren, bedeutet für Haraway zwar, ‚menschliche' Subjektivität zu dezentrieren, aber nur insofern diese als Resultat und nicht als Vorgängiges solcher „Treffen" gefasst wird. „The partners", so Haraway, „do not precede the meeting; species of all kind, living and not, are consequent to a subject- and object-

---

13 Hekman/Alaimo 2008: 4.
14 Vgl. Haraway 2008.
15 Ebd. 5.

shaping dance of encounters"[16]. Das bedeutet aber nicht, die eigene Perspektive zu negieren, die freilich nicht nur ‚menschlich' ist, sondern aus der spezifischen Situierung in sozialen Gefügen – also unter anderem auch aus Geschlechterverhältnissen – resultiert. Im Gegensatz zu einer posthumanistischen Perspektive, die jegliche Spezifik menschlicher Handlungsfähigkeit leugnet, geht es hier um die spezifischen kulturell-natürlichen Konstellationen und Machtgefüge, in denen sie formiert wird.

Vielversprechend scheint in diesem Kontext auch der von Stacy Alaimo eingeführte Begriff der Transkorporalität. Aus einer umwelt-feministischen Perspektive heraus plädiert Alaimo nämlich, ähnlich wie Haraway, dafür, die Affizierbarkeit, die Durchlässigkeit und die Wechselwirkungen, in denen menschliche und nichtmenschliche Körper stehen, in den Blick zu nehmen.

„Imagining human corporeality as trans-corporeality in which the human is always enmeshed with the more-than-human-world, underlines the extent to which the substance of the human is ultimately inseparable from ‚the environment'"[17].

Auch Alaimo hebt also materielle Prozesse hervor, die die menschlichen Körper durchziehen und sie mit anderen Körpern verbinden. Dabei denkt sie etwa an die oft unvorhergesehenen, zum Teil auch unerwünschten Prozesse, die aus der Verbindung von menschlichen Körpern, nicht-menschlichen Kreaturen, ökologischen Systemen, chemischen Substanzen und anderen Akteuren hervorgehen. Sie vermeidet dabei ebenso wie Haraway eine posthumanistische Überanstrengung des Arguments der Dezentrierung im Hinblick auf die natürliche Welt. Schließlich kann ein angemessenes Verständnis von ethischer und politischer Handlungsfähigkeit in Bezug auf die Körper- und Naturverhältnisse, in denen wir leben, nur entwickelt werden, wenn die spezifische Situiertheit und Verwobenheit menschlicher Körper mit nichtmenschlichen Körpern und Prozessen begriffen wird.

Obwohl die genannten Ansätze den Praxisbegriff allenfalls streifen und implizit durchaus unterschiedliche Auffassungen von Handlungsfähigkeit vertreten, geben diese Beiträge meines Erachtens wichtige Hinweise für eine praxeologische Theorie der Geschlechterverhältnisse. Schließlich machen sie deutlich, dass unser Tun immer schon biosozial und artefaktisch, also jeder begrifflichen Differenzierung von ‚Natur' und ‚Kultur' vorgängig ist. Situiert in der sozialen Welt, in den gesellschaftlichen Verhältnissen, sind wir auch in der Welt der Dinge, der Artefakte und der Natur situiert. Dieser Welt der nichtmenschlichen Ak-

---

16 Ebd. 4.
17 Alaimo 2010: 2.

teure muss man keineswegs, wie Bruno Latour dies tut, eine Handlungsfähigkeit zuschreiben, die sich symmetrisch zur menschlichen verhält, um anzuerkennen, dass die Dinge und die Lebewesen nicht in einem separaten Reich für sich existieren, sondern unser In-der-Welt-Sein und Tätig-Sein affizieren und strukturieren. Diese Dimension von Handlungsfähigkeit und Praxis ist sowohl in den Genderstudies als auch in philosophischen Subjekttheorien bisher kaum berücksichtigt worden. Nicht nur aus theorie-immanenten Gründen scheint dies aber notwendig, sondern auch, weil Wissenschaften und Technologien Lebensweisen, Körper- und Selbstverhältnisse auf grundlegende Weise verändern und zu einer Neuordnung gesellschaftlicher Naturverhältnisse beitragen, die äußerst krisenhaft ist.[18]

IMPULSE II: DER *POSTCOLONIAL TURN*

Die zweite Theorieentwicklung, von der wichtige Impulse für die feministische Philosophie ausgehen, ist die postkoloniale Wende. Geschlechterverhältnisse als Verhältnisse von Verhältnissen zu verstehen, bedeutet auch zu begreifen, dass Geschlechterverhältnisse immer schon in globale – und damit koloniale, post- oder neokoloniale Verhältnisse – eingebunden sind, wie vermittelt und indirekt auch immer. Auch wo es um lokale, in einen spezifischen historischen und kulturellen Erfahrungshorizont eingebundene Geschlechterverhältnisse geht, sind diese – jedenfalls seit dem Beginn der kolonialen Expansion Europas – immer auch durch globale Verflechtungen mitstrukturiert.

Auf den doppelten Sachverhalt der Verflochtenheit von globalen und lokalen Geschlechterordnungen einerseits und ihrer Nicht-Thematisierung oder gar Verdrängung andererseits hat postkoloniale feministische Theorie seit langem nachdrücklich aufmerksam gemacht. Gayatri Chakravorty Spivaks inzwischen klassischer Text *Can the Subaltern Speak?* (1988) zielt denn auch gerade darauf, das Verhältnis von Sprechen und Hören, von Gehörtwerden und Nichtgehörtwerden im Kontext geopolitischer Hierarchien zu problematisieren. Der „epistemischen Gewalt", die ein systematisches Schweigen erzeugt, kann dabei nicht durch besseres „Zuhören" und die Hinwendung zum vermeintlich authentischen Sprechen

---

18 So wird etwa in Szenarien einer „Bioökonomie für das Jahr 2030", die u.a. als Antwort auf den Klimawandel und das mögliche Ende der fossilen Energiewirtschaft gedacht sind, zwar eine Rhetorik „nachhaltiger Entwicklung" bedient, doch zugleich wird an technokratischen Fortschrittsvorstellungen festgehalten. Vgl. Schaper-Rinkel 2012.

der „Anderen" begegnet werden, sondern nur „indem wir das Schweigen vermessen"[19], um so das gewohnte Hören und Vernehmen zu „verlernen". Dieses Problem des Nichthörens und Nichthörenkönnens ernst zu nehmen, hat dabei weitreichende Auswirkungen auf die Philosophie. Denn auch philosophische Denkprozesse und -formen sind in globalen Zusammenhängen situiert, geopolitisch überdeterminiert und durch das Nichtgehörte mitstrukturiert. Wie dies Unvernommene vernehmbar gemacht werden kann, ist freilich keine einfache Frage. Doch dass auch das philosophische Wissen nicht frei und unabhängig von geopolitischen Ordnungsmustern zirkuliert, zeigt ein Blick in Bibliotheken, Vorlesungs- und Literaturverzeichnisse: Die Philosophie des 20. Jahrhunderts – vor allem in der zweiten Hälfte – entstammt in erster Linie den USA und einigen westeuropäischen Ländern. Auch im 18. und 19. Jahrhundert hat sie ihren vorrangigen Ort, natürlich mit Ausnahmen, in England, Frankreich und Deutschland. Der Anfang der Philosophie, so ein wirkmächtiges Selbstverständnis der Disziplin, liegt im antiken Griechenland. Diese Narrationen und Zuordnungen aber sind brüchig. So setzte erst gegen Ende des 18. Jahrhunderts eine Art ‚Reinigungsarbeit' ein. In der nun beginnenden Geschichtsschreibung der Philosophie wurden außereuropäische Denktraditionen zunehmend ausgeblendet. „Die Idee, Philosophie habe in Griechenland begonnen" und sei ein europäisches Phänomen, kam jedenfalls, so Robert Bernasconi, erst damals „zu ihrem vollständigen Durchbruch"[20]. Shalini Randeria und Sebastian Conrad haben Ähnliches für die Geschichtswissenschaften festgestellt, nämlich dass „seit Beginn des 19. Jahrhunderts die außereuropäischen Kulturen allmählich aus [deren] [...] Gegenstandsbereich [...] verschwanden und an die Regionalwissenschaften delegiert wurden"[21]. Das gesteigerte Interesse an ‚orientalischen' Gesellschaften und Kulturen etwa, das sich insbesondere auch in der Philosophie manifestierte, ist ein Effekt dieser kolonialen Reorganisation des Wissens.

Das bedeutet allerdings nicht, dass dieses Wissen immer und in gleichförmiger Art und Weise affirmativ auf den Kolonialismus Bezug nahm. Wie Suzanne Marchand in der Einleitung zu ihrer umfassenden Untersuchung *German Orientalism in the Age of Empire* betont:

„Though generated by thoroughly western rivalries and concerns, invoking the Orient has often been the means by which counter-hegemonic positions are articulated; ‚orientalism'

---

19 Spivak 2011: 78.
20 Bernasconi 2002: 127.
21 Conrad/Randeria 2002: 20.

then, has played a crucial role in the unmaking, as well as the making, of western identities"[22].

Wie in Bezug auf die Untersuchung von Geschlechterverhältnissen in der Philosophie geht es auch hier weniger um eine Skandalisierung als um kritische Rekonstruktionen, die das Ungedachte der Texte und des Wissens erhellen. Eine postkoloniale Perspektive einzunehmen, zielt dabei auch nicht darauf, erneut von einem vermeintlich neutralen, übergeordneten Standpunkt aus Überblick über ‚alles' zu gewinnen. Vielmehr geht es darum, die eigene Positionierung in die Analyse mit einzubeziehen und spezifische Verflechtungen und Verflechtungsmodalitäten zu rekonstruieren. Denn, wie Randeria und Conrad betonen, selbstverständlich ist nicht „alles und jeder im gleichen Maße, auf die gleiche Weise und zu jeder Zeit miteinander verbunden und *entangled*"[23]. Zu verstehen gilt es gerade die unterschiedlichen, sich überlagernden, sich verstärkenden, vielleicht auch sich widersprechenden Formen kolonialer oder postkolonialer Verflechtung.

Dass sich eine postkolonial-globalgeschichtliche Perspektive fruchtbar mit der Analyse von Geschlechterverhältnissen verbinden lässt, zeigt sich beispielsweise an Kants *Anthropologie in pragmatischer Hinsicht* von 1798. Diese Schrift ist vielfach Gegenstand feministischer Lektüren geworden und wird zumeist herangezogen, wenn es um Kants Beitrag zur Etablierung der bürgerlichen Geschlechterordnung geht. In der Tat entwirft Kant ein Modell hierarchischer Geschlechterkomplementarität, in dem der Frau die Aufgabe zufällt, für den Erhalt der „Gattung" zu sorgen und zur Kultivierung des Mannes beizutragen. Zieht man nun zusätzlich Kants Aufsätze zum Begriff der „Menschenrasse" heran,[24] die erst in jüngster Zeit kritische Aufmerksamkeit erfahren haben, verändert sich das Bild zwar nicht grundlegend, aber es vollzieht sich eine Verschiebung, die noch etwas anderes sichtbar werden lässt. Während Kants Anthropologie der Geschlechter „pragmatisch" angelegt ist, also davon ausgeht, was der Mensch, der „sein eigener letzter Zweck ist", also der Mann, „aus sich selber macht, oder machen kann und soll"[25], gehört die Unterscheidung der Rassen in die „physische Anthropologie". Dort aber geht es nicht um Selbstkultivierung, sondern vor allem um körperlich-mentale Gegebenheiten. Man sieht, wie Kant in diesen Aufsätzen versucht, die Mannigfaltigkeit globaler Bevölkerungen zu ordnen und zu hierarchisieren. Der Rassenbegriff wird dabei als zentraler Ordnungsbegriff etab-

---

22 Marchand 2009: xxvii.
23 Conrad/Randeria 2002: 18.
24 Vgl. Kant (1798/1977).
25 Ebd. 399.

liert. In der pragmatischen Anthropologie taucht er jedoch nur in kurzen Verweisen auf, die die Grenzen dieses Unternehmens verdeutlichen. Gerade in der nur partiellen, randständigen Anwesenheit aber entfaltet der Rassenbegriff seine Wirkung innerhalb von Kants pragmatischer Anthropologie. Denn obwohl die außer-europäischen Bevölkerungen, wie Raphaël Lagier in seiner Kant-Studie schreibt, ausgenommen sind vom *jeu pragmatique*,[26] stellen sie die Negativfolie dar, von der sich das Projekt bürgerlicher Kultivierung abhebt. Ohne dass dies im manifesten Text gesagt würde, ist somit auch das Geschlechterarrangement der Anthropologie eingelassen und mitstrukturiert durch die koloniale Ordnung der Dinge.

Wie dieses Beispiel zeigt, verschiebt eine postkoloniale Perspektive Analysen von Geschlechterverhältnissen in der Philosophie und verweist auf blinde Flecken der bisherigen feministischen Lektüren. Eine der wenigen Philosophinnen im deutschsprachigen Raum, die eine feministische und eine postkoloniale Perspektive verbindet und diese für eine Analyse der Philosophie der Moderne fruchtbar macht, ist Patricia Purtschert. Sie kommt zu dem Ergebnis, dass für die Subjekt-Konzeptionen von Hegel und Nietzsche nicht nur die Abgrenzung von den Figuren des Wilden, des Nicht-Europäischen, des Weiblichen, Androgynen und Homosexuellen konstitutiv ist,[27] sondern dass diese „Grenzfiguren" zugleich eine Brüchigkeit des Subjekts hervorbringen. „Der Prozess der Subjektformation", so Purtschert, „erschöpft sich nicht im Gestus eines Subjekts, das sich selbst als Zentrum der Welt entwirft; e[r] muss vielmehr als Prozess kontinuierlicher Stabilisierung und Destabilisierung gedeutet werden"[28]. Dies macht deutlich, dass auch postkoloniale Analysen ihr Augenmerk nicht allein auf die monotone Gleichförmigkeit von Macht und Herrschaft richten dürfen, sondern zugleich auf Uneindeutigkeiten und Widersprüche. Zu fragen ist dann nicht zuletzt, welche unterschiedlichen Formen die koloniale Artikulation der modernen Philosophie annimmt und auf welche unterschiedlichen Weisen dabei Geschlechterverhältnisse ins Spiel kommen. Dies aber setzt eine Intensivierung der Auseinandersetzung und eine Vervielfältigung der Analysen voraus.

---

26 Vgl. Lagier 2004: 127.
27 Vgl. Purtschert 2006: 17.
28 Ebd. 199.

Impulse III: Der *Postdisciplinary Turn*

In den letzten Jahrzehnten sind unzählige Debatten über die Krise der Geisteswissenschaften, das Ende der „zwei Kulturen", also der strikten Trennung von Geistes- und Naturwissenschaften, um Inter-, Trans- und Postdisziplinarität geführt worden. Diesen Entwicklungen entgeht natürlich auch nicht die Geschlechterforschung in der Philosophie. Nicht wie ein stabiles disziplinäres Feld mit einer klaren Struktur von Zentrum und Peripherie zu destabilisieren wäre, ist somit die vorrangige Frage, die sich für feministische Philosophie stellt, sondern welche Perspektiven sich für die Hervorbringung kritischer und feministischer Theorie in diesen Prozessen gewinnen lassen.[29]

Dabei ist philosophische Geschlechterforschung geradezu prädestiniert dafür, in diese Debatten zu intervenieren, denn schließlich ist Geschlechterforschung insgesamt problemorientierte Forschung und hat sich zuallererst über eine kritische Auseinandersetzung mit den einzelnen akademischen Disziplinen herausgebildet. Die Orientierung an Formen von Inter- und Transdisziplinarität nicht nur innerhalb der Sozial-, Kultur- und Geisteswissenschaften, sondern auch zwischen diesen und den Natur- und Technikwissenschaften ist gerade in den Genderstudies besonders stark ausgeprägt. Denn die Problematik der Geschlechterverhältnisse entzieht sich einer disziplinären Bearbeitung schon deshalb, weil Geschlechterverhältnisse alle Lebensbereiche und gesellschaftlichen Formen durchziehen. Sie sind individuell und kollektiv, materiell und symbolisch und gehen in die Formierung der Dinge und Artefakte ebenso wie in die Körper, das Denken und Fühlen ein. Die Verschlossenheit der allermeisten akademischen Disziplinen gegenüber Fragen nach Geschlechterverhältnissen hat zudem von Beginn an zu einer kritischen Auseinandersetzung mit den disziplinären Grenzregimen und zu Kooperationen über Disziplinengrenzen hinweg geführt. In einer Situation, in der die Philosophie, wie auch andere Geistes- und Kulturwissenschaften, um ein neues interdisziplinäres Selbstverständnis ringt, scheinen die Bedingungen dafür, diese Erfahrungen und Perspektiven einzubringen, günstig. Möglicherweise wird es dabei, wie Mario Biagioli hervorgehoben hat, nicht nur um die Zusammenarbeit von Disziplinen gehen und auch nicht um Verbindungen zwischen den Naturwissenschaften und den *humanities* im Allgemeinen, sondern um je spezifische und problemorientierte Kombinationen und Kooperationen, um „specific lines of work in some scientific and some humanistic disciplines, for some period of time"[30]. In einer solchen Perspektive wäre Philoso-

---

29 Vgl. zum Folgenden Lettow 2011: 285ff.
30 Biagioli 2009: 826.

phie keine „Disziplin" mehr, die sich von anderen Wissensgebieten und gesellschaftlichen Erfahrungen absondert. Sie wäre vielmehr, wie Michèle Le Dœuff es einmal formuliert hat, „Wegbegleiterin" – eine Philosophie „comme compagnon de route" – von Konflikten, die außerhalb der Philosophie entstehen und auch außerhalb von ihr gelöst werden, wenn sie denn überhaupt gelöst werden. Dies aber bedeutet nicht, wie Le Dœuff anfügt, „eine Auslöschung des philosophischen Unternehmens [...], sondern eine Mutation, die ziemlich schwer zu denken ist"[31].

Schwer zu denken ist diese „Mutation" vor allem deshalb, weil damit insgesamt jener Typus von Philosophie auf dem Spiel steht, der, wie Foucault zeigt, „an der Schwelle zum neunzehnten Jahrhundert" entstand[32]. Dieser Philosophie-Typ, so heißt es in der *Ordnung der Dinge* (1966), ist dadurch charakterisiert, dass er „gleichzeitig Autonomie und Souveränität gegenüber jedem empirischen Wissen"[33], und letztlich auch gegenüber jedem anderen theoretischen Wissen, beansprucht. Die Unterscheidung philosophisch/nicht-philosophisch, durch die ein eigenständiges Terrain der Philosophie hervorgebracht wird, gewann dabei im Laufe des 19. Jahrhunderts in dem Maße an Bedeutung, in dem sich die verschiedenen akademischen Disziplinen ausbildeten und nacheinander aus dem Einflussbereich der Philosophie auswanderten. Das waren nach den Naturwissenschaften die Sozialwissenschaften, z.B. die Soziologie, die Psychologie, die Ethnologie, die Politikwissenschaft, die Kulturwissenschaften wie Sprach- und Literaturwissenschaft und Kunstgeschichte. Als am Ende des 19. Jahrhunderts der Ausdruck „Geisteswissenschaften" auftauchte, fand sich die Philosophie unversehens als eine unter vielen wieder. Im Grunde stand damit die Frage einer transdisziplinären Neubestimmung von Philosophie – die nun einmal zu einer akademischen Disziplin geworden war – schon auf der Tagesordnung. Doch wir wissen, dass die Versuche, die Einzigartigkeit und Spezifik von Philosophie auszuweisen und die Grenzen gegenüber anderen Disziplinen zu befestigen, im Laufe des 19. und 20. Jahrhunderts erfolgreicher und wirkmächtiger waren. Philosophie sei Erkenntnistheorie, hieß es am Ende des 19. Jahrhunderts, man brauche eine neue Metaphysik, hieß es am Beginn des 20. – und Heideggers Entwurf einer Fundamentalontologie war eine Antwort darauf. Der Wiener Kreis bestimmte Philosophie als Wissenschaftstheorie und die Analytische Philosophie folgte mit dem Rückzug auf Sprachanalyse.

Man müsste die verschiedenen Projekte, die sich in jenem Residualbereich angesiedelt haben, der sich aus der Ausdifferenzierung der Natur-, Sozial- und

---

31 Le Dœuff 1980: 154.
32 Foucault 1989: 13.
33 Ebd. 306.

Kulturwissenschaften ergab, eingehend untersuchen. Doch kommt es zunächst nur darauf an festzuhalten, dass die dominanten Projekte in der Philosophie seit dem 19. Jahrhundert allesamt versucht haben, ein spezifisches Terrain der Philosophie einzugrenzen, statt umgekehrt die strukturelle Notwendigkeit, dies zu tun, zu beleuchten und zu hinterfragen. Dies aber scheint nun auf der Tagesordnung zu stehen und es scheint eine Möglichkeit zu eröffnen, über die Grenzziehungsprozeduren der Philosophie als Disziplin neu nachzudenken, um nicht nur die Frage zu bejahen, die Judith Butler in Anlehnung an Gayatri Spivak gestellt hat, nämlich: „Kann das ‚Andere' der Philosophie sprechen?", sondern damit Philosophie selbst anders sprechen kann.

DEZENTRIERUNG UND KRITIK

Die drei hier skizzierten Wenden sowie die Impulse wie auch Fragen, die von ihnen ausgehen, sind zwar keineswegs dazu angetan, die Aufgaben und Möglichkeiten von Geschlechterforschung vollständig zu umreißen. Sie geben aber Hinweise für eine Weiterentwicklung feministischer Philosophiekritik. Auf unterschiedliche Art und Weise tragen der *material turn*, der *postcolonial turn* und der *postdisciplinary turn* zur Dezentrierung der „Kategorie Geschlecht" und zu einer Dezentrierung von Philosophie bei. Schließlich handelt es sich bei diesen drei *turns* selbst um Dezentrierungs- und Kritikprojekte. Das heißt, sie richten sich nicht allein auf eine Verschiebung von Begriffen, begrifflichen Anordnungen und akademischen Formationen, sondern sie haben einen Überschuss, der auf Gesellschaftskritik zielt. So zielt die Dezentrierung des Subjekts im Hinblick auf die Welt der Dinge, der Artefakte und der Natur auf ein erweitertes Verständnis von Handlungsfähigkeit, um Handlungsfähigkeit in den „gesellschaftlichen Wissenschafts- und Technologieverhältnissen"[34] sowie in den gesellschaftlichen Naturverhältnissen zu erweitern. Das Projekt, die Impulse der postkolonialen Dezentrierung in die Philosophie hineinzutragen, zielt darauf, die Verstrickungen von Denktraditionen in die Projekte des europäischen Kolonialismus zu rekonstruieren, um in der Gegenwart Denkformen zu entwickeln, die geeignet sind, geopolitische Herrschaftsverhältnisse zu überwinden, statt sie auszublenden und zu verfestigen. Die Dezentrierung der Disziplin schließlich zielt auf eine Transformation des akademischen Feldes, das den Namen „Philosophie" trägt. Sie stellt die Selbstbezüglichkeit dieses nur scheinbar autonomen

---

34 Haraway 1995: 54.

Feldes in Frage, um es für Problemformulierungen zu öffnen, die sich an gesellschaftlichen Konflikten orientieren.

Wenn es eingangs hieß, dass das Projekt feministischer Philosophie einen erneuten „Quantensprung" nötig hat, dann liegt dessen Einsatz meines Erachtens darin, über die kritische Analyse von Geschlechterkonstruktionen *in* der Philosophie und die Etablierung eines eigenständigen Kanons hinaus eine philosophietheoretische Reflexion in Gang zu setzen – über die spezifischen theoretischen Praxen, die das Feld der Philosophie gegenwärtig ausmachen und über das Verhältnis von philosophischer Reflexion zu anderen Wissensformen und zur Art und Weise der Bezugnahme auf gesellschaftliche Wirklichkeit. Eine solche philosophietheoretische Reflexion ist dabei notwendigerweise kritisch, denn sie zielt darauf zu problematisieren, „dass unter bestimmten Bedingungen bestimmte Arten von Fragen nicht gestellt werden können", bzw. nur gestellt werden können, wenn der „Bereich des Sagbaren" aktiv überschritten wird[35]. Der Impuls zu einer solchen Überschreitung kommt nicht allein aus der Philosophie, noch erschöpft sich sein Sinn in einer Veränderung des philosophischen Feldes. Den Bereich des Sagbaren und Denkbaren umzubauen, bedeutet schließlich, den Bereich des Möglichen insgesamt zu erweitern.

---

35 Butler 2011: 13.

Literatur

Alaimo, Stacy (2010): *Bodily Natures. Science, Environment, and the Material Self,* Bloomington und Indianapolis.
Balibar, Etienne (2001): *La philosophie de Marx,* Paris.
Bernasconi, Robert (2002): Horror alieni. Auf der Suche nach einem philosophischen Pluralismus, in: Iris Därmann/Christoph Jamme (Hg.), *Fremderfahrung und Repräsentation,* Weilerswirst, S. 125-150.
Biagioli, Mario (2009): Postdisciplinary Liaisons: Science, Studies and the Humanities, in: *Critical Inquiry* 35, S. 816-833.
Braidotti, Rosi (2010): Out of Bounds. Philosophy in an Age of Transition, in: dies. (Hg.), *After Poststructuralism. Transitions and Transformations,* Durham.
Butler, Judith (1991): *Das Unbehagen der Geschlechter,* Frankfurt a. M.
Dies. (2011): *Kritik, Dissens, Disziplinarität,* Berlin.
Dies. (2009): Kann das „Andere" der Philosophie sprechen?, in: dies., *Macht der Geschlechternormen und die Grenzen des Menschlichen,* Frankfurt a. M., S. 367-394.
Conrad, Sebastian/Randeria, Shalini (2002): Einleitung. Geteilte Geschichten – Europa in einer postkolonialen Welt, in: Sebastian Conrad/Shalini Randeria (Hg.), *Jenseits des Eurozentrismus. Postkoloniale Perspektiven in den Geschichts- und Kulturwissenschaften,* Frankfurt a. M./New York, S. 9-49.
Foucault, Michel (1989): *Die Ordnung der Dinge,* Frankfurt a. M.
Haraway, Donna J. (2008): *When Species Meet,* Minneapolis/London.
Dies. (1988): Situated Knowledges: The Science Question in Feminism and the Privilege of Partial Perspective, in: *Feminist Studies* 14 (3), S. 575-599.
Dies. (1995): Ein Manifest für Cyborgs: Feminismus im Streit mit den Technowissenschaften, in: dies., *Die Neuerfindung der Natur. Primaten, Cyborgs und Frauen,* Frankfurt a. M./New York, S. 33-72.
Heidegger, Martin (1926/1981): *Sein und Zeit,* Tübingen.
Hekman, Susan/Alaimo, Stacy (2008): *Material feminisms.* Bloomington/Indianapolis.
Kant, Immanuel (1781/1977): *Kritik der reinen Vernunft* (Werkausgabe, Band 3), Frankfurt a. M.
Ders. (1798/1977): *Anthropologie in pragmatischer Hinsicht* (Werkausgabe, Band 12), Frankfurt a. M.

Klinger, Cornelia (2005): Feministische Theorie zwischen Lektüre und Kritik des philosophischen Kanons, in: Hadumod Bußmann/Renate Hof (Hg.), *Genus. Geschlechterforschung/Gender Studies in den Kultur- und Sozialwissenschaften*, Stuttgart, S. 328-364.

Lagier, Raphaël (2004): *Les races humaines selon Kant*, Paris.

Le Dœuff, Michèle (1980): *Recherches sur l'imaginaire philosophique*, Paris.

Lettow, Susanne (2011): *Biophilosophien. Wissenschaft, Technologie und Geschlecht im philosophischen Diskurs der Gegenwart*, Frankfurt a. M./New York.

Marchand, Suzanne L. (2009): *German Orientalism in the Age of Empire. Religion, Race and Scholarship*, Cambridge.

Marx, Karl (1888/1983): Thesen über Feuerbach, in: Karl Marx/Friedrich Engels, *Werke,* Band 3, Berlin, S. 5-7.

Nagl-Docekal, Herta (2000): *Feministische Philosophie. Ergebnisse, Probleme, Perspektiven*, Frankfurt a. M.

Purtschert, Patricia (2006): *Grenzfiguren. Kultur, Subjekt und Geschlecht bei Hegel und Nietzsche*, Frankfurt a. M./New York.

Schaper-Rinkel, Petra (2012): Bio-Politische Ökonomie. Zur Zukunft des Regierens von Biotechnologien, in: Susanne Lettow (Hg.), *Bioökonomie. Die Lebenswissenschaften und die Bewirtschaftung der Körper*, Bielefeld (im Erscheinen).

Spivak, Gayatri Chakravorty (2011): *Kann die Subalterne sprechen?,* Wien.

Diesseits und jenseits von Gender

Zum problematischen Verhältnis der Philosophie zu Empirie und Lebenswelt[*]

HILGE LANDWEER/CATHERINE NEWMARK

THEORIEBILDUNG – EMPIRIE – LEBENSWELT

Häufig wird heute der Mangel an innovativer Theoriebildung beklagt, neuerdings auch in den Genderstudies. Und tatsächlich: Nach Beauvoir, den vielen marxistisch-psychoanalytischen feministischen Entwürfen der 1970er Jahre und den politischen, manchmal auch ethischen Einlassungen der 1980er Jahre scheint spätestens ab Mitte der 1990er Jahre, nach Judith Butlers *Gender Trouble*, die feministische Theoriebildung zum Erliegen gekommen zu sein. In weiten Teilen der Gesellschaft und der Wissenschaften scheint der Eindruck vorzuherrschen, die wichtigsten feministischen Themen wie etwa politische und rechtliche Gleichberechtigung von Männern und Frauen seien nicht nur zur Genüge wissenschaftlich beleuchtet, prinzipiell verstanden und hinreichend theoretisch erfasst worden, sondern auch die Missstände in der Praxis könnten weitgehend als behoben gelten.

Ein Mangel an theoretischen Innovationen herrscht aber nicht nur in der Geschlechterforschung, sondern auch in einigen etablierten Wissenschaftszweigen wie der Soziologie, und selbst in der Philosophie, dem traditionellen Ort großer

---

[*] Wir danken Günter Burkart, Christoph Demmerling, Ingrid Kasten, Christine Kley, Simone Miller und Maria Wirth für ausführliche Kommentierung und Kritik des Textes; außerdem Sigridur Thorgeirsdottir und dem EDDA-Center of Excellence für die Anregungen, die Hilge Landweer während ihres Forschungsaufenthaltes am Institut für Philosophie an der University of Iceland erhalten hat.

theoretischer Entwürfe, werden erstaunlich kleine Brötchen gebacken. Natürlich erscheinen nach wie vor beeindruckende Monografien zu den großen Themen der Philosophie. Aber ‚große' Philosophen mit ‚großen' Theorien? ‚Große' Philosophinnen? Wenn es so etwas wie Theoriekonjunkturen gibt, dann befinden wir uns gegenwärtig eindeutig in einer Baisse.

Dafür lassen sich sicherlich viele und komplexe Gründe gesellschaftlicher und auch wissenschaftlicher Art nennen, beispielsweise der Siegeszug der Lebenswissenschaften wie der Genetik und der Hirnforschung in den letzten zwei Jahrzehnten und die ihnen zugeschriebene Erklärungsmacht. Dass die Naturwissenschaften an Bedeutung zunehmen, ist freilich ein bereits viel länger andauernder Prozess, mit dem sich die Philosophie, ehemals Königin der Wissenschaften, spätestens seit der sukzessiven Abtrennung der Einzelwissenschaften im 19. Jahrhundert auseinandersetzen muss. Der schleichende Bedeutungsverlust der Philosophie begleitet dabei gewissermaßen als *basso continuo* die wechselnden Theoriekonjunkturen.

Anders als alle anderen Wissenschaften ist Philosophie seit jeher keine Disziplin mit einem klar definierbaren Gegenstand oder mit einer von all ihren Vertreterinnen und Vertretern akzeptierten facheigenen Methode. Seit dem Abwandern vieler wissenschaftlicher Themen in die Einzelwissenschaften stellt sich die Frage, was Philosophie ausmacht, mit noch größerer Dringlichkeit. Am wenigsten umstritten sind derzeit sicherlich traditionelle Bestimmungen der Art, dass Philosophie vor allem die Rationalität von Gründen und die Kohärenz von Argumenten zu prüfen habe und dass ihre Aufgabe wesentlich in Begriffsanalysen im Sinne der Klärung der notwendigen und hinreichenden Bedingungen für die Verwendungen von Begriffen bestehe. Diese Bestimmungen werden oft verbunden mit einer Auffassung von Philosophie als Kritik. Strittig ist allerdings seit Langem der Umfang der möglichen Gegenstände, auf die sich philosophische Kritik beziehen kann. Sie reichen von Erkenntnisvermögen bis hin zu gesellschaftlichen Verhältnissen. Gerade die kritische Auseinandersetzung mit letzteren wird von vielen Philosophinnen und Philosophen aber als eine Aufgabe angesehen, die eher von den Sozial- und Politikwissenschaften wahrgenommen werden müsste, weil Philosophie sich nicht direkt auf empirische Gegenstände beziehen dürfe.

Umgekehrt gibt es derzeit auch einen verbreiteten philosophischen Gestus, sich zum begriffskritischen Richter über die positiven Einzelwissenschaften aufzuschwingen, vielfach aber ohne sich mit deren Anliegen ernsthaft auseinanderzusetzen und die begriffliche Kritik mit konstruktiven Vorschlägen für den Forschungsprozess zu verbinden. Andere philosophische Leitmotive liegen in der Vorstellung einer von allen empirischen Bezügen ‚gereinigten' normativen

Denkweise oder in der Orientierung an einem Ideal maximaler Klarheit, die in der Gegenwart zunehmend auf Kosten von lebensweltlich gehaltvollen Inhalten formuliert werden. Diese Tendenzen stehen möglicherweise im Kontext von Legitimationszwängen angesichts des Macht- und Bedeutungsverlusts der Philosophie im Kanon der Wissenschaften. Mit solchen Verengungen, so meinen wir, kann man allerdings gerade nicht angemessen dem Vorwurf entgegentreten, Philosophie habe sich von den Einzelwissenschaften zu stark abgelöst und sei letztlich unnötig geworden. Stattdessen plädieren wir für ein pluralistisches Philosophieverständnis, das auch institutionellen Niederschlag finden muss.

Wenn wir im Folgenden über die Bedingungen nachdenken, unter denen Philosophie (wieder) an gesellschaftlicher Relevanz gewinnen könnte, so ist das nicht so zu verstehen, dass jedes einzelne philosophische Thema immer schon seine politische Aktualität unter Beweis stellen müsste, wohl aber so, dass die Fähigkeit, auf drängende Fragen der Gegenwart antworten zu können, ein wesentliches Merkmal für die Qualität von Philosophie ist. Der vorliegende Text geht davon aus, dass Theorieentwicklungen nicht losgelöst von empirischer Forschung einerseits und Lebenswelt andererseits verstanden werden können. Wir wollen zeigen, dass die Philosophie überzeugendere Konzepte entwickeln und gesellschaftlich relevanter werden könnte, wenn sie weniger Distanz zu empirischen und zu lebensweltlichen Fragen nehmen würde. Diese These möchten wir nach kurzen einleitenden Überlegungen exemplarisch anhand einiger Stationen der feministischen Theoriebildung der letzten Jahrzehnte erläutern und dabei das jeweilige Verhältnis von Theorie zu Empirie und Lebenswelt genauer bestimmen. Auf dieser Grundlage werden wir im letzten Teil unseres Beitrags einige Überlegungen dazu formulieren, welche Veränderungen in der Theoriebildung und im philosophischen Selbstverständnis dazu beitragen könnten, das Verhältnis von Peripherie und Zentrum in den Wissenschaften elastischer zu gestalten.

Normalerweise sind empirische Forschung und Theorie wechselseitig eng aufeinander bezogen: Nach klassischem Wissenschaftsverständnis setzt sich empirische Forschung aus (theoretischer) Hypothese, empirischer (experimenteller) Überprüfung sowie der anschließenden Bestätigung, Verwerfung oder Anpassung der Hypothese und Formulierung des Ergebnisses als (neuer) Theorie zusammen. Empirische Forschung kann also nicht auf Theorie verzichten,[1] wäh-

---

1 Hier wäre selbstverständlich genauer zu klären, was jeweils unter „Theorie" verstanden wird. In empirischen Wissenschaften gelten manchmal bestimmte Annahmen darüber, wie gewisse empirische Gegenstände sich verhalten werden, bereits als „Theorie", die dann durch Experimente oder Befragungen zu überprüfen ist, während der lebensweltliche oder theoretische Kontext, der diese Annahmen hervorbringt, nicht

rend Theorie vielleicht von ihr unabhängig sein kann – etwa im Fall ‚rein' theoretischer Fächer wie der Mathematik oder der formalen Logik.

Im Unterschied zu empirischer Forschung ist lebensweltliche Erfahrung dagegen selbstverständlich ohne Theorie im wissenschaftlichen Sinn möglich, das heißt ohne explizit gemachte Hypothesen, wenn auch zweifellos nicht ohne (Vor-)Annahmen etwa über kausale Zusammenhänge oder über das Bewusstsein anderer Personen. ‚Rein' theoretische Fächer wie die oben erwähnten können dagegen von einem direkten Bezug auf lebensweltliche Erfahrung ebenso unabhängig sein wie von empirischer Forschung.[2]

Die für uns entscheidende Frage ist, ob es eine in dieser Weise von Lebenswelt und empirischer Forschung ‚rein' gehaltene Theorie in der Philosophie überhaupt faktisch gibt und geben sollte. Auch wenn niemand bezweifeln wird, dass in manchen Teilen der Philosophie Bezüge auf Empirie im weitesten Sinne wichtig sind (etwa in der angewandten Ethik), unterstellen wir, dass eine Vorstellung von ‚Reinheit' und Unabhängigkeit von Erfahrungswissen (im weitesten Sinne) für das Selbstverständnis der Philosophie in weiten Teilen immer noch zentral ist.[3]

---

   eigens expliziert und das heißt: methodologisch nicht eingeholt wird. Auf solche Forschungen bezieht sich der Positivismus-Vorwurf. Andererseits gibt es selbstverständlich auch in den empirischen Wissenschaften manchmal Theoriedebatten, die abgekoppelt von empirischer Forschung verlaufen. Diese beiden extremen Varianten können wir in diesem Rahmen nicht untersuchen und hier nur andeuten, dass uns empirische Forschungen, die nicht theoriegeleitet sind, ebenso problematisch erscheinen, wie theoretische Untersuchungen in den Sozial- oder Kulturwissenschaften, die mögliche Bezüge zu empirischen oder lebensweltlichen Problemen ganz abzustreifen versuchen.

2 Ob diese ‚rein theoretischen' Fächer wirklich ganz ohne Bezug auf lebensweltliche Praktiken wie Zählen, Messen, Rechnen und Schließen auskommen, kann hier offenbleiben.

3 Diese Vorstellung von ‚Reinheit' – im Sinne einer Unabhängigkeit von Empirie – hat vermutlich auch zur Verdrängung zumindest der nicht-transzendentalen Phänomenologie (das heißt der realistischen Phänomenologie im Sinne Schelers, der Neuen Phänomenologie von Hermann Schmitz und der Alteritätstheorie im Sinne Waldenfels') in die Peripherie der Philosophie beigetragen, während die Phänomenologie in anderen Wissenschaften oft größeren Einfluss hat als die übrige Philosophie. Innerhalb des Fachs ist die Marginalisierung der *feministischen* Phänomenologie aufgrund der Ausgrenzung von „Geschlecht" entsprechend eine doppelte. Diesen Gedanken können wir hier nicht weiter verfolgen.

Wer sich die philosophische Tradition ansieht, wird freilich feststellen, dass der Bezug von Philosophie und Erfahrung über weite Strecken ungeklärt bleibt. Überall finden sich beiläufige Erwähnungen von persönlichen Beobachtungen, viele Thesen werden anhand konkreter (Alltags-)Beispiele entwickelt, und bei anthropologischen und ethischen ebenso wie bei erkenntnistheoretischen Fragen wird von Selbstbeobachtung und Introspektion ausgegangen. Diese Mechanismen werden jedoch bei Weitem nicht überall Gegenstand einer expliziten methodischen Reflexion.[4]

Es ist möglicherweise dieser oftmals ungeklärte Bezug auf Erfahrung und empirische Forschung, der die nachweisbar hypersensible Reaktion weiter Teile der Philosophie in den letzten Jahrzehnten auf das Thema „Geschlechterforschung" erklären kann: Etablierte Philosophinnen und Philosophen neigen dazu, alle Geschlecht und Geschlechtlichkeit betreffenden Fragen von vornherein in der Lebenswelt zu lokalisieren und sie als legitimen Gegenstand für empirische Forschung anzusehen, aus der Philosophie aber auszuklammern, weil Lebenswelt und Empirie für sie blinde Flecken darstellen. Einen Abstand zur Empirie zu halten ist für das Selbstverständnis der Philosophie auch deshalb so wichtig, weil sie keinen spezifischen Gegenstand hat; und diese Haltung steht, so unsere These, in einer versteckten Beziehung zum Mangel an innovativen Theorien einerseits und zum Ausschluss der philosophischen Genderstudies aus der Philosophie andererseits. Wenn im Folgenden die Distanz der Philosophie zu empirischer Forschung untersucht wird, so ist damit auch ihre Skepsis gegenüber interdisziplinärer Forschung angesprochen, da für alle anderen Disziplinen – außer der Mathematik – Empirie im weitesten Sinne (also einschließlich jener, zumeist textlicher Materialien, auf die sich alle hermeneutischen Disziplinen wie die Literatur- und Kulturwissenschaften beziehen) konstituierend ist.

Ein gutes Beispiel für diese Abschottung gegen Irritationen des philosophischen Selbstverständnisses durch Konfrontationen mit Lebenswirklichkeit einerseits und empirischer Forschung andererseits ist der Fall von Simone de Beauvoir, deren philosophisch originelles geschlechtertheoretisches Werk bis heute innerhalb der Philosophie kaum rezipiert wird.

---

4 Etwa der Art, wie sie Thomas Hobbes vorträgt, wenn er seine Anthropologie ausdrücklich auf Selbstbeobachtung gründet: „*Nosce teipsum, Read thy self*: […] to teach us, that for the similitude of the thoughts, and Passions of one man, to the thoughts, and Passions of another, whosoever looketh into himself, and considereth what he doth, when he does *think, opine, reason, hope, feare,* &c, and upon what grounds; he shall thereby read and know, what are the thoughts, and Passions of all other men, upon the like occasions." (Hobbes 1968: 82) [Herv. i. O.].

Interdisziplinäre Bezüge: Beauvoir

Simone de Beauvoir gilt mit ihrem epochemachenden Großwerk *Le deuxième sexe* vielen als die Urheberin der modernen feministischen Theorie. Obwohl gut 20 Jahre vor dem öffentlichkeitswirksamen Beginn der politischen zweiten Frauenbewegung geschrieben, nimmt das Buch viele der in den 1970er Jahren intensiv diskutierten Themen schon vorweg, etwa die Kritik des bürgerlichen Geschlechterarrangements mit seinem Ausschluss von Frauen aus dem öffentlichen Leben und aus der Erwerbstätigkeit, die Kritik an Vorstellungen von der Natürlichkeit der Mutterliebe, die Forderung nach Geburtenkontrolle und legalisierter Abtreibung.

Beauvoirs Methodenarsenal ist breit: Es umfasst literarische Analysen ebenso wie soziologische Beobachtungen, die im Lichte einer Kulturtheorie der Geschlechter interpretiert werden. Aber auch das gesamte philosophische Rüstzeug, das sie als ausgebildete und praktizierende (existenzialistische) Philosophin mitbrachte, fließt in die Begründung ihrer zentralen These über Frauen als das „andere Geschlecht" ein. Beauvoir entwickelt eine der ersten und auch eine der am gründlichsten ausgearbeiteten Alteritätstheorien. Beachtlich ist dabei ihr methodisches und methodologisches Vorgehen, denn Beauvoir öffnet sich darin sehr stark der Empirie, etwa im ausführlichen Teil zur biologischen Grundlegung der Geschlechterdifferenz. *Le deuxième sexe* beginnt mit einem Kapitel über die „données de la biologie".[5] Beauvoir beschreibt darin einerseits mit ungewöhnlichem Detailreichtum die geschlechtliche Fortpflanzung im Tierreich aus biologischer Sicht – von niederen Tieren über Insekten, Fische, Vögel und Säugetiere bis hin zum Menschen. Andererseits stellt sie aber auch philosophische Überlegungen zum grundlegenden Zusammenhang von Individualität, Endlichkeit, Fortpflanzung und Arterhaltung beim Menschen an und weist auf den philosophiehistorisch bemerkenswerten Tatbestand hin, dass die ontologische Kontingenz der menschlichen Zweigeschlechtlichkeit von Philosophen fast nie thematisiert worden ist und seit jeher auch in der Philosophie als selbstverständlich gegeben und als nicht weiter erklärbar oder erklärungsbedürftig behandelt worden ist.[6]

An anderen Stellen bedient sich Beauvoir virtuos der Klaviatur der wichtigsten Humanwissenschaften, etwa der Psychologie und der Sozialwissenschaften. So gibt es lange Passagen, in denen sie sich in soziologischer Weise der Situati-

---

5 Vgl. Beauvoir 1949/1976: 37-108. Vgl. in der deutschen Übersetzung das Kapitel „Die biologischen Gegebenheiten" (Beauvoir 1992: 27-62).
6 Vgl. Beauvoir 1949/1976: 40-42 und Beauvoir 1992: 29-30.

on etwa der Hausfrau und Mutter in all ihren Verästelungen und lebensweltlichen Problemen widmet.

Dieser intensive Rückgriff auf unterschiedliche Disziplinen zur Analyse des Geschlechterproblems ist eingebettet in ein philosophisches Anliegen: *Le deuxième sexe* ist dem Existenzialismus verpflichtet und argumentiert entsprechend ethisch normativ. Beauvoirs Darstellung der Geschlechterverhältnisse bleibt stets der Ethik des „Selbstentwurfs" und der „Eigentlichkeit" (im Sinne Heideggers) verpflichtet.[7] So können selbst die auf den ersten Blick biologistisch anmutenden Passagen, in denen Beauvoir drastisch die biologische Benachteiligung betont, welche die zweigeschlechtliche Fortpflanzung für das Weibchen nach sich zieht, sowie die starke Hervorhebung von dessen physischer Unterlegenheit als rhetorisch kunstvoller Kontrast zur Ethik des Selbstentwurfs verstanden werden. Diese Ethik ist in der genuin menschlichen Möglichkeit der Selbstbestimmung fundiert, die sich durch die Beschreibung des Biologischen umso wirkungsvoller von diesen vermeintlichen Zwängen abzulösen vermag.

Beauvoirs Kombination verschiedener Methoden mag jenen Richtungen der Philosophie, denen an Übersichtlichkeit eines Arguments und an einem monodisziplinären Diskurs gelegen ist, als kritikwürdig erscheinen, und man kann ihn auch generell in historischer Retrospektive problematisch finden. Aber er ist doch unübersehbar zeittypisch: Nicht anders haben zahlreiche Denker des ausgehenden 19. und frühen 20. Jahrhunderts von Bergson über Cassirer bis hin zu Sartre naturwissenschaftliche Erkenntnis, soziologische Beobachtungen, spekulative Kulturtheorie und normative Ethik ineinanderfließen lassen, und ebenso wie Beauvoir haben auch sie ihre spezifische Verbindung von Heterogenem kaum methodologisch oder metaphilosophisch reflektiert.

Zudem ist zu bedenken, dass Beauvoir *Le deuxième sexe* schon zur Zeit seines Erscheinens nicht in erster Linie an ein philosophisches Fachpublikum adressiert hatte. Das gilt aber für manch andere richtungsweisende philosophische Werke in gleicher Weise; man denke nur an Nietzsches einflussreiche Schriften. Beauvoirs Hauptwerk muss aber zumindest in der Hinsicht als ein typisch philosophisches Werk bezeichnet werden, als es eine grundlegende (Meta-)Reflexion kultureller und wissenschaftlicher Entwicklungen betreibt. Trotzdem wurde und wird Beauvoirs feministisches Grundlagenwerk in der Philosophie kaum rezipiert, obwohl man es als eines der theoretisch und methodisch kreativsten Werke des 20. Jahrhunderts betrachten könnte.[8]

---

7 Vgl. Landweer/Newmark 2010.
8 So verzeichnen beispielsweise bei Weitem nicht alle gängigen philosophischen Standardlexika Beauvoirs theoretische Schriften: Im Metzler Philosophenlexikon wird

Beauvoirs Bezug auf Lebenswirklichkeit ist vermittelt durch empirische Wissenschaften und kann insofern als eine frühe Form von Interdisziplinarität beschrieben werden. Ihr methodisches Vorgehen wurde jedoch erst wissenschaftlich gewürdigt, nachdem die neue Frauenbewegung der 1970er Jahre Eingang in die Bastionen der Wissensproduktion gefunden und die Rezeptionsbedingungen damit entscheidend geändert hatte.

Die Impulse für die Institutionalisierung von (damals noch) Frauen- oder Geschlechterforschung gingen bekanntlich von der „neuen" Frauenbewegung aus, die in Auseinandersetzung mit der antiautoritären Studentenbewegung der 1960er Jahre entstanden war. Sie nutzte in ihren Anfängen die Egalitätsansprüche linker Theorie, um die Praxis antiautoritärer Politik zu kritisieren, die diesen Ansprüchen nicht entsprach. Zugleich aber wurde von Beginn an auch die marxistische Theorie und deren neuere Entwicklungen einer kritischen Überprüfung unterzogen. Das Ergebnis war eine generelle Skepsis gegen Theorie, die vor allem einen Grund hatte: Die Ignoranz der genannten Theorien gegenüber feministischen Anliegen machte sich der feministischen Kritik zufolge falscher Verallgemeinerungen schuldig, welche die Lebenswirklichkeit von Frauen nicht einbezogen und blind für die eigene Parteilichkeit für Männerinteressen waren. Diese politisch motivierte Kritik wurde in die Wissenschaft getragen und fand dort neue Nahrung. Denn viele der wissenschaftlichen Kategorien, Begriffe und Theorien ignorierten nicht nur die unterschiedlichen Lebensverhältnisse von Frauen, sondern wurden generell fern von gesellschaftlicher Praxis und Lebenswirklichkeit gebildet. Mag diese erste feministische Wissenschaftskritik auch an manchen Stellen die wissenschaftstheoretisch gut begründete Distanz der Wissenschaft zur Lebenswelt zu einseitig negativ bewertet und etwas naiv die institutionelle Verharrungskraft und damit auch die diskursiven Eigendynamiken der Wissenschaft unterschätzt haben, so stützte sie sich doch bereits auf eine Kategorie, die auch heute noch für die Philosophie ebenso wie für die Genderstudies relevant ist: auf das Erfahrungswissen. Der Bezug feministischer Wissenschaftskritik auf das in den Wissenschaften weitgehend ausgeklammerte Erfahrungswissen von Frauen ermöglichte schließlich den institutionellen Erfolg: Es war vor allem die-

---

Beauvoir zwar geführt (Lutz 2003), nicht aber im grundlegenden Krönerschen Werklexikon (Volpi 1999) und auch nicht in dessen größerem und sehr umfassenden französischen Pendant der Presses Universitaires de France (Mattéi 1992). Vgl. auch Landweer/Newmark 2010.

ses Argument, das zumindest in Deutschland die ersten Institutionalisierungen von, wie es damals hieß, „Frauenforschung" ermöglichte.[9]

Wir können hier nicht auf die Einzelheiten der damaligen Diskussion um Forschungspraxis, Begriffsbildung, Androzentrismus und dergleichen eingehen. Nur so viel: Die damalige feministische Forschung gab durch ihre Reflexionen auf Erfahrungswissen, dessen Berücksichtigung in der Forschung andere wissenschaftliche Methoden verlangte als die bis dahin beinahe konkurrenzlosen quantitativen Methoden, den Methoden- und Methodologiedebatten in verschiedenen Disziplinen wichtige Impulse. *Oral History* und qualitative Methoden der Sozialforschung wurden zu hochgradig reflektierten Vorgehensweisen, die zwar nicht von der Geschlechterforschung erfunden, aber durch sie stark betrieben, weiter ausgebaut und verfeinert wurden.[10] Sie fanden durch die frühe Geschlechterforschung erstaunliche Verbreitung und Resonanz, auch bei vielen der bis dahin vorwiegend männlichen Fachvertreter, die sie auf andere Bereiche anwandten. Man könnte sogar mutmaßen, dass der Einfluss der frühen Geschlechterforschung auf die etablierten Wissenschaften in den frühen 1980er Jahren stärker in diesen methodischen Bereichen zu verzeichnen war als auf der Seite des Gegenstandes der Forschung, das heißt in den Inhalten, die sich durch die Berücksichtigung der Geschlechterverhältnisse radikal hätten ändern sollen. Faktisch fand diese von Beginn an angestrebte radikale Transformation der Inhalte innerhalb der Wissenschaften aber fast ausschließlich in der entstehenden Geschlechterforschung selbst statt, während die traditionellen Fächer bis auf wenige Ausnahmen nur wenig irritiert weiter forschten wie bisher.

---

9   Beispielsweise den „Universitätsschwerpunkt Frauenforschung" an der Universität Bielefeld (heute: „Interdisziplinäres Zentrum für Frauen- und Geschlechterforschung"), der 1980 etabliert wurde, oder die „Zentraleinrichtung zur Förderung von Frauen- und Geschlechterforschung" an der Freien Universität Berlin, die 1981 gegründet wurde.

10 Shulamit Reinharz spricht davon, dass die beginnende Frauenforschung methodischen Verfahren wie z.B. der Fallstudie und der *Oral History*, die bis dahin in der Sozialforschung wenig gebräuchlich waren, zu einem Revival verholfen hat (Reinharz 1992: 244). Die Geschlechterforschung führte aber auch generell zu einer wachsenden Bedeutung qualitativer Verfahren in der empirischen Sozialforschung. Cornelia Behnke und Michael Meuser nennen insbesondere die Biografieforschung und die Analysen zur sozialen Konstruktion des Geschlechts (Behnke/Meuser 1999: 46). Regina Becker-Schmidt und Helga Bilden betonen als wesentlichen Impuls, den die qualitative Sozialforschung von der Geschlechterforschung empfangen hat, die methodologischen Reflexionen der Forscherin auf die eigene Rolle in der Forschungsinteraktion (Becker-Schmidt/Bilden 1991: 23-30).

Bevor wir auf die Fragen, was Philosophie ist, was sie sein könnte und aus unserer Sicht werden soll, zurückkommen, seien exemplarisch für viele wichtige Impulse aus Nachbardisziplinen der Philosophie, welche die feministische Theoriebildung inspiriert haben, zwei einflussreiche Forschungen genannt.

FEMINISTISCHE THEORIEBILDUNG IN NACHBARDISZIPLINEN

Karin Hausens Untersuchung über die *Polarisierung der „Geschlechtscharaktere"* von 1976 gehört zu den meistzitierten Aufsätzen der deutschsprachigen Geschlechterforschung.[11] Ihren theoretischen Kern bildet eine historische Konstruktionsthese: Es sind exakt bestimmbare historische Diskurse, die Frauen qua Frausein einen bestimmten Charakter unterstellen und sie zu dem zu machen versuchen, als was sie – durch die ‚Brille' der entsprechenden Aussagen betrachtet – dann auch wahrgenommen werden: als wesentlich durch ihr Geschlecht bestimmt. Zwar wird auch Männern im 18. und 19. Jahrhundert ein Geschlechtscharakter zugewiesen, aber dieser ist anders vergeschlechtlicht als jener der Frauen, ist er doch auf das Allgemeine, die Vernunft, die Kultur, das öffentliche Leben ausgerichtet, während Frauen auf die Biologie, die Reproduktion, die häusliche Sphäre der Kindererziehung und der Familie und die diesen Aufgaben entsprechenden Emotionen reduziert werden. Im Grunde verfolgte Karin Hausen Aspekte des Themas, das bereits Beauvoir behandelt hatte, im Rahmen einer historisch strengen und methodisch-methodologisch hoch reflektierten Untersuchung. Ihre Quellen sind philosophische, literarische, gesellschaftspolitische und wissenschaftliche Texte und Benimmbücher, als roter Faden über den langen Zeitraum vor allem aber Lexikonartikel, in denen sich zeitspezifisches Allgemeinwissen und normative Vorstellungen besonders deutlich kristallisieren.

---

11 Vgl. Hausen 1976. Der Text wurde mehrfach wieder abgedruckt. Wirkmächtig war auch der um die methodischen Überlegungen und die Lexika als Quellen gekürzte Abdruck des Aufsatzes in Rosenbaum 1978: 161-191. Gekürzte Abdrucke befinden sich außerdem in Hark 2001: 173-196 und Vogel 2007: 47-53. Ein vollständiger Wiederabdruck existiert in Hausen 2012a: 19-50.
Bereits 1981 wurde Hausens Aufsatz unter dem Titel *Family and Role Division. The Polarization of Sexual Stereotypes in the Nineteenth Century. An Aspect of Dissociation of Work and Family Life* ins Englische übersetzt (Hausen 1981: 51-83). Diese Übersetzung nimmt starke Umdeutungen vor, wie bereits aus dem Titel ersichtlich ist. Darauf wird hingewiesen in Hausen 2012b: 89, Anm. 1.

In der interdisziplinären Rezeption dieses Ansatzes wurde dessen historisch-rekonstruktiver Charakter manchmal übersehen, so als könne der Beitrag von Hausen – ganz entgegen der Absichten und methodologisch komplexen Überlegungen der Autorin – unmittelbar zur Erklärung heutiger Zustände dienen. Nichts aber wäre mehr verfehlt, als die Polarisierung der Geschlechtscharaktere im Sinne des 18. Jahrhunderts auf heutige Verhältnisse zu übertragen – von Polarisierung kann längst nicht mehr die Rede sein, von Geschlechtscharakteren auch nicht.[12] Vielmehr sind Hausens Untersuchungen zu verstehen als eine frühe Diskursanalyse, die sich als wesentlicher Teil der Gesellschaftsgeschichte versteht und dabei – anders als die klassische Geschichtsschreibung, welche Frauen und Geschlecht gleichsetzt und ihnen allenfalls einen Appendix zur ‚allgemeinen' Geschichte widmet – die Kategorie „Geschlecht" selbst historisiert.[13]

Ziel einer so verstandenen Geschlechtergeschichte ist es, die Kontingenz heutiger Geschlechtskonstruktionen durch den Kontrast mit den entsprechenden historischen Entwürfen zu verdeutlichen: Geschlecht, wie auch immer es aufgefasst werden mag, ist nichts, was in historischer Perspektive gleich bleibt. In der spezifischen Kombination von im weitesten Sinne empirischen Befunden – hier: historischem Quellenmaterial – und der originellen theoretischen Perspektive, die eine neue Sicht auf die Genese der Geschlechterdiskurse eröffnete, liegt einer der Gründe für die anhaltende Aktualität dieser Untersuchung.[14] So lässt sich aus den historischen Befunden beispielsweise schließen, dass auch die heute so umstrittene Unterscheidung von Sex und Gender auf einer Unterscheidung von Natur und Kultur aufruht, die zu einem bestimmten historischen Zeitpunkt entstanden ist und für genau diesen eine orientierende Funktion hatte, nicht aber überhistorische und überkulturelle Gültigkeit beanspruchen kann.

Während Hausens geschichtswissenschaftliche Untersuchung Quellen für die Geschlechter- und Gesellschaftsgeschichte neu erschloss und interpretierte und Raum für historisch-anthropologische, geschichtsphilosophische und geschlechtertheoretische Diskussionen eröffnete, machte einige Jahre später eine empirische psychologische Studie von sich reden, die für die feministische Philosophie

---

12 Vgl. dazu Hausens Auseinandersetzung mit den entsprechenden verzerrten Rezeptionen ihres Aufsatzes in Hausen 2012b: 93-100.
13 Hausen gebrauchte 1976 den Ausdruck „Aussagesystem", um jenes Phänomen zu benennen, das später, als immer mehr Schriften Foucaults ins Deutsche übersetzt wurden, als „Diskurs" und die entsprechende Methode als „Diskursanalyse" bezeichnet wurde. Vgl. Hausen 2012b: 85f.
14 Hausen geht in ihrem Rückblick auch auf die günstige Rezeptionssituation ein. Vgl. Hausen 2012b: bes. 89-93.

ebenfalls wichtig werden sollte. In ihrem Buch *In a Different Voice* publizierte Carol Gilligan 1982 die Resultate einer Reihe von empirischen Befragungen über moralische Überlegungen bei Männern und Frauen.[15] Auf dem Hintergrund des Sechs-Stufen-Modells der moralischen Entwicklung, das der amerikanische Psychologe und Erziehungswissenschaftler Lawrence Kohlberg aufbauend auf die Entwicklungspsychologie Jean Piagets entwickelt hatte, und ausgehend von dem Befund, dass Frauen in Tests häufig nicht die Kohlbergsche höchste Stufe der moralischen Autonomie erreichten, reinterpretierte sie die moralischen Begründungen, die Männer und Frauen angaben, wenn sie konstruierte Fallgeschichten mit moralischen Dilemmata vorgelegt bekamen und auf dieser Grundlage eine Entscheidung treffen sollten. Sie stellte fest, dass Männer moralisch eher abstrakt an Rechten und Pflichten orientiert sind, während Frauen eher das Beziehungs- und Verantwortungsgefüge der spezifischen Situation vor Augen haben und dieses zur Grundlage ihrer Entscheidungen machen. Für Gilligan ließ sich diese Kontextorientierung von Frauen damit begründen, dass ihnen gewöhnlich die Verantwortung für den Bereich der Reproduktion gesellschaftlich zugewiesen wird. Und sie argumentierte, dass das, was Kohlberg als oberstes Ziel der moralischen Entwicklung ansah, nämlich eine Autonomie, welche die üblichen moralischen Urteile abstrakt in Frage stellt und die Besonderheit der jeweiligen sozialen Kontexte nicht berücksichtigt, sich auf diese Lebenswirklichkeit gerade nicht anwenden lasse und deshalb Frauen zu Unrecht geringer ausgebildete moralische Fähigkeiten zuschreibe.

An Gilligans Kohlberg-Kritik knüpfte sich schnell eine breite und heftige Debatte innerhalb der feministischen Philosophie an: Während manche feministischen Ethikerinnen an ihre Unterscheidung zwischen einer (männlichen) Gerechtigkeitsethik und einer (weiblichen) Fürsorgeethik begeistert anschlossen, wurde von Kritikerinnen in Zweifel gezogen, ob sich überhaupt solche klaren Unterschiede im moralischen Urteilen von Männern und Frauen feststellen lassen. Gilligan wurde eine essentialisierende Auffassung der Geschlechter vorgeworfen und man unterstellte ihr, dass sie ein duales Modell der Moral zu etablieren versuche, das auf den entsprechenden Geschlechterklischees aufbaue.[16]

---

15 Vgl. Gilligan 1982b bzw. in deutscher Übersetzung Gilligan 1982a.
16 Im deutschsprachigen Raum wurden die gegenläufigen empirischen Untersuchungen von Gertrud Nunner-Winkler stark diskutiert, die nachwiesen, dass je nach Kontext auch Männer kontextsensitiv argumentieren, z.B. wenn sie die Legitimität von Kriegsdienstverweigerung zu beurteilen haben. Nunner-Winkler schreibt 1991: „Wir [Rainer Döbert und Gertrud Nunner-Winkler] haben in vier- bis sechs-stündigen Interviews, die wir mit 112 14-22jährigen weiblichen und männlichen Jugendlichen unterschiedli-

Gilligan selbst beabsichtigte allerdings nicht, ein Moralkonzept zu entwickeln, vielmehr ging es ihr in erster Linie um eine Kritik am *male bias* des Kohlbergschen Sechs-Stufen-Modells und um dessen Erweiterung; es handelte sich bei ihrer Untersuchung um eine empirische moralpsychologische Studie, nicht um den Entwurf einer (normativen) Moralphilosophie. Zudem unterstellte sie keine klare Distinktion zwischen entweder Gerechtigkeits- oder Fürsorgeorientierung, sondern benannte lediglich zwei Extreme, die sie für strukturell gleichwertig und miteinander vereinbar hielt.

Dass Gilligans moralpsychologische Studie solch heftige Kontroversen auslösen konnte und damit zu einem Motor der Theoriebildung wurde, lässt sich unserer Meinung nach unter anderem damit begründen, dass es sich um eine empirische Untersuchung handelte, die eben wegen ihres empirischen Gehalts methodologische Kritik, wissenschaftstheoretische Überlegungen sowie ethische und feministische Theoriebildung auf breitester Ebene herausforderte.

Die feministische Auseinandersetzung um Gilligans Thesen führte zunächst in der feministischen Moralphilosophie zu einer Erweiterung der bis dahin tatsächlich wenig kontextsensiblen moralphilosophischen Kategorien, nämlich um die Würdigung einer moralischen Einstellung, die auf der Fürsorge für andere beruht, wobei ein wesentliches Resultat dieser Auseinandersetzung die systematische Loslösung der Fürsorge von der geschlechtlichen Konnotierung war. In dieser Form fand die moralphilosophische Kategorie der Fürsorge später auch Eingang in die nicht-feministische philosophische Ethik und war damit einer der wenigen Punkte, an dem feministische Philosophie den *Mainstream* der Philosophie deutlich veränderte.[17] Es ist fraglich, ob diese Kategorie ohne die Aufmerk-

---

cher Schichtherkunft führten, u.a. über die Legitimität von Schwangerschaftsabbruch und Wehrdienstverweigerung diskutiert. Dabei zeigte sich, daß in der Tat – wie Gilligan behauptet hatte – die männlichen Befragten in der Abtreibungsdiskussion abstrakt und prinzipalistisch argumentierten [...], während die weiblichen Jugendlichen ausführliche und sehr konkrete Überlegungen über mögliche Situationsbedingungen anstellten [...]. Bei der Diskussion über Wehrdienstverweigerung aber kehrte sich die Situation völlig um: Nunmehr waren es die weiblichen Befragten, die kurz und bündig antworteten [...], und es waren die männlichen Befragten, die Kontextbedingungen berücksichtigt wissen wollten [...]." (Nunner-Winkler 1991: 148f., vgl. auch Döbert/Nunner-Winkler 1986).

17 So argumentiert beispielsweise Harry Frankfurt als ein prominenter Vertreter der Analytischen Philosophie für eine *„care ethics"*, freilich ganz ohne systematischen Bezug auf Gender; vgl. Frankfurt 1988.

samkeit auf die durch Gender geprägten Lebenswirklichkeiten in die Debatte Eingang gefunden hätte.

Zweifellos lassen sich weitere empirische Forschungen nennen, die ebenfalls erheblichen Einfluss auf die feministische Philosophie und die Theorieentwicklung in den Genderstudies hatten, etwa die feministische Rezeption von Goffmans interaktionistischen Untersuchungen, die Rezeption ethnomethodologischer Studien wie die von Kessler und McKenna, die den Begriff „*doing gender*" prägten, oder Hochschilds berühmte Analyse des emotionalen Managements von Stewardessen, von denen ständige Freundlichkeit erwartet wird.[18] Innerhalb der Philosophie wären als empirienah die wichtigen und in den gegenwärtigen Genderstudies wieder vermehrt aufgegriffenen leibphänomenologischen Entwürfe zu nennen, die methodisch auf Deskription setzen.[19]

WERKZEUGKASTEN STATT THEORIE: FOUCAULT

Für unseren Vorschlag, dass die Philosophie insgesamt ihren Bezug zur Empirie und zur lebensweltlichen Erfahrung und damit ihr Selbstverständnis ändern sollte, ist die feministische Rezeption eines weiteren Autors von Belang, nämlich Michel Foucault. Dessen Rezeption begann in Deutschland Ende der 1970er Jahre. Innerhalb der damaligen Geschlechterforschung war es zunächst die feministische Literaturwissenschaft der frühen 1980er Jahre, später auch die historische, philosophische und soziologische Geschlechterforschung, die sich mit Foucault auseinandersetzte. Foucault gab in gewisser Weise die Antwort auf viele Fragen, welche die Geschlechterforschung aufgeworfen hatte. Ähnlich wie diese bezog sich Foucault auf vollkommen unterschiedliche Materialien: auf Texte aus verschiedenen Genres ebenso wie auf gesellschaftliche Praktiken, auf Bilder, auf Architekturen und Gesten, vor allem aber auf Körper. Wie die Geschlechterforschung antwortete Foucault auf Desiderate der marxistischen Theorie und Praxis, und wie diese war er durch psychoanalytische Perspektiven verschiedener Provenienz zwar inspiriert, stand ihnen aber auch kritisch gegenüber. So stellte er eine der wichtigsten psychoanalytischen Grundannahmen in Frage, nämlich die, dass es sich bei der Sexualität um eine natürliche Größe handle, die als universale Kausalmacht betrachtet werden könne, als ein Begehren, das allen unseren Bestrebungen zugrunde liegt. Gegen diese Auffassung von Sexualität setzte

---

18 Vgl. Goffman 1977 und Goffman 1979, Kessler/McKenna 1978, Hochschild 1979 und Hochschild 1983.
19 Vgl. z.B. Young 2005, Stoller/Vetter 1997 und Schott 2010.

Foucault seine Analyse der Diskurse über die Sexualität und wies nach, dass letztere nicht, wie in der Folge der Studentenbewegung vielfach angenommen wurde, stets nur unterdrückt worden sei, sondern dass im Gegenteil im 18. und 19. Jahrhundert von einer „diskursive[n] Explosion" der Diskurse um den Sex gesprochen werden könne.[20]

Neben seinem Interesse für Fragen der Sexualität war es vor allem seine Beschäftigung mit Macht, die Foucault für die Geschlechterforschung interessant machte. Für Foucault ging die Frage nach Macht nicht in einer Theorie der Herrschaft auf, sondern Machtprozesse ließen sich in den kleinsten individuellen und sozialen Verhaltensweisen, in den unscheinbarsten Beziehungen, in den einfachsten Begriffen und in nahezu allen Diskursen und Praktiken nachweisen.

Dabei stand die Frage, wie Machtpraktiken speziell auf den Körper einwirken, für ihn spätestens seit seiner berühmten Antrittsvorlesung am *Collège de France* von 1970 im Mittelpunkt.[21] Foucault entwickelte seine Thesen anhand eines genauen Quellenstudiums, und zwar höchst unterschiedlicher Quellen wie etwa Reglements von Internaten, Kliniken, Strafanstalten, reformerischen und pädagogischen Schriften, Architekturplänen, Fallbeschreibungen, Statistiken, Dokumentationen von Befragungen von Insassen und Patienten und selbstverständlich wissenschaftlichen Schriften und Ratgebern. Ohne dieses intensive Studium von historischen Quellen unterschiedlichster Herkunft und Gattung wäre Foucault wohl kaum zu seiner These über die zentrale Bedeutung der Praktik des „Geständnisses" für die Ausbildung der modernen Subjektivität gekommen, die auch eine wesentliche Voraussetzung für seine Kritik an der „Repressionshypothese" war. Erst diese Kritik ermöglichte Foucault eine theoretisch wirklich neue und originelle Fassung dessen, was als Macht verstanden werden kann, mithin seine Überzeugung, dass Macht nicht nur unterdrückt, ausschließt und verfolgt, sondern wesentlich produktiv ist, dass sie etwas herzustellen vermag, dass sie anderen Typen von Verhältnissen immanent ist, dass es keine machtfreien Räume gibt, dass sie einen kapillaren Charakter hat und nicht nur von oben nach unten wirkt, wie es im juridischen Modell von Macht gern unterstellt wird.

Auch wenn Foucault bekanntlich damit kokettierte, er habe keine Theorie der Macht entworfen, sondern lediglich einen Werkzeugkasten zu ihrer Analyse bereitgestellt, so handelt es sich bei den skizzierten Thesen doch zweifellos um theoretische Sätze. Und zwar um Aussagen, zu denen er nicht durch bloßes Nachdenken am Schreibtisch gekommen war, sondern durch seine intensive Auseinandersetzung mit historischem und also im weitesten Sinne empirischen

---

20 Zur Kritik der sogenannten „Repressionshypothese" vgl. Foucault 1979: 27.
21 Vgl. Foucault 1994.

Material und mit dem Erfahrungswissen derjenigen sozialen Bewegungen, deren Belange er praktisch-politisch wie auch mit dem Einsatz seines Philosophierens begleitete.

Natürlich war es genau diese Art von Empirie und vermutlich weniger Foucaults indirekter, aber nichtsdestoweniger bekannter Bezug auf soziale Bewegungen, der ihn für die etablierte Philosophie so anstößig machte. Während Derrida mit seiner hochtheoretischen Dekonstruktion von Begriffen immerhin noch als schlechter Philosoph bezeichnet werden konnte, wurde Foucault gar nicht erst als Philosoph zur Kenntnis genommen – nämlich, so unsere These, vor allem deshalb, weil er sich stark mit tatsächlichen empirischen Verhältnissen eingelassen hatte. Naheliegend auch, dass er Historikern wiederum als Philosoph erschien, ging es ihm doch weniger um historische Details als um große Thesen, um epochale Brüche und um theoretische Perspektiven, die ein anderes Denken ermöglichen sollten.

ALTERNATIVE SEXUALITÄTEN: ETABLIERUNG UND KRITIK DER SEX-GENDER-UNTERSCHEIDUNG

Eine der ganz ohne Zweifel für die feministische Philosophie und die Genderstudies wichtigsten und folgenreichsten – und von Gegnern der „Geschlechtsangleichung" am polemischsten bekämpften – Unterscheidungen ist diejenige zwischen Sex als „biologischem Geschlecht" und Gender als „sozialem" oder „kulturellem" Geschlecht oder als „Geschlechterrolle". Die Wurzeln dieser Unterscheidung in ihrem heutigen Sinn (und nicht im älteren Wortsinn, wo Gender bekanntlich vor allem das grammatische Geschlecht bezeichnete) werden von manchen Autorinnen und Autoren direkt im Feminismus der 1970er Jahre verortet, als diese Begrifflichkeit von den Sozialwissenschaften aufgegriffen und für das feministische Projekt breitenwirksam fruchtbar gemacht wurde. Ihre Ursprünge liegen allerdings noch etwas weiter zurück, nämlich vor allem in der Psychologie der Jahrhundertmitte, insbesondere in sexualwissenschaftlichen Forschungen zu Trans- und Intersexualität.

Zur Bekanntheit der Begriffe auch außerhalb der Genderstudies hat zweifellos Judith Butler mit ihrem Buch *Gender Trouble* erheblich beigetragen, auch wenn sie gerade eine Kritik an der Sex-Gender-Unterscheidung entwickelte, die bis dahin in breiten Teilen der feministischen Theorie und Forschung relativ unangefochten gebraucht worden war.[22] Butler argumentierte, dass Sex in gewisser

---

22 Wenn auch nicht ganz unangefochten, vgl. z.B. Scott 1988: 28-52.

Weise ebenso Gegenstand kultureller Konstruktion ist wie Gender.[23] Sie radikalisierte auch Foucaults These, wonach Sexualität, verstanden als universale Kausalmacht, ein Konstrukt der wissenschaftlichen Debatten des 19. Jahrhunderts sei: Der Körper selbst ist nach Butler kein vorfindliches Ding, auf das Diskurse gewissermaßen „von außen" einwirken, sondern sei selbst in seiner Materialität durch Diskurse konstruiert.[24] Die zentrale These in *Gender Trouble* geht dahin, dass durch die drei Eckpunkte *sex*, *gender* und *desire* und ihre diskursiven Bezüge untereinander eine „heterosexuelle Matrix"[25] produziert und reproduziert werde. Butler versucht dies anhand der einschlägigen feministischen Theorien, unter anderem anhand von Beauvoir, Wittig und Irigaray zu zeigen. Sie setzt sich dabei mit Freud auseinander und argumentiert mit und gegen postmoderne Philosophen – von Lacan über Derrida bis Foucault.

Butlers Aufarbeitung der feministischen Philosophie der vorangegangenen Jahrzehnte und ihre radikale Kritik daran gehört zu den meistrezipierten Texten der Genderstudies. Zu ihrer großen Resonanz beigetragen haben aber auch ihr starker Bezug auf Homosexualität, Travestie und Transsexualität und die Idee der *Performanz* von Geschlecht, die wichtige Impulse zur Begründung der *Queer Studies* lieferten. Im gleichen Zeitraum, Anfang der 1990er Jahre, erschienen einige empirische soziologische und kulturwissenschaftliche Studien zu Transsexualität und Travestie, die interdisziplinär auf beste Rezeptionsbedingungen stießen und die gesamte interdisziplinäre Theoriebildung um *doing gender* weiter in konstruktivistischer Richtung verstärkten.[26]

Viele dieser Forschungen waren inspiriert durch die empirische ethnomethodologische Untersuchung des amerikanischen Soziologen Harold Garfinkel über die transsexuelle Agnes, die sich als Frau in einem männlichen Körper fühlte und entsprechend umoperieren ließ.[27] Garfinkel arbeitete bereits mit dem Psychiater und Psychoanalytiker Robert Stoller zusammen, der in der feministischen Literatur oft als frühester Gewährsmann für die Sex-Gender-Unterscheidung in Anspruch genommen wird.[28] Neuerdings wird aber auch, unter anderem vermit-

---

23 Vgl. Butler 1990 bzw. in der deutschen Übersetzung Butler 1991.
24 Zur deutschsprachigen Auseinandersetzung mit Butler vgl. Landweer/Rumpf 1993, darin besonders die Beiträge von Lindemann, Hirschauer, Landweer (kritisch zu Butlers „Diskursontologie") und Hark; Wobbe/Lindemann 1994, darin insbesondere die Beiträge in Teil II sowie Frankfurter Institut für Sozialforschung 1994.
25 Vgl. Butler 1991: z.B. 88.
26 Vgl. z.B. Hirschauer 1993, Lindemann 1993, Garber 1992 und Landweer 1994.
27 Vgl. Garfinkel 1967, Kapitel V.
28 Vgl. z.B. Andermahr/Lovell/Wolkowitz 1997.

telt über Butlers Rezeption, auf eine noch frühere Version dieser Unterscheidung beim Psychologen und Sexologen John Money verwiesen, der sich bereits in den 1950er Jahren intensiv mit dem Phänomen Intersexualität beziehungsweise „Hermaphrodismus" beschäftigte und in diesem Zusammenhang den Begriff „*gender role*" prägte:

> „The term *gender role* is used to signify all those things that a person says or does to disclose himself or herself as having the status of boy or man, girl or woman, respectively. It includes, but is not restricted to sexuality in the sense of erotism."[29]

Wir werden im Folgenden einen Teil von Moneys Forschungen kurz skizzieren, um anhand seiner Rezeption den engen Zusammenhang von empirischer Forschung, Lebenswelt und interdisziplinärer, auch feministischer, Theoriebildung deutlich zu machen.

Money war ab 1951 als Professor für medizinische Psychologie an der Johns Hopkins Universität in Baltimore tätig, wo er eine „Gender Identity Clinic" mitbegründete und empirische Untersuchungen zum Thema durchführte. 1955 berichtet er von einer Untersuchung mit 76 Intersexuellen und kommt zum Ergebnis, dass das soziale geschlechtliche Rollenverständnis nicht in einem zwingenden Verhältnis zur sexuellen, insbesondere hormonellen, Biologie steht. Die Ergebnisse seiner Studien, nämlich dass die (uneindeutigen) biologischen Gegebenheiten keine klaren, eindeutigen Verbindungen zur eingenommenen Geschlechterrolle seiner Studienteilnehmer haben – die für Money noch ganz unhinterfragt notwendigerweise der dualen gesellschaftlichen Ordnung folgen müssen – führten den Autor dazu, der sozialen Herstellung von Geschlecht eine erhebliche Bedeutung beizumessen.

> „In the light of hermaphroditic evidence, it is no longer possible to attribute psychologic maleness or femaleness to chromosomal, gonadal, or hormonal origins, nor to morphological sex differences of either the internal accessory reproductive organs or the external genitalia. [...] From the sum total of hermaphroditic evidence, the conclusion that emerges is that sexual behavior and orientation as male and female does not have an innate, instinctive basis. In place of a theory of instinctive masculinity or femininity which is innate, the evidence of hermaphroditism lends support to a conception that, psychologically, sexuality is undifferentiated at birth and that it becomes differentiated as masculine and feminine in the course of the various experiences of growing up."[30]

---

29 Money 1955: 254. [Herv. i. O.].
30 Money/Hampson/Hampson 1955: 308.

Money beschränkte sich bei der Interpretation seiner Ergebnisse allerdings nicht auf Intersexualität, sondern weitete seine Befunde zu einem umfassenden Gender-Konstruktivismus aus. Sein Name ist heute untrennbar verbunden mit dem tragischen Fall von David Reimer, in der Fachliteratur auch unter dem Pseudonym „John/Joan" bekannt. David Reimer wurde in den 1960er Jahren als Säugling bei der Beschneidung versehentlich der Penis verstümmelt; das Kind wurde auf Moneys Anraten zu einem Mädchen umoperiert und zunächst als solches erzogen. Money, der die Geschlechtsumwandlung begleitete, publizierte den Fall als Erfolg und als Beweis für die soziale Konstruiertheit von Geschlechtsidentität und beflügelte damit konstruktivistische Theorien.[31] 1997 schien dann allerdings durch die Publikation der späteren Entwicklung von John/Joan der Fall plötzlich von einem Beweis zu einem Gegenbeweis des Gender-Konstruktivismus zu werden, den Gegner sozialkonstruktivistischer Theorien für sich reklamierten.[32] David Reimer hatte sich seiner Erziehung als Mädchen und der damit einhergehenden klinischen Behandlung zunehmend vehement widersetzt, sich im Alter von vierzehn Jahren für ein Leben als Junge entschieden – und sich schließlich mit 38 Jahren das Leben genommen.[33]

Moneys Forschungen lassen sich – nicht nur aufgrund der sie begleitenden medizinischen Eigenmächtigkeit, wenn nicht Gewalt, mit ihren tragischen Folgen für David Reimer – nur bedingt für die feministische Theoriebildung reklamieren. Sein radikaler Konstruktivismus ging auch noch mit einer als problematisch anzusehenden eindeutigen heteronormativen Absicht einher. So lässt sich die von Intersexuellenverbänden schon längst angeprangerte und in Deutschland erst vor kurzem vom Ethikrat verurteilte Praxis, Intersexuelle zugunsten einer ‚normalen' sozialen Entwicklung schon früh zu einem eindeutigen Geschlecht hin umzuoperieren, ebenfalls unter anderem auf ihn zurückführen.[34]

Die Philosophin Judith Butler, der die Kritik nach ihrem Buch *Gender Trouble* häufig eine ebenso radikal konstruktivistische Auffassung wie John Money

---

31 Vgl. Money/Ehrhardt 1972.
32 Vgl. z.B. Colapinto 2000. Vgl. dazu Butler 2001 bzw. die deutschsprachige Übersetzung in Butler 2009: 97-122.
33 Vgl. dazu Diamon 2004.
34 Diese gewaltsame ‚Normalisierung' geht aber auf Kosten der sexuellen Integrität und oft auch der sexuellen Empfindungsfähigkeit, und sie ist zumeist mit einer erheblichen frühkindlichen Traumatisierung durch Operationen und ärztliche Behandlungen verbunden. Die Tendenz, solche Kinder hierbei vorwiegend dem weiblichen Geschlecht zuzuweisen, ist vor allem der chirurgisch leichteren Herstellung weiblicher Genitalien zuzuschreiben.

und einen ähnlich problematischen Glauben an die Möglichkeit der willkürlichen Geschlechtsänderung unterstellte, beschäftigte sich mit diesem kritischen Fall vor ein paar Jahren ausführlich.[35] In ihrem Versuch, David Reimer „gerecht zu werden"[36], weist sie unter anderem auf die traumatisierenden Umstände der die ganze Kindheit von David Reimer über kontinuierlich durchgeführten Geschlechtsumwandlung hin und argumentiert mit Verweis auf die komplizierte Gemengelage von empirischer Forschung, lebensweltlichen Problemen und gesellschaftspolitischen Grabenkämpfen dafür, dass die historischen Fakten weder einen eindeutigen Beweis noch einen klaren Gegenbeweis für eine theoretische Unterscheidung von Sex und Gender zu liefern vermögen. Vor allem die Tatsache, dass der Fall von Anfang an Gegenstand gesellschaftspolitischer Auseinandersetzungen wurde, erlaubt es nicht, ihn als rein empirisches Forschungsergebnis zu lesen und daraus eindeutige theoretische Aussagen abzuleiten: Der Aspekt der menschlichen lebensweltlichen Erfahrung spielte darin, wie Butler betont, weder für die Befürworterinnen und Befürworter noch die Gegnerinnen und Gegner der Geschlechtsumwandlung eine angemessene Rolle. Butlers Text steht nicht zufällig unter dem Titel *Jemandem gerecht werden* (*Doing Justice to Someone*); die Theorie der Geschlechtlichkeit muss sich nicht nur der naturwissenschaftlichen Empirie mit all ihren Implikationen öffnen, sondern genauso auch der Lebenserfahrung von spezifisch betroffenen Menschen, etwas, das Butler in ihren Überlegungen explizit versucht.

Fazit

Wir haben gezeigt, dass für die feministische Theoriebildung – und das gilt vermutlich auch für relevante Bereiche nicht-feministischer philosophischer Forschung – gerade solche Untersuchungen zu innovativen philosophischen Einsichten und Thesen führten und die Theoriedebatte beflügelten, die entweder Erfahrungen zum Gegenstand hatten oder aber sich auf empirische Materialien in origineller Weise bezogen. Dies gilt bereits für Simone de Beauvoir, die in ungewöhnlicher Breite Ergebnisse anderer wissenschaftlicher Disziplinen in ihre philosophische Analyse der Geschlechterverhältnisse einbezog, um ihre Alteritätstheorie darauf zu gründen. Damit modifizierte sie wesentlich das philosophische Verständnis von Subjektivität und Freiheit. Denn ihre Analyse macht nicht

---

35 Vgl. Butler 2001.
36 Vgl. den Titel von Butler 2001: *Doing Justice to Someone* (dt. 2009: *Jemandem gerecht werden*).

nur auf einige bis dahin unbeachtete soziale Bedingungen der Möglichkeit von Freiheit aufmerksam (nämlich die Fesselung von Frauen an reproduktive Belange), sondern auch auf noch schwieriger zu überwindende diskursive und begriffliche Ausschlüsse: Im Gegensatz zum „allgemein Menschlichen" ist das von Beauvoir analysierte „andere" Geschlecht nicht intelligibel, jedenfalls so lange nicht, wie „Geschlecht" vor allem mit „Frauen" assoziiert ist. Die Tatsache, dass der Begriff „Mann" in vielen Verwendungszusammenhängen immer noch eher das allgemeine Personsein als ein bestimmtes Geschlecht bezeichnet, stellt ein begriffliches Problem dar, nicht bloß eines der sprachlichen Benennung.

Inspirierend für die Theoriebildung waren zudem Forschungen, die empirische Quellen neu entdeckten oder einer neuen Lektüre unterzogen, wie diejenigen Karin Hausens, deren Historisierung der Anthropologie die zeitlose philosophische Rede vom ‚Menschen' in Frage stellte. Die Kritik an falschen Universalisierungen wurde von Michel Foucaults innovativem Umgang mit historischen Quellen radikalisiert: Indem er historische Praktiken untersuchte, ihre Wahrheitsansprüche kontextualisierte und damit Heideggers Relativierung des Wahrheitsbegriffs gewissermaßen auf eine materiell gehaltvolle Grundlage stellte, leistete er einen entscheidenden Beitrag zur Debatte über Universalität und Relativität von Wahrheitskriterien.

Während die bisher genannten Analysen eher zu Modifizierungen und Differenzierungen philosophischer Kategorien beitrugen, wurde durch Gilligans empirische Untersuchungen eine Erweiterung moralphilosophischer Kategorien um den Begriff der Fürsorge angestoßen.

Forschungen schließlich, die sich auf konkrete menschliche Erfahrungen wie die je unterschiedlich erlebte und gelebte Sexualität bezogen, wie die Studien von Money und Garfinkel, öffneten nicht nur neue Perspektiven auf Geschlechtlichkeit, sondern ermöglichten eine Differenzierung der Debatten um Reichweite und Grenzen biologischer Gewissheiten. Damit war einer Radikalisierung der schon bei Beauvoir angelegten Ethik des Selbstentwurfs der Weg geebnet. In diesem Sinn stellt Butlers Theorie der Performanz des Geschlechts das Problem der Freiheit anthropologisch auf eine neue Grundlage.

Selbstverständlich bedürfte es weiterer eingehender Analysen dessen, was in den entsprechenden Kontexten und bei anderen Beispielen jeweils „Erfahrung", „Lebenswelt" und „Empirie", aber auch „Theorie" genau bedeuten. Dies wäre die Aufgabe einer Wissenschaftstheorie, die den hier skizzierten Überlegungen weiter nachgeht. Die ausgewählten Beispiele aus der Geschichte feministischer Theoriebildung deuten aber bereits auf das Potenzial hin, das die Genderstudies mit ihrer starken Orientierung an Problemen der Lebenswelt und ihrer interdisziplinären Ausrichtung auch für die philosophische Theorie insgesamt haben können.

Wenn, wie eingangs konstatiert, derzeit ein Mangel an innovativer und auch gesellschaftlich relevanter Theorie beklagt wird, so darf daraus unserer Meinung nach nicht die Forderung nach neuen Großtheorien folgen. Was fehlt, sind nicht allumfassende, womöglich weltanschaulich motivierte Erklärungsmodelle, sondern, wie die Analyse gezeigt hat, an konkrete Problemzusammenhänge angebundene und deshalb aussagestarke Theorien. Auf der anderen Seite verstehen wir unseren Beitrag auch als einen Appell, theoretisch stärker fundierte qualitative und quantitative Forschung zu betreiben.

Aus diesen Überlegungen folgt auch, dass eine wichtige Aufgabe für die Wissenschaften insgesamt und auch für die Philosophie in interdisziplinärer Forschung besteht. Philosophie darf sich dabei freilich weder darauf beschränken, Ergebnisse empirischer Forschung lediglich als Material zu übernehmen, noch kann sie sich mit einer bloß nachträglichen Begriffskritik zufriedengeben. Vielmehr muss sie ihre Kompetenzen bereits von Anfang an in den Forschungsprozess einbringen.[37] Damit gibt sie sich nicht auf, sondern kann gerade ihre spezifischen Stärken zur Geltung bringen, etwa das Vermögen, historische Theoriemuster zu erkennen und kritisch zu reflektieren, oder genaue Begriffsanalysen zu leisten. Auch die habitualisierte Fähigkeit, Perspektivenwechsel vorzunehmen, ist für interdisziplinäre Forschung unverzichtbar: In der Philosophie wiegt die kohärente Durchführung einer Argumentation stärker als die Bewertung der philosophischen Position, die gerade eingenommen wird; mögliche Einwände müssen in die eigene Argumentation integrierbar sein oder mit guten Gründen zurückgewiesen werden. In diesem Prozess des Philosophierens wird das ‚Übersetzen' fremder Überlegungen und Einwände in den eigenen Gedankengang eingeübt. Da die unterschiedlichen Disziplinen sehr verschiedene Fachsprachen sprechen, die es zunächst aufeinander zu beziehen gilt, bevor überhaupt mit der Entwicklung einer gemeinsamen Fragestellung und der entsprechenden Forschung begonnen werden kann, ist gerade diese Fähigkeit zum Perspektivenwechsel entscheidend für die Leistungsfähigkeit von Interdisziplinarität. Die Philosophie kann damit eine zentrale Aufgabe in der aktuellen Wissenschaftsland-

---

37 Klassische Vorbilder für interdisziplinäre Theoriebildung wären z.B. die empirischen Untersuchungen der frühen Kritischen Theorie (vgl. Adorno et al. 1950, Jahoda/Lazarsfeld/Zeisel 1933 und Elias 1939) oder Bourdieus sozialphilosophisch motivierte empirische Studien (z.B. Bourdieu 1976). Für einen zeitgenössischen Versuch innerhalb der feministischen Philosophie vgl. Heike Guthoffs Untersuchung über den philosophischen Habitus (Guthoff 2012).

schaft erfüllen, die als eine genuin philosophische Herausforderung betrachtet werden kann.

In einer so verstandenen Philosophie würde das Verhältnis von Peripherie und Zentrum in eine dynamischere Bewegung geraten, als es ohnehin in der Philosophiegeschichte der Fall ist: Das vermeintliche Zentrum der Philosophie würde sich über seinen eigenen peripheren Status im Kreis der Wissenschaften Klarheit verschaffen und den lange Zeit gepflegten Fachhabitus des einsamen und um Resonanz nicht bemühten Denkertums aufgeben, der zur wissenschaftlichen und gesellschaftlichen Marginalisierung des Faches geführt hat. Weil das Verhältnis von Peripherie und Zentrum insgesamt fragil ist, ließe sich auch fragen, ob es überhaupt darum geht, im Zentrum zu agieren, oder ob nicht gerade die Arbeit an den Rändern eines Fachs besonders produktiv sein kann. Mut zur Peripherie kann auch bedeuten, die vernachlässigten Randzonen nicht nur der Philosophie, sondern auch anderer Fächer, zum Beispiel deren fachintern oft wenig anerkannte Wissenschaftsgeschichte, wahrzunehmen und für kreative Arbeit zu nutzen. Die Chance für die Philosophie, wie sie von Beauvoir, Butler und anderen praktiziert wird, liegt vielleicht gerade im Aushalten und Aufrechterhalten der Spannung zwischen Zentrum und Peripherie.

Solche wissenschaftsinternen Verschiebungen würden auch eine andere wichtige Aufgabe der Philosophie befördern, nämlich die Auseinandersetzung mit aktuellen, gesellschaftlich relevanten Fragen. Der gesellschaftliche Bedarf an Orientierung ist heute enorm groß, nicht nur bei Themen der Angewandten Ethik, wie etwa Reproduktionsmedizin, Genforschung oder Umweltpolitik. Auch die Fragen nach der Bedeutung und Rolle von Geschlecht und Geschlechtlichkeit, nach sozialer Gerechtigkeit und nach dem „guten Leben" von konkreten, das heißt geschlechtlich geprägten, sozial situierten Individuen erfordern philosophische Reflexion. Während im Bereich der Lebenswissenschaften die technischen Entwicklungen oft schneller moralische Dilemmata produzieren, als ein Sinn für Angemessenheit für die entsprechenden Situationen ausgebildet und philosophisch reflektiert werden kann,[38] vollziehen sich die Änderungen der Geschlechterverhältnisse deutlich langsamer; zum Teil so langsam, dass gerade für ihre Beharrlichkeit Erklärungsbedarf besteht, zu deren Aufklärung die Philosophie erheblich beitragen könnte. Dazu müsste sie sich aber der Lebenswelt in ihrer ganzen Breite stellen.

---

38 Vgl. Landweer 2012.

Literatur

Adorno, Theodor W. et al. (1950): *The Authoritarian Personality. Studies in Prejudice*, hrsg. v. Max Horkheimer/Samuel H. Flowerman, New York.

Andermahr, Sonya/Lovell, Terry/Wolkowitz, Carol (1997): *A Glossary of Feminist Theory*, London/New York/Sydney/Auckland.

Beauvoir, Simone de (1949/1976): *Le deuxième sexe*, Band 1, Paris.

Dies. (1992): *Das andere Geschlecht. Sitte und Sexus der Frau*, aus dem Französischen von Uli Aumüller und Grete Osterwald, Reinbek bei Hamburg.

Becker-Schmidt, Regina/Bilden, Helga (1991): Impulse für die qualitative Sozialforschung, in: Uwe Flick (Hg.), *Handbuch qualitative Sozialforschung*, München, S 23-30.

Behnke, Cornelia/Meuser, Michael (1999): *Geschlechterforschung und qualitative Methoden*, Opladen.

Bourdieu, Pierre (1976): *Entwurf einer Theorie der Praxis. Auf der ethnologischen Grundlage der kabylischen Gesellschaft*, Frankfurt a. M.

Butler, Judith (1990): *Gender Trouble. Feminism and the Subversion of Identity*, New York/London.

Dies. (1991): *Das Unbehagen der Geschlechter*, Frankfurt a. M.

Dies. (2001): Doing Justice to Someone. Sex Reassignment and Allegories of Transsexuality, in: *GLQ* 7/4, S. 621-633.

Dies. (2009): Jemandem gerecht werden. Geschlechtsangleichung und Allegorien der Transsexualität, in: dies., *Die Macht der Geschlechternormen und die Grenzen des Menschlichen*, aus dem Amerikanischen von Karin Wördemann und Martin Stempfhuber, Frankfurt a. M., S. 97-122.

Colapinto, John (2000): *Der Junge, der als Mädchen aufwuchs*, Düsseldorf/Zürich.

Diamon, Milton (2004): Sex, Gender, and Identity over the Years: A Changing Perspective, in: *Child and Adolescent Psychiatric Clinics of North America* 13, S. 591-607.

Döbert, Rainer/Nunner-Winkler, Gertrud (1986): Wertwandel und Moral, in: Hans Bertram (Hg.), *Gesellschaftlicher Zwang und moralische Autonomie*, Frankfurt a. M., S. 289-321.

Elias, Norbert (1939): *Über den Prozeß der Zivilisation. Soziogenetische und psychogenetische Untersuchungen*, 2 Bände, Basel.

Foucault, Michel (1979): *Sexualität und Wahrheit 1. Der Wille zum Wissen*, Frankfurt a. M.

Ders. (1994): *Die Ordnung des Diskurses*, Frankfurt a. M.

Frankfurt, Harry (1988): *The Importance of What We Care About*, Cambridge.

Frankfurter Institut für Sozialforschung (Hg.) (1994): *Geschlechterverhältnisse und Politik,* Frankfurt a. M.

Garber, Marjorie (1992): *Vested Interests. Cross Dressing & Cultural Anxiety,* New York.

Garfinkel, Harold (1967): *Studies in Ethnomethodology,* Englewood Cliffs, N.J.

Gilligan, Carol (1982a): *Die andere Stimme. Lebenskonflikte und Moral der Frau,* München.

Dies. (1982b): *In a Different Voice. Psychological Theory and Women's Development,* Cambridge, Mass./London.

Goffman, Erving (1979): *Gender Advertisement,* Cambridge.

Ders. (1977): The Arrangement between the Sexes, in: *Theory and Society* 4, S. 301-331.

Guthoff, Heike (2012): *Habitus. Zur Intersektion von Kollektivität und Geschlecht im Fach Philosophie,* Dissertation Freie Universität Berlin.

Hark, Sabine (Hg.) (2001): *Dis/Kontinuitäten: Feministische Theorie. Lehrbuch zur sozialwissenschaftlichen Frauen- und Geschlechterforschung,* Wiesbaden.

Hausen, Karin (2012a): *Geschlechtergeschichte als Gesellschaftsgeschichte,* Göttingen.

Dies. (1976): Die Polarisierung der „Geschlechtscharaktere" – Eine Spiegelung der Dissoziation von Erwerbs- und Familienleben, in: Werner Conze (Hg.), *Sozialgeschichte der Familie in der Neuzeit Europas,* Stuttgart, S. 363-393.

Dies. (1981): Family and Role Division. The Polarization of Sexual Stereotypes in the Nineteenth Century. An Aspect of Dissociation of Work and Family Life, in: Richard J. Evans/W. R. Lee (Hg.), *Social History of the Family in Nineteenth and Twentieth Centuries Germany,* London, S. 51-83.

Dies. (2012b): Der Aufsatz über die „Geschlechtscharaktere" und seine Rezeption. Eine Spätlese nach dreißig Jahren, in: Hausen, *Geschlechtergeschichte als Gesellschaftsgeschichte,* S. 83-105.

Hirschauer, Stefan (1993): *Die soziale Konstruktion der Transsexualität,* Frankfurt a. M.

Hobbes, Thomas (1968): *Leviathan,* hrsg. v. C.B. Macpherson, London.

Hochschild, Arlie Russell (1983): *The Managed Heart. Commercialization of Human Feeling,* Berkeley.

Dies. (1979): Emotion Work, Feeling Rules, and Social Structure, in: *The American Journal of Sociology* 85/3, S. 551-575.

Jahoda, Maria/Lazarsfeld, Paul F./Zeisel, Hans (1933): *Die Arbeitslosen von Marienthal. Ein soziographischer Versuch über die Wirkungen langandauernder Arbeitslosigkeit,* Leipzig.

Kessler, Suzanne/McKenna, Wendy (1978): *Gender – An Ethnomethodological Approach*, New York.

Landweer, Hilge (1994): Jenseits des Geschlechts? Zum Phänomen der theoretischen und politischen Fehleinschätzung von Travestie und Transsexualität, in: Frankfurter Institut für Sozialforschung (Hg.), *Geschlechterverhältnisse und Politik*, Frankfurt a. M., S. 139-167.

Dies. (2012): Freiheit, Widerfahrnis und Unverfügbarkeit. Der Wille zum Entgrenzen des Verfügbaren, in: *Paragrana* 21/2, S. 181-200.

Landweer, Hilge/Newmark, Catherine (2010): Erste Philosophie des Geschlechts. Simone de Beauvoir als existenzialistische Ethikerin, in: Stephanie Bung/Romana Weiershausen (Hg.), *Simone de Beauvoir. Schreiben zwischen Theorie und Erzählung. Querelles – Jahrbuch für Frauen- und Geschlechterforschung*, Band 15, Göttingen, S. 144-164.

Landweer, Hilge/Rumpf, Mechthild (Hg.) (1993): *Kritik der Kategorie ‚Geschlecht', Feministische Studien* 2, 11.

Lindemann, Gesa (1993): *Das paradoxe Geschlecht. Transsexualität im Spannungsfeld von Körper, Leib und Gefühl*, Frankfurt a. M.

Lutz, Bernd (Hg.) (2003): *Metzler Philosophen Lexikon. Von den Vorsokratikern bis zu den Neuen Philosophen*, Stuttgart/Weimar.

Mattéi, Jean-François (Hg.) (1992): *Les Œuvres Philosophiques. Dictionnaire*, Paris.

Money, John (1955): Hermaphroditism, Gender and Precocity in Hyperadrenocorticism: Psychologic Findings, in: *Bulletin of the Johns Hopkins Hospital* 96/6, S. 253-264.

Money, John/Ehrhardt, Anke (1972): *Man & Woman, Boy & Girl*, Baltimore.

Money, John/Hampson, Joan G./Hampson, John L. (1955): An Examination of Some Basic Sexual Concepts: The Evidence of Human Hermaphroditism, in: *Bulletin of the Johns Hopkins Hospital* 97/4, S. 301-319.

Nunner-Winkler, Gertrud (1991): Gibt es eine weibliche Moral?, in: dies. (Hg.), *Weibliche Moral. Die Kontroverse um eine geschlechtsspezifische Ethik*, Frankfurt a. M., S. 147-161.

Reinharz, Shulamit (1992): *Feminist Methods in Social Research*, New York.

Rosenbaum, Heidi (Hg.) (1978): *Seminar: Familie und Gesellschaftsstruktur. Materialien zu den sozioökonomischen Bedingungen von Familienformen*, Frankfurt a. M.

Schott, Robin May (Hg.) (2010): *Birth, Death and Femininity. Philosophies of Embodiment*, Bloomington, Indiana.

Scott, Joan (1988): *Gender and the Politics of History*, New York.

Stoller, Silvia/Vetter, Helmuth (Hg.) (1997): *Phänomenologie und Geschlechterdifferenz*, Wien.
Vogel, Ulrike (Hg.) (2007): *Meilensteine der Frauen- und Geschlechterforschung. Originaltexte mit Erläuterungen zur Entwicklung in der Bundesrepublik*, Wiesbaden.
Volpi, Franco (Hg.) (1999): *Großes Werklexikon der Philosophie*, Stuttgart.
Wobbe, Theresa/Lindemann, Gesa (Hg.) (1994): *Denkachsen. Zur theoretischen und institutionellen Rede vom Geschlecht*, Frankfurt a. M.
Young, Iris Marion (2005): *On Female Body Experience. „Throwing Like a Girl" and Other Essays*, Oxford.

Philosophie außer sich!
Gender, Geschlecht, Queer, Kritik und Sexualität

ASTRID DEUBER-MANKOWSKY

PERIPHERIE UND ZENTRUM

Ich werde meinen Beitrag mit dem Thema des vorliegenden Bandes und dem Titel der zugrunde liegenden Vorlesungsreihe beginnen: *Peripherie und Zentrum. Geschlechterforschung und die Potenziale der Philosophie.* Denn er wirft die für die Untersuchung der Relationen von Philosophie, Geschlecht, *Queer*, Kritik und Sexualität ausschlaggebenden Fragen auf. Ich werde mich entlang der Diskussion des Titels dem Verhältnis nähern, in dem Philosophie und Gender-Forschung zueinander stehen. Zugleich werde ich fragen, um welche Philosophie es sich handelt, die mit der Geschlechterforschung in einem Verhältnis steht und auf welche Weise sich die Geschlechterforschung auf die Philosophie einlässt. Des Weiteren wird zu untersuchen sein, ob sich die Philosophie gleichbleibt oder ob sie sich ändert, wenn sie sich mit der Geschlechterforschung einlässt, und was es andererseits für die Geschlechterforschung bedeutet, sich auf die Philosophie einzulassen und auf deren Potenziale zurückzugreifen.

Welche Implikationen gibt die Überschrift also bezüglich der Potenziale der Philosophie und ihres Verhältnisses zur Geschlechterforschung vor? Peripherie bedeutet ein um ein Zentrum angelegter äußerster Rand. Peripherie und Zentrum beschreiben mithin eine bestimmte topologische und symbolische Anordnung, die sich durch ein Ungleichgewicht der Macht und eine feste Zuordnung der Positionen auszeichnet. Diese Positionen sind durch eine unaufhebbare Distanz voneinander getrennt und nicht austauschbar. Ist es die Geschlechterforschung, die sich um die Potenziale der Philosophie formiert oder sind es die philosophischen Potenziale, welche die Peripherie der Geschlechterforschung bilden?

Sucht man die Wortverbindung *Peripherie und Zentrum* im Internet, so findet man als einen der ersten Einträge den Verweis auf ein DFG-gefördertes Netzwerk mit dem Titel *Zentrum und Peripherie?* – mit Fragezeichen und dem konkretisierenden Untertitel – *Das universale Papsttum und die europäischen Regionen im Hochmittelalter*[1]. Ein Zufall? Wenn das der Fall ist, dann ist der Hinweis auf die zentralistische und hierarchische Organisation der Kirche unter dem Stichwort „Zentrum und Peripherie" jedenfalls ein bezeichnender Zufall. Denn ihren Anspruch auf Universalität und Gleichheit hat die Philosophie im Zuge der Bewegung der Aufklärung in bewusster Abgrenzung zum Kirchenglauben und insbesondere zum Papsttum und dessen zentralistischer Herrschaft erhoben. Der Anspruch auf Selbstgesetzgebung war verbunden mit der Kritik des Dogmas, mit der Kritik des gesetzten Gesetzes, das durch das begründete Gesetz abgelöst werden sollte. Die Forderung nach Gleichheit war gleichbedeutend mit der Kritik der festen, gottgewollten Zuweisung von Oben und Unten, Drinnen und Draußen, Zentrum und Peripherie. Wenn auch durchaus unklar geblieben ist und bis heute darüber gestritten und darum gekämpft wird, wie der Anspruch auf Gleichheit und auf Universalität ausgelegt werden soll und auf wen er sich bezieht – auf Brüder?, Schwestern?, Kinder?, Menschen ohne Staatszugehörigkeit?, Opfer?, Täter? Täterinnen?, auf Angehörige verwandter Spezies des Menschen?, etc. –, so ist doch der Bezug auf diesen Anspruch das erste Moment, das die Geschlechterforschung, insofern sie sich als Praxis einer kritischen Theorie versteht, an die Philosophie bindet.

Nicht nur die feministische Theorie, die Gender- und Geschlechterforschung, sondern auch die *Queer Theory* und nicht zuletzt das Konzept der Intersektionalität sind aus diesem Anspruch der gleichen Behandlung von nicht vergleichbaren, sich der Quantifizierung entziehenden Differenzen hervorgegangen. Zu Recht erinnert Jacques Rancière daran und zu Recht insistiert er auch darauf, dass eine emphatisch verstandene Politik, dass sich Kritik auf das Prinzip der Gleichheit in Bezug auf die Möglichkeit der Regierung, der Verteilung, der Rechte und des Sprechens bezieht und zwar unabhängig von Ausbildung, Reichtum, Herkunft und auch unabhängig von Geschlecht und von der sexuellen Orientierung, der Klasse, der Ethnie oder des Alters u.a.[2] Politische Subjektivierung geht, wie Rancière argumentiert, einher mit dem Aufzeigen eines Dissenses bezüglich der Verhältnisse der Ungleichheit und damit auch bezüglich der Topolo-

---

1 Für die Homepage des DFG-Netzwerks *Zentrum und Peripherie? Das universale Papsttum und die europäischen Regionen im Hochmittelalter* siehe das Literaturverzeichnis.
2 Vgl. Rancière 2002.

gie von Zentrum und Peripherie oder Peripherie und Zentrum. Was politische Subjektivierung meint, verdeutlicht er unter Bezug auf das Beispiel von Olympe de Gouges, jener Revolutionärin und Schriftstellerin, die 1791 die *Erklärung der Rechte der Frau und Bürgerin* verfasste. Die Frauenrechtlerin schrieb im Artikel 10 dieser Schrift, zwei Jahre vor ihrer Hinrichtung: „Keine/r darf verfolgt werden wegen ihrer/seiner Meinung, wie grundsätzlich auch immer. Die Frau hat das Recht, das Schafott zu besteigen, sie hat gleichermaßen das Recht, die Tribüne zu besteigen, solange ihre Manifestationen die öffentliche Ordnung, festgelegt durch das Gesetz, nicht stören."[3]

Was macht das Schafott und die Rednerbühne, diese so ungleichen Orte, vergleichbar? Nichts macht sie vergleichbar. Es ist vielmehr der *Effekt* des Vergleichs dieser ungleichen Orte, um den es hier geht. Denn mit dem Vergleich des Schafotts – das für das Recht auf den Tod steht und damit belegt, dass das natürliche Leben nicht ausgeschlossen ist aus dem Bereich des Öffentlichen – und der Rednerbühne stellt Olympe de Gouges die Grenzziehung in Frage zwischen einem Bereich des privaten Lebens, repräsentiert durch die Frauen, die nicht Anteil haben an der Öffentlichkeit, und einem Bereich des politischen Lebens und der Geschichte, der den Männern vorbehalten sein soll. Sie zeigt, dass das, was als Bereich der Reproduktion und des natürlichen Lebens ausgeschlossen war aus dem Bereich des Politischen, für den die Rednerbühne steht, selbst immer schon geschichtlich war. Sie macht mit ihrer Forderung deutlich, dass der Ausschluss der Frauen aus dem Kreis der Gleichberechtigten, ihr Einschluss in den Bereich des Privaten anfechtbar und politisierbar ist. Die *Erklärung der Menschen- und Bürgerrechte*, die im August 1789 verfasst wurde und auf die Olympe de Gouges mit ihrer *Erklärung der Rechte der Frau und Bürgerin* antwortete, sah diese Rechte nur für mündige Männer vor. Frauen hatten qua Geschlecht kein Wahlrecht, keinen Zugang zu öffentlichen Ämtern und keine Eigentumsrechte, sie waren keine mündigen Bürger. Das Universale bezog sich nur auf den Kreis der Männer, die über 21 Jahre alt waren. Olympe de Gouges erlitt selbst, was sie anprangerte: Sie wurde unter der Herrschaft des *Terreur* als Gegnerin Robespierres zum Tode verurteilt. Die Hinrichtung wurde am 3. November 1793 auf dem Place de la Concorde durch die Guillotine vollstreckt. Ihre Rechte auf die Rednerbühne hat sie allerdings nicht erhalten. Im Gegenteil, sie wurde hingerichtet, weil sie diese Rechte einforderte.

Der demokratische Prozess setzt, wie Rancière am Beispiel von Olympe de Gouges zeigt, „das Universale also [...] permanent als polemische Form aufs

---

3 De Gouges 1791. Für die Übersetzung siehe die Angaben unten auf der website; für die URL siehe das Literaturverzeichnis.

Spiel"[4]. Es ist der Prozess dieses ständigen Aufs-Spiel-Setzens, der Erfindung von Subjektivierungsformen und von Situationen der Erprobung oder Verifizierung, welcher die fortlaufende Privatisierung des öffentlichen Lebens stört. Die Frage des Geschlechts legt sich, wie das Beispiel von Olympe de Gouges zeigt, im Laufe dieser Prozesse der Demokratisierungen über die Frage der Differenzierung von öffentlichem und privatem Leben, von Geschichte und von Natur und eben auch von Philosophie und Nichtphilosophie. Rancière bezieht sich mit dieser Verschiebung der Grenzen zwischen Sichtbarem und Sagbarem, zwischen Singulärem und Allgemeinem am Beispiel von Olympe de Gouges auf die komplexen feministischen Diskussionen über das Verhältnis von Geschlechterdifferenz und Demokratie, wie sie die Historikerin und Philosophin Geneviève Fraisse[5] beispielhaft in ihrem Buch *Muse de la raison. Démocratie et exclusion des femmes en France* (1989)[6] aufgezeichnet und in ihren philosophischen Konsequenzen reflektiert hat. Auch wenn Rancière Fraisse nicht zitiert, so sind ihm die Arbeiten von Fraisse doch bekannt. Geneviève Fraisse und Rancière waren 1974 gemeinsam beteiligt an der Gründung des *Centre de Recherches sur les Idéologies de la Révolte* und an der Gründung der Zeitschrift *Les Révoltes logiques* (1975-1981).[7] Fraisse vertritt die These, dass die – unmögliche – Verknüpfung von Universalem und Besonderem, von Allgemeinem und Singulärem, wie sie im Denken der Geschlechterdifferenz aufgegeben ist, dazu führt, dass die sexuelle Differenz kein Philosophem sei. „Vielleicht", so gibt sie zu bedenken, habe „die Psychoanalyse den Untersuchungsgegenstand ‚Geschlechterdifferenz' nur produziert, um seine theoretische Unmöglichkeit zu zeigen."[8] Dabei ist der Grund für diese Unmöglichkeit, die Geschlechterdifferenz zu denken, nach Fraisse nicht ein biologischer, sondern ein logischer Grund. Das bedeutet: Die sexuelle Differenz ist deswegen kein Philosophem, weil sie mit der ihrerseits „unmöglichen Frage" nach der Beziehung von Allgemeinem und Besonderem, von Universalem und Singulärem verflochten ist. Fraisse knüpft hier an die feministischen Diskussionen der 70er und 80er Jahre an, die sich im Streit um Differenz oder Gleichheit erschöpft haben. Diese Diskussionen zeigten, dass die Forderung nach Differenz keine Alternative zur Forderung nach Gleichheit dar-

---

4   Rancière 2011: 68.
5   Geneviève Fraisse war zusammen mit Jacques Rancière eine der Mitbegründerinnen des Kollektivs *Révoltes logiques*, das von 1975-81 die Zeitschrift *Les Révoltes logiques* herausgab.
6   Vgl. Fraisse 1989.
7   Vgl. Suter 2011.
8   Fraisse 1995: 41.

stellt, sondern beide immer gleichzeitig auf den besonderen Fall bezogen werden müssen und weitere Differenzierungen notwendig machen.[9] Diese besondere Beziehung, die sich in der philosophischen Beschäftigung mit der sexuellen Differenz zwischen Universalem und Singulärem oder zwischen Rationalem und Kontingentem zeigt, führt, wie ich im Folgenden darlegen werde, zugleich zu einer Vervielfachung der Rationalitäten, zur Praxis von Analysen entlang von Dispositiven, zur Berücksichtigung der philosophischen Bedeutung von Techniken und Medien und zum Denken der Historizität der Rationalität: Sie führt die Philosophie außer sich.

ZUM VERHÄLTNIS VON GESCHLECHTERFORSCHUNG UND DEN POTENZIALEN DER PHILOSOPHIE

Die philosophische Figur der Kritik, aus der sowohl die feministische Theorie wie auch die Geschlechterforschung und die *Queer Theory* hervorgingen und auf die sie immer wieder zurückgehen, ist verbunden mit der Frage der *Aktualität* der Philosophie. Diese Frage der Gegenwärtigkeit der Philosophie wird, wie Foucault gezeigt hat, direkt impliziert durch die Frage: „Was ist Aufklärung?" Sie konfrontierte, so Foucault in seinen Vorlesungen aus den Jahren 1982/83, die Philosophie mit der Frage, welche Form sie in einem spezifischen historischen Moment annehmen könnte bzw. sollte, um diesem historischen Moment zu entsprechen. Foucault stellt das Ereignis heraus, dass Kant mit seiner Beantwortung der Frage *Was ist Aufklärung?* zum ersten Mal in der Geschichte der Philosophie die Gegenwart der Philosophie, „La présence"[10], mit seiner Frage nach dem Ort der Philosophie in der Zeit zu einem philosophischen Problem erhoben habe. Foucault verbindet dieses Ereignis im Anschluss an Kants Appell an ein sich selbst aufklärendes Publikum und dessen Forderung nach einem öffentlichen Gebrauch der Vernunft mit dem Erscheinen eines *wir,* das für den Philosophen zum eigentlichen Objekt seiner Reflexion werde. Der Philosoph sieht sich, wie Foucault ausführt, konfrontiert mit einem Prozess, den er reflektiert und an dem er zugleich teilhat. Die Gegenwart erweist sich in Kants Text mithin als ein philosophisches Ereignis, zu dem der Philosoph, der von diesem Ereignis spricht, selbst gehört. Dieser Bezug zur Aktualität verwandelte sich, wie Foucault zeigt, in eine Problemstellung, welche die Philosophie mit der Geschichte und zuletzt mit der Geschichtlichkeit des rationalen Denkens selbst konfrontiert. *Aufklärung*

---

9   Fraisse 1995: 23.
10 Foucault 2008: 8.

mündet in Fragen, die man, wie Foucault in expliziter Anknüpfung an die Frankfurter Schule formuliert, „an eine Rationalität stellen [muss], die universell zu sein beansprucht und sich doch in der Kontingenz entfaltet."[11] Die Frage der sexuellen Differenz, die Frage von Sex und Gender und die Frage der Sexualität konfrontieren die Forschung, so möchte ich im Anschluss an Foucaults Lektüre von Kant behaupten, mit Formen des Kontingenten, welche die Rationalität und damit die Philosophie in ganz besonderer Weise herausfordern.

Was können wir an diesem Punkt festhalten?

1. Die feministische Theorie, die Geschlechterforschung, die Genderstudies und auch die *Queer Theory* stehen in einer vielschichtigen und spannungsreichen Beziehung zu jener philosophischen Denkfigur der Kritik, die Kant in seiner Beantwortung der Frage *Was ist Aufklärung?* beschrieben hat.
2. Diese Figur oder dieses Konzept der Kritik wirft die Frage nach der Aktualität der Philosophie auf.
3. Das Denken der Aktualität konfrontiert die Philosophie mit der Einsicht, dass sich die als universell verstehende Rationalität, wie Foucault formulierte, in der Kontingenz entfaltet.

Die Frage, mit welcher die feministische Theorie und das Denken der sexuellen Differenz die Philosophie konfrontieren, betrifft, um eine Formulierung von Judith Butler aufzunehmen, die „Kontingenz" ihrer Grundlagen.[12] Damit erweist sich die Beziehung zwischen Philosophie und dem Denken der sexuellen Differenz als äußerst konfliktreich. Denn einerseits bringt die von Foucault als Ereignis charakterisierte Konfrontation der Philosophie mit der Frage der Aktualität eine bestimmte Figur der Kritik hervor, einen Dissens, der sich aus der universalen Forderung nach Gleichheit ergibt, welche die Grundlagen bilden, aus denen, so meine These, die feministische Theorie, die Genderstudies und auch die *Queer Theory* ihre Legitimation beziehen. Zugleich jedoch konfrontieren diese von der Philosophie keineswegs anerkannten Abkömmlinge – die feministische Theorie, die Genderstudies und auch die *Queer Theory* – die auf Rationalität ausgerichtete Philosophie mit der Kontingenz ihrer eigenen Grundlagen.

Nun ist freilich noch ganz offen, was „philosophisch" im Kontext der Überschrift des vorliegenden Bandes *Peripherie und Zentrum. Geschlechterforschung und die Potenziale der Philosophie* meint oder meinen könnte und ebenso offen ist, was unter Geschlechterforschung zu verstehen ist.

---

11 Foucault 2003: 555.
12 Vgl. Butler 1993.

Nehmen wir an, dass Philosophie als Fach, also als Institution zu verstehen ist, mit den dazugehörigen institutionellen Verankerungen von Lehre und Forschung, mit den entsprechenden Veröffentlichungsorganen, Zeitschriften, Tagungen und Drittmittelförderungen, die eine wissenschaftliche *Community* aufrechterhält und gleichzeitig begrenzt, so könnte man den Titel des vorliegenden Bandes dahingehend deuten, dass hier das Fach Philosophie Geschlechterforscherinnen[13] einlädt, um über die Potenziale des Fachs Philosophie für die Forschung im Bereich der Geschlechter zu berichten. Das allerdings würde nahelegen, dass die Geschlechterforschung klar zu trennen ist von der Philosophie, dass die Philosophie bzw. die philosophischen Potenziale durch die Geschlechterforschung nicht berührt und nicht verändert würden, dass die Geschichte der Philosophie und die Geschichte der Geschlechterforschung getrennt voneinander verlaufen, dass die Geschlechterforschung nicht Philosophie und die Philosophie nicht Geschlechterforschung sei. Offen ist freilich auch, was in diesem Zusammenhang unter Geschlechterforschung verstanden werden soll. Forschung über Frauen und über Männer? Oder die Infragestellung der Hierarchie der Geschlechter? Oder: Forschung über Frauen und Männer auf empirischer Basis mit dem Ziel, die Hierarchie der Geschlechter in Frage zu stellen? Oder vielleicht auch: die Fokussierung auf die Frage, was es bedeutet, dass Geschlecht und die sexuelle Differenz eine Frage des Wissens sind und eine Frage an das Wissen und an das Wissbare? Etwa in dem Sinne, in dem Judith Butler, die sich dabei auf Luce Irigaray bezieht, feststellt: „‚Geschlecht' (le sexe) ist aus ihrer (Irigarays) Sicht weder eine biologische noch eine soziale Kategorie und insofern von ‚Gender' unterschieden, sondern eine linguistische, die sozusagen auf der Trennlinie zwischen dem Sozialen und dem Biologischen existiert."[14] Als solche wäre die Geschlechterdifferenz weder eine „Tatsache", noch ein „Fundament welcher Art auch immer", sondern eine „[...] Frage an und für unsere Zeit"[15]. Sie betrifft, wie hier auf einem anderen Wege deutlich wird, wieder die Aktualität der Philosophie. Als diese Frage bleibt sie, worauf Butler mit Irigaray insistiert, „ungelöst und nicht beantwortet"[16]. Weitere Fragen, die sich aus dieser Frage der sexuellen Differenz ergeben, wären, um sie mit Judith Butler zu formulieren: „Wie kann man diese Andersheit durchqueren? Wie kann man sie

---

13 Im Folgenden steht durchgehend die weibliche Funktionsbezeichnung. Damit sollen aber ausdrücklich alle Gender mitgemeint sein (soweit nicht anders spezifiziert).
14 Butler 2009a: 75.
15 Butler 2009b: 285.
16 Ebd.

durchqueren, ohne sie durchzustreichen, ohne ihre Begriffe zu zähmen? Wie kann man dem auf der Spur bleiben, was an dieser Frage ständig ungelöst bleibt?"[17]

PHILOSOPHIE

Beginnen wir bei der Philosophie: Das Beispiel von Olympe de Gouges hat deutlich gemacht, dass die Forderung nach gleichen Rechten und die Forderung nach einer Enthierarchisierung der Beziehung zwischen den Geschlechtern Teil eines folgenreichen und komplexen Prozesses ist, der mit Rancière als Demokratisierungsprozess beschrieben werden kann. In diesem Prozess werden Dualismen und Grenzziehungen zur Disposition gestellt, welche durch die Philosophie, wenn nicht eingeführt, so doch allererst legitimiert und begründet wurden: jene zwischen Kultur und Natur, zwischen politischem Leben und bloßem Leben, zwischen Produktion und Reproduktion, zwischen Form und Materie, zwischen Männlichem und Weiblichem, zwischen Natur und Geist.

Philosophinnen wie Simone de Beauvoir, Luce Irigaray, Sarah Kofman, die bereits genannte Geneviève Fraisse, Monique David-Ménard, Brigitte Weisshaupt, Elisabeth List, Herta Nagl-Docekal, Cornelia Klinger, Penelope Deutscher, Teresa Orozco, Susanne Lettow, Ursula Konnertz oder auch Judith Butler, um nur einige von den Vielen zu nennen, welche Feminismus und Philosophie zusammengeführt haben, haben gezeigt, dass die Philosophie selbst beteiligt ist an der Produktion und Reproduktion von geschlechterkonnotierten, heteronormativen und sexualisierten Metaphern und anthropozentrischen Vorstellungen, welche die abendländische Geschichte des Wissens und ihrer Gegensatzpaare von Natur und Kultur, Geist und Körper, Tier und Mensch, Mann und Frau prägen. Ihre Bezugnahme auf die Philosophie ist deshalb nie ohne Spannung, sie knüpfen an die kritischen Potenziale der Philosophie an und wenden diese auch gegen die Philosophie selbst. Das heißt zugleich: Feministische Philosophinnen stehen im Konflikt mit der Philosophie und insbesondere mit jener Philosophie, die vertreten wird von Philosophen, die ein Interesse daran haben, dass alles so bleibt, wie es ist und jedenfalls kein Interesse daran haben, dass Geschlechterungleichheiten im Rahmen philosophischer Fragestellungen behandelt werden. Feministische Philosophinnen haben in unterschiedlicher Weise erfahren, dass die Institution Philosophie und ihre Vertreter dazu tendieren, jene Denkbewegungen, die sie mit der Kontingenz ihrer Grundlagen konfrontiert, aus der Philosophie auszuschließen. So berichtet etwa Judith Butler, die mit einer Arbeit über Hegels Be-

---

17 Ebd. 286.

griff des Subjekts und dessen Rezeption in der französischen Philosophie des 20. Jahrhunderts promovierte:

„Zu dem Zeitpunkt, als ich anfing, in Yale am Philosophie-Department feministische Philosophie zu unterrichten, bemerkte ich im Hintergrund des Saals ein paar ziemlich verstörte Gestalten, erwachsene Menschen, die sich nach vorn und wieder zurück bewegten, sich anhörten, was ich zu sagen hatte, und dann unvermittelt gingen, nur um nach ein oder zwei Wochen wieder aufzutauchen und das unruhige Ritual zu wiederholen [...]. Es stellte sich heraus, dass es sich um Vertreter der politischen Theorie handelte, die wütend darüber waren, dass meine Veranstaltung unter dem Obertitel der Philosophie stattfand. [...] Und die Frage war nicht, ob ich schlechte Philosophie lehrte oder Philosophie nicht gut lehrte, sondern ob meine Seminare überhaupt Philosophie waren."[18]

Ähnliches berichtet Herta Nagl-Docekal in ihrem Beitrag für die erste Nummer der Zeitschrift *Die Philosophin* zum Thema *Feministische Theorie – Philosophie – Universität* 1990:

„Ein großer Teil der männlichen Mitglieder des Instituts für Philosophie quittiert jedoch den gesamten Themenbereich der philosophischen Frauenforschung noch immer mit (selbstverschuldetem) Unverständnis oder gar strikter Ablehnung, welche häufig aus dem Argument gespeist ist, es handle sich dabei nicht um Philosophie, sondern um Ideologie".[19]

Diese Geste der Abwehr, die Teilung in Philosophie und Nicht-Philosophie ist ganz offensichtlich eine Herrschaftsgeste. Sie produziert Dissens und Widerstand und ist genau darin auch produktiv. Sie führt, wie Judith Butler formuliert, zu einer gespenstischen Verdoppelung und, wie sie mit einer Hegel'schen Figur hinzufügt, zu einer Veränderung der Philosophie. Anstatt sich auf die Frage einzulassen, was Philosophie sei und was nicht, beschreibt Butler diesen Veränderungsprozess der Philosophie als einen Prozess der Verdoppelung und der Spaltung:

„Meiner Ansicht nach sollte eine solche Frage [ob feministische Philosophie Philosophie ist oder nicht] aber deshalb zurückgewiesen werden, weil es die falsche Frage ist. Die richtige Frage hat damit zu tun, wie es zu dieser Verdoppelung des Begriffs ‚Philosophie' kommen konnte, sodass wir es nun mit dieser seltsamen Tautologie zu tun haben, in der wir fragen, ob Philosophie Philosophie ist. Vielleicht sollten wir einfach sagen, dass die

---

18 Ebd. 381.
19 Nagl-Docekal 1990: 12.

Philosophie, so wie wir die institutionelle und diskursive Ausrichtung dieses Begriffs verstehen, nicht länger mit sich identisch ist, sofern sie das jemals war, und dass sie ihre Verdoppelung nun als ein unüberwindliches Problem und ständiges Ärgernis erlebt."[20]

Judith Butler hat dabei nicht nur die feministische Philosophie bzw. die Bezugnahme der Genderstudies und der *Queer Theory* auf die Philosophie im Blick, sondern verbunden damit die Auswanderung der sogenannten kontinentalen Philosophie in den USA aus den philosophischen in die literaturwissenschaftlichen oder religionswissenschaftlichen Institute. Dies hat mit der dominanten Bedeutung zu tun, welche die analytische Philosophie innerhalb des Feldes der Philosophie einnimmt.

Eine ähnliche Auswanderung aus der Philosophie bzw. der Philosophie aus sich selbst kann man auch bei uns beobachten. Tatsächlich gilt auch für Deutschland, was Judith Butler für die USA festhält: „So oder ähnlich ist fast jede feministische Philosophin, die ich kenne, nicht mehr an einem Philosophie-Department beschäftigt".[21] Natürlich gibt es Ausnahmen. Ungeachtet dieser Ausnahmen bleibt jedoch festzuhalten, dass die Texte der feministischen Philosophie nicht in den Kanon der Philosophie Eingang gefunden haben und dass die Diskussion, die Lektüre und Auslegung dieser Texte von Simon de Beauvoir, Luce Irigaray, Sarah Kofman bis Judith Butler an anderen Orten, Institutionen und Instituten stattfindet, unter dem Dach von Fächern wie Literaturwissenschaft, Kunstgeschichte, Sozialwissenschaft, Pädagogik, Kulturwissenschaft oder Medienwissenschaft. Und so ist es auch kein Zufall, dass sich diese Fächer an vielen Universitäten zur Bildung von interdisziplinären Bachelor- und Masterprogrammen in Genderstudies zusammengeschlossen haben, wobei die Philosophie nur selten vertreten ist.

Nach Judith Butler bringt die außer sich geratene Philosophie eine „zweite Philosophie außerhalb der Grenzen hervor, welche die Philosophie selbst gesetzt hat". Je mehr diese sich von der verdoppelten Idee ihrer selbst zu distanzieren versucht, desto wirksamer sichert sie, wie Butler in ihrer an der Hegel'schen Dialektik orientierten Analyse formuliert, die Dominanz dieser anderen Philosophie außerhalb der Grenze, die nie dazu gedacht war, sie in Schach zu halten. „Die Philosophie kann", wie Butler schließt, „nicht mehr zu sich selbst zurückkehren, denn die Grenze, die diese Rückkehr markieren könnte, ist gerade die

---

20 Butler 2009b: 382.
21 Ebd. 386.

Bedingung dafür, dass sich die Philosophie außerhalb ihres institutionellen Ortes entwickeln kann."[22]

Auch die französische Philosophin und Psychoanalytikerin Monique David-Ménard konstatiert eine Spaltung innerhalb der Philosophie. Sie bezieht sich dabei jedoch nicht wie Judith Butler auf eine Hegel'sche Begrifflichkeit und hat auch nicht die Situation in den USA und deren Spaltung zwischen analytischer und kontinentaler Philosophie im Blick. Monique David-Ménard bezieht sich auf die Geschichte der Philosophie in Frankreich, die vermittelt über die Texte und das Denken von Michel Foucault sowohl für die Ausbildung einer gemeinsamen Methodik der interdisziplinären Genderstudies als auch für die Formierung der Medienwissenschaft eine konstitutive Bedeutung hatte. Diese Geschichte ist geprägt durch die Abspaltung der Epistemologie im ersten Drittel des 20. Jahrhunderts von einer Philosophie, die, als Bewusstseinsphilosophie oder als analytische Philosophie, sich weiterhin Wissen und Aussagen zu begründen vornahm, ohne sich auf die Geschichte der Wissenschaften und auf die spezifische Geschichtlichkeit der Rationalität oder die Kontingenz der Grundlagen der Philosophie und des Wissens einzulassen. „Es gibt", so schreibt Monique David-Ménard,

„zwei Arten, Philosophie zu betreiben: Die erste besteht darin, Praktiken und Wissen zu begründen und dabei bei den Fragen der ersten Philosophie oder der Ontologie zu bleiben. Die zweite wählt einen anderen Weg: Sie setzt Artikulationspunkte zwischen unterschiedlichen Wissensbereichen oder zwischen Wissen und Praktiken, die durch diese ganz bestimmten, ausgesuchten Verbindungen ungelöste Fragen ins Spiel bringen, die ihrerseits eine kritische Position und eine begriffliche Elaboration verlangen. Oft sind es die ‚fundamentalsten' metaphysischen Fragen, welche in den Methodenfragen involviert sind, die zunächst ganz offensichtlich nur von lokaler Bedeutung sind."[23]

Monique David-Ménard unterscheidet zwischen zwei Arten, Philosophie zu betreiben, wobei unschwer zu erkennen ist, dass jene Praxis der Philosophie, der sie sich selbst zugehörig fühlt und die geeignet ist, sich den Fragen der Sexualität, des Geschlechts und der sexuellen Orientierung zu stellen, nicht jene ist, die bei sich selbst bleibt. Es ist vielmehr jene Richtung der Philosophie, die methodologische und wissensgeschichtliche Fragen bearbeitet, die in bestehende Wissensbereiche interveniert, Artikulationspunkte setzt zwischen Wissen und Praktiken, die nach Dispositiven des Wissens fragt. Es ist jene Richtung, welche Michel Foucault in Anlehnung an die epistemologischen Schriften insbesondere

---

22 Ebd. 380.
23 David-Ménard 2010: 1. Übersetzung der Verfasserin.

von Georges Canguilhem als Diskursanalyse weiterentwickelt und auf die Geschichte der Wissenschaften vom Menschen übertragen hat: „Das Wort ‚Epistemologie' bezeichnet heute", so schrieb Canguilhem einmal, „die Hinterlassenschaft, um nicht zu sagen den Restbestand jenes traditionellen Zweigs der Philosophie, den die Erkenntnistheorie darstellte."[24] Dieser Feststellung fügt Canguilhem hinzu:

„Seit die Beziehungen der Erkenntnis zu ihren Gegenständen immer stärker durch die wissenschaftlichen Methoden demonstriert wurden, hat die Epistemologie mit den philosophischen Voraussetzungen gebrochen und sich neu definiert, hat sie die Kriterien der Wissenschaftlichkeit nicht länger aus den *apriorischen* Verstandeskategorien abgeleitet, sondern aus der Geschichte der siegreichen Rationalität gewonnen".[25]

Dies führt uns zurück zu der von Foucault formulierten Frage, wie denn überhaupt von einer Geschichte der Rationalität gesprochen werden kann, wie Rationalität und Geschichtlichkeit sich zueinander verhalten. Sie führt uns zurück zu jener Frage, die Foucault in dem ersten Vortrag seiner letzten Vorlesungsreihe in der Lektüre von Kants Text *Was ist Aufklärung?* als Frage nach der Aktualität der Philosophie formuliert hat.

Philosophie, die der Geschichtlichkeit des Wissens, die den kontingenten Grundlagen des Wissens Rechnung trägt, betreibt Philosophie als Wissensgeschichte und sie betreibt Wissensgeschichte als die Geschichte von Begriffen. Michel Foucault hat im Anschluss an die Tradition der Epistemologie eine ganze Reihe von Konzepten und methodischen Ansätzen entwickelt, die längst in die methodische Praxis der Forschung entlang des Begriffs des Geschlechts eingeflossen sind: der Begriff des Diskurses, jener des Dispositivs und der Techniken, der Aussagen und der Positivititäten, der Disziplinarmacht und der Biopolitik. Was aber trägt diese Verknüpfung der Forschung entlang der Frage der Geschlechterdifferenz mit jener Philosophie, welche „Artikulationspunkte" setzt zwischen „unterschiedlichen Wissensbereichen und zwischen Wissen und Praktiken", welche sich im Anschluss an die französische Epistemologie mit der Geschichtlichkeit des Wissens befasst, nun bei für das Konzept der Geschlechterforschung?

4. Die Frage von Gender, Geschlecht und Sexualität wird als eine Frage des Wissens verstanden.

---

24 Canguilhem 1989: 88.
25 Ebd. [Herv. i. O.].

5. Geschlechterforschung wird ihrerseits nicht als eigenes Fach verstanden, sondern als transdisziplinär angelegte Forschung entlang der als Frage konzipierten Geschlechterdifferenz, als Grenzgängerin zwischen den Disziplinen.

GESCHLECHTERFORSCHUNG

Ich komme nun, nachdem ich mich mit der Frage *Welche Philosophie?* beschäftigt habe, zum Schluss zu der Frage: *Welche Geschlechterforschung?* Diese Frage auszuformulieren ist wichtig, denn natürlich steht nicht nur die Geschlechterforschung in einem spannungsvollen Verhältnis zur Philosophie und ihrer Geschichte, sondern auch die Geschlechterforschung selbst sieht sich herausgefordert, will sie den Forderungen einer der Frage der Aktualität verpflichteten Philosophie gerecht werden. Ebenso wenig wie es *eine* Philosophie oder auch nur eine Form der Philosophie außer sich gibt, so gibt es auch nicht nur eine Form, in der sich die Geschlechterforschung auf die Philosophie bezieht. Die verschiedenen Formen der Forschung entlang der Frage der Geschlechterdifferenz stehen auch zueinander in einem Spannungsverhältnis, das nicht zuletzt aus den unterschiedlichen Disziplinen und Wissensbereichen herrührt, die an dieser Forschung beteiligt sind. Sie beziehen sich auf jeweils unterschiedliche philosophische Traditionen und Schulen. Viele Sozialwissenschaftlerinnen beziehen sich, um ein Beispiel zu nennen, auf die Phänomenologie, welche nicht unbedingt kompatibel ist mit der von mir vorgeschlagenen philosophischen Richtung der Epistemologie,[26] was die Spannungsdichte innerhalb des Verhältnisses von Geschlechterforschung und Philosophie noch weiter erhöht. So kritisiert etwa Paula Irene Villa Judith Butlers Verwendung des Begriffs „Gender" als eine „Engführung", da sie die gesellschaftstheoretischen Aspekte des Begriffs unterschlage. Villa bekundet die Schwierigkeiten, welche Sozialwissenschaftlerinnen mit Judith Butlers Konzept des „postsouveränen Subjekts" hätten und verweist zugleich auf die produktiven Anknüpfungsmöglichkeiten, welche die Leibphänomenologie böte, um die Materialität des Geschlechtskörpers zu fassen.[27]

---

26 Auf die Inkompatibilität der historischen Epistemologie und der Phänomenologie hat zum Beispiel Foucault hingewiesen. Sie hängt damit zusammen, dass die Epistemologie als Begriffsgeschichte an der Geschichtlichkeit des Wissens interessiert ist und eben nicht an einer phänomenologischen Beschreibung von unmittelbar gegebenen Erscheinungen oder leiblichen Zuständen.

27 Vgl. Villa 2010: 155.

Ich habe an einem anderen Ort vorgeschlagen, Gender als epistemisches Ding zu verstehen und möchte hier darauf zurückkommen.[28] Denn die Auslegung von Gender als epistemisches Ding zeigt nicht nur an einem Beispiel, wie eine philosophisch inspirierte Forschung möglich ist, in der Gender, Geschlecht und Sexualität als eine Frage an das Wissen verstanden wird, sondern auch, in welcher Weise die Spannungen innerhalb der Genderforschung selbst produktiv werden, ohne dass die genannten Differenzen eingeebnet oder reduziert werden müssten.

GENDER ALS EPISTEMISCHES DING

Wenn ich Gender als *epistemisches Ding* – als eine Frage des Wissens und der Forschung – bezeichne, so ist das zugleich beschreibend und programmatisch gemeint. Beschreibend, weil mir die Differenzierung, die der Wissenschaftshistoriker Hans-Jörg Rheinberger mit dem Begriff des epistemischen Dings zwischen technischen und epistemischen Dingen einführt, um das Verhältnis zwischen epistemischen und technischen Momenten im Forschungsprozess als beweglich zu definieren, auch für das Verhältnis von Gender, Sex, Technik, Kultur und Natur überzeugend erscheint. Epistemische Dinge sind nach Rheinberger „Dinge, denen die Anstrengung des Wissens gilt – nicht unbedingt Objekte im engeren Sinn, es können auch Strukturen, Reaktionen, Funktionen sein."[29] Das epistemische Ding ist zugleich als Frage, die den Forschungsprozess eröffnet, wie auch als dessen Ergebnis zu verstehen. Dabei nimmt es während der gesamten Zeit aktiv am Forschungsprozess teil. Diese Teilnahme manifestiert sich durch die Widerstände, die es den Forschenden entgegensetzt, das heißt konkret, durch die Fragen, die es aufwirft. Epistemische Dinge sind Diskursobjekte und präsentieren sich in einer „charakteristischen, irreduziblen Vagheit und Verschwommenheit"[30] – eben darin erweist sich ihre Materialität, ihre Produktivität und ihre Zukunftsfähigkeit. Die Aufmerksamkeit für die aktive Rolle des Technischen in der Wissensproduktion korrespondiert mit den tiefgreifenden Veränderungen der alltäglichen Lebenswelt, die mit den digitalen Medientechnologien und dem Eintritt der Lebenswissenschaften in den Alltag einhergehen. Wir brauchen nur an die Veränderungen zu denken, welche die Art und Weise betreffen, wie heute gestorben wird, wie gezeugt und geboren wird, was es heißt, gesund

---

28 Vgl. Deuber-Mankowsky 2008.
29 Rheinberger 2006: 27.
30 Ebd.

oder krank zu sein, wie die Selbstversorgung und Selbstführung organisiert wird, wie Risiken verteilt und wie Politiken der Technologien und Selbsttechnologien eingeübt und im Kontext neuliberaler Regime diskutiert werden.[31] Diese Veränderungen korrelieren mit Bedeutungsverschiebungen von Gender.

Dass der Begriff „Gender" nie über eine gesicherte Bedeutung verfügte, hängt mit seiner Vor- und Entstehungsgeschichte zusammen. Donna J. Haraway hat in ihrem 1991 erschienenen Artikel *„Gender" for a Marxist Dictionary: The Sexual Politics of a Word*[32] darauf hingewiesen, wie sehr die Begriffsgeschichte von Gender, der Sex/Gender-Unterscheidung, wie sehr die Genderstudies selbst geprägt sind durch die Tatsache, dass die Einführung von Gender als einer kritischen Kategorie sich auf ein Gender-Konzept stützte, dass seinerseits ein Wissensprodukt ist, das als ein Knoten von Bedeutungen und Technologien von Sex und Gender aus den „normalisierenden, liberalen, interventionistisch-therapeutischen, empirischen und funktionalistischen Lebenswissenschaften" in den USA der Nachkriegszeit hervorgegangen war. Zu nennen ist hier einerseits das 1958 am Medical Centre for the Study of Intersexuals and Transsexuals der University of California eingerichtete Gender Identity Research Project, dessen Forschungsergebnisse von dem Psychoanalytiker Robert Stoller veröffentlicht und generalisiert wurden.[33] Robert Stoller führte den Begriff *„gender identity"* 1963 am Internationalen Psychoanalytischen Kongress in Stockholm ein. Sex war für Stoller verbunden mit Biologie, das meint, wie Haraway differenziert, mit Hormonen, Genen, dem Nervensystem und der Morphologie, Gender mit Kultur, das heißt mit dem Wissenssystem der Psychologie und der Sozialwissenschaften.[34] Zu erwähnen sind andererseits das Projekt des Psychoendokrinologen John Money und seine Veröffentlichungen mit Anke Ehrhardt. Gemeinsam entwickelten und popularisierten sie an der 1966 gegründeten Gender Identity Clinic der Medical School der Johns Hopkins University eine interaktionistische Version des Gender-Identitäts-Paradigmas.[35] Money führte den Begriff *„gender role"* bereits 1955 ein und weitete ihn später zum Begriff der *gender identity role* aus.

Die Unterscheidung eines kulturellen Geschlechts (Gender) und eines biologischen Geschlechts (Sex) wurde Anfang der siebziger Jahre in die feministische

---

31 Vgl. Lindeman 2002, Franklin 1999, Franklin/McKinnon 2001 und Franklin/Roberts 2006. Eine gute Einführung in die Diskussion der neuen Technologien im Bereich der Ethnologie gibt Knecht 2005.
32 Vgl. Haraway 1991: 133.
33 Zu der aktuellen Diskussion in Deutschland vgl. Lang 2006.
34 Vgl. Haraway 2005:133.
35 Vgl. ebd.

Wissenschaftskritik eingeführt.[36] Die kritische Kraft der Kategorie Gender entsprang, um es zusammenzufassen, daraus, dass die Kritik der gesellschaftlichen Machtverhältnisse und der Ungleichheit der Geschlechter verbunden wurde mit der wissenschaftskritischen Frage nach dem Zusammenhang zwischen der Archäologie des wissenschaftlichen Wissens über die Grenze zwischen Natur und Kultur und der Grenze zwischen den Geschlechtern. Anders als Stoller und Money banden die Vertreterinnen der Genderstudies die Kategorie Gender in den Kontext der Frage nach dem Zusammenhang von Herrschaft, Wissen und Macht ein. Die Forschung entlang der Kategorie Gender war damit involviert in aktuelle epistemologische und erkenntniskritische Fragen, die im Kontext der Diskussionen um das postmoderne Wissen ausgetragen wurden.

Hält man sich die von Donna J. Haraway bereits 1991 problematisierte Archäologie des Begriffspaars „Sex/Gender" vor Augen, so scheint sich ein Kreis zu schließen, wenn sich ein Teil der Gender-Forschung aus unterschiedlichen disziplinären Standpunkten in den letzten Jahren dem Verhältnis der Kategorie Gender zur Geschichte des Wissens und den in der Technik materialisierten Wissenspraktiken selbst zuwendet. Kam die Kategorie Gender zunächst als Nahtstelle und Grenze zwischen Natur und Kultur und damit als ein transdisziplinärer Gegenstand der Wissenschaften vom Menschen auf der einen und der Naturwissenschaften auf der anderen Seite in den Blick, so führten die im Feld der Genderstudies behandelten Gegenstände viele Wissenschaftlerinnen zur Problematisierung der im Rahmen der Lebenswissenschaften – die heute die Genetik, die Reproduktionsmedizin, die Agrarwissenschaften und die Neurowissenschaften umfassen[37] – generierten Technologien und Wissensgegenstände und ihrer Verflechtung mit dem lebensweltlichen Alltag. Zwischen die Konzepte Natur, Kultur, Zweigeschlechtlichkeit, Körper und Wahrnehmung schob sich die Frage nach der Technik. Die kontroversen Diskussionen um Donna J. Haraways Cyborg-Manifest[38] mögen als Symptom dafür gelten, dass die in Technologien materialisierten Diskurse und Wissensgeschichten, die technischen Dinge und Medientechniken immer deutlicher als eigenwillige Aktanten und Mitspieler in der Produktion und Gestaltung von gesellschaftlichen Realitäten in den Vordergrund rückten. Es dauerte jedoch einige Zeit, bis das Ausmaß dieser neuen Herausforderung Konturen annahm. Dies korrespondierte mit der Einsicht, dass die Technisierung des Wissens eigene Logiken, Politiken, Notwendigkeiten, Wissenspraktiken und -produkte, Diskurse, Medien, Dinge und Dispositive hervorbrach-

---

36 Vgl. Oakley 1972.
37 Vgl. Palm 2005.
38 Vgl. dazu ausführlich Deuber-Mankowsky 2007: 278ff.

te, die Familien- und Verwandtschaftsverhältnisse, Tod und den Ursprung des Lebens, Krankheit und Gesundheit ebenso neu zu denken verlangten wie die Kategorie des Geschlechts und der Identität sowie das Verhältnis von Gender und Sex selbst.

Das Geschlecht wird in diesem methodischen Zugang ebenso de-essentialisiert und in Praktiken überführt wie „*die* Technik" oder „*die* Gesellschaft". Das politische Ziel orientiert sich hier an einem Technologien und Politiken verbindenden Relationismus, in dem im Verbund mit den Dingen und neuen Technologien integrativ und partizipativ Bedeutungen und Körper geschaffen werden, in denen sich leben lässt. Die Folge ist, dass die Forschung entlang der Kategorie Gender nicht mehr isoliert von diesem Geflecht von Relationen stattfindet. Gender wird in komplexer Weise als Moment einer sich in Interaktion befindlichen Vielzahl von Kategorien analysiert, die aufeinanderprallen, sich überlagern und überschneiden. Diese Entwicklung kann als Ende einer bestimmten Weise der Geschlechterforschung betrachtet werden, sie kann jedoch auch, wie etwa Haraway vorschlägt, als Ausweitung und Komplexitätsgewinn ausgelegt werden:

„Gender is always complexly part of many other categories that pull against it, with it, constantly. All of those issues have led feminist theorists to be writing about all sorts of things that at first blush don't look like topics in feminist theory, but are. The sensibilities of feminist theory are brought to those other topics, and those other topics turn out to be at the heart of things to do with positioning, insistence of gender, sexuality, species, being."[39]

Diese Forschung, in der die Kategorie Gender sich vom Konzept der Gender-Identität gelöst hat, und die sich weder am Körper, noch an der Differenz von Natur und Kultur orientiert, sondern die Gesellschaft und die Politik in die Technologie zu integrieren sucht, bedingt ein Denken, das sich nicht mehr auf die Konzepte von Natur, Kultur und Technik stützt, sondern versucht, sich auf neue Wege einzulassen. Es ist nicht nur die Philosophie, die sich im Kontakt mit der Forschung entlang der Kategorie Gender, welche verflochten ist mit den Fragen nach der sexuellen Differenz, der sexuellen Orientierung, der Kritik und der Sexualität, ändert, sondern auch die Gender-Forschung selbst.

---

39 Haraway 2005: 131.

Literatur

Butler, Judith (2009): *Die Macht der Geschlechternormen und die Grenzen des Menschlichen*, Frankfurt a. M.

Dies. (1993): Kontingente Grundlagen: Der Feminismus und die Frage der „Postmoderne", in: Seyla Benhabib et. al. (Hg.), *Der Streit um Differenz. Feminismus und Postmoderne in der Gegenwart*, Frankfurt a. M., S. 31-58.

Dies. (2009a): Gender-Regulierungen, in: dies., *Die Macht der Geschlechternormen und die Grenzen des Menschlichen*, Frankfurt a. M., S. 71-97.

Dies. (2009b): Kann das „Andere" der Philosophie sprechen?, in: dies., *Die Macht der Geschlechternormen und die Grenzen des Menschlichen*, S. 367-395.

Canguilhem, George (1989): Der epistemologische Status der Medizin, in: ders., *Grenzen medizinischer Rationalität*, Tübingen, S. 69-93.

David-Ménard (2010), *Contribution à une redéfintion de l'Institut de la pensée contemporaine de l'Université Paris-Diderot*, unveröffentl. Positionspapier.

Deuber-Mankowsky, Astrid (2007): *Praktiken der Illusion. Kant, Nietzsche, Cohen bis Donna J. Haraway*, Berlin.

Dies. (2008): Eine Frage des Wissens. Gender als epistemisches Ding, in: Marie-Luise Angerer/Christiane König (Hg.), *Gender goes Life. Die Lebenswissenschaften als Herausforderung für die Gender Studies*, Bielefeld, S. 137-162.

Foucault, Michel (2003): Vorwort, in: ders., *Dits et Écrits. Schriften*, Band 3, Frankfurt a. M., S. 551-567.

Ders. (2008): *Le gouvernement de soi et des autres. Cours au Collège de France (1982-83)*, Paris.

Fraisse, Geneviève (1995): Die Geschichtlichkeit der Geschlechterdifferenz. Ein Programm für mögliche Lektüren, in: dies., *Geschlecht und Moderne. Archäologie der Gleichberechtigung*, Frankfurt a. M., S. 33-51.

Dies. (1989): *Muse de la raison. Démocratie et exclusion des femmes en France*, Paris.

Franklin, Sarah (1999): Making Representations. The Parliamentary Debate on the Human Fertilisation and Embryology Act, in: Jeanette Edwards et al. (Hg.), *Technologies of Procreation. Kinship in the Age of Assisted Conception*, New York, S. 127-165.

Franklin, Sarah/McKinnon, Susan (Hg.) (2001): *Relative Values. Reconfiguring Kinship Studies*, London.

Franklin, Sarah/Roberts, Celia (Hg.) (2006): *Born and Made. An Ethnography of Reimplantation Genetic Diagnostics*, New Jersey.

Haraway, Donna J. (1991): „Gender" for a Marxist Dictionary: The Sexual Politics of a Word, in: dies., *Simians, Cyborgs and Women. The Reinvention of Nature*, New York, S. 127-149.

Dies. (2005): Conversations with Donna Haraway, in: Joseph Schneider (Hg.), *Donna Haraway. (Live Theory)*, New York/London.

Knecht, Michi (2005): Ethnografische Wissensproduktion und der Körper als ethnografisches Objekt im Feld moderner Reproduktionsmedizin, in: Beate Binder/Silke Göttsch/Wolfgang Kaschuba/Konrad Vanja (Hg.), *Ort. Arbeit. Körper. Ethnografie europäischer Modernen*: 34. Kongress der Deutschen Gesellschaft für Volkskunde, Münster u.a., S. 429-438.

Lang, Claudia (2006): *Intersexualität. Menschen zwischen den Geschlechtern*, Frankfurt a. M.

Lindeman, Gesa (2002): *Die Grenzen des Sozialen. Zur sozio-technischen Konstruktion von Leben und Tod in der Intensivmedizin*, München.

Nagl-Docekal, Herta (1990): Zwischen Ausgrenzung und Institutionalisierung. Feministische Philosophie an der Universität Wien, in: *Die Philosophin. Forum für Philosophie und feministische Theorie* 1, S. 7-17.

Oakley, Ann (1972): *Sex, Gender and Society*, London.

Palm Kerstin (2005): Lebenswissenschaften, in: Christina von Braun/Inge Stephan (Hg.), *Gender@Wissen. Ein Handbuch der Gender-Theorien*, Köln/Wien, S. 180-199.

Rancière, Jacques (2002): *Das Unvernehmen. Politik und Philosophie*, Frankfurt a. M.

Ders. (2011): *Der Hass der Demokratie*, Berlin.

Rheinberger, Hans-Jörg (2006): *Experimentalsysteme und epistemische Dinge. Eine Geschichte der Proteinsynthese im Reagenzglas*, Frankfurt a. M.

Suter, Mischa (2011): Ein Stachel in der Seite der Sozialgeschichte: „Les Révoltes logiques", in: *Zeitschrift für Sozial.Geschichte* 5, S. 8-37.

Villa, Paula Irene (2010): (De-)Konstruktion und Diskurs-Genealogie: Zur Position und Rezeption von Judith Butler, in: Ruth Becker/Beate Kortendiek (Hg.), *Handbuch Frauen-und Geschlechterforschung*, 3. erweiterte Auflage, Wiesbaden, S. 114-157.

ONLINE-QUELLEN

DFG-Netzwerk *Zentrum und Peripherie? Das universale Papsttum und die europäischen Regionen im Hochmittelalter* siehe: http://www.zentrumundperipherie.de vom 03.02.2012.

Gouges, Olympe de (1791): *Erklärung der Rechte der Frau und Bürgerin* siehe: http://www.frauenmediaturm.de/themen-portraets/feministische-pionierinnen/olympe-de-gouges/auswahlbibliografie/erklaerung-der-rechte-der-frau-und-buergerin/ vom 12.01.2012.

Feministische Philosophie im post-feministischen Kontext

HERTA NAGL-DOCEKAL

1. BEFINDEN WIR UNS IN EINER POST-FEMINISTISCHEN ÄRA?

Der Begriff „Feminismus" ist gegenwärtig in vielfältiger Weise negativ konnotiert. Vier Beispiele sollen dies illustrieren.

Erstens. Eine Interview-Serie mit jungen Frauen in Großbritannien und Deutschland ließ jüngst eine ablehnende Haltung gegenüber dem gesamten Thema „Feminismus" hervortreten – „feminism is overwhelmingly unpopular, indeed ‚almost hated'", lautet das Ergebnis dieser Studie.[1] Vor allem zwei Bedenken waren maßgeblich: Zum einen wurde „Feminismus" mit einer Art von kämpferischem öffentlichem Auftreten assoziiert, das – so der Einwand – im jetzigen Kontext kontraproduktiv wäre; zum anderen wurde die Einschätzung artikuliert, die Konzeption „Feminismus" generiere einen Identitätsdruck, der dem heutigen Bedürfnis von Frauen nach einer freien Entfaltung ihrer individuellen Besonderheit entgegenstehe. Demnach ist an die Stelle feministischer Ansprüche ein „aggressive individualism" getreten[2]. Das Thema „post-feministisch" hat hier also eine identitätstheoretische Bedeutung, die durch das Bild der starken Frau, die ihr Leben ganz selbst in die Hand genommen hat, definiert ist. – Dieselben in diesen Interviews befragten Frauen berichteten freilich auch von Diskriminierung aufgrund des Geschlechts, insbesondere in der Berufswelt, und diese Erfahrungen entsprechen den generellen empirischen Befunden, etwa hinsichtlich der

---

1 Vgl. Scharff 2011. Scharff zitiert hier McRobbie 2009.
2 McRobbie 2009: 5.

nach wie vor beträchtlichen Einkommensunterschiede oder der „gläsernen Decke" in den Sphären von Beruf und Politik. Damit zeigt sich eine – freilich implizit bleibende – Spannung: Es liegt ja auf der Hand, dass eine nachhaltige Bekämpfung asymmetrischer Strukturen nicht von isolierten Individuen, sondern nur in kooperativen Anstrengungen geleistet werden kann – durch eine Politik, die auf Geschlechtergerechtigkeit abzielt.

Zweitens. Der Begriff „post-feministisch" hat auch eine diskursimmanente Bedeutung, die mit der Generationenfolge im akademischen Raum zu tun hat: Jüngere Forscherinnen und Forscher suchen mitunter den innovativen Aspekt ihrer Arbeiten durch eine neue Selbstbezeichnung zu unterstreichen. Rückblickend werden verschiedene Phasen – „waves" – unterschieden, wobei die Bezeichnung „feministisch" oft auf die Theoriebildung der 1960er und 1970er Jahre beziehungsweise auf egalitäre Konzeptionen eingeschränkt wird. Der Gestus der Distanznahme ist gewiss insofern nachvollziehbar, als sich die frühen Artikulationen feministischer Einsprüche und Zielsetzungen heute in der Tat in vieler Hinsicht als antiquiert darstellen. Um nur einige Aspekte zu nennen: Die ursprünglichen patriarchatskritischen Kategorien erwiesen sich als zu simplifizierend; infolge der Konzentration auf Geschlechterasymmetrien in der weißen Mittelschicht kam die Überlappung mit verschiedenen anderen Strukturen von Diskriminierung – etwa aufgrund der ethnischen oder religiösen Zugehörigkeit, der Hautfarbe oder eben der Zugehörigkeit zu einer ökonomisch und bildungsmäßig unterprivilegierten gesellschaftlichen Gruppierung – nicht in den Blick; und aufgrund der Fokussierung von heterosexuellen Geschlechterrelationen blieben andere Formen von sexueller Orientierung zunächst weitgehend unthematisiert. Die Auseinandersetzung mit diesen Defiziten führte bekanntlich dazu, dass die als „feministisch" titulierten Studien zunehmend durch komplexere beziehungsweise neue Forschungsprogramme – wie die Genderstudies und die rezenteren *Queer* und *Transgender Studies* – ersetzt wurden. Dennoch hat der Begriff „post-feministisch" hier nicht die Bedeutung einer glatten Abkehr. Die Silbe „post" bezeichnet vielmehr – ähnlich wie im Begriff „Post-Moderne" – eine Bezugnahme von der Art, dass die Distanzierung im Kontext einer Anknüpfung erfolgt. Dem entspricht, was ein Blick auf die gegenwärtigen Bedingungen klar zeigt: dass die Forderung einer konsequenten Umsetzung des Prinzips „Gleichheit" keineswegs *toto genere* in die Vergangenheit entlassen werden kann. Auch diejenigen, die ihr Leben in der Terminologie der *Queer* und *Transgender Studies* am besten beschrieben sehen, teilen ja zum Beispiel den Anspruch, „gleichen Lohn für gleiche Arbeit" zu erhalten und in die öffentliche Meinungsbildung und Entscheidungsfindung gleichberechtigt eingebunden zu sein.[3]

Drittens. Eine auffällige Zurückhaltung hinsichtlich des Begriffs „feministisch" zeigt sich selbst bei jenen Frauen, die den „langen Marsch durch die Institutionen" angetreten haben und sich zum Beispiel in Gewerkschaften, politischen Parteien und Entscheidungsgremien, in Bildungsinstitutionen oder kirchlichen Einrichtungen für Geschlechtergerechtigkeit einsetzen. Paradoxerweise beginnt die Artikulation entsprechender Forderungen oft mit den Worten „Ich bin ja keine Feministin, aber …". Dahinter steht offenbar die Erfahrung, dass dieser Begriff in der öffentlichen Meinung weithin so perhorresziert ist, dass seine Verwendung die Chancen auf Erfolg gleich zunichtemachen würde.

Viertens. Den harten Kern der Ablehnung bilden jene politisch einflussreichen und die öffentliche Meinung weithin bestimmenden Kreise, die – indem sie propagieren, dass die Zeit des Feminismus endgültig vorüber sei – auf eine Rückkehr zu traditionellen geschlechterhierarchischen Lebensmustern abzielen. Der auf diese Weise erzeugte Druck dürfte auch ausschlaggebend sein für Elemente der in den Punkten *erstens* und *drittens* beschriebenen Haltungen.

Im Kontrast zu diesen Vorbehalten ist die gegenwärtige Lage aber auch dadurch gekennzeichnet, dass sie in gewisser Hinsicht bereits einen feministischen Zuschnitt aufweist. Es kommt hier darauf an, wie der Begriff „Feminismus" verstanden wird. Blickt man zurück auf die Frauenbewegung, die sich im Anschluss an die Studentenproteste der ausgehenden 1960er Jahre entwickelt hat, so wird – bei aller Diversität der Ansprüche – ein geteiltes zentrales Interesse deutlich, das auch den Schlüsselbegriff definiert: Der Terminus „Feminismus" ist demnach ein Allgemeinbegriff, der sich auf alle Bestrebungen zur Überwindung der Diskriminierung beziehungsweise Unterdrückung von Frauen bezieht. Verwendet man den Begriff in diesem Sinne, so ist nicht zu bestreiten, dass im Laufe der letzten Jahrzehnte eine Reihe von feministischen Forderungen umgesetzt wurden, zumindest in „westlich" orientierten Industrieländern. Dies gilt zunächst für die Sphäre der Gesetzgebung: Klare Verbesserungen sind sowohl hinsichtlich der formalrechtlichen Gleichstellung der Geschlechter zu verzeichnen (im Bereich der staatsbürgerlichen Rechte ebenso wie im Arbeits- und Privatrecht, zum Beispiel in den die Ehescheidung betreffenden Regelungen), als auch hinsichtlich gezielter sozialstaatlicher Maßnahmen und Förderprogramme. Doch auch die sozialen Praktiken haben sich verändert, insofern in den alltäglichen Ge-

---

3 Zu dieser Debatte siehe Ruffolo 2009.

schlechterrelationen in Privatsphäre und Berufswelt ein allmählicher Mentalitätswandel in Richtung reziproker Gleichachtung eingesetzt hat.[4] Und ebenso hat das Engagement für eine Beendigung von Diskriminierung aufgrund der sexuellen Orientierung, das zentrale Argumente feministischer Kritik teilt, erste Erfolge erbracht, etwa in Regelungen für eine eingetragene Partnerschaft gleichgeschlechtlicher Personen.

Zugleich ist offenkundig, dass in praktisch allen Lebensbereichen noch viel verändert werden muss, um geschlechtergerechte Bedingungen zu etablieren. Sich für solche Veränderungen einzusetzen, ist nicht allein Aufgabe der von Diskriminierung Betroffenen; was im Blick auf den Rassismus aufgezeigt wurde, gilt auch hier: All diejenigen, die beanspruchen, dass ihnen Gerechtigkeit – ebenso wie Demokratie – ein Anliegen ist, können sich der Forderung nach Beseitigung jeder Form von Diskriminierung und Unterdrückung nicht entziehen, ohne in ihrem Anspruch unglaubwürdig zu werden. Damit tritt eine merkwürdige Spannung hervor: Während zum einen das Ziel der Gleichstellung von Frauen im Kontext des liberalen Verfassungsstaates nicht abweisbar ist, erregt zum anderen der Begriff „feministisch", der geprägt wurde, um dieser Zielsetzung Profil zu verleihen, die beschriebene verbreitete Abwehrhaltung. Solange diese inkonsistente Lage besteht, wird es nötig sein, dass Frauen einzeln und gemeinsam die Initiative ergreifen, um im öffentlichen Diskurs die Asymmetrien in den herrschenden Geschlechterrelationen zum Thema zu machen.

Die Bedenken gegen derartige kooperative Anstrengungen, die im Punkt *erstens* thematisiert wurden, verlieren ihre Triftigkeit, sobald Folgendes bedacht wird: Versteht man den Ausdruck „Feminismus" als Allgemeinbegriff, dann zeigt sich, dass er nicht *eo ipso* identitätspolitisch aufgeladen ist. Seine Pointe liegt nicht in der Annahme oder Forderung einer geteilten ‚weiblichen' Identität, sondern ist *formaler* Art, insofern es um die Überwindung der unterprivilegierten Positionierung von Frauen geht. Gewiss, das monierte Phänomen eines Identitätsdrucks tritt immer wieder auf – Protestbewegungen tendieren häufig zu verengten Inklusionsansprüchen. (Im Blick auf das *gay and lesbian movement* hat Anthony Appiah dies präzise dargestellt.[5]) Doch wird bei näherer Betrachtung klar, dass es, um sich einem derartigen Druck zu entziehen, nicht erforderlich ist, auf ein gemeinsames politisches Engagement zu verzichten. Im Gegenteil: Die angestrebte freie individuelle Entfaltung kann nur durch kooperative Anstrengungen ermöglicht werden, die darauf abzielen, dass ihr nicht länger Grenzen durch tradierte Geschlechterklischees gesetzt werden. Indessen stellt sich aus der Perspektive einer sozio-ökonomischen Gegenwartsdiagnose die Lage so dar,

---

4 Für rezente empirische Ergebnisse dazu siehe Honneth 2011: 277-316.
5 Vgl. Appiah 1994.

dass die individualistische Rhetorik mit der neo-liberalen Denkweise – und dem dadurch beförderten Konkurrenzdruck – übereinstimmt. Bezeichnenderweise wird der in Punkt *viertens* dargestellte harte Kern der These von der „post-feministischen Ära" gerade im Kontext neoliberaler ökonomischer Konzeptionen gerne vertreten. „(Young) women ‚are currently being disempowered through the very discourses of empowerment they are being offered as substitutes for feminism'."[6] Dieses Problem zeichnet sich auch dort ab, wo das Prinzip *„diversity"* forciert wird. Rezente Analysen zeigen auf, wie das Thema der „Intersektionalität" heute oft seiner kritischen Pointe beraubt wird. Während es primär darum geht, dass die Überlappung der Diskriminierung aufgrund des Geschlechts mit anderen Formen der Benachteiligung – zum Beispiel aufgrund der ethnischen oder religiösen Zugehörigkeit oder der Hautfarbe – eine verschärfte Unterprivilegierung mit sich bringt, richten aktuelle Diversity-Programme im Kontext der Berufswelt das Augenmerk auf die individuelle Verschiedenheit und blenden damit die strukturellen Asymmetrien aus.[7]

Ein anderes unter dem Punkt *erstens* moniertes Problem ist gewiss einleuchtend: Es liegt auf der Hand, dass die konkreten Formen politischer Aktion zu jeder Zeit (und je nach regionalen Gegebenheiten) neu konzipiert werden müssen, um aussichtsreich zu sein. Auch die Kategorien, mittels derer die vorhandenen Asymmetrien dargestellt werden, sind jeweils neu zu bedenken. Dabei dürfen die Auswirkungen der sprachlichen Ebene nicht unterschätzt werden – es geht nicht bloß um Worte. So kann es wohl – unter dem Eindruck der im Punkt *viertens* dargestellten Ablehnung – mitunter strategisch klug sein, auf die Bezeichnung „feministisch" zu verzichten, um die Chance der Umsetzung einschlägiger Forderungen nicht zu beeinträchtigen; wird jedoch eine terminologische Ausweichbewegung dauerhaft vollzogen, so besteht die Gefahr, dass das Anliegen als solches Trennschärfe einbüßt. Dementsprechend hat der Umstand, dass heute vorzugsweise der Begriff „Gender" verwendet wird, Bedenken wachgerufen. Auch wenn auf der Hand liegt – so wurde moniert –, dass eine Auseinandersetzung mit Geschlechterverhältnissen nicht darauf verzichten kann, auf alle involvierten Seiten einzugehen, stellt sich doch die Frage, ob zum Beispiel manche Konzeptionen des Gender-Mainstreaming tendenziell eher eine geschlechtsneutrale Perspektive befördern, anstatt Benachteiligung und Unterdrückung unmittelbar zu fokussieren.[8] Holzleithner betont daher, „dass Gender Mainstreaming

---

6 Scharff 2011: 124. Scharff zitiert hier McRobbie 2009: 49.
7 Vgl. Squires 2007.
8 Vgl. das Kapitel „Gender Mainstreaming" in Holzleithner 2002: 85-101 sowie Stiegler 2010: 933-938.

Frauenpolitik nicht ersetzen, sondern ergänzen soll"[9]. Jedenfalls dürfte klar sein, dass laufend begrifflicher Klärungsbedarf besteht.

2. WAS KANN EINE PHILOSOPHISCHE ZUGANGSWEISE LEISTEN?

Im Blick auf die eben skizzierte Lage kann Philosophie auf zweifache Weise Relevanz gewinnen: Zum einen, insofern ihre sprachkritische Methodik darauf abzielt, den semantischen Gehalt von Begriffen – sowohl aus dem wissenschaftlichen als auch dem alltagssprachlichen Kontext – herauszuarbeiten und dabei fragwürdige Vorstellungen, die oft auch handlungsanleitend sind, aufzuzeigen; zum anderen, indem es zu ihren genuinen Anliegen gehört, den defizitären Vorstellungen eine unverkürzte Konzeption von Humanität entgegenzusetzen. Die Theorien, die unter dem Titel „feministische Philosophie" seit den frühen 1970er Jahren entwickelt wurden, sind von dieser doppelten Perspektive geprägt. Worin ihre zentrale Pointe liegt, erläuterte ich in meinem ersten dieser Thematik gewidmeten Buch – dem 1990 edierten internationalen Sammelband *Feministische Philosophie*[10] – so: Es handelt sich um eine philosophische Forschung, die im Interesse an der Überwindung der Benachteiligung von Frauen – welche alle Lebensbereiche kennzeichnet – ihre Leitfrage hat. In sieben Punkten legte ich damals unter anderem dar, dass feministische Philosophie nicht als eine zusätzliche Teildisziplin zu betrachten ist – neben der Erkenntnistheorie, Ethik, und so weiter –, da es darauf ankommt, alle Bereiche des Faches mit den Problemen der Geschlechterasymmetrie zu konfrontieren. Dabei nahm ich auch auf die philosophiegeschichtliche Forschung Bezug: Zahlreiche Studien zu einzelnen Autoren hatten bereits offengelegt, dass die Rezeption von Gedankengebäuden aus der ferneren wie auch jüngsten Vergangenheit einer Neudimensionierung bedarf. Hervorgehoben habe ich damals ferner, dass die Ergebnisse feministischer Forschung nicht den Charakter einer einheitlichen philosophischen Position haben, da das leitende Interesse in sehr unterschiedlichen, in vieler Hinsicht inkompatiblen Theorien umgesetzt wurde. In diesem Sinne lässt sich sagen, dass der

---

9   Holzleithner 2002: 87.
10 Vgl. Nagl-Docekal 1990: 7-40 (der Band *Feministische Philosophie* enthält u.a. Beiträge von Seyla Benhabib, Agnes Heller, Cornelia Klinger, Sarah Kofmann, Elisabeth List und Brigitte Weisshaupt); wieder abgedruckt in: Peña Aguado/Schmitz 2010: 112-183.

Ausdruck „feministische Philosophie" von Anfang an als ein *umbrella term* fungierte.

Ein ernsthafter philosophischer Anspruch kann freilich nur erhoben werden, wenn die unterschiedlichen Ansätze nicht jeweils zu einer Art ‚Orthodoxie' festgeschrieben werden. Dass eine diesbezügliche Gefahr besteht, ist offenkundig – immer wieder wird versucht, bestimmte Theorien außer Streit zu stellen. Der Grund dafür liegt oft in einer existenziellen Identifikation mit dem Lebenshintergrund, der in jenen Theorien zum Ausdruck kommt. Solch eine biografisch geprägte Zugangsweise gilt es ernst zu nehmen; doch gerade aus diesem Blickwinkel erweist es sich als wichtig zu unterscheiden zwischen dem existenziell relevanten Anliegen einerseits und der Frage, ob es theoretisch angemessen umgesetzt wird, andererseits.[11] Generell ist festzuhalten: Wo eine kritische Neu-Besichtigung unterbunden werden soll, ist der Boden philosophischen Denkens verlassen und durch Ideologiebildung ersetzt. Ein Weiter-Denken erweist sich als unerlässlich, da in zweifacher Hinsicht auf laufende Veränderungen Bezug genommen werden muss: Zum einen auf die je neuen gesellschaftlichen Konstellationen, die es kritisch zu analysieren gilt – dazu gehören heute vor allem die durch Globalisierungsprozesse und Migration[12] hervorgerufenen Verhältnisse –, zum anderen auf die philosophieimmanenten Innovationen. Soll das Anliegen der Überwindung von Diskriminierung argumentativ einsichtig gemacht werden, ist die Berücksichtigung des jeweils aktuellen Differenzierungsniveaus des philosophischen Fachdiskurses erforderlich; andernfalls würde ein theoretisches *pink collar ghetto*[13] entstehen. Doch geht es nicht allein um die Rezeption rezenter Theorien, sondern darum, dass erst auf dieser Basis die eigentliche Zielsetzung verfolgt werden kann: die feministische Frageperspektive zu einem selbstverständlichen Element des philosophischen Mainstreams werden zu lassen.[14]

Von hier aus lässt sich der Titel dieser Ausführungen als Fragestellung transkribieren: Welchen Beitrag kann philosophische Forschung leisten, wenn es darum geht, die Zielsetzung der Geschlechtergerechtigkeit im heutigen Kontext voranzubringen? Welche Themen rücken damit in den Vordergrund? Dass Geschlechtergerechtigkeit den Fokus bildet, heißt nicht, dass die damit gestellten Probleme alle in den Bereich der Rechtsphilosophie fallen. Daher soll nun an-

---

11 Dass zum Beispiel manche Thesen Judith Butlers eine derartige Außerstreitstellung erfahren, wird im Folgenden zu thematisieren sein.
12 Die Vielfalt der damit verknüpften Probleme thematisiert der Band Kahlert/ Ernst 2010.
13 Diesen Ausdruck verwendet Baber 1994: 419.
14 Vgl. Superson 2011.

hand einiger Themen erläutert werden, inwiefern verschiedene philosophische Teildisziplinen Relevanz gewinnen.

2.1 Rückkehr des Naturalismus? (Philosophische Anthropologie)

Der Schlüsselbegriff „Geschlecht" kann, obwohl er seit den Anfängen feministischer Theoriebildung erörtert wird, nicht als geklärt betrachtet werden; er löst nach wie vor Kontroversen aus. Um kurz zu rekapitulieren: Den Fokus der Untersuchung bildete zunächst – ausgehend von sprachwissenschaftlichen Forschungen – die Zweideutigkeit der alltagssprachlichen Ausdrücke: Während die Worte „männlich"/„weiblich" zum einen auf die leiblichen Differenzen Bezug nehmen, bezeichnen sie zum anderen symbolische beziehungsweise soziale Konstruktionen, wie zum Beispiel dichotome Rollenvorstellungen, die auf den biologischen Unterschied projiziert werden. (Zur Illustration dieser semantischen Sachlage lässt sich der Ausdruck „Damenschuh" heranziehen: Dieser nimmt nicht auf eine anatomische Besonderheit der Füße von Frauen Bezug, sondern auf ein kulturelles Ideal.) Das Begriffspaar „Sex/Gender" wurde herangezogen, um die Unterscheidung zwischen dem „biologischen Geschlecht" und dem „sozialen Geschlecht" terminologisch zu fassen.[15] Der Begriff „Gender" bringt zudem die Historizität von Differenzvorstellungen in Sicht: In den verschiedenen Epochen der Geschichte beziehungsweise im Kontext der unterschiedlichen Kulturen wurden der leiblichen Geschlechterdifferenz jeweils andere idealtypische Konstruktionen zugeordnet. Aufgezeigt wurde ferner, welche Auswirkungen die normative Funktion von Geschlechterbildern hat: Da Kinder von klein auf dazu angehalten werden, sich wie ein ‚richtiger Bub' beziehungsweise ein ‚richtiges Mädchen' zu verhalten, werden die sozialen Konstruktionen buchstäblich einverleibt – unser geschlechtstypisches Körpergebaren in Haltung, Mimik und Gestik ist auf diesen normativen Hintergrund zu beziehen.[16] Das bedeutet: Der menschliche Körper ist von der frühkindlichen Sozialisation an kulturell gedeutete und gestaltete Leiblichkeit. Diese Ausdifferenzierung legte das entscheidende Fundament für die kritische Analyse von herkömmlichen hierarchischen Geschlechterordnungen. Es konnte nun aufgezeigt werden, dass die jeweils leitenden Rollenbilder nicht einfach auf die biologische Differenz als solche zurückgehen, sondern auf Deutungen derselben aus dem Blickwinkel von historischen sozioökonomischen Kontexten. So wurde nachgewiesen, dass der in Europa traditionelle „sentimentale Weiblichkeitsentwurf" im Zuge der Herausbildung des euro-

---

15 Siehe Klinger 2011: 202-205 sowie Nicholson 1998: 289.

16 Diese Vorgänge wurden bereits von Simone de Beauvoir eingehend dargestellt. Dazu siehe Landweer/Newmark 2010.

päischen (Groß-)Bürgertums ab der Mitte des 18. Jahrhunderts entstanden ist. Diese Genese ließ sich auch mittels der philosophischen Werke dieser Epoche rekonstruieren.[17]

Das kritische Potenzial der Unterscheidung „Sex/Gender" ist nach wie vor unverzichtbar, da sowohl die Annahme, die tradierten Geschlechterrollen seien in der biologischen Differenz von Mann und Frau verankert, als auch das Insistieren auf entsprechenden gesellschaftlichen Normen auch heute noch verbreitet sind, insbesondere in politisch konservativen oder auch kirchlichen Kreisen. Aus spezifisch philosophischer Perspektive kommt es hier darauf an, das Problem des naturalistischen Fehlschlusses zu durchdenken und für die klischeekritische Argumentation präsent zu halten. Es ist geltend zu machen, dass Normen grundsätzlich nicht unter Verweis auf natürliche Gegebenheiten begründet werden können. Zieht man als Beispiel die gängige Verknüpfung kurativer Aufgaben mit dem weiblichem Geschlecht heran, so ist folgende Alternative zu bedenken: Entweder es handelt sich in der Tat um ein von Natur aus festgelegtes weibliches Verhaltensschema, dann ist eine Formulierung von Normen überflüssig; instinktgeleitete Vorgänge bedürfen keiner normativen Regelung. Oder es geht um die Frage, wie die gesellschaftlich notwendige Betreuungsarbeit organisiert werden soll, dann stehen Normen zur Debatte, deren Rechtfertigung einen Rückgriff auf Prinzipien der Moral und der Gerechtigkeit erfordert.

Im Rahmen des rezenten Gender-Diskurses wurde freilich gegen die Unterscheidung „Sex/Gender" von zwei Seiten her Einspruch erhoben. Dabei zeichnet sich aber die Tendenz ab, jeweils eine der beiden Seiten zu verabsolutieren und so in einen Reduktionismus zu geraten. Zum einen wird von konstruktivistischen Prämissen her argumentiert: Dass unser Körpergebaren einen normativen Hintergrund hat, wird dahingehend gedeutet, dass das biologische Geschlecht insgesamt ein ‚Effekt' kultureller Konstruktion ist, das heißt dass es eine ‚Materialisierung' gesellschaftlicher Normen darstellt. Die Arbeiten von Judith Butler werden vielfach in diesem Sinn rezipiert. Dagegen ist jedoch geltend zu machen, dass die These, wonach selbst unsere organischen Differenzen gesellschaftlich bedingt seien, die menschliche Generativität nicht adäquat zu erfassen erlaubt[18] und dass ein argumentativer Zirkel vorliegt: Die dichotomen Verhaltensnormen, die als Ursprung der ‚Materialisierung' dargestellt werden, setzen immer schon eine geschlechtlich differenzierte Leiblichkeit voraus.[19] Für die Beurteilung der konstruktivistischen Position ist freilich auch deren Motivation relevant: Ausschlaggebend ist die Auseinandersetzung mit Diskriminierung aufgrund der se-

---

17 Vgl. dazu u.a. Doyé/Heinz/Kuster 2002.
18 Vgl. Landweer 1994.
19 Näheres dazu: Nagl-Docekal 2001: 46-68.

xuellen Orientierung. Die Annahme von biologischen Geschlechtsunterschieden zieht unvermeidlich, so wird argumentiert, eine durch ‚Zwangsheterosexualität' geprägte (Erziehungs-)Praxis nach sich. Doch indem hier das Voraussetzen leiblicher Differenzen als notwendig junktimiert mit Verhaltensnormen betrachtet wird, verfängt sich diese emanzipatorische Argumentation ihrerseits im Problem des naturalistischen Fehlschlusses. Um der Diskriminierung von nicht-heterosexueller Orientierung entgegen zu treten, ist vielmehr darauf zu insistieren, dass Normen sich nicht aus biologischen Gegebenheiten rechtfertigen lassen. Obwohl das Plausibilitätsdefizit dieser These rasch offengelegt wurde, findet sie bis heute breite Zustimmung, wobei oft das oben beschriebene Phänomen eines ‚Orthodoxie'-Anspruchs zu beobachten ist.

In umgekehrter Richtung argumentieren die Versuche, an die aktuelle neurowissenschaftliche Forschung gender-theoretisch anzuknüpfen. Auch hier erfolgt häufig eine pauschale Zurückweisung der Unterscheidung von Natur und Kultur[20], und das bedeutet in diesem Fall, dass sich eine naturalistische Unterbestimmung des Menschen abzeichnet[21]. Eine der Fragen, die dadurch hervorgerufen werden, lautet: Wie soll von dieser Basis aus die Dimension des Politischen im Allgemeinen und eines Engagements für Geschlechtergerechtigkeit im Besonderen konsistent erfasst werden? Es gilt also im Binnendiskurs feministischer Theorie die leiblich-symbolische Komplexität von „Geschlecht" in Sicht zu behalten.[22]

2.2 Partizipatorische Parität (Rechtsphilosophie und politische Theorie)

Stellt man sich die Frage, in welcher philosophischen Teildisziplin das zunächst von feministisch motivierten Forscherinnen eingeforderte Prinzip der Berücksichtigung von Geschlechterasymmetrien die nachhaltigste Wirkung auf den Mainstream erzielt hat, so wird die Antwort zweifellos lauten: in der Rechtsphilosophie. (An der letzten Position der Skala wären wohl die spezifischen Lektüren ‚klassischer' Werke der Philosophiegeschichte zu platzieren. Man kann nur mit Befremden notieren, dass hier noch immer eine weitgehende Diskursspal-

---

20 Vgl. Barad 2012. Diese heutige Debatte kann auch als Weiterführung der Theorie Donna Haraways gelesen werden. Vgl. Haraway 1995.
21 Vgl. Hall 2012.
22 Hinsichtlich der geschlechterpolitischen Implikationen der rezenten Debatte zu den Biowissenschaften siehe Lettow 2011. Für eine kritische Sichtung der Neuroökonomie siehe Ulshöfer 2008.

tung existiert: Zum einen unterbleibt im Mainstream der Interpretationsarbeit häufig eine kritische Analyse, wo es um Ausführungen der ‚Klassiker' über Geschlechterrelationen geht; zum anderen sind im Laufe der letzten Jahrzehnte zunehmend subtile feministische Deutungen ‚klassischer' Texte vorgelegt worden, denen die ernsthafte Berücksichtigung, die sie verdienen würden, vielfach versagt bleibt.[23]) Nun zur Rechtsphilosophie: Insofern die Prinzipien „Freiheit" und „Gleichheit" im Zentrum der Theorie des liberalen Verfassungsstaates stehen, konnten die von Seiten der *feminist legal theory* in Gesetzestexten wie auch in der Rechtsanwendung nachgewiesenen vielfältigen Geschlechterasymmetrien auf die Dauer nicht unbeachtet bleiben.[24] Die Aufnahme dieser Analyseperspektive in den rechtstheoretischen Mainstream fand inzwischen ihren Niederschlag in den erwähnten Verbesserungen der Gesetzeslage in zahlreichen Staaten. Doch kann dieser Prozess nirgendwo als abgeschlossen gelten; vielmehr bringt die feministisch motivierte Rechtstheorie laufend offene Probleme in Sicht, die nach einer ausgewogenen rechtlichen Lösung verlangen. Dies entspricht einer Kernthese aller emanzipatorischen Bewegungen: dass aus der Perspektive der Betroffenheit soziale Asymmetrien in der Regel scharfsichtiger in Sicht gebracht werden.

Ein Rückblick macht unmittelbar deutlich, wie sehr diese kritische Arbeit die öffentliche Wahrnehmung von Benachteiligung vorangetrieben hat. In der ersten Phase (in den 1970er und 1980er Jahren) war es vordringlich aufzudecken, dass die Entscheidungen staatlicher Institutionen – sowohl im legislativen als auch im exekutiven Bereich – vielfach eine Benachteiligung von Frauen nach sich zogen, auch wenn dies nicht explizit intendiert war. Um nur ein Beispiel anzuführen: Arbeitsrechtliche Regelungen, die mit der Begründung festgelegt wurden, dem ‚Schutz der Frau' zu dienen, wie etwa das in vielen Industrieländern in der Zeit nach dem ersten Weltkrieg eingeführte Nachtarbeitsverbot für Frauen, erwiesen sich bei näherer Betrachtung als fragwürdig, da sie sich auf eine Klischeevorstellung vom weiblichen Lebenszusammenhang stützten. Unberücksichtigt blieb damit die große Diversität der Interessen, Begabungen und Bedürfnisse von Frauen. Zudem hatte die paternalistische Geste des ‚Schutzes' zur Folge, dass Frauen die Chance genommen wurde, ihr Einkommen durch Nacht-Zulagen zu verbessern. Auf der Basis dieser kritischen Analysen wurden in vielen Ländern im Laufe der letzten Jahrzehnte gesetzliche Veränderungen im Sinne der Prinzipien „Gleichbehandlung" und „Chancengleichheit" vorgenommen.

In diesem Zusammenhang erfolgte eine Ausdifferenzierung des Begriffs „Gleichheit". Vielfach wurde der Verdacht geäußert – und nicht selten hört man

---

23 Wie viel aus feministischem Blickwinkel in den ‚Klassikern' der politischen Philosophie neu zu entdecken ist, zeigt u.a. der Band Heinz/Doyé 2012.
24 Siehe z.B. Habermas 1992: 379-382, 506-515.

ihn noch heute –, die Forderung nach Gleichstellung hätte ihre Pointe letztlich darin, dass Frauen den Männern gleich, das heißt maskulin, werden wollten. Demgegenüber musste klargestellt werden, dass es zwischen einem inhaltlichen und einem formalen Verständnis dieses Begriffs zu unterscheiden gilt, wobei auf die beiden Ausdrücke für „Gleichheit" in der englischen Sprache verwiesen werden konnte: *sameness* und *equality*. Im rechtsphilosophischen Kontext kommt es auf die formale Bedeutung an; der moderne Staat hat zur Leitidee, dass die Einzelnen seitens des Staates in gleicher Weise zu behandeln sind – ohne Ansehen ihres Geschlechts, ihrer Hautfarbe, ihrer Zugehörigkeit zu einer sozial, ethnisch oder religiös definierten Gruppierung und was dergleichen mehr ist. Das bedeutet freilich nicht, dass die formalrechtliche Gleichstellung der Frauen mit den Männern – zum Beispiel hinsichtlich des aktiven und passiven Wahlrechts – ausreichend ist, um Diskriminierung zu beseitigen. Wie die Erfahrung lehrt, ist es den Unterprivilegierten oft nicht möglich, die Rechte, die ihnen *de jure* bereits zustehen, auch *de facto* in Anspruch zu nehmen. Erforderlich sind daher gezielte Fördermaßnahmen. Die feministische Theorie konnte hier an die allgemeine Debatte zur Frage, wie Chancengleichheit zu erzielen ist, anknüpfen. Damit ging eine weitere Präzisierung von „Gleichheit" einher: Wenn spezifische Fördermaßnahmen oft als „umgekehrte Privilegierung" oder „positive Diskriminierung" bezeichnet werden, so gilt es klarzustellen, dass derartige befristete gesetzlichen Regelungen dem formalen Gleichheitsprinzip nicht notwendig widersprechen. Unter Bezugnahme vor allem auf Ronald Dworkin[25] wurde erläutert: Dass der moderne Staat auf dem Prinzip beruht, die Einzelnen „als Gleiche" zu behandeln, schließt ein, dass auf die je besondere Situierung der einzelnen Bürgerinnen und Bürger „in gleicher Weise" Bedacht zu nehmen ist. Unter dieser Perspektive kann selbst eine befristete Ungleichbehandlung als legitim ausgewiesen werden, sofern sie der Behebung von Benachteiligung dient, zum Beispiel in Form einer gezielten Förderung der Ausbildung von Frauen. Diese Präzisierung hat nach wie vor große Relevanz – nicht zuletzt für die Abstützung der Forderung nach Quotenregelungen, die sich heute mit Blick auf die Beharrlichkeit der „gläsernen Decke" wieder verstärkt.

Im Weiteren wurde deutlich, dass eine feministisch motivierte Theorie der Gerechtigkeit sich nicht darauf beschränken darf zu erörtern, wie die Frauen von Seiten des Staates *behandelt* werden. Damit rückte die aktive Staatsbürgerschaft von Frauen in den Vordergrund des Interesses, und „partizipatorische Parität" wurde zu einer zentralen Forderung. Unter Bezugnahme auf die generelle demokratietheoretische Debatte – also auf Autoren wie John Rawls, Jürgen Habermas und Charles Taylor – wurden Konzeptionen für die gleichberechtigte Einbindung

---

25 Siehe Dworkin 1993.

von Frauen auf allen Ebenen der politischen Entscheidungsfindung in gewählten Gremien ausgearbeitet. Ferner wurde die Sphäre der „Öffentlichkeit" thematisiert: Zentral ist hier der Anspruch, dass Frauen in die den gremialen Entscheidungen vorgelagerten Prozesse der öffentlichen Meinungsbildung voll eingebunden sein müssen. Nur dann können Probleme, mit denen typischerweise Frauen (aufgrund ihrer traditionellen Rollen) konfrontiert sind, so zur Geltung gebracht werden, dass sie als Aufgaben für die Politik ernst genommen werden. Im Zeichen dieses Anliegens hat Seyla Benhabib die Konzeption der „deliberativen Demokratie" feministisch gelesen.[26] Dass diese Desiderate heute noch weit entfernt sind von einer angemessenen praktischen Implementierung, steht außer Zweifel.

In Verknüpfung mit diesen Bestrebungen hat sich in letzter Zeit auch ein weiterer Diskurs entwickelt, welcher darauf abzielt, dass auch die Ergebnisse der *Queer* und *Transgender Studies* in der öffentlichen Meinungsbildung – sowie in den gesetzlichen Regelungen – volle Berücksichtigung finden.[27] Ein anderes signifikantes Thema der aktuellen Debatte geht von der bereits von Kant formulierten Einsicht aus, dass der Versuch, die Zielsetzung der Gerechtigkeit in der Beschränkung auf einzelne Staaten umzusetzen, zum Scheitern verurteilt ist. Demgemäß wird die Forderung nach partizipatorischer Parität der Geschlechter jetzt auch im Kontext der zeitgenössischen Entwürfe für eine „globale Demokratie" ausgearbeitet.[28] – Doch trotz dieser Ausweitungen der Rechtstheorie ist festzuhalten, dass eine angemessene Umsetzung des feministischen Anliegens nicht allein mit den Mitteln des Rechts bewerkstelligt werden kann. Dies soll in Punkt 2.5 erläutert werden.

2.3 Geschlechtergerechtigkeit unter Bedingungen der Globalisierung (Sozialphilosophie)

Der Ausdruck „Globalisierung" wird heute in unterschiedlicher Weise verwendet. Während er zum einen eine rein ökonomische Bedeutung hat und die von neo-liberalen Prinzipien bestimmten Vernetzungsprozesse bezeichnet, gibt es auch eine weite Bedeutung des Begriffs, welche die intensivierten weltweiten Verbindungen in den Bereichen der Wissenschaft, Kunst und Kultur mit einbe-

---

26 Vgl. Benhabib 1995 sowie dies. 1999.
27 Näheres dazu in Holzleithner 2002.
28 Vgl. den Heftschwerpunkt der Deutschen Zeitschrift für Philosophie (2003), Heft 4: „Neoliberale Globalisierung aus feministischer Perspektive" mit Beiträgen von Susanne Baer, Alison M. Jaggar und Birgit Sauer.

zieht. Dementsprechend sind auch aus feministischer Perspektive unterschiedliche Akzente zu setzen – jedenfalls ist festzuhalten, dass der feministische Blickwinkel nicht zu einer pauschal globalisierungsfeindlichen Haltung führt. Zunächst aber bringt die feministische Forschung in Sicht, welche negativen Auswirkungen die neo-liberal verfasste Weltwirtschaft auf das Leben von Frauen hat. Ökonomische und politische Entscheidungen in den Industrieländern führen weltweit zu einer Verschärfung bestehender Asymmetrien und zur Genese spezifischer Formen von Diskriminierung. Signifikant ist die Feminisierung von Armut sowie das massive Anwachsen des internationalen Frauenhandels.[29] Ein weiteres Thema feministischer Forschung bildet der Bedeutungsverlust des Nationalstaats: Transnationale Regelungen werden zunehmend von demokratisch nicht legitimierten Akteuren für multinationale Konzerne als *soft law* festgelegt. Die in Einzelstaaten oft mühsam erkämpften arbeitsrechtlichen Gleichstellungsgesetze werden im Zuge der Auslagerung der Produktion häufig umgangen. So ist eine Remaskulinisierung von internationalen Entscheidungen unter Governance-Bedingungen zu verzeichnen.[30]

Andererseits ist, mit Blick auf die weite Bedeutung des Ausdrucks „Globalisierung", hervorzuheben, dass die feministische Forschung selbst seit Jahrzehnten international vernetzt ist. Darin liegt ein eminentes Potenzial: Die erarbeiteten Analysekategorien erlauben es heute, Verschlechterungen der Lage von Frauen rasch zu thematisieren.[31] Dies zeigen u.a. die im Rahmen der Vereinten Nationen laufend durchgeführten empirischen Studien und darauf basierenden Strategievorschläge. (Dass sich in diesem Kontext philosophische Kategorien in der Tat als relevant erweisen können, belegt zum Beispiel die Einbeziehung von Martha Nussbaum in das World Institute for Development Economics Research – ein Institut der United Nations University – in Helsinki.[32])

Eine Tendenz gilt es freilich heute besonders zu beachten: Im öffentlichen Diskurs der westlich geprägten Industrieländer gewinnen feministische Themen neue Aktualität gerade bei denjenigen, die ihre Relevanz bislang im Zeichen einer konservativen Orientierung vehement bestritten haben: Das Problem der Geschlechterhierarchie wird nun außenpolitisch gewendet – so prangerten etwa Schlagzeilen maßgeblicher Medien in letzter Zeit immer wieder die Rechtlosigkeit von Frauen in muslimisch geprägten Ländern an. Demgegenüber empfiehlt sich eine nähere Erkundung des Umfeldes derartiger Berichte, welche die Gefahr

---

29 Für Erläuterungen siehe Jaggar 2003.
30 Vgl. das Kapitel 7 „Veränderung von Staatlichkeit – Transformation von Geschlechterverhältnissen" in Sauer 2001: 283-308.
31 Vgl. Wichterich 2009.
32 Vgl. Nussbaum 2000.

einer Instrumentalisierung des kritischen Impulses feministischer Theorie vor Augen hat. Rezente Studien zeigen auf, wie der rhetorisch nachdrücklich vorgebrachte Anspruch, dass Frauen vor Unterdrückung und Gewalt geschützt werden sollen, oft dafür eingesetzt wird, Kriegshandlungen, die *de facto* ganz anders motiviert sind, zu rechtfertigen.[33]

2.4 Bilder der Warenwelt (Ästhetik)

Die Zeit widmete kürzlich ihren Feuilleton-Schwerpunkt einem Phänomen, das heute ubiquitär ist: Dass die Bilder von Frauen, die uns im Alltag umgeben – in der Werbung zum Beispiel und in Produkten der Unterhaltungsindustrie – zunehmend von der Bildsprache von Softpornos geprägt sind.[34] Konstatiert wird die „Softpornografisierung beinahe aller Gesellschaftsschichten", womit sich „so etwas wie eine pornografische Normalisierung eingestellt" hat[35]. Aus der Perspektive feministischer Ästhetik ist eine kritische Auseinandersetzung mit dieser Entwicklung angezeigt, wobei zunächst zu präzisieren ist: Einsprüche gegen eine solche Art der Präsentation von Frauen werden oft mit dem pauschalen Verdacht diffamiert, auf einer puritanischen Haltung zu beruhen; dagegen ist festzuhalten, dass die feministisch motivierte Kritik nicht der Darstellung von Sexualität als solcher gilt, sondern einer Bildsprache, in der die Frau zum Objekt degradiert wird. Freilich ist heute eine theoretische Neuadjustierung zu leisten. Während frühere feministische Studien zum Thema Pornografie sich – mit gutem Grund – auf das Problem der „Sexualisierung von Gewalt" konzentrierten[36], greift diese Kritik jetzt insofern nicht mehr, als Frauen sich oft selbstbewusst und auch mit einem Schuss Ironie im Stil von Softpornos inszenieren. („Die Zeit" nennt die im „Playboy" erschienenen Fotos des deutschen Frauen-Fußball-Teams als Beispiel.) Doch näher betrachtet bleibt der Verdacht im Raum, dass bei aller Insistenz auf Selbstbestimmtheit die Struktur einer unthematisierten Verdinglichung weiterhin vorliegt. Der Hinweis darauf, dass pornografische Selbstpräsentationen nicht nur bei Frauen anzutreffen sind, räumt dieses Problem nicht aus.[37]

---

33 Vgl. Harcourt 2009 sowie den in Fußnote 1 zitierten Essay.
34 Themenschwerpunkt „Wann wird die Frau zum Sexualobjekt?" der *Zeit* vom 16.06.2011.
35 Iris Radisch ebd.: 53. Vgl. auch: Stelzer 2012.
36 Siehe z.B. Dworkin 1981.
37 Nähere Überlegungen zum Zusammenhang von Pornografie und Objektifizierung in Langton 2009.

2.5 Antizipationen alternativer Lebensformen
(Moral- und Geschichtsphilosophie)

Im Zuge der Einrichtung von Gender-Studies-Studiengängen wurde in der Regel auf Interdisziplinarität geachtet. Dem entspricht eine methodologische Reflexion, die Post-Disziplinarität fordert, das heißt „a cross-cutting type of knowledge production" im Sinne einer multi-, inter- und transdisziplinären Vorgangsweise[38].

Auffälligerweise wird diese pluralistische Rhetorik konterkariert durch eine zunehmende Ausblendung spezifisch philosophischer Fragestellungen. Dies dürfte am methodischen Hintergrund der beiden Themen liegen, die derzeit fokussiert werden: Das Interesse richtet sich zum einen auf die Vielfältigkeit von Geschlechter-Asymmetrien, insbesondere solchen, die bislang unbeachtet blieben oder sich neu formieren, und dies erfordert empirische Erkundungen mit sozialwissenschaftlichen und historischen Methoden; das zweite Kernthema bildet der kulturwissenschaftliche Anspruch auf Dekonstruktion von Geschlecht, der – vor allem im Rückgriff auf psychoanalytische Konzeptionen Lacan'scher Provenienz und auf Foucault – die „normative Zurichtung des Körpers und soziokulturelle Differenzproduktionen" thematisiert[39].

Mit Blick auf diese methodischen Schwerpunktsetzungen scheint es angezeigt, neu sichtbar zu machen, worin der genuine Beitrag philosophischer Zugangsweisen liegen kann, beziehungsweise welche Fragen durch einen dauerhaften Verzicht darauf unterbelichtet bleiben würden. Zu thematisieren ist zunächst, dass in der empirisch oder kulturwissenschaftlich dimensionierten Gesellschaftskritik jeweils Vorstellungen von alternativen, unverzerrten Lebensformen anklingen, deren nähere Erkundung aber eines anderen methodischen Vorgehens bedarf. Diese Vorstellungen betreffen Themen wie „Gerechtigkeit" und „Achtung der Menschenwürde", deren Ausbuchstabierung zu den philosophischen Kernaufgaben gehört; davon war hier bereits die Rede. Doch sie richten sich darüber hinaus auf unser Leben als Ganzes; dies wurde unter anderem in Form der Frage nach einer plausiblen feministischen Utopie artikuliert. Eine philosophisch-argumentative Vorgangsweise hat hier zunächst die Grenzen des Rechts zu bedenken, die selbst dann, wenn die Idee geschlechtergerechter Regelungen voll umgesetzt wäre, bestehen blieben. Die liberale Rechtskonzeption läuft, wie erläutert, darauf hinaus, den Bürgerinnen und Bürgern optimale Bedingungen für ihre möglichst ungehinderte Selbstbestimmung bereitzustellen. Sie fokussiert damit die Einzelnen als Einzelne und überlässt es deren Gutdünken, wie sie ihr

---

38 Lykke 2010: 8.
39 Heike Raab 2011: 17.

Leben gestalten wollen. In dieser Absicherung von Autonomie als Selbstbestimmung[40] liegt ja – historisch betrachtet – die Errungenschaft des modernen Staates. Das heißt zugleich, dass in diesem Rahmen existenzielle Fragen, wie sie unserem Bedürfnis nach vertrauensvollen Gemeinschaften, persönlichen Naheverhältnissen und intimen Bindungen entspringen, offen bleiben.

Auf der Suche nach Formen des Zusammenlebens, die mit dem feministischen Anliegen kompatibel sind, fiel der Blick zunächst auf die Freundschaft. So legte zum Beispiel Marilyn Friedman dar, dass eine Abkehr von traditionell verfassten Familienkonditionen nicht in Vereinsamung zu führen braucht, da ein spezifisches Verständnis von „Freundschaft" eine Alternative in Sicht bringt.[41] Auffällig ist indessen, dass dem Begriff „Liebe" – im Sinne der alltagssprachlichen Bezugnahme auf die intime Zweierbeziehung – über lange Zeit keine vergleichbare Debatte zu einer Neu-Auslegung gewidmet war. Der Grund ist nachvollziehbar: Die feministische Kritik hatte zunächst aufzudecken, wie dieser Begriff zur Camouflage geschlechterhierarchischer Familienstrukturen verwendet wurde – speziell auch in der Zurückweisung feministischer Analysen. Wo zum Beispiel die asymmetrische Verteilung der kurativen und häuslichen Arbeit in der Sphäre der traditionell verfassten Kleinfamilie aufgezeigt wurde, war als Rechtfertigung dieser Struktur häufig zu hören, dass die Ehefrauen all diese Verpflichtungen ja ‚aus Liebe' auf sich nähmen.[42]

Dennoch scheint es nicht wohlbegründet, den Begriff „Liebe" auf die Dauer vorwiegend von dieser – in der Tat kritikwürdigen – Verwendungsweise her zu betrachten. Zu sondieren ist ja auch, wie dieser Begriff re-formuliert werden kann, um dem Bedürfnis nach nicht-hierarchisch verfassten Lebensformen – das sich auf gleichgeschlechtliche ebenso wie heterosexuelle Bindungen bezieht – gerecht zu werden. Unter dieser Perspektive habe ich versucht, den Liebesbegriff Hegels (der von dessen bürgerlicher Familienkonzeption markant unterschieden ist) im Blick auf heutige Ansprüche neu zu lesen.[43]

Was die Möglichkeiten einer über die persönlichen Naheverhältnisse hinausgehenden Verbundenheit anbelangt, gewinnt in der heutigen feministischen Theoriebildung der Begriff „Solidarität" neue Aktualität.[44] Freilich wird diese Kon-

---

40 Dass der Begriff „Autonomie" auch anders bestimmt wurde, erläutere ich in meinem Aufsatz *Über Selbstgesetzgebung und das Glück. Autonomie bei Kant*, Nagl-Docekal 2010.
41 Vgl. Friedman 1993.
42 Dazu siehe das Kapitel II „Familienarbeit: Kann denn Arbeit Liebe sein?" in Krebs 2002: 52-94.
43 Vgl. Nagl-Docekal 2011. Vgl. auch Buchhammer 2008.
44 Vgl. Topolski 2012: 235.

zeption auch nachdrücklich in Frage gestellt. Cornelia Klinger geht in ihrer Kritik von einem Gedanken Horkheimers aus, der auf „die Solidarität der Menschen als endlicher, von Leiden und Tod bedrohter Wesen, die schöner, heller und länger leben wollen, eine Solidarität, die schließlich auf die Kreatur schlechthin sich erstrecken könnte" abzielt[45]. Klinger zeigt einleuchtend, dass dieses Verständnis von „Solidarität" in eine Aporie führt: In der „weltimmanenten Zukunftsorientierung", die auf „das ‚Mehr' des materiellen Wohlstands" und „auf das ‚Besser' des technologischen Fortschritts" ausgerichtet ist, kann die von allen Menschen geteilte, unverfügbare Kontingenzerfahrung – „von Leiden und Tod bedrohte Wesen" zu sein – nicht überwunden werden[46]. „Erst ein umfassender Verzicht auf Flucht vor den Bedingungen von Kontingenz" könnte, so Klinger, „die Aussicht auf eine universale Solidarität" eröffnen, die dann aber „negativ" bleiben müsste „in der Passivität des unfreien und unterschiedslosen Leidens", wie es dem „Säkularisierungsprozess der modernen Gesellschaft" entspricht[47].

Doch kann der Begriff „Solidarität" auch in einer Weise bestimmt werden, die nicht auf Kontingenzverdrängung hinausläuft. Dabei kommt zunächst eine moralphilosophische Pointe zum Tragen. Während es nicht zu bestreiten ist, dass alle Menschen mit Leiden und Tod konfrontiert sind, verhält es sich doch zu jedem Zeitpunkt so, dass bestimmte Individuen beziehungsweise Gruppen mehr zu leiden haben als andere. Der moderne Begriff von Moral – wie er vor allem von Kant elaboriert wurde – besagt nichts anderes, als dass wir, wenn wir zu denjenigen gehören, denen es gerade vergleichsweise besser geht, die Pflicht haben, den stärker Betroffenen zu Hilfe zu kommen; Kant prägt in diesem Zusammenhang den Begriff „Liebespflichten"[48]. Diese haben auch dort Geltung, wo uns diejenigen, die wir zu unterstützen vermögen, nicht persönlich bekannt, sondern *distant strangers* sind. Auf das feministische Anliegen bezogen heißt dies, dass sich ein gemeinsames Engagement für Geschlechtergerechtigkeit, das auch über nationale Grenzen hinwegreicht, moraltheoretisch begründen lässt.

Nun verhält es sich gewiss so, dass ein derartiges Engagement zumindest unausgesprochen die Vorstellung eines „Fortschreitens zum Besseren" impliziert[49]; doch geht es dabei nicht um uneinlösbare Ansprüche auf Kontingenzbewältigung, sondern ganz im Gegenteil um die Frage, wie Menschen – gerade im Blick auf ihre Endlichkeit – ihr Zusammenleben so ausgestalten können, dass alle in ihrer Würde gleich ernst genommen werden. Im Kontext von Kants Moraltheorie

---

45 Horkheimer 1972:160.
46 Klinger 2010: 77f.
47 Ebd. 79.
48 Kant 1963, Band IV: 584-600.
49 Kant 1964, Band VI: 351-370.

eröffnet diese Frage den Themenbereich der Geschichtsphilosophie. So erscheint aus der Perspektive der Suche nach alternativen, geschlechtergerechten Formen des Zusammenlebens eine feministische Geschichtsphilosophie als Desiderat – ein Vorhaben, das noch kaum in Angriff genommen wurde. Freilich: Selbst wenn es gelingen sollte, gerechtere Bedingungen zu etablieren, können Leiden und Tod dadurch nicht überwunden werden. Eine moralphilosophisch verankerte Geschichtsphilosophie behält denn auch im Auge, dass eine weltimmanente Kontingenzbewältigung nicht geleistet werden kann. Doch wäre es ein Trugschluss, daraus einen Einwand gegen Anstrengungen zur Vermehrung von Gerechtigkeit abzuleiten. Geltend zu machen ist nur, dass die letzten Sinnfragen der menschlichen Existenz hier offen bleiben.

Genauer gesagt, ist die Religion der Ort, an dem eine Lösung dieser Fragen intendiert wird. Dazu wäre zu bedenken: Wenn Philosophie im Kontext des feministischen Diskurses die Aufgabe wahrnimmt, einen umfassenden Begriff des Menschen in Sicht zu bringen, dann sollte auch das Thema „Religion" nicht von vorneherein ausgeblendet werden. Lange war dieses Thema mit einer Art Tabu belegt, was wohl mehrere Gründe hat: Zum einen verstellte die Realität verkrusteter, patriarchaler Institutionen den Blick auf den Glauben als solchen (welcher Konfession auch immer), zum anderen erschien – wie unter anderem Jürgen Habermas erläuterte – aus dem Blickwinkel der emanzipatorischen Konzeptionen der Moderne die Religion zunächst als ein charakteristisches Element vormoderner Orientierung, dessen allmähliches Absterben zu erwarten sei. Heute ist die Diskurslage freilich eine andere, vor allem aufgrund der Debatte um den Ort von Religion im liberalen Verfassungsstaat, durch die der Gedanke einer zeitgemäßen Re-Interpretation der religiösen Inhalte (nicht allein des Christentums) Relevanz gewann.[50] Dementsprechend scheint es angezeigt, neben der säkularistischen Option – das heißt einer Haltung, die der Kontingenz mit moralischem Heroismus begegnet – auch die der Gläubigkeit als eine mögliche Lebensorientierung einzuräumen. Würde sich feministische Theorie alle im Rahmen des „nach-metaphysischen" Programms formulierten Distanzierungen unhinterfragt aneignen, so liefe dies auf eine Art der oben beschriebenen Orthodoxie-Bildung hinaus. Jedenfalls ist zu bedenken, dass die Philosophie der Moderne auch differenzierte Überlegungen zum Thema „Glaube" entwickelt hat, wie etwa Kants Postulatenlehre zeigt. Auch würde man sich die Sache wohl zu leicht machen, wollte man das Phänomen, dass unzählige Frauen die Schwierigkeiten und Leiden ihres Lebens auf der Basis ihrer religiösen Überzeugungen zu meistern versuchen, nur verächtlich betrachten. So erhebt sich die Frage, wie eine feministi-

---

50 Siehe z.B. Habermas 2005, besonders Teil II: Religiöser Pluralismus und staatsbürgerliche Solidarität (ebd.106-154). Kritisch dazu Nagl-Docekal 2008.

sche Religionsphilosophie aussehen könnte; Überlegungen zu dieser Thematik liegen bereits vor.[51]

Doch wie immer die Einzelnen sich hinsichtlich der „letzten Dinge" auch entscheiden mögen – gemeinsam ist allen, damit konfrontiert zu sein, dass unser Leben zwischen Geburt und Tod verläuft. Unter dieser Perspektive rückt die Generationenfolge in den Blickpunkt, und damit auch das Faktum, dass wir jahrelang der betreuenden Zuwendung durch andere, die nicht der eigenen Altersgruppe angehören, bedürfen – zunächst als Kinder und schließlich im Alter. Im feministischen Denken wurde diese Thematik zunächst im Rahmen der *care ethics* aufgegriffen, die eine Re-Evaluierung der traditionellerweise von Frauen in der häuslichen Sphäre erbrachten kurativen Leistungen anstrebte, doch erwiesen diese Theorien sich als fragwürdig, da sie mit der Gegenüberstellung von ‚männlichem Rechtsdenken' und ‚weiblicher Fürsorglichkeit' an den traditionellen Geschlechterrollen orientiert blieben. Heute werden in zunehmendem Maße Elemente dieser Betreuungsarbeit in professionalisierter Form geleistet; dennoch steht außer Zweifel, dass es auch ein der Gegenwart angemessenes Verständnis von „Familie" zu erörtern gilt. Wie die laufende Forschung zeigt, geht es nicht nur um *die* Familie (als eine einzige Konzeption), sondern um verschiedene Formen inter-generationeller Bindung, denen gemeinsam ist, die Geschlechterrollen hinter sich gelassen zu haben[52] – und auch, dass ihre Umsetzung nur gelingen kann, wenn die Strukturen der Berufswelt entsprechend modifiziert werden.

Allgemeiner gesagt, hat sich erwiesen: Wo geschlechtergerechte Lebensformen antizipiert werden, darf der Fokus nicht allein auf die Positionierung von Frauen gerichtet sein, da es auf gesamtgesellschaftliche Veränderungen – in globaler Perspektive – ankommt. Dementsprechend bleibt der feministischen Philosophie noch viel zu tun.

---

51 Vgl. Buchhammer 2011 und Nagl-Docekal 2012.
52 Axel Honneth sucht unter dieser Perspektive Hegels Konzeption der Familie als Sphäre der „Sittlichkeit" für die Gegenwart zu adaptieren. Honneth 2011: 277-316.

Literatur

Appiah, Kwame Anthony (1994): Identity, Authenticity, Survival: Multicultural Societies and Social Reproduction, in: Amy Gutman (Hg.), *Multiculturalism: Examining the Politics of Recognition*, Princeton, S. 149-163.
Baber, Harriet (1994): The Market for Feminist Epistemology, in: *The Monist* 77 (4), S. 403-423.
Barad, Karen (2012): *Agentieller Realismus*, Berlin.
Benhabib, Seyla (1999): *Kulturelle Vielfalt und demokratische Gleichheit. Politische Partizipation im Zeitalter der Globalisierung*, Frankfurt a. M.
Dies. (1995): Ein deliberatives Modell demokratischer Legitimität, in: *Deutsche Zeitschrift für Philosophie* 43, S. 3-29.
Buchhammer, Brigitte (2011): *Feministische Religionsphilosophie*, Wien/Münster.
Dies. (2008): Religion und Homosexualität. Eine Relektüre von Hegels Religionsphilosophie, in: Nagl-Docekal/Kaltenbacher/Nagl, *Viele Religionen – eine Vernunft?*, S. 211-233.
Doyé, Sabine/Heinz, Marion/Kuster, Friederike (Hg.) (2002): *Philosophische Geschlechtertheorien*, Stuttgart.
Dworkin, Andrea (1981): *Pornography: Men Possessing Women*, New York (dt.: Dies. (1987): *Pornographie. Männer beherrschen Frauen*, Köln.)
Dworkin, Ronald (1993): Umgekehrte Diskriminierung, in: Beate Rössler (Hg.), *Quotierung und Gerechtigkeit. Eine moralphilosophische Kontroverse*, Frankfurt a. M., S. 74-95.
Friedman, Marilyn (1993): *What are Friends For? Feminist Perspectives on Relationships and Moral Theory*, Ithaka, NY.
Habermas, Jürgen (1992): *Faktizität und Geltung. Beiträge zur Diskurstheorie des Rechts und des demokratischen Rechtsstaats*, Frankfurt a. M.
Ders. (1995): *Zwischen Naturalismus und Religion. Philosophische Aufsätze*, Frankfurt a. M.
Hall, Kim Q. (2012): „Not Much to Praise in Such Seeking and Finding": Evolutionary Psychology, the Biological Turn in the Humanities, and the Epistemology of Ignorance, in: *Hypatia. A Journal of Feminist Philosophy* 27 (1), S. 28-49.
Haraway, Donna J. (1995): *Die Neuerfindung der Natur –Primaten, Cyborgs und Frauen*, Frankfurt a. M.
Harcourt, Wendy (2009): *Body Politics in Development: Critical Debates in Gender and Development*, London.

Heinz, Marion/Doyé, Sabine (Hg.) (2012): *Geschlechterordnung und Staat. Legitimationsfiguren der politischen Philosophie (1600-1850)*, Berlin.

Holzleithner, Elisabeth (2002): *Recht Macht Geschlecht. Legal Gender Studies. Eine Einführung*, Wien.

Honneth, Axel (2011): *Das Recht der Freiheit. Grundriss einer demokratischen Sittlichkeit*, Berlin.

Horkheimer, Max (1972): Marx heute (1968), in: ders., *Gesellschaft im Übergang*, hg. v. Werner Brede, Frankfurt a. M., S. 158-167.

Jaggar, Alison M. (2003): Gegen die weltweite Benachteiligung von Frauen. Einige Prioritäten für die westliche Philosophie, in: *Deutsche Zeitschrift für Philosophie* 51 (4), S. 585-610.

Kahlert, Heike/Ernst, Waltraud (Hg.) (2010): *Reframing Demographic Change in Europe. Perspectives on Gender and Welfare State Transformations*, Münster.

Kant, Immanuel (1964): Der Streit der Fakultäten, in: ders., *Werke in sechs Bänden*, Band VI, hg. v. Wilhelm Weischedel, Darmstadt, S. 261-393.

Ders. (1963): Die Metaphysik der Sitten, in: ders., *Werke in sechs Bänden*, Band IV, hg. v. Wilhelm Weischedel, Darmstadt, S. 303-634.

Klinger, Cornelia (2010): Trikolore – drei Farben der Gerechtigkeit, in: *Transit. Europäische Revue* 40, S. 54-84.

Dies. (2011): Artikel „Geschlecht", in: Martin Hartmann/Claus Offe (Hg.), *Politische Theorie und Politische Philosophie. Ein Handbuch*, München, S. 202-205.

Krebs, Angelika (2002): *Arbeit und Liebe. Die philosophischen Grundlagen sozialer Gerechtigkeit*, Frankfurt a. M.

Landweer, Hilge (1994): Generativität und Geschlecht: Ein blinder Fleck in der sex/gender-Debatte, in: Theresa Wobbe/Gesa Lindemann (Hg.), *Denkachsen. Zur theoretischen und institutionellen Rede von Geschlecht*, Frankfurt a. M., S. 147-176.

Landweer, Hilge/Newmark, Catherine (2010): Simone de Beauvoir: Von der Biologie zur Freiheit. Erste Philosophie des Geschlechts, in: Waltraud Ernst (Hg.), *Ethik – Geschlecht – Medizin. Körpergeschichten in politischer Reflexion*, Münster, S. 145-164.

Langton, Rae (2009): *Sexual Solipsism: Philosophical Essays on Pornography and Objectification*, Oxford.

Lettow, Susanne (2011): *Biophilosophien. Wissenschaft, Biologie und Geschlecht im philosophischen Diskurs der Gegenwart*, Frankfurt a. M.

Lykke, Nina (2010): *Feminist Studies: A Guide to Intersectional Theory, Methodology and Writing*, New York.

McRobbie, Angela (2009): *The Aftermath of Feminism: Gender, Culture and Social Change*, London.
Nagl-Docekal, Herta (2001): *Feministische Philosophie. Ergebnisse, Probleme, Perspektiven*, 2. Auflage, Frankfurt a. M.
Dies. (1990): Was ist Feministische Philosophie?, in: dies. (Hg.), *Feministische Philosophie*, Wien/München, S. 7-40.
Dies. (2008): „Eine entgleisende Modernisierung". Aufklärung und Religion bei Habermas und Hegel, in: Nagl-Docekal/Kaltenbacher/Nagl, *Viele Religionen – eine Vernunft?*, S. 154-175.
Dies. (2010): Über Selbstgesetzgebung und das Glück. Autonomie bei Kant, in: Elisabeth List/Harald Stelzer (Hg.), *Grenzen der Autonomie*, Weilerswist, S. 33-54.
Dies. (2011): Liebe, die Gerechtigkeit fordert. Eine universalistsiche Konzeption, in: Mechthild M. Jansen/Ingeborg Nordmann (Hg.), *Gerechtigkeit, von Philosophinnen gesehen*, (= Polis 53, Hessische Landeszentrale für Politische Bildung), Frankfurt a. M.: S. 31-47.
Dies. (2012): Issues of Gender in Catholicism: How the Current Debate Could Benefit from a Philosophical Approach, in: Charles Taylor/José Casanova/George F. McLean (Hg.), *Church and People: Disjunctions in a Secular Age*, Washington, DC, S. 153-185.
Nagl-Docekal, Herta/Kaltenbacher, Wolfgang/Nagl, Ludwig (Hg.) (2008), *Viele Religionen – eine Vernunft? Ein Disput zu Hegel,* Wien/Berlin.
Neoliberale Globalisierung aus feministsicher Perspektive (Heftschwerpunkt), in: *Deutsche Zeitschrift für Philosophie* 51 (4) (2003), S. 582-638.
Nicholson, Linda (1998): Artikel „Gender", in: Alison M. Jaggar/Iris Marion Young (Hg.), *A Companion to Feminist Philosophy,* Malden, Mass./Oxford, UK, S. 289-297.
Nussbaum, Martha C. (2000): *Women and Human Development. The Capabilities Approach*, Cambridge, UK.
Peña Aguado, Maria Isabel/Schmitz, Bettina (Hg.) (2010): *Klassikerinnen des modernen Feminismus*, Aachen.
Raab, Heike (2011): Für eine Epistemologie der Minderheiten?, in: *Kulturrisse. Zeitschrift für radikaldemokratische Kulturpolitik* 1, S. 16-19.
Radisch, Iris (2011): Die nackte Gesellschaft, in: *Die Zeit* vom 16.06.2011, S. 53.
Ruffolo, David V. (2009): *Post-Queer Politics*, Surrey, UK.
Sauer, Birgit (2001): *Die Asche des Souveräns. Staat und Demokratie in der Geschlechterdebatte*, Frankfurt a. M.

Scharff, Christina (2011): Disarticulating Feminism: Individualization, Neoliberalism and the Othering of „Muslim Women", in: *European Journal of Women's Studies* 18 (2), S. 119-134.

Squires, Judith (2007): *The New Politics of Gender Equality*, Basingstoke.

Stelzer, Tanja (2012): Die neuen Nackten, in: *Die Zeit* vom 29.03. 2012, S. 17f.

Stiegler, Barbara (2010): Gender Mainstreaming: Fortschritt oder Rückschritt in der Geschlechterpolitik?, in: Ruth Becker/Beate Kortendiek (Hg.), *Handbuch Frauen- und Geschlechterforschung*, 3. erweiterte Auflage, Wiesbaden, S. 933-938.

Superson, Anita (2011): Strategies for Making Feminist Philosophy Mainstream Philosophy, in: *Hypatia. A Journal of Feminist Philosophy* 26 (2), S. 410-418.

Topolski, Anya R. (2012): The Politics of Feminism and the Feminism of Politics, in: *Hypatia. A Journal of Feminist Philosophy* 27 (1), S. 234-249.

Ulshöfer, Gotlind (2008): The Economic Brain: Neuroeconomics and „Post-Autistic Economics" through the Lens of Gender, in: Gotlind Ulshöfer/Nicole C. Karafyllis (Hg.), *Sexualized Brains. Scientific Modeling of Emotional Intelligence from a Cultural Perspective*, Cambridge, Mass., S. 191-220.

Wann wird die Frau zum Sexualobjekt? (Themenschwerpunkt), in: *Die Zeit* vom 16.06.2011, S. 52-53.

Wichterich, Christa (2009): *Gleich, gleicher, ungleich. Paradoxien und Perspektiven von Frauenrechten in der Globalisierung*, Sulzbach.

Von Peripherie über Peripherie zum Zentrum
Feministische und transnationale Philosophie

SIGRIDUR THORGEIRSDOTTIR

Enrique Dussel behauptet, dass die Philosophie in ihren kreativen Phasen an peripheren Orten geboren wird.[1] Dussel hat hier vor allem vergangene Zeitalter vor Augen, wobei die Peripherie durchaus geografisch zu verstehen ist, als entfernte oder abseits gelegene Orte, an denen große Philosophien entstanden sind. In Zeiten, die uns näher sind, ist die periphere philosophische Position freilich nicht ausschließlich an äußere Orte gebunden, sondern sie ist oft eher als innere Distanzierung zu den herrschenden Strömungen der akademischen Philosophie aufzufassen. Gerade diejenigen Philosophinnen und Philosophen, die neue Wege einschlagen, bestimmen oft ihr Werk durch dessen Abstand zum Zentrum der Philosophie. So hat etwa Hannah Arendt die epistemologische Vorrangstellung der Paria-Positionierung gegenüber der Lokalisierung des assimilierten und angepassten Parvenue betont. Heidegger verabschiedete sich von der Philosophie als einer Tradition, die in die Enge geführt hat, und bezeichnete sein philosophisches Schaffen schlichtweg als Denken. Wittgenstein nahm ebenfalls eine Außenseiterposition ein, indem er seine philosophische Einstellung vom intellektuellen Konsens der damals herrschenden akademischen Philosophie abgrenzte. Und schließlich hat Nietzsche die Außenseiterposition und die distanzierende Einstellung geradezu als Vorbedingung der Philosophie gepriesen.

Mit der Zeit wanderten die Ideen solcher Meisterdenkerinnen und Meisterdenker immer mehr ins Zentrum, indem ihre Themen dort aufgegriffen und weiterentwickelt wurden. Dabei blieben jene Philosophinnen und Philosophen jedoch ihrem Selbstverständnis nach Grenzgänger der Philosophie als eines akademischen Faches. Die Grenze, die Peripherie, die Position am Rande war

---

1 Vgl. Dussel 1985: 2.

und ist ein beliebter Ort der philosophischen Denkweise, zugleich auch ein unbequemer Ort, da die Peripherie das Ausgegrenzte und Unterschwellige darstellt, welches das Zentrum nicht nur zu inspirieren vermag, sondern auch jegliche Vorrangstellung und akademische Rangordnung in Frage stellt. Insofern wird die marginale Stellung, die als solche schwach ist, häufig als Bedrohung wahrgenommen. Die akademische Philosophie wehrt sich oft gegen den kritischen Anstoß solcher Denkrichtungen, indem etwa feministische Philosophien sowie bestimmte Spielarten der kontinentalen Philosophie häufig marginalisiert, ausgegrenzt oder schlichtweg ignoriert werden. So finden solche Gebiete der Philosophie zur Zeit häufig eher Zuflucht in anderen Disziplinen als der Philosophie, etwa in den Kultur- und Religionswissenschaften oder den Geschlechterstudien.

Es gibt also ‚innere' und ‚äußere' Peripherien, d.h. marginale Positionen innerhalb der eigenen philosophischen Tradition, aber auch andere philosophische Traditionen in anderen Teilen der Welt (die ebenfalls durch eine Aufteilung in Mitte und Randpositionen gekennzeichnet sind). Im Folgenden werden Fragen der Peripherie und des Zentrums im Zusammenhang der Philosophie der Gegenwart anhand von zwei Themen diskutiert, die beide Formen der Aufteilung repräsentieren. Zum einen werden Versuche der feministischen Philosophie, den Kanon der westlichen Philosophie als Universitätsfach auszuweiten, dargestellt und diskutiert. Zum anderen wird von einer konkreten Erfahrung mit transnationalen Geschlechterstudien berichtet, die als Prozess einer Selbsttransformation im Umgang mit dem Anderen verstanden werden kann. Im ersten Fall geht es um den Umgang mit dem Anderen innerhalb der eigenen Tradition, insofern als die feministische Philosophie immer noch als eine marginale Position verstanden und behandelt wird. Im zweiten Fall geht es um den philosophischen Umgang und Austausch mit dem „anderen Anderen", d.h. um den Austausch mit philosophischen Ideen zu Geschlechtergleichstellung in entfernten Kulturen.

PHILOSOPHIE UND IHRE ORTSBESTIMMUNG

In einem solchen Zusammenhang ist die Frage der Selbstpositionierung von eminenter Bedeutung. Mohanty 2003 geht davon aus, dass die eigene Lokalisierung Aufschluss gibt über die Art und Weise des Forschens und Philosophierens.[2] Sowohl die zentrale als auch die periphere Position sind dazu aufgefordert, ihren Ort wahrzunehmen und zu reflektieren. Bislang haben jedoch nur die Randpositionen sich bezeichnen und ausweisen müssen, während zentrale Posi-

---

2 Vgl. Mohanty 2003.

tionen als „selbstverständlich" galten und keiner Selbstidentifizierung bedurften. Sieht die westliche Philosophie ihre Aufgabe darin, das Selbstverständliche zu hinterfragen, so hat sie konsequenterweise bei sich selbst anzufangen und Rechenschaft über das abzulegen, was ihr als selbstverständlich gilt.

Daher sollte ich des Themas wegen gleich am Anfang Auskunft über meine eigene Position geben, mich sozusagen institutionell und kulturell verorten, zumal meine Erfahrungen in der Philosophie das Wechselspiel von Peripherie und Zentrum in besonderer Weise widerspiegeln. Ich komme von einem peripheren Ort, Island, einer Insel am Rande der bewohnbaren Welt. Nach Abschluss meines Studiums an zentralen Orten der westlichen Philosophie, zunächst an der Boston University/USA und später an der Freien Universität Berlin kehrte ich an diesen Ort zurück. Ich kam 1983 nach Berlin und erlebte die Spätphase einer Blütezeit der Philosophie am dortigen Institut. So nahm ich an einem Seminar von Margaretha von Brentano zum ersten Buch der *Metaphysik* des Aristoteles teil. Meine erste Seminararbeit über Nietzsche habe ich bei Jakob Taubes geschrieben und meine Magisterprüfung bei Wilhelm Schmidt-Biggemann abgelegt. Aufgrund mangelnder Deutschkenntnisse habe ich in meiner ersten Veranstaltung an der Freien Universität, einem Seminar zu Hegel, das gemeinsam von Ernst Tugendhat und Michael Theunissen geleitet wurde, nur wenig verstanden. Dafür saß ich mit weit aufgerissenen Augen und staunte über die Sprachgewalt der Studierenden, die sich zu Wort meldeten. Mein erstes Aha-Erlebnis, welches mir den Einblick in den Tiefgang der deutschen Philosophie zu gewähren schien, war ein Seminar von Theunisssen zu Schopenhauers *Die Welt als Wille und Vorstellung*. Ich glaube, mir ist die Philosophie kaum je so bedeutsam vorgekommen wie in jenen Jahren. Zum Glück kann ich sagen, dass die Philosophie mir mit den Jahren immer wichtiger wurde, indem ich mich, auf dem Boden dieser Philosophie, weiterentwickelt und schließlich meinen eigenen Weg gefunden habe. Was mich darüber hinaus nachhaltig beeinflusst hat, war die politische Einstellung einiger meiner Lehrer an der Freien Universität. Als ich in Berlin anfing, war Tugendhat in der Friedensbewegung aktiv, und sein späteres Engagement für ausländische Mitbürgerinnen und Mitbürger hat mich beeindruckt sowie meine Überzeugung bestärkt, dass Philosophinnen und Philosophen sich in politische und gesellschaftliche Themen einmischen sollten. In jenen Jahren kam ich mit feministischen Fragestellungen innerhalb der Philosophie nur am Rande in Berührung, erst ganz am Ende meiner Zeit in Berlin in einem Seminar bei Hilge Landweer. Ich gehörte einer Gruppe von Doktorandinnen und Doktoranden an, die vom Nietzsche-Forscher Wolfgang Müller-Lauter geleitet wurde. In meiner Dissertation habe ich mich zum Teil mit Nietzsches Philosophieren über die

Frauen und die Geschlechterdifferenz auseinandergesetzt und so eine wichtige Grundlage für mein weiteres feministisches Philosophieren gelegt.

Ich staune immer wieder darüber, dass zur selben Zeit, als in Frankreich die feministische Philosophie durch Julia Kristeva, Luce Irigaray, Hélène Cixous, Michèle Le Dœuff, Sarah Kofman und andere eine unglaubliche Blütezeit erlebte, die deutsche Philosophie, so wie ich sie an der Freien Universität erlebt habe, vergleichsweise stumm war, sowohl im Kreativen als auch in der Rezeption dieser sehr einflussreichen Variante feministischer Philosophie. Beispielsweise ist bis heute, soweit ich weiß, Luce Irigarays Buch über Nietzsche (*Die Marinegeliebte von Friedrich Nietzsche*) noch nicht in deutscher Übersetzung erschienen.[3] Habermas' Abneigung gegen das französische poststrukturalistischen Denken mag maßgeblich daran beteiligt gewesen sein, dass die französische Philosophie der Differenz, welche vielleicht die leitende Inspirationsquelle für feministische Philosophie der letzten beiden Jahrzehnte gewesen ist, in Deutschland innerhalb der Philosophie mehr oder weniger verschwiegen wurde. Die Rezeption dieser Strömung erfolgte in Deutschland erst auf dem Umweg über die anglo-amerikanische Philosophie, vor allem durch Judith Butlers Philosophie der Geschlechterdifferenz. Die allgemein ablehnende Haltung gegenüber den französischen feministischen Philosophinnen mutet umso merkwürdiger an, als sich diese Philosophie in wesentlichen Aspekten aus der Philosophie Nietzsches (und teilweise auch Heideggers) speist.[4] Eine andere wichtige französische Quelle des feministischen Denkens ist die Philosophie Simone de Beauvoirs. Diese Philosophie gründet in zentralen Aspekten in der Phänomenologie Husserls und Heideggers, die über Denkerinnen und Denker wie Sartre, Merleau-Ponty, Levinas und Beauvoir nach Frankreich getragen wurde. Die internationale Beauvoir-Forschung, die in den letzten Jahrzehnten in der englischsprachigen und auch in der nordischen feministischen Philosophie zu einer bedeutenden Forschungsrichtung geworden ist, scheint in Deutschland wenig präsent zu sein. Es ist vor allem der nordischen Beauvoir-Forschung zu verdanken,[5] dass es zu einem meiner Forschungsschwerpunkte geworden ist, als eine in Deutschland ausgebildete Philo-

---

3   Vgl. Irigaray 1980.
4   Nietzsches Philosophie wurde von Frauenrechtlerinnen und Feministinnen am Anfang des 20. Jahrhunderts rezipiert, und vor allem seine Ideen zur Selbstverwirklichung wurden für die Emanzipation der Frauen bedeutsam (vgl. Diethe 1996). Warum die Verbindung der feministischen Philosophie des ausgehenden 20. Jahrhunderts zu Nietzsche in der deutschen Philosophie kaum gesehen worden ist, erfordert eine genauere Untersuchung. Vgl. dazu den Text von Frieder Otto Wolf in diesem Band.
5   Vgl. Moi 1994, Lundgren-Gothlin 1996, Heinämaa 2003.

sophin Nietzsches Philosophie sowohl als Vorstufe der feministischen Philosophie der Differenz zu lesen, als auch den Niederschlag seiner Philosophie in Werken von Philosophinnen zu untersuchen. Gegenwärtig arbeite ich an einem Projekt über die Auseinandersetzung mit Nietzsche in den Schriften von Beauvoir, Arendt und Irigaray.

Soweit zur Verortung meiner selbst, was meinen Hintergrund in der Berliner Philosophie betrifft und meine Sicht auf die philosophische Rezeption französischer feministischer Philosophinnen in Deutschland. Ich werde jedoch auch im Folgenden nicht ganz von meinen persönlichen Erfahrungen absehen, denn ich werde die Fragen zu Peripherie und Zentrum im Zusammenhang mit Geschlecht anhand von eigenen Erfahrungen in der Zeit *nach* Berlin, d.h. im Kontext meiner Lehr- und Forschungstätigkeit am Institut für Philosophie an der Universität Island beleuchten. Ich werde keine Bestimmung der Begriffe von Peripherie und Zentrum vorausschicken. Michael Theunissen hat einmal im Rahmen einer Ringvorlesung an der Freien Universität auf die Frage, was Philosophie sei, geantwortet, darauf gebe es keine umfassende Antwort. Alles, was er tun könne, sei mitzuteilen, womit er sich in seiner philosophischen Forschung befasse, also mit dem Aufwerfen und der Beleuchtung einer bestimmten philosophischen Frage. So verstanden geschieht oder findet Philosophie dann statt, wenn etwas in Frage gestellt wird. Folglich werde ich so verfahren, dass ich zunächst einige Fragen zum Kanon der westlichen Philosophie stellen werde, in der Hoffnung, dadurch auch ein Licht auf die Bedeutungen der Begriffe „Peripherie" und „Zentrum" für die westliche universitäre Philosophie zu werfen. Die These, die ich vorausschicke, lautet, dass die Philosophie gerade eine Peripherie als Innovationsquelle zur Selbsttransformation braucht. Sie braucht die Peripherie im zweifachen Sinne, nämlich als Ansporn zur Transformation des eigenen Selbstverständnisses als akademische Institution und als wichtige Anregung zur Wissenstransformation und Erkenntniserweiterung. Insofern die feministische Philosophie hier als eine solche Kraftquelle ausgelegt wird, besteht ihr Wirken darin, die Kultur der Philosophie als akademisches Fach zu hinterfragen und eine reichere Sicht sowohl auf die Geschichte der Philosophie als auch auf grundlegende philosophische Konzepte, wie etwa die Ideen des epistemischen und sittlich-politischen Subjekts zu ermöglichen. Die feministische Philosophie bietet ein Erfahrungswissen über Geschlechterverhältnisse an, das zu einem differenzierteren philosophischen Bild eines angeblich geschlechtsneutralen ‚Menschen' beiträgt. Transnationale Geschlechterstudien bieten wiederum die Möglichkeiten eines anderen Erfahrungswissens an, das u.a. der westlichen feministischen Philosophie Anlass gibt, sich selbst in einem fremden Licht zu sehen.

DER KANON DER PHILOSOPHIE

Eine der grundsätzlichen Fragen, mit denen feministische Philosophinnen sich konfrontiert sehen, ist die nach der Einstellung zur eigenen philosophischen Tradition, die teilweise misogyn ist. Insofern verschiedene Philosophien meist aber mit dem Anspruch auftreten, allgemeine Merkmale des Menschen als denkenden und handelnden Wesens zu thematisieren, stellt sich die Frage, *wer* dieser (vermeintlich allgemeine) Mensch ist. Meist stellt sich dabei heraus, dass ‚der Mensch', wie die Philosophen der Tradition sich ihn vorgestellt haben, einem mehr oder weniger idealisierten Bild des Mannes entspricht. Zumindest wurden Eigenschaften und Attribute, die im dualistischen Denken der Tradition eher der Frau zugesprochen wurden, in der Regel für minderwertig befunden – im Vergleich mit den vermeintlich männlichen Eigenschaften. Also machte sich die feministische Philosophie auf den Weg, ihre eigene Tradition kritisch zu betrachten. Damit begann die Debatte über kanonische Fragen der Philosophie als Universitätsfach. Verschiedene Etappen auf diesem Wege können unterschieden werden. Eine wichtige Etappe dieses Weges, auf die ich hier nicht näher eingehen werde, besteht darin, vergessene und verschwiegene Philosophinnen in der Geschichte der Philosophie wiederzuentdecken und zur Sprache kommen zu lassen. In den letzten Jahren und Jahrzehnten sind mehrere Publikationen zu solchen ‚vergessenen' Frauen in der Philosophie entstanden. Repräsentativ sind das mehrbändige Werk von Mary Ellen Waithe über Philosophinnen von der Antike bis zur Gegenwart und Lexika über Philosophinnen, die in Deutschland erschienen sind.[6]

Eine andere Etappe auf den Spuren des Kanons ist für mein Anliegen wichtiger, nämlich die Frage nach dem Menschenbild der Philosophen oder danach, um *wen* es sich handelt, *wer* der Mensch ist, den die Philosophen beschrieben haben, und warum Frauen oder das Weibliche oft als Gegenbild zu dem, was ‚der Mensch' repräsentiert, dargestellt werden. Als ich am Anfang meines Philosophiestudiums stand und Studentinnen danach fragten, wie es um misogyne Äußerungen bei den großen Philosophen stehe, wurden sie meist damit abgefertigt, dass solche Äußerungen nicht buchstäblich zu nehmen seien; schließlich wären alle Denker immer auch nur „Kinder ihrer Zeit". Bei näherem Betrachten sind solche Antworten jedoch unzureichend und implizieren eine erhebliche Verkennung der Signifikanz der Geschlechterdualismen. Nur unter Verzicht auf den systematischen Anspruch der Philosophie ist es möglich, von den misogynen Äußerungen eines philosophischen Denkgebäudes einfach abzusehen. Denn sie

---

6 Vgl. Waithe 1987ff., Rullmann 1998, Meyer/Bennent-Vahle 1994.

sind in der Regel Teil eines Systems, in dem bestimmte Ideale des Menschen als Erkenntnissubjekt oder als moralisches Subjekt auf Kosten von Eigenschaften entwickelt werden, die dem Weiblichen zugeschrieben werden. Diese Etappe der feministischen Auseinandersetzung mit dem philosophischen Kanon bestand daher vor allem darin, Phänomene wie Leiblichkeit, Affektivität und Relationalität zu rehabilitieren. Der Zweck der Rehabilitation lag nicht in einer Umkehrung des herrschenden Dualismus, also in einer Höherbewertung dieser Aspekte auf Kosten der Rationalität und der Autonomie, sondern darin, beide Seiten im Verhältnis zueinander neu zu denken, um zu einem vollständigeren und realistischeren Bild des Menschen zu kommen. Die Auflösung der binären Kodierung wurde freilich nicht nur im Namen der feministischen Philosophie geführt, sondern kam aus verschiedenen Richtungen der Gegenwartsphilosophie, wobei die feministische Philosophie Themen der Relationalität, der Kontextualisierung und der Leiblichkeit *besonders mit Blick auf Geschlechterdifferenzen* thematisiert hat. Die Aufgabe bestand einerseits in der Auflösung der Dualität, andererseits aber auch in der Anerkennung der Tatsache, dass geschlechtliche Leiblichkeiten unterschiedliche Erfahrungsperspektiven ermöglichen, ohne allerdings in irgendeine Art von biologistischen Essentialismen der Geschlechterdifferenzen zu verfallen.[7] Feministische Philosophie steuerte somit einerseits an Essentialismen, andererseits an der Unsichtbarkeit der Geschlechterdifferenzen vorbei. Dabei stellte sich heraus, dass leibliche Erfahrungsmodi geschichtlich und kulturell bedingt sind und sich verändern, auch wenn männliche und weibliche Körper bestimmte allgemeine Merkmale aufweisen. Diese Sichtweise auf Geschlechterdifferenzen ebnete ferner den Weg für die Anerkennung von anderen Arten der Differenz verschiedener gesellschaftlicher und kultureller Gruppen.

Wie anfangs erwähnt, hatte diese Auflösung der nach Geschlechtern kodierten Dualismen innerhalb der europäischen Philosophie eine wichtige Vorgeschichte in Nietzsches Philosophie. Nietzsche ist für seine misogynen Äußerungen bekannt. Er spottete über die „Weiber", wie es damals hieß, und über angebliche weibliche Eigenschaften. Ein halbes Jahrhundert später bezog sich Simone de Beauvoir in ihrem epochemachenden Werk *Das andere Geschlecht* mit ihrer Analyse der unterwürfigen Stellung der Frauen in der Ehe und in der Gesellschaft u.a. auf Nietzsches abwertende Aussagen über Frauen, um darzustellen, wie die gesellschaftliche Rollenteilung Frauen daran hindert, sich zu entfalten. Die Nachfolgerinnen Beauvoirs in der französischen Philosophie aber stellten

---

7 Ein Beispiel dafür ist die feministische Erkenntnistheorie mit ihren Analysen zur Rolle der Leiblichkeit, des Interesses, der Perspektive und Macht in der Konstitution von Erkenntnis. Vgl. etwa Alcoff/Potter 1993.

mithilfe poststrukturalistischer Instrumente weibliche Eigenschaften als Stärke heraus, um die geschlechtliche Bipolarität als ein sich wechselseitig ergänzendes System, anstatt als eines der Rangordnung zu verstehen. Enrique Dussel beschreibt in diesem Sinne, wie dieses Umdenken eine Befreiung des Weiblichen und des Männlichen bedeutet: „The liberation of eros will be accomplished through the liberation of woman, which will allow the male to regain part of the sensitivity lost in the macho ideology."[8]

Mit Blick hierauf kreisen Diskussionen über den Kanon der Philosophie als akademisches Lehrfach darum, welches Verständnis des Menschen als eines erkennenden, handelnden und wahrnehmenden Subjekts mit der Wahl bestimmter Texte und Themen vermittelt wird. Durch die Ausweitung des Kanons mit dem Ziel, ein vollständigeres Menschenbild zu vermitteln, weicht eine Überbetonung der Rationalität einer differenzierteren Sicht auf den Menschen als eines verkörperten Wesens, wobei die Verkörperung nicht nur auf das leibliche Empfinden und die Perspektive der ersten Person beschränkt ist. Verkörpert-sein umfasst darüber hinaus die geschichtliche und gesellschaftliche Situierung des Menschen, seinen Stand, sein Alter, Geschlecht u.a. – die Menschen in ihrer Mannigfaltigkeit und Kontingenz und letzten Endes in ihrer Verletzbarkeit und Stärke.[9]

DIE INSTITUTIONELLE KULTUR DER PHILOSOPHIE

Diskussionen über den Kanon der Philosophie kreisen nicht nur um die Inhalte eines Curriculums. Philosophinnen wie Michèle Le Dœuff, Martha Nussbaum und Sally Haslanger haben alle auch über die Kultur, die Kommunikationsmuster und Atmosphären in philosophischen Instituten an Universitäten geschrieben. Le Dœuff hat weit in die Vergangenheit zurückgeblickt und mit ihrer häufig zitierten Kapitelüberschrift „Langes Haar, kurze Gedanken" die Stellung der Frauen in der Geschichte der Philosophie unter die Lupe genommen.[10] Als die Philosophie ihre Vorrangstellung unter den Wissenschaften zu verlieren begann, projizierten die Philosophen, so Le Dœuff, ihre eigene Unzulänglichkeit, d.h. die

---

8 Dussel 1985: 83f.
9 Iris Marion Young hat diese beiden Seiten, die subjektive und die soziale, in ihrem Buch *On Female Body Experience* thematisiert. Vgl. Young 2005.
10 Vgl. Le Dœuff 2002.

Unvollkommenheit der etablierten Philosophie, auf Frauen, die nun verstärkt von Philosophen wie Rousseau als Geschlecht definiert und bestimmt wurden.[11]

Mit Blick auf diese Geschichte der Philosophie ist die Zugangsweise einer feministischen Philosophie zur Tradition einerseits *dekonstruktiv* oder entlarvend, was Misogynie, Eurozentrismus, Rassismus und Androzentrismus in den Theorien ihrer Vorgänger betrifft. Andererseits ist sie *rekonstruktiv*, weil sie in der philosophischen Tradition nach Ressourcen zum Zweck einer befreienden Erkenntnis sucht, d.h. einer Form der Erkenntnis, die sowohl ein realistischeres Bild des Subjekts entwirft, als auch dessen Möglichkeiten zur Befreiung von repressiven sozialen Mechanismen fördert.

Sally Haslanger und Martha Nussbaum gingen in den letzten Jahren über die Kritik der Inhalte der Philosophie hinaus und betrachteten die organisatorische und atmosphärische Kultur von universitären Instituten der Philosophie. Die Tatsache, dass Frauen hier – anders als in anderen Geisteswissenschaften – immer noch in der Minderheit unter Studierenden und Lehrenden sind, gibt Anlass zu solchen Betrachtungen. Haslanger schrieb vor ein paar Jahren den weitrezipierten Aufsatz *Changing the Ideology and Culture of Philosophy: Not by Reason (Alone)*.[12] Nussbaums Text *Don't smile so much!* zu demselben Thema beschreibt vor allem die Zustände der philosophischen Institute zu dem Zeitpunkt, als sie am Anfang ihrer Karriere stand und ihr Professor ihr riet, nicht so viel zu lächeln, wenn sie beruflich weiterkommen wolle.[13]

Haslanger, die Professorin für Philosophie an der Spitzen-Universität Massachusetts Institute of Technology ist, fängt ihren Aufsatz mit einer affektiven Entladung an, indem sie über den Zorn schreibt, der sie veranlasst hat, über die Abneigung gegenüber Differenzen in den akademischen Philosophie-Instituten zu recherchieren:

---

11 Le Dœuff konstatiert desweiteren einen Komplex bei Frauen in der Philosophie, den sie den „Heloise-Komplex" nennt. Heloise wurde von ihrem Mentor, Pierre Abaelard, verführt und später betrogen. Nichtsdestoweniger blieb Heloise eine glühende Bewunderin von Abaelard und schrieb Bücher und Briefe, die an ihn gerichtet waren. Laut Le Dœuff ist dieser Komplex noch wirksam bei feministischen Philosophinnen, die männliche Philosophen bevorzugen, um feministische Argumente zu liefern, oder die sich deren Ideen zur Begründung feministischer Forderungen borgen. Für Le Dœuff unterminiert diese Einstellung die Selbständigkeit von Philosophinnen, die sich mit Geschlechterfragen beschäftigen. (Vgl. Le Dœuff 1991: 162).

12 Vgl. Haslanger 2008.

13 Vgl. Nussbaum 2003.

„There is a deep well of rage inside of me. Rage about how I as an individual have been treated in philosophy; rage about how others I know have been treated; and rage about the conditions that I'm sure affect many women and minorities in philosophy, and have caused many others to leave. Most of the time I suppress this rage and keep it sealed away".[14]

Haslanger vertritt die These, dass Frauen und Angehörige sozialer und ethnischer Minderheiten, d.h. alle, die irgendwie von der Norm des akademischen Mainstreams abweichen, in den philosophischen Instituten in der Regel ausgegrenzt werden. Sie werden aus einem „schematischen Denken" heraus, wie Haslanger es nennt, als Abweichler oder Andersartige stigmatisiert, mit negativen Folgen für ihr berufliches Weiterkommen. Haslanger stellte in diesem Zusammenhang Nachforschungen an und verglich die Zahl der Frauen sowie der Angehörigen von Minderheiten an philosophischen Lehrstühlen mit der Zahl von Veröffentlichungen in einschlägigen philosophischen Fachzeitschriften. Dabei stellte sich heraus, dass die Zahl der Veröffentlichungen dieser Gruppen deutlich unter ihrer faktischen Repräsentanz liegt (mittlerweile etwa 20 Prozent der vorhandenen Stellen). Haslanger fordert daher eine Untersuchung der Veröffentlichungspolitik dieser Zeitschriften. Sie argumentiert desweiteren, das schematische Denken, aus dem heraus Minderheiten beurteilt und behandelt werden, entstehe nicht zufällig, sondern sei zurückzuführen auf die Argumentationsweise, die in der Philosophie vorherrscht, und diese sei nicht pluralistisch genug. Dies habe ferner etwas zu tun mit der Genie-Verherrlichung und den entsprechenden einseitigen Maßstäben für Intelligenz, welche die akademische Philosophie durchgesetzt habe. Dazu gehöre auch die Wertschätzung des Individualismus auf Kosten von Kooperation. Haslanger empfiehlt daher, feministische Philosophie offensiv zu präsentieren, Akademiker zu einer Beschäftigung mit feministischer Philosophie zu animieren sowie mehr Aktivitäten gegen antisoziales und diskriminierendes Verhalten in den philosophischen Instituten einzuführen.[15]

---

14 Haslanger 2008: 210.
15 Es gibt mittlerweile Aktivitäten, die in diese Richtung gehen, wie folgende Websites aus den letzten Jahren zeigen (für die URL siehe das Literaturverzeichnis): Feminist Philosophers, What We're Doing About What It's Like-Making things better for women in Philosophy, What it is like to be a Woman in Philosophy, Women in Philosophy Task Force, The Pluralist's Guide to Philosophy Programs (initiert von Linda Martín Alcoff, Hunter College, CUNY Graduate Center; Paul Taylor, Pennsylvania State University und William Wilkerson, University of Alabama). Vgl. auch Louise

Die Marginalisierung von Minderheiten und Randgängerpositionen, die Haslanger erörtert und die sie auch noch in zwischenmenschlichen Beziehungsmustern in den philosophischen Instituten feststellt, kann dennoch nicht auf Individuen und deren Intentionen reduziert werden. Die Exklusion gründet in Denkschemata, die von Individuen übernommen und weitervermittelt werden. Die tiefsitzendsten Arten von Sexismus, Rassismus und Androzentrismus, die am schwierigsten zu identifizieren und auch zu eliminieren sind, sind nicht unbedingt jene, die aus absichtlichen Handlungen von Individuen stammen. Wie Sandra Harding und Uma Narayan schreiben, sind es nicht die problematischen Einstellungen von Individuen, die am schwierigsten für Frauen und Minderheiten gewesen sind. Es sind die institutionellen, gesellschaftlichen und kulturellen oder philosophischen Arten von Sexismus, Rassismus und Androzentrismus, die das Leben von Männern und Frauen am meisten beeinflusst haben.[16]

PHILOSOPHIE AUSSERHALB IHRER GRENZEN

Zu Beginn von Haslangers Aufsatz steht der Befund, dass die oben genannten Arten der Exklusion Menschen zum Ausstieg aus der Philosophie veranlasst haben. Zum selben Thema liegt eine aktuelle Publikation von Rosi Braidotti und Judith Butler vor. Sie berichten über eine Entwicklung seit Anfang der 80er Jahre, die sie „philosophy outside its bonds" nennen oder Philosophien, die außerhalb ihrer disziplinären Grenzen entstanden sind.[17] Damit zielen sie nicht nur auf Philosophie außerhalb der Universitäten (etwa in den philosophischen Praxen), sondern auch auf Philosophie in anderen disziplinären Zusammenhängen innerhalb der Akademie. So nimmt Butler ihre Position an einem Institut für Rhetorik ein und Braidotti leitete ein Institut für Geschlechterstudien, bevor sie die Leitung des Centre for the Humanities an der Universität Utrecht übernahm. Butler schreibt, dass ihr von früh an klar gewesen sei, dass ihre Fragestellungen dem institutionellen philosophischen Betrieb fremd waren, und dass sie gewissermaßen in den ‚Untergrund' gehen musste, um Philosophie in ihrem Sinne betreiben zu können.[18] Erst später habe sie begriffen, dass dies geradezu ein institutionelles Merkmal von Philosophie sei, nämlich einen ‚Untergrund' herzustellen sowie

---

Antony und Ann E. Cudd über ein Mentoring-Projekt, das Frauen in akademischen Positionen in der Philosophie weiterbringen will (vgl. Antony/Cudd 2012).
16 Vgl. Harding/Narayan 2000: vii-viii.
17 Vgl. Butler/Braidotti 2010.
18 Vgl. ebd. 315.

diesen gleichzeitig zu disqualifizieren und zu diskreditieren. Somit erscheint Philosophie sowohl als das Problem als auch als dessen Lösung; nach Butler stelle die Philosophie eine Autorität her, habe aber zugleich die Fähigkeit, diese zu hinterfragen und zu untergraben. Beide, Butler und Braidotti, nahmen dennoch institutionell Abstand von der Philosophie, um sich freier und eingehender mit den aktuellen Problemen, die sie bewegen, auseinandersetzen zu können. Braidotti kommt zu der Folgerung, dass die Philosophie sich einem breiten Spektrum von intellektuellen Aktivitäten öffnen müsse, um sich auf wissende Weise mit der Welt auseinanderzusetzen. Philosophie könne nicht an ein Zentrum gebunden werden, sondern müsse notwendig ein dezentriertes Unternehmen sein.[19] Eine solche transdisziplinäre Philosophie versteht sich als eine Neubelebung der Kritischen Theorie im weiten Sinne und als eine radikale Philosophie. Es ist eine a-puristische, hybride Art des Philosophierens, die Genres und Medien durchkreuzt. Diese Richtung ist stärker in der anglo-amerikanischen philosophischen Tradition ausgeprägt als in der deutschen Philosophie, zumal die deutsche universitäre Philosophie, wie gesagt, den poststrukturalistischen Einflüssen lange Zeit ablehnend gegenüberstand. Mit Foucault, dessen Art des Philosophierens es erlaubt, individuelle und alltägliche Erfahrungen, auch des Geschlechts, zu thematisieren, fand diese Art der kritischen und radikalen Philosophie jedoch allmählich Zugang zur deutschen Philosophie. Der Einfluss von postkolonialen und *Race Studies* kam hinzu, was auch zu einer kritischen Auseinandersetzung mit dem abendländischen Erbe der Philosophie und mit der Ideengeschichte von Europa führte. Europa, so Braidotti, sei sich in dieser Konfrontation mit dem Anderen der Ambivalenz seines Erbes und seiner neuen historischen Rolle als einer „signifikanten Peripherie" bewusst geworden.[20] Butler definiert diese Transformation der Philosophie vor dem Hintergrund von Adornos Diktum, dass es „kein richtiges Leben im falschen"[21] geben könne. Die Ausgangsfrage der Philosophie, wie ein gutes Leben zu führen sei, wird selbst in einem Leben gestellt, welches durch Unterdrückung und Macht gekennzeichnet ist, vielleicht besonders dann. Dies zeigt, wie eng die Frage nach dem guten Leben mit gesellschaftlichen und politischen Fragen zusammenhängt.[22] Eine solche Philosophie kann nur radikal sein, wenn sie in Beziehung zu ihrem Untergrund steht. Braidotti und Butler stellen ihre Art der Philosophie, die sich außerhalb der Grenzen des Etablierten be-

---

19 Vgl. ebd. 317.
20 Vgl. ebd. 331.
21 Adorno 1979: 42 (Nr. 18, *Asyl für Obdachlose*).
22 Vgl. Butler/Braidotti 2010: 332.

wegt, in Gegensatz zu einem Philosophieren, das seine geschichtliche Autorität nicht hinterfragt.

Gayatri Spivak, eine der Vordenkerinnen auf dem Gebiet der postkolonialen Theorie, unterstützt diese Position, indem sie ein rein restriktives (und kein kreatives) Spezialistentum innerhalb der Geisteswissenschaften problematisiert.[23] Sie stimmt überein mit Carole Boyce Davies, die vom Standpunkt der *Black Studies* aus die Akademie als den vielleicht am meisten kolonisierten Raum bezeichnet.[24] Davies schließt an Edward Said an, der eine Sichtweise entwickelt, in der akademische Erkenntnisse, die dominieren, und Sprachweisen, die ausschließen, um die geschlossenen Interpretationsgemeinschaften zu bewahren, so erscheinen, wie dem Nichteingeweihten langsam schrumpfende feudale Gebiete.[25] Wenn das philosophische Erbe, von dem wir leben, nicht zu einem Mausoleum erstarren soll, muss sich die Philosophie aus der Perspektive dieser Kritiker dem Anderen (in welcher Form auch immer) öffnen. Damit sind wir beim zweiten Thema angelangt, beim Teil über transnationale Geschlechterstudien und wie sie ein Beispiel für transformatives Philosophieren sein können.

TRANSNATIONALE GESCHLECHTERSTUDIEN ALS POTENZIAL FÜR TRANSFORMATIVES PHILOSOPHIEREN

Vor drei Jahren wurde ein Trainingsprogramm an der Universität von Island gestartet, das *Gender Equality Studies and Training* (GEST) genannt wird. GEST ist ein Kooperationsprojekt der Universität und des Außenministeriums in Island, und es ist Teil der Entwicklungszusammenarbeit des Landes. In diesem Rahmen werden Menschen aus sogenannten Entwicklungsländern und Post-Konfliktgebieten eingeladen, um an einem fünfmonatigen Lehrgang zu Gender-Gleichstellung teilzunehmen. Voraussetzung für die Aufnahme in das Programm ist, dass die Bewerberinnen und Bewerber bereits auf dem Gebiet der Geschlechtergleichstellung arbeiten, einen universitären Abschluss und genügend Englischkenntnisse haben, um am Lehrgang aktiv teilnehmen zu können. Die Studierenden kommen aus Afghanistan, den palästinensischen Autonomiegebieten und aus Ländern Afrikas. Das Curriculum ist theoretisch und praktisch, sodass die Studierenden sich mit Ideen, Instrumenten und Praktiken der Gleichstellung in einem nordeuropäischen Land vertraut machen und sich damit auseinandersetzen

---

23 Vgl. Spivak 2008.
24 Vgl. Boyce Davies 2003: ix.
25 Vgl. Said 2002.

können. Die Lehre und das Training bei GEST beruhen auf der Idee transnationalen Lernens. Die Studierenden haben die Möglichkeit, sich mit westlichen Ideen und Praxen vertraut zu machen, aber zugleich lernen die Lehrenden, die Trainerinnen und Trainer sowie die isländischen Studierenden, die an einem Teil des Programms teilnehmen, von den ausländischen Studierenden einiges über ihre Ideen und die Geschlechterverhältnisse in ihren Ländern und Kulturen und entwickeln somit neue Perspektiven auf den eigenen kulturellen Hintergrund. Studierende der Philosophie, die sich für transnationale Geschlechterstudien interessieren, haben hier die Möglichkeit, an transnationalem Lernen mit Studierenden aus Entwicklungsländern und Konfliktgebieten teilzunehmen.

Durch die gemeinsame Situation mit Angehörigen anderer Nationalitäten lernen die Teilnehmenden, sich in die Lage der anderen zu versetzen und zugleich zu sehen, wie sie selbst und die eigene Kultur in den Augen der anderen wahrgenommen werden. Das steigert das Bewusstsein für die eigene Situation und die eigene Lokalisierung. Die Studierenden aus West, Süd und Ost sowie die Lehrenden und die Trainerinnen und Trainer müssen sich intensiv mit dem eigenen Standpunkt auseinandersetzen, mit der Art und Weise, wie er die Sicht auf die anderen bestimmt und einschränkt. Für die Teilnehmenden aus dem Westen bedeutet dies u.a., sich die Privilegien des eigenen Standorts klarer vor Augen zu führen.[26]

In dem globalen Zusammenhang eines solchen Lehrgangs werden überlieferte Dichotomien ständig in Frage gestellt und neu behandelt. So muss etwa die Unterscheidung von Entwicklungsländern und entwickelten Ländern stets hinterfragt werden. Die philosophische Frage, die dahintersteht, ist freilich die, was überhaupt Entwicklung und was Fortschritt bedeuten, vor allem mit Blick auf die unterschiedliche Lage und den unterschiedlichen Beitrag der Geschlechter.

In dem transnationalen Lehrgang werden noch viele andere philosophische Fragen gestellt. Die Bedeutung der Religion für die Stellung der Geschlechter spielt z.B. eine große Rolle. Nichtsdestoweniger wird die Unterscheidung zwischen einem säkularen Westen und einem religiösen Orient hinterfragt, zumal die überlieferten Vorstellungen zur Geschlechterdifferenz in der westlichen Kultur darauf hinweisen, wie eng philosophische und christliche Ideen zusammenhängen. Die ganze Geschichte sexueller Aufklärung im Westen des 20. Jahrhunderts ist auch von Interesse für Studierende aus der islamischen Welt. Traditionelle Vorstellungen vom Körper, die zum Beispiel in Afghanistan noch immer vorherrschend sind, besetzen den sexuellen Körper grundsätzlich mit Scham. Eine solche Einstellung zu Sexualität und Scham fordert wiederum westliche Stu-

---

26 Vgl. Harding/Narayan 2000: xiii.

dierende auf, Pornografie und Sexualität im Westen sowie deren Auswirkungen auf Beziehungsmuster und Identität durch die Augen der anderen zu sehen und neu zu reflektieren.

Es gibt viele solche Beispiele eines transnationalen Lernens als einer transformativen Erfahrung und Generierung von neuen Erkenntnissen durch die Begegnung mit dem Anderen. Die Studierenden und die Dozentinnen und Dozenten sehen sich selbst und das Andere in einem neuen Licht und lernen so, ihre eigenen Selbstverständlichkeiten in Frage zu stellen. Trotz der Pluralität der Einsichten und Erfahrungen führen die Gespräche keineswegs zu einem Relativismus, der die Diskussion beenden und alle Einsichten und Standpunkte als gleichwertig erscheinen lassen würde. Studierende aus demselben Kulturkreis sind sich häufig uneins und diskutieren heftig.

VON PERIPHERIE ÜBER PERIPHERIE ZUM ZENTRUM

Ich habe meinen Erörterungen keine Bestimmung der Peripherie und des Zentrums vorausgeschickt, sondern eher versucht, die Begriffe anhand der besprochenen Themen herauszukristallisieren. Obwohl die westliche Philosophie in einem globalen Kontext lediglich eine signifikante Peripherie darstellt, zeigen meine Überlegungen zum Kanon der westlichen akademischen Philosophie exemplarisch, dass es innerhalb jeder philosophischen Tradition ein Zentrum (wahrscheinlich eher mehrere Zentren, die je einem Mainstream zugehören) und Peripherien gibt. Das Ausgrenzen der Peripherie stellt, wie ich argumentiert habe, einen Verlust für philosophische Institute dar. Das Zentrum sollte sich mehr der Peripherie öffnen, und zwar sowohl theoretisch als auch praktisch, in der Forschung wie in der Lehre. Die isländischen Studierenden der Philosophie, die in Berührung mit dem GEST-Programm kamen, profitierten philosophisch sehr davon, sich mit philosophischen, politischen und kulturellen Fragestellungen der Geschlechtergleichstellung in einem transnationalen Kontext zu beschäftigen. Gerade Philosophiestudierenden wird häufig vermittelt, dass der philosophische Standpunkt per se ein universeller Standpunkt sei. Durch das transnationale Lernen werden die Studierenden aufgefordert, den eigenen Standpunkt als einen „lokalen" aufzufassen, und erst dann die Frage zu stellen, ob er universalisierbar ist. Die Frage, was etwa an den Theorien der Menschenrechte „westlich" ist, stellt sich genau wie die andere Frage, was Menschenrechte auf der Basis eines kulturell anders geprägten Menschenbildes und anderen Ideen der Geschlechterdifferenzen bedeuten können. Daraus ergeben sich eine Fülle von neuen Fragen und Themen, die mit Peripherien und Zentren zusammenhängen. Das Achten der

Menschenrechte wird z.B. meist von Positionen und Gruppen am Rande gefordert und eingeklagt. Menschenrechte sind daher ein treffendes Beispiel dafür, wie eine zentrale Instanz am Leben erhalten wird durch den Druck, der von peripheren Positionen ausgeübt wird.

Anhand solcher Erfahrungen wird deutlich, dass Philosophieren als eine Erkenntnissuche verstanden werden kann, die zur Selbsttransformation führt im Sinne von Erkenntniserweiterung oder -vertiefung. In der antiken Philosophie wurde das Staunen als der Anfang der Philosophie verstanden. Über etwas zu staunen kann heißen, das Alte und Gewohnte in einem neuen Licht zu sehen oder es als etwas Neues und Andersartiges wahrzunehmen. Das ist *thaumazein* und das ist zugleich Selbsttransformation in dem Sinne, dass der eigene Standpunkt entweder gefestigt oder modifiziert wird. Das Staunen wird möglicherweise am ehesten geweckt, wo wir das zentrale und das periphere Philosophieren in einem Spannungsverhältnis erleben. Wo wir zwischen den Stühlen sitzen. Periphere Perspektiven bringen Staunen hervor und wecken philosophische Neugier, auch dem eigenen Selbst und dem eigenen Standpunkt gegenüber.

Literatur

Adorno, Theodor W. (1979): *Minima Moralia*, Frankfurt a. M.
Antony, Louise/Cudd, Ann E. (2012): Musings. The Mentoring Project, in: *Hypatia* 27/2, S. 461-468.
Alcoff, Linda M./Potter, Elizabeth (Hg.) (1993): *Feminist Epistemologies*, London/New York.
Boyce Davies, Carole (Hg.) (2003): *Decolonizing the Academy: African Diaspora Studies*, Trenton, N.J.
Butler, Judith/Braidotti, Rosi (2010): Out of Bounds: Philosophy in an Age of Transition, in: Alan Schrift (Hg.), *The History of Continental Philosophy*, Band 7, Durham, S. 307-335.
Diethe, Carol (1996): *Nietzsche's Women: Beyond the Whip*, Berlin/New York.
Dussel, Enrique (1985): *Philosophy of Liberation*, Eugene/Oregon.
Harding, Sandra/Narayan, Uma (Hg.) (2000): *Decentering the Center. Philosophy for a Multicultural, Postcolonial and Feminist World*, Bloomington.
Haslanger, Sally (2008): Changing the Ideology and Culture of Philosophy: Not by Reason (Alone), in: *Hypatia* 23/2, S. 210-233.
Heinämaa, Sara (2003): *Toward a Phenomenology of Sexual Difference. Husserl, Merleau-Ponty, Beauvoir*, Lanham.
Irigaray, Luce (1980): *Amante marine de Friedrich Nietzsche*, Paris.
Le Dœuff, Michèle (1991): *Hipparchias Choice. An Essay Concerning Women, Philosophy, etc.*, London.
Dies. (2002): *The Philosophical Imaginary*, London/New York.
Lundgren-Gothlin, Eva (1996): *Sex and Existence. Simone de Beauvoir's ‚The Second Sex'*, Hanover/London.
Meyer, Ursula/Bennent-Vahle, Heidemarie (1994): *Philosophinnen-Lexikon*, Leipzig.
Mohanty, Chandra Talpade (2003): *Feminism Without Borders. Decolonizing Theory, Practicing Solidarity*, Durham.
Moi, Toril (1994): *Simone de Beauvoir. The Making of an Intellectual Woman*, London.
Nussbaum, Martha (2003): ‚Don't Smile So Much!': Philosophy and Women in the 1970's, in: L. M. Alcoff (Hg.), *Singing in the Fire: Stories of Women in Philosophy*, Lanham.
Rullmann, Marit (1998): *Philosophinnen*, 2 Bände, Frankfurt a. M.
Said, Edward W. (2002): Opponents, Audiences, Constituencies and Communities, in: ders. (Hg.), *Reflections on Exile and Other Essays*, Cambridge, S. 118-147.

Spivak, Gayatri Chakravorti (2008): *Other Asias*, Malden.
Waithe, Mary Ellen (1987ff.): *A History of Women Philosophers*, Band 1-4, Dordrecht.
Young, Iris Marion (2005): *On Female Body Experience: „Throwing Like a Girl" and other Essays,* Oxford.

ONLINE-QUELLEN

Feminist Philosophers siehe: http://feministphilosophers.wordpress.com/
- The Pluralist's Guide to Philosophy Programs siehe: http://pluralistsguide.org/#awp
What it is like to be a Woman in Philosophy siehe: http://beingawomaninphilosophy.wordpress.com
What We're Doing About What It's Like-Making things better for women in Philosophy siehe: http://whatweredoingaboutwhatitslike.wordpress.com/
Women in Philosophy Task Force siehe: http://web.mit.edu/wphtf/Welcome.html

Frauenbewegung und Philosophie: Rückblick auf eine Nicht-Begegnung

FRIEDER OTTO WOLF

> Klarer zeigt sich doch vielleicht nirgends die ganze Brutalität menschlicher Zustände als auf dem sexuellen Gebiet.
> HELENE STÖCKER/DIE LIEBE UND DIE FRAUEN

> I am not a philosopher, but a literary writer!
> SIMONE DE BEAUVOIR/TWO INTERVIEWS WITH SIMONE DE BEAUVOIR

> Die Geschichte der Philosophie ist phallogozentrisch.
> JACQUES DERRIDA/POINTS DE SUSPENSION

Ich gehe von einer einfachen Frage aus: Warum haben die frauenbewegten Frauen im 19. und im frühen 20. Jahrhundert keine Hilfe bei der damals etablierten Philosophie gesucht, aber auch ihrerseits keine feministische Philosophie entwickelt? Warum hat sogar Simone de Beauvoir, die doch im Rückblick die Frauenfrage erst wirksam auf die philosophische Landkarte gebracht hat, sich dem Angesprochenwerden als Philosophin verweigert?

Diese Frage wird manchen als trivial, manchen als bloß historisch erscheinen – und manchen als kontrafaktisch und daher irrelevant. Die Tätigkeit des Philosophierens besteht jedoch immer wieder darin, im scheinbar Trivialen elementar Fragwürdiges aufzuspüren. Da wir zum Nachdenken immer auch Stoff benötigen, ist schwer vorstellbar, diesen Stoff anderswoher zu beziehen als aus der Vergangenheit – und sei es eben auch aus der jüngsten und jüngeren Vergangenheit, die in öffentlichen Diskursen mit dem Anspruch auftritt ‚unsere Gegenwart' zu sein.

Selbstverständlich wäre es sträflich verfehlt, die feministische Philosophie zu ignorieren, wie sie sich seit 1945 insbesondere im Ausgang von Frankreich und den USA entwickelt und in den Aufbrüchen der 1960er Jahre global neu entfaltet hat.[1] Aber die Frage, wodurch es dieser feministischen Philosophie[2] hat gelingen können, die offenbare Fremdheit abzubauen, die vorher zwischen der Frauenbewegung und ‚der Philosophie' bestanden hat, berührt sowohl das Problem, was eigentlich diese Philosophie, als auch, was diese Frauenbewegung historisch und der Sache nach ausgemacht hat. Warum also diese ‚Nicht-Begegnung'?

Zwei naheliegende Antworten können in der Tat als trivial und wenig produktiv beiseitegelassen werden, nachdem wir sie als solche ins Auge gefasst haben: *Erstens* die Antwort, die auf eine mangelnde Massenrelevanz der Philosophie verweist. Es mag zwar zutreffen, dass erst im Laufe des 19. Jahrhunderts die Philosophie (parallel zu ihrer Etablierung als Einzeldisziplin an den Universitäten) wirklich „die Massen erreicht" hat. Aber das Beispiel der gleichzeitigen Arbeiterbewegung[3] hat doch durchaus gezeigt, dass jedenfalls den Intellektuellen dieser bewegten Massen philosophische Fragen sehr rasch wichtig geworden sind.[4] Und daher bleibt es eine reale Frage, warum dies in der Frauenbewegung bis zu Simone de Beauvoir gedauert hat.[5]

Zweitens ist aber auch die Antwort, wonach die Tätigkeit des Philosophierens im Kern eine „Männersache" sei, inzwischen offensichtlich falsifiziert: Nicht nur, weil im 20. Jahrhundert bedeutende Philosophinnen aufgetreten sind –

---

1 Den besten Überblick bietet immer noch Nagl-Docekal 1990 ergänzt durch die Darstellungen der Entwicklung in den USA in der Stanford Encyclopedia of Philosophy (Tuana 2011) und in Frankreich durch Galster 2008.

2 Auch wenn sie „sich – hinter dem Rücken der akademischen Fachphilosophie – zu einem eigenen Diskurszusammenhang entwickelt" hat (Gimmler 2000: 1).

3 In der Arbeiterbewegung haben spezifisch philosophische Initiativen – von Eugen Dietzgen und dann auch Franz Mehring, Antonio Labriola, Georgij Plechanow und Aleksandr Bogdanow bis hin zu György Lukács und Karl Korsch – durchaus eine wichtige Rolle gespielt.

4 Philosophische Fragen wurden so wichtig, dass eine zentrale Auseinandersetzung über die politische Strategie – die zwischen Lenin und Bogdanow, auf dessen Seite auch Gorki stand – als explizit philosophische Debatte geführt worden ist (vgl. Scherrer/Haupt 1978).

5 Diese Fragestellung geht davon aus, dass erst mit Simone de Beauvoir international allgemein wahrgenommen wird, dass sich ein Feminismus philosophisch artikuliert.

was vermutlich nicht völlig losgelöst von den gesellschaftlichen Umwälzungen geschehen ist, in deren Zusammenhang die unterschiedlichen historischen Wellen von Frauenbewegungen aufgetreten sind[6] –, sondern vor allem, weil inzwischen auch in der Selbstverständigung der für ihre Befreiung kämpfenden Frauen ganz eindeutig (und kaum noch ernsthaft bestritten) philosophische Formen eine unübersehbare Rolle spielen – von Simone de Beauvoir über Julia Kristeva bis zu Donna Haraway, Luce Irigaray, Hélène Cixous, Elisabeth Badinter, Nancy Fraser oder Judith Butler. Und wer behaupten möchte, die Vordenkerinnen der Frauenbewegung – seit den Manifest-Verfasserinnen Olympe de Gouges und Mary Wollstonecraft –, also dissidente Saint-Simonistinnen und Utilitaristinnen wie Claire Démar und Harriet Taylor, Schriftstellerinnen wie Flora Tristan und Hedwig Dohm, Aktivistinnen wie Susan B. Anthony, Elizabeth Cady Stanton und Louise Otto-Peters oder gar die feministisch engagierte Philosophin Helene Stöcker, hätten nicht radikal *gedacht*, blamiert sich offenkundig selbst.

Das Problem liegt augenscheinlich auf der Seite der Philosophie: Warum haben diese Generationen für ihre Befreiung kämpfender Frauen die Tätigkeit des Philosophierens, wie sie von der herrschenden Philosophie vorgeprägt war, als so offensichtlich nutzlos empfunden, dass sie in ihrem Denken nicht an diese angeknüpft haben? Ein Hinweis auf die Antwort scheint mir darin zu liegen, dass an dissidente *Denkpraktiken* innerhalb der frühen Frauenbewegung durchaus angeknüpft worden ist – allerdings nicht als ein Modell für eine *philosophische* Tätigkeit.

Im Folgenden frage ich *historisch* nach den Umbrüchen, in denen das Thema der Frauenbefreiung als solches formuliert werden konnte, also nach der Bedeutung von Fortschritt, Aufklärung und Revolutionen für den intellektuellen Raum, in dem Geschlechterverhältnisse thematisiert und problematisiert werden konnten.

Gesellschaftstheoretisch werde ich nach den durch diese Umbrüche strukturell ermöglichten und dann in makro- und mikropolitischen Kämpfen verwirklichten Formveränderungen dieser gesellschaftlichen Verhältnisse fragen. Der Fokus liegt darauf, dass diese Formveränderungen aufgrund der darin durchgesetzten „Verflüssigung" der traditionellen Herrschaftsverhältnisse[7] zwar die Fra-

---

6 Die Frauenbewegung in den 1920er und 1930er Jahren – deren Fortwirken in den 1950er Jahren ich noch selbst (über meine Mutter, Annemarie Wolf, vermittelt) habe erleben können – hatte ihrerseits schon eine lange Vorgeschichte, auf die zurückzugehen ist, um die Frage nach ‚der Philosophie' zu untersuchen.

7 Dieses Grundkonzept des *Kommunistischen Manifests* von Marx und Engels hat seine analytische Fruchtbarkeit inzwischen vielfach bewährt – was von seiner unmittelbar prognostischen Anwendung keineswegs behauptet werden kann: Die Verflüssigung

ge der Befreiung von Herrschaft in den Horizont des Denkens treten ließen, dass sie jedoch nicht zu Emanzipationsprozessen geführt haben.

Metaphilosophisch versuche ich die Fragehorizonte der als solcher etablierten Philosophie sowie die Voraussetzungen für eine herrschaftskritische Thematisierung der Geschlechterverhältnisse in einem Prozess des Philosophierens zu ermitteln. Dafür verbinde ich die schlichte Unterscheidung[8] zwischen einer „spontanen" und einer „methodisch elaborierten" Philosophie mit derjenigen zwischen einer herrschaftsaffirmativen und einer radikalen Philosophie.[9]

1. HISTORISCH: GEDANKEN DER BEFREIUNG NACH DEN BÜRGERLICHEN REVOLUTIONEN

In der westeuropäischen (und US-amerikanischen) Neuzeit haben eine ganze Reihe von letztlich erfolgreichen bürgerlichen Revolutionen stattgefunden, die auf dem Felde der Geschlechterverhältnisse[10] zu mindestens drei „Entbettungsprozessen" führten[11]:

---

der traditionellen, auf Formen persönlicher Abhängigkeit beruhenden Herrschaftsverhältnisse hat im gesellschaftlichen Gesamtprozess seit dem 19. Jahrhundert keineswegs zur Durchsetzung befreiter Verhältnisse geführt, sondern vielmehr – durchaus analog zu den Übergängen zur modernen Lohnarbeit aus Sklaverei, Leibeigenschaft und zünftiger Eingebundenheit – zur Erfindung, Verallgemeinerung und Durchsetzung moderner, nicht mehr durch persönliche Abhängigkeit, sondern durch sachlich vermittelte Formen der Unterworfenheit unter Herrschaft geprägter Verhältnisse.

8 Die als solche durchaus über den kulturellen Bereich ins Politische hinausreicht (vgl. Haug 2012).
9 Vgl. Wolf 2002.
10 Die bis zur chemotechnisch ermöglichten Durchsetzung einer gesellschaftlich akzeptierten Empfängnisverhütung (vgl. die Debatte über den „Pillenknick") sehr enge Verknüpfung von Geschlechter- und Generationenverhältnissen, wie sie allen Konzepten von Familie in der bisherigen Menschheitsgeschichte zugrunde liegt, macht es schwer, bei der Analyse der Modernisierung der herrschaftlichen Strukturierung der Geschlechterverhältnisse von den Generationenverhältnissen zu abstrahieren (vgl. Notz 2011a). Das gilt insbesondere für die Forderungen der Frauenbewegung im Umfeld der Mutterschaft: „[S]oziale Fürsorge für Mutter und Kind, die Gleichbehandlung von ledigen Müttern, die Bereitstellung von Kinderkrippen und Kindergärten" (Notz 2011b: 55). Als exemplarisch kann hier die Tätigkeit von Helene Stöcker gelten: Das von ihr herausgegebene theoretische Organ hat nicht zufällig den Titel „Die neue Generation"

- *Erstens* eine Herauslösung der Paarbeziehungen aus ihrer funktionellen Bindung an die zwischen den verschiedenen Sippen bestehenden Beziehungen: Die Beziehungspartner als individuelle Subjekte gelten unmittelbar als Vertragspartner in einem privatrechtlichen Vertrag zwischen Rechtssubjekten und die Erfüllung bzw. Nichterfüllung der Reproduktionsanforderungen von Sippe und Familie spielt grundsätzlich keine Rolle mehr für den Bestand der Paarbeziehung.
- *Zweitens* eine Herauslösung menschlicher Sexualitätspraktiken aus der Bindung an traditionelle Moralvorstellungen. Damit einher geht eine grundsätzliche Relativierung der Heteronormativität in den Geschlechterverhältnissen, aber auch die Eröffnung eines Raumes für die Propagierung der libertinärgewaltförmigen Sexualitätskonzepte eines Marquis de Sade.
- *Drittens* die unmittelbare emotionale Besetzung von Paarbeziehung und Sexualitätspraktiken in der modernen Konzeption der sogenannten „romantischen Liebe", wie sie etwa in Bizets *Carmen* auf die „Liebe vom Zigeunerstamm" projiziert wird: Diese romantische Liebe „fragt nach Rechten nicht, Gesetz und Macht"[12], löst sich also aus allen gesellschaftlichen und moralischen Vorgaben mehr oder minder vollständig heraus, die jetzt als „Zwänge" begriffen und erlebt werden.

Alle drei „Entbettungen" sind historisch mit großer Kraft erfolgt, getragen von der Selbstaktivierung vieler Millionen von Menschen, vor allem von Frauen, die dem Befreiungsversprechen vertraut haben, das darin offenbar historisch gelegen hat. Es ist davon auszugehen,[13] dass die drei Züge der alten Verhältnisse, welche

---

getragen. Dennoch gehört es zu den theoretisch zu lösenden Aufgaben einer Erfassung der „Modernisierung" dieser Verhältnisse, die „eigene Materialität und Widersprüchlichkeit" (vgl. Althusser 2011) herrschaftlich strukturierter Geschlechterverhältnisse zu begreifen, anstatt sie ‚funktionalistisch' in die Bestimmung ihrer generationenübergreifenden Reproduktionsfunktion aufzulösen.

11 Vgl. Polanyi 1977.
12 Vgl. den 1. Akt, Nr. 5 in der Oper *Carmen* von Georges Bizet.
13 Mir liegen spezifisch dazu keine Untersuchungen vor, welches Leid die Geschlechterverhältnisse produziert haben. Die neuere Psychohistorie hat dies aber sehr plastisch für die vormodernen *Generationen*verhältnisse (vgl. Ariès 1975) herausgearbeitet – Lloyd deMauses klassisch gewordenes Buch trägt in seiner deutschen Übersetzung den sprechenden Titel *Hört ihr die Kinder weinen* (vgl. ders. 1977). Vergleichbare psychohistorische Entwicklungen sind auch in den Geschlechterverhältnissen anzunehmen.

durch diese Entbettungen aufgelöst wurden, durchaus umfassend und tiefgreifend für Unglück und Leiden unter den von ihnen betroffenen Frauen gesorgt hatten.[14] Dass es noch schlimmer werden würde, war jedenfalls nicht zu erwarten.

Für viele Frauen ist es aber doch schlimmer gekommen: In den Fabriken und *sweatshops* oder auch unter den Lebensumständen der proletarischen Slums und in der Sex- und Pornoindustrie wurden immer wieder Verhältnisse zustande gebracht, die mit den Borniertheiten der alten Geschlechterverhältnisse zugleich auch alle Schranken abstreiften, die zuvor der Ausbeutung, Unterdrückung und Erniedrigung von Frauen eben aufgrund ihrer Borniertheiten entgegengestanden haben.

2. Gesellschaftstheoretisch: mikropolitische Modernisierung der gesellschaftlichen Herrschaftsverhältnisse

Zunächst gilt es zu begreifen, wie unmittelbar persönlich bestimmte Herrschaftsverhältnisse als solche strukturiert sind: Als persönliches Überwältigungsverhältnis kann körperliche Überlegenheit, wie schon Hobbes klargestellt hat, allein keine Herrschaft begründen. Körperkraft, Gewalt und Prügel müssen durch entsprechende Habitualisierungen der derart Beherrschten ergänzt werden, um als Herrschaftsinstrumente funktionieren zu können. Ihr Auftreten in konkreten Beziehungen ist jedenfalls immer ein Indiz dafür, dass ihnen persönlich bestimmte Herrschaftsverhältnisse zugrunde liegen.

Auch in modernisierten Herrschaftsverhältnissen spielt organisierte Gewaltanwendung eine wichtige Rolle – etwa in polizeilicher oder auch militärischer Gestalt. Diese Gewaltanwendung ist nicht an persönliche Beziehungen gebunden, sondern wird auf unpersönlich definierte ‚Fallgruppen' bzw. direkt auf ‚Massen' angewandt.

Wenn wir diese Überlegung auf die Geschlechterverhältnisse übertragen, lassen sich sofort zwei besonders auffällige Befunde festhalten: *Zum einen* indiziert die endemisch grassierende Männergewalt gegen Frauen, dass die Modernisierung als herrschaftliche Versachlichung im Bereich der Geschlechterverhältnisse auf besondere Schwierigkeiten in der Durchsetzung stößt. *Zum anderen* sind die formellen Modernisierungen – grundsätzliche Anerkennung der Frauen als mündige Privatrechtssubjekte (eigene Verfügungsgewalt statt Vormundschaft von

---

14 In der Darstellung von Ariès und Béjin (vgl. dies. 1984) ist davon immerhin ein schwaches Echo zu spüren.

Vater bzw. Ehemann) und als politische Subjekte (Wahlrecht), Recht auf eigene Entscheidung über Eheschließung und Ehescheidung, Recht auf sexuelle Selbstbestimmung – in ihrer Umsetzung weiterhin von starken Geschlechterasymmetrien geprägt, sodass die „ganze Frauenfrage" immer noch auf der Tagesordnung steht.[15]

Wie sind vor dem Hintergrund dieser Befunde die Prozesse und Strukturen zu rekonstruieren, welche seit den Aufbrüchen des ausgehenden 19. und des beginnenden 20. Jahrhunderts im Bereich der Geschlechterverhältnisse anstelle der Bewahrung der traditionellen Formen ihrer herrschaftlichen Prägung die Durchsetzung neuer, moderner, d.h. sachlich vermittelter Herrschaftsverhältnisse mit sich brachten?

Hierzu sind vor allem die historischen Passagen von Karl Marx' *Kapital* weiterführend, denn indem er die in der westeuropäischen Geschichte in großen Kämpfen durchgesetzten Voraussetzungen rekonstruiert, praktiziert er eine Methode der mikropolitischen Analyse von historischen Strukturveränderungen, die zur Durchsetzung der modernen Lohnarbeit als einem sachlich vermittelten Herrschaftsverhältnis geführt haben.[16] Es ist allerdings zu beachten, dass damit noch nicht untersucht und begriffen ist, wie die modernen Herrschaftsverhältnisse, die sich auch in anderen Feldern durchsetzten, sich als sachlich vermittelte Verhältnisse haben konstituieren und durchsetzen können, nachdem die alten, personengebundenen Herrschaftsverhältnisse sich verflüssigt haben. Das bedarf vielmehr gerade auf dem Feld der Geschlechterverhältnisse immer noch eigenständiger Untersuchungen.

3. METAPHILOSOPHISCH: ALTERNATIVE MODELLE DER PHILOSOPHIE UND FEMINISTISCHES PHILOSOPHIEREN

Neben dem für die neuzeitliche Aufklärung konstitutiven Zusammenhang von neuen Wissenschaften, Theologiekritik und politischen Forderungen, die gegen die alten, noch personal definierten Herrschaftsverhältnisse gerichtet waren, hat sich seit dem 18. Jahrhundert, mit Vorläufern seit der frühen Neuzeit, eine Praxis der Empfindsamkeit, der nicht auf herrschende Ideale bezogenen Kultivierung der Gefühle entwickelt. Diese stellte insofern eine eigenständige Herausforde-

---

15 Vgl. Notz 2011b.

16 Vgl. insbesondere zur Durchsetzung der Lohnarbeit als welthistorische Tatsache Marx 1962: 183f. in Verbindung mit Marx' Analyse der sogenannten „ursprünglichen Akkumulation" (ebd. 741-791).

rung für die Philosophie dar, als in ihr Modelle einer Lebenspraxis entworfen und erprobt wurden, die ganz ohne eine Anleitung durch die praktische Philosophie auskam und die sich auch weder mit einer Bezugnahme auf den Fortschritt der Wissenschaft, noch durch den Verweis auf die Erforderlichkeit politischer Aktionen in die Zuständigkeit der Philosophie zurückführen ließ. Während die Praxis der Empfindsamkeit im 19. Jahrhundert in die Alltagspraxis breiterer gebildeter Schichten und damit auch vieler Frauen Eingang gefunden hat, blieben philosophische Erneuerungsansätze der praktischen Philosophie vergleichsweise einflusslos.

Erst die neuen Modelle einer Philosophie, wie sie sich im 19. Jahrhundert bemerkbar gemacht haben, waren für die Themen und Anliegen frauenbewegter Frauen von spezifischer Bedeutung. Ich konzentriere mich hier auf Søren Kierkegaard und Friedrich Nietzsche. Sie hatten in ihrer Kritik an dem falschen Ernst der philosophischen Ethik bzw. an den „Vorurteilen der Philosophen", die sie durchaus nicht unter emanzipatorischen Vorzeichen vortrugen, neue Grundmuster philosophischer Tätigkeit zu entwickeln begonnen.[17]

3.1 Søren Kierkegaards feministisches Potenzial

Søren Kierkegaards philosophische Interventionen bildeten insbesondere in ihrem Kontrast zu der traditionellen Art, Philosophie zu betreiben, einen Anknüpfungspunkt für ein frauenbewegtes Denken.[18] In Vorwegnahme der Existenzphilosophien des 20. Jahrhunderts begriff er die philosophische Tätigkeit als ein „je-

---

17 Über der berechtigten Kritik an den Verkürzungen, die sich in den innerhalb des historischen Marxismus tonangebenden Schriften von Friedrich Engels und August Bebel in Bezug auf die Geschlechterverhältnisse aufzeigen lassen (vgl. zusammenfassend Vileisis 1997), sollten die aktiven und selbst denkenden Kämpferinnen für Frauenbefreiung innerhalb der sozialistischen Frauenbewegung nicht vergessen werden – von Marx' Töchtern Eleanor Marx und Laura Lafargue über Dora Montefiore und Clara Zetkin bis zu Alexandra Kollontai und Sylvia Pankhurst. Der wichtige sozialistische Zweig der Frauenbewegung hat allerdings in seiner Anknüpfung vor allem an Friedrich Engels die Marx'schen Ansätze zu einer Erneuerung auch der Praxis der Philosophie (vgl. Balibar 1993) nicht besonders beachtet und sich auf gesellschaftstheoretische und -historische Fragestellungen beschränkt.

18 „Even though he often expressed a misogynistic attitude, Kierkegaard also took a hammer to the cold foundations of traditional Western Philosophy; he opened up a space within philosophy for existentialism, and as a result of this space feminism has been able to develop." (Sipe 2004)

eigenes" Eingreifen in den diskursiven Raum zwischen dem individuellen Selbst und dem Universalen, in welchem das jeweils eigene Leben zu führen ist. Dieses Ernstnehmen der Singularität des eigenen Lebens verknüpfte er mit dem nicht weniger ernsthaften Eingehen auf die Singularität der Anderen.

Selbst Hegel, der die traditionellen Kategorien der philosophischen Logik dialektisch neu fasste, hatte nicht so radikal mit der seit Aristoteles herrschenden Orientierung auf das Universale hin gebrochen. Damit erreichte er aber auch nicht den Grad von ‚dramatischer Lebensnähe', zu der das von Kierkegaard praktizierte konkret existenzielle Denken in der Lage war. Der Grund hierfür besteht darin, dass Kierkegaards Denken nicht an dem (besitz-)individualistisch isoliert begriffenen Selbst der neuzeitlichen Philosophie[19] und seinen ‚künstlich' konstruierten Beziehungen zu „abstrakten Anderen" ansetzte.[20] Vielmehr sprach er, bzw. seine Figuren, jeweils die besonderen Individuen als immer schon in konkrete Beziehungen zu besonderen Anderen eingebettet an. Damit gelang es Kierkegaard, obwohl er von sehr traditionsgeprägten Geschlechterkonzepten ausging,[21] aus den seit der frühen Neuzeit herrschenden Mustern philosophischer Selbstinszenierung der Subjekte auszubrechen, um als Individuum im eigenen Namen und aufgrund eigener Erfahrung und Praxis zu anderen konkreten Individuen zu sprechen.

Dieser „maieutische" Zug der Tätigkeit Kierkegaards auf dem Feld der Philosophie[22] spiegelt sich auch, wie Dera Sipe gezeigt hat,[23] im thematischen Motiv der „teleologischen Suspendierung des Ethischen" wider, wie es Kierkegaard in seiner Interpretation von Abrahams Opferhandlung entfaltet. Dieses ist nicht allein unter dem Gesichtspunkt einer theologisch motivierten „Weltverneinung" zu lesen: Im philosophischen Kern des Arguments geht es für Kierkegaard in seinen klassisch gewordenen Schriften von 1843 bis 1846 trotz allen Bezugs auf die absolute Transzendenz seines Gottes um einen Prozess der kommunikativen Autorisierung zwischen konkreten „Selbsten", die füreinander zugleich auch

---

19 Vgl. Macpherson 1962.

20 Wie das bei Max Stirners *Der Einzige und sein Eigentum* (1845) zu konstatieren ist. Zur Kategorie vgl. Ricoeur 2005: 274.

21 Vgl. Kierkegaard 1834.

22 „He does not wish to stand in the way of any woman's own resolution of her existential situation, so he wishes to be misunderstood, and he must be said to have succeeded overwhelmingly. The use of this method, he thinks, is the only way he can make people react, and that is the whole aim of all his works, to get one to act for oneself, even if he has to trick the reader cunningly into the truth." (Bertung 1997: 53f.).

23 Vgl. Sipe 2004.

konkrete Andere sind. Damit wird die Philosophie im Hinblick auf die Lebenspraxis zum Gegenstand einer relationalen Analyse und Argumentation – in der sich durchaus die Grundstruktur einer feministischen Relations- bzw. Fürsorge-Ethik erkennen lässt,[24] wie sie in jüngerer Zeit etwa von Virginia Held und Carol Gilligan ausgearbeitet worden ist.[25]

Bereits gegen Ende des 19. Jahrhunderts hatte der dänische Philosoph Harald Høffding in seiner Ethik in einem Kapitel über die „Hingabe" im Abschnitt über die „Wahrheitsliebe" nachdrücklich hervorgehoben, dass Kierkegaards „leidenschaftliche Betonung des subjektiven Verhältnisses zum Denken, das für die Lebensanschauung bestimmend sei", den Modus seines Philosophierens verändert habe[26]. Kierkegaard habe „für diese Punkte [der Lebensführung] ein Denken ‚mit der Herzgrube' – ein ‚subjektives Denken', ‚Denken in der Existenz', ein Denken, das mit einem Willen in Eines geht" gefordert[27]. Damit habe er

„in seinem eigenen Leben und seinem eigenen Denken selber ein großes Vorbild für ein derartiges existenzielles Denken gegeben. Damit hat er der Menschheit den größten Dienst erwiesen, den er gemäß seiner eigenen Natur und seiner Lebensumstände hat leisten können: indem er den großen Versuch unternahm, das Verhältnis einer überlieferten [...] Weltanschauung zu dem persönlichen Leben unserer Tage zu prüfen, deren Tragfähigkeit und die Möglichkeit [zu überprüfen], dass deren Forderungen vollständig erfüllt werden. Ein in seiner Art einzig dastehendes Experiment, das vielleicht einen wichtigeren Beitrag zur Beurteilung [oder auch ‚Würdigung'] von Lebensanschauungen leistet als viele gelehrte Untersuchungen über deren objektiven Inhalt!"[28]

Høffding hat nun nicht nur den neuen Kierkegaard'schen Modus eines Denkens in der konkreten ersten Person als eines „singulären Universalen"[29] innerhalb der Philosophie gewürdigt. Er hat als Freund des friesisch-deutschen Sozialdemokraten Ferdinand Tönnies unter der Voraussetzung, dass es in der „Sozialethik" um

---

24 Vgl. Pieper 1993.

25 Ich stütze mich hier insgesamt auf die anregende Untersuchung zu feministischen Nutzungsmöglichkeiten des Kierkegaard'schen Modus des Philosophierens, die von Dera Sipe vorgelegt worden ist (vgl. dies. 2004).

26 Høffding 1887: 216ff. Hier und in den folgenden Zitaten Übersetzung des Verfassers.

27 Ebd. 219.

28 Ebd. 220. Høffding hat dann in einer eigenen Publikation (*Søren Kierkegaard som Filosof, Sören Kierkegaard als Philosoph*) Kierkegaard gleichsam wieder in die Philosophie eingegliedert; vgl. Høffding 1892.

29 Die Kategorie stammt von Sartre. Vgl. Sartre 1975: 148.

die „modernen Emanzipationsbewegungen" von „Sklaven[30], Leibeigenen, Arbeitern und Frauen" gehe[31], durchaus auch die Themen der Frauenbewegung aufgegriffen: Der entsprechende Teil seiner Ethik enthält im ersten Hauptabschnitt zur „Familie" auch ein Kapitel über „Die freie Monogamie", zu deren Beginn er seine Auffassung der „Freien Liebe"[32] auseinanderlegt, mit einem weiteren Kapitel über „Das Eingehen und die Auflösung der Ehe"[33] und einem ganzen Unterabschnitt zu „Stellung und Umständen der Frau"[34], an dessen Ende er ausdrücklich auf die „Frauenbefreiung" eingeht. Im zweiten Hauptabschnitt zur „Freien Kulturgesellschaft" arbeitet er die Diskussion um die „Soziale Frage" auf[35] und entwickelt zentral seinen Begriff eines Sozialismus als Moment dieser befreiten Gesellschaft.[36] Besondere Bedeutung weist er der amerikanischen Frauenbewegung zu, denn „die amerikanischen Frauen forderten zuerst ihr Recht, da dies für sie notwendig war, um ihre Pflicht tun zu können"[37].

Einen Zusammenhang zwischen seiner Rezeption des Kierkegaard'schen Modus des Philosophierens und seinem Aufgreifen von Konzepten und Fragestellungen der Frauenbewegung hat Harald Høffding weder gesehen noch hergestellt.

3.2 Friedrich Nietzsche in der deutschen Frauenbewegung

In der deutschen Frauenbewegung des ausgehenden 19. Jahrhunderts sind einige Vordenkerinnen (nicht etwa nur Malvina von Meysenbug und Lou Andreas-Salomé[38]) von Friedrich Nietzsches Philosophieren fasziniert gewesen.[39] Hedwig

---

30 In ihrer frühen Abhandlung über die „Ethik der Ambiguität" geht Beauvoir ebenfalls noch von dem „Sklaven" aus, um die Differenz seines Bewusstseins zu dem eines „Rebellen" und dem eines „Revolutionärs" herauszuarbeiten (vgl. Battersby 1994: 36).
31 Høffding 1887: 149.
32 Vgl. ebd. 250-261.
33 Vgl. ebd. 262-270.
34 Vgl. ebd. 272-285.
35 Vgl. ebd. 323-330.
36 Vgl. ebd. 344ff.
37 Ebd. 284.
38 Andreas-Salomé (vgl. Andreas-Salomé 1899) betont insbesondere Nietzsches Auffassung der Philosophien, die er von vorneherein in den Plural setzt, als „Personal-Akten ihrer Urheber" (vgl. Nietzsches Brief vom 16.9.1882 an Lou Salomé, zitiert bei Schlüpmann 1984a, Anm. 20).

Dohm hat in ihrem Essay „Nietzsche und die Frauen" diese Faszination artikuliert – allerdings nicht unter dem Titel einer Philosophie, sondern einer Dichtung[40]:

„Friedrich Nietzsche! Du mein größter Dichter des Jahrhunderts, warum schriebst Du über die Frauen so ganz jenseits von Gut? Ein tiefes, tiefes Herzeleid für mich. Es macht mich noch einsamer, noch älter, noch abseitiger. Ach, ich weiß es ja: ‚Auch große Geister haben nur ihre fünffingerbreite Erfahrung. Gleich daneben hört ihr Nachdenken auf und es beginnt ihr unendlich leerer Raum und ihre Dummheit.'"[41]

Eine explizit philosophische Nietzsche-Rezeption findet sich bei Helene Stöcker. Ihr ging es ausdrücklich um den Modus von Nietzsches Tätigkeit als Philosoph: Sein Bruch mit dem „Dogmatismus der Rechtgläubigkeit" wird von ihr als Ermöglichung der eigenen „innere[n] Freiheit ihrer Entwicklung und ihres Wesens" erlebt[42]. Nietzsches „Lehrerhaltung sei die des ‚dies ist mein Weg – wo ist der Eure' gewesen"[43]. Demgemäß kann Helene Stöcker formulieren, ohne sich mit den sozialdarwinistischen, eliteorientierten und explizit frauenfeindlichen Motiven aufzuhalten, die auch ihr bei Friedrich Nietzsche bekannt sind: „Keinem anderen Geist unter den Lebenden fühle ich mich so tief verbunden"[44].

Was machte diesen Modus des Philosophierens aus, der derart befreiend erlebt werden konnte? Für die um Eintritt in die akademischen Institutionen kämpfenden Frauen hält sein Philosophieren gleichsam einen Raum der Wissenschaftskritik bereit, in der es überhaupt denkbar wurde, sich gegen die herrschenden Modi des Philosophierens zu behaupten und das damit verknüpfte Verständnis von Wissenschaft in seiner Fragwürdigkeit zu artikulieren. Für Helene Stöcker wird darüber hinaus gerade Nietzsches Stil des „Philosophierens mit dem Hammer" zu einem Modell für ihren Kampf um die Befreiung der Frauen –[45] gerade indem ihr Nietzsches Philosophieren als ein inhaltlicher Widerpart dient.[46]

---

39 Vgl. Zapata 1995.
40 Eine vergleichbare Einordnung Nietzsches als „Dichter und Denker" außerhalb ‚der Philosophie' liegt Ellen Keys Essay über *Goethe und Nietzsche* zugrunde (vgl. dies. 1907).
41 Dohm 1902: 33.
42 Stöcker o. J.: 15.
43 Ebd. 14.
44 Ebd.
45 Sie selbst hat in dieser Hinsicht Nietzsches „Umwertung aller Werte" in den Vordergrund gerückt: „Aber vor allem müssen wir ihm dafür dankbar sein, daß er die alte as-

3.3 Eine paradoxe, aber wirksame Inanspruchnahme

Sowohl Kierkegaards als auch Nietzsches misogyne ‚Sprüche' sind notorisch. Das hat frauenbewegte Frauen nicht daran gehindert, ihren Modus des Philosophierens für sich zu nutzen – und schließlich auch ausdrücklich für sich als eine Art der philosophischen Tätigkeit zu beanspruchen. Im Falle Kierkegaards fallen diese Inanspruchnahmen, die ausdrücklich erst in der feministischen Postmoderne erfolgt sind, historisch zusammen.[47] So formuliert etwa Jane Duran:

„[I]f the gynocentric, seen from the standpoint of both feminist ethics and feminist epistemology, may be thought to be that which alludes to notions of specificity, connectedness, and particularity, rather than the universal, the detached, and the normative, it may be possible to analyze at least some of Kierkegaard's authorship in terms that may be useful – perhaps extremely useful – to feminist theory."[48]

Im Falle Nietzsches hat es schon früh die Nutzung seiner Art des Philosophierens zu feministischen Zwecken gegeben (exemplarisch bei Hedwig Dohm und Helene Stöcker), während deren Inanspruchnahme als Strukturmodell für ein feministisches *Philosophieren* erst in den 1990er Jahren erfolgt zu sein scheint.

4. AUSBLICK

Wir haben einen komplizierten Weg zurückgelegt. Als Antwort auf die eingangs aufgeworfene Frage hat sich scheinbar noch nichts ergeben. Doch das scheint nur so: Indirekt können wir ein wichtiges Zwischenergebnis festhalten: Die Distanz der frauenbewegten Denkerinnen zur Philosophie, wie sie sie vorgefunden haben, und auch ihr unbefangener Umgang mit neuen Modi des Philosophierens,

---

ketische Moral der Kirchenväter, die in der Liebe der Geschlechter zueinander etwas Sündhaftes und im Weibe etwas Niedriges, Unreines erblickte, daß er diese lebensverneinende Moral durch seine stolze, lebensbejahende ersetzte, die Menschen dadurch vom bösen Gewissen befreit und ihre Liebe geheiligt hat." (Stöcker 1905: 71).

46 Vgl. Schlüpmann 1984b.
47 Die feministische Entdeckung von Kierkegaards Philosophie-Modus ist offenbar erst in den 1990er Jahren erfolgt – bemerkenswerterweise im Kontext der Begründungsversuche einer feministischen Ethik (vgl. Pieper 1993 und 2000, Howe 1994, Léon/Walsh 1997, Duran 1997).
48 Duran 1997: 250.

wie sie sie bei Kierkegaard und Nietzsche antrafen, fand eine entscheidende Grundlage darin, dass sie es in der historischen Aufbruchssituation vor der Katastrophe des I. Weltkriegs für verzichtbar halten konnten, eine Kritik der alten Philosophie zu betreiben und ihre neue Philosophie losgelöst von ihren politischen und alltagsästhetischen Programmen auszuarbeiten. Dass genau dies dann zunehmend nötig geworden ist, können wir als Gradmesser für die Niederlagen der Befreiungsprozesse im dunklen 20. Jahrhundert betrachten – nicht nur im Bereich der Geschlechterverhältnisse.

Simone de Beauvoir, deren Position den Dreh- und Angelpunkt meiner Überlegungen bildet,[49] hat ihr energisches Bestreiten, dass sie eine Philosophin sei, näher erläutert:

„While I say I'm not a philosopher in the sense that I'm not the creator of a system, I'm still a philosopher in the sense that I've studied a lot of philosophy, I have a degree in philosophy, I've taught philosophy, I'm infused with philosophy, and when I put philosophy into my books it's because that's a way for me to view the world."[50]

Beauvoir hat zwar – gleichsam umgekehrt – eingeräumt, dass Kierkegaard und Nietzsche für sie von besonderer Bedeutung gewesen seien,[51] sich jedoch offenbar niemals die Frage gestellt, ob bei diesen Autoren ein anderer Modus des Philosophierens erkennbar sei, der sich nicht auf das von Descartes bis zu Hegel unbestritten herrschende Modell der Systemkonstruktion reduzieren lässt.

Heute stehen wir am vorläufigen Ende eines Prozesses, in dem die Ausarbeitung feministischer Philosophien als eine nicht länger zu verdrängende Aufgabe erkennbar geworden ist.[52] Dies gilt umso mehr, da gegenwärtig wieder zunehmend Versuche zu beobachten sind, feministisches Philosophieren aus der ‚eigentlichen Philosophie' auszugrenzen, wie dies schon Mary Alcoff sich gezwungen sah zu beschreiben.[53]

---

49 Vgl. schon Wolf 2008.
50 Beauvoir 1989: 93.
51 „After Hegel, Kierkegaard and Nietzsche also railed at the deceitful stupidity of the serious man and his universe. [...] The serious man gets rid of his freedom by claiming to subordinate it to values which would be unconditioned. [...] There is the serious from the moment that freedom denies itself to the advantages of ends which one claims are absolute" (Beauvoir 1948: 46).
52 Vgl. insbesondere Braidotti 2009.
53 Vgl. Alcoff 2000.

Der nächste Schritt wird es sein müssen, sich aus der damit artikulierten Perspektive nicht nur, wie hier geschehen, die historische „Nicht-Begegnung" von Philosophie und Frauenbewegung zu vergegenwärtigen, sondern *zum einen* aufzuarbeiten, wie seit den 1970er Jahren die dissidenten Modelle philosophischer Tätigkeit[54] innerhalb der feministischen Philosophie angeeignet und genutzt worden sind, um den Kanon der Philosophie zu dekonstruieren,[55] sowie *zum anderen* eine inhaltliche Kritik der alten herrschaftsaffirmativen und „phallogozentrischen" Philosophie zu erarbeiten, wie sie Jacques Derrida für den Mainstream der philosophischen Tradition seit Platon diagnostiziert hat.[56]

Die „Frage der Philosophie" aufzuarbeiten oder sich der „Frage der Philosophie" zu stellen und sich nicht einfach in die akademisch marginalisierten Bereiche feministischer *Cultural Studies*[57] oder einer feministischen Politik[58] abdrängen zu lassen, gehört offenbar zu den „Mühen der Ebenen", denen sich eine zeitgenössische radikale Philosophie[59] nach den großen Niederlagen in den Befreiungskämpfen des 20. Jahrhunderts zu unterziehen hat. Im Feld der wissenschaftlichen Untersuchung und der philosophischen Reflexion der Geschlechterverhältnisse ist dieser kritische Prozess offenbar inzwischen wirksam im Gange.

---

54 Vgl. Heinrichs/Weinbach/Wolf 2003.
55 Vgl. Alanen/Witt 2004 und Witt 2006.
56 Vgl. Derrida 1972.
57 Vgl. etwa Singer 2005.
58 Vgl. Salleh 1997, Sauer 2001, Haug 2010.
59 Vgl. Wolf 2002.

Literatur

Alanen, Lilli/Witt, Charlotte (Hg.) (2004): *Feminist Reflections on the History of Philosophy*, Dordrecht.
Alcoff, Linda Martin (2000): Philosophy Matters. Review of Recent Work in Feminist Philosophy, in: *Signs* 25 (3), S. 841-882.
Althusser, Louis (2011): *Ideologie und ideologische Staatsapparate*, Hamburg.
Andreas-Salomé, Lou (1899): Der Mensch als Weib, in: *Neue Deutsche Rundschau* (3) (März), S. 225-243 (wieder abgedruckt in: dies. (1910), *Die Erotik*, Frankfurt a. M.).
Ariès, Philippe (1975): *Geschichte der Kindheit*, München/Wien (Original: ders. (1960): *L'enfant et la vie familiale sous l'ancien régime*, Paris).
Ariès, Philippe/Béjin, André (Hg.) (1984): *Die Masken des Begehrens und die Metamorphosen der Sinnlichkeit. Zur Geschichte der Sexualität im Abendland*, Frankfurt a. M. (Original: dies. (1982): *Sexualité occidentale*, Paris).
Balibar, Étienne (1993): *La philosophie de Marx*, Paris.
Battersby, Christine (1994): „I am not a philosopher": Simone de Beauvoir and the Delirium of Genius, in: *Women's Philosophy Review* 12, November, S. 37-42.
Beauvoir, Simone de (1948): *The Ethics of Ambiguity*, New York (Original: dies. (1947): *Pour une morale de l'ambiguité*, Paris).
Dies. (1989): Two Interviews with Simone de Beauvoir, geführt von Margaret A. Simons und Jane M. Todd, in: *Hypatia* 3 (3), S. 11-27.
Bertung, Birgit (1997): Søren Kierkegaards dialektik, in: *Filosofi* 4, S. 23-27.
Braidotti, Rosi (2009): *La philosophie là où on ne l'attend pas*, Paris.
DeMause, Lloyd (Hg.) (1977): *Hört ihr die Kinder weinen: Eine psychogenetische Geschichte der Kindheit*, Frankfurt a. M. (Original: ders. (1974): *The History of Childhood*, New York).
Derrida, Jacques (1992): *Points de suspension*, Paris.
Ders. (1972): Platons Pharmazie, in: ders., *Dissemination*, hrsg. v. Peter Engelmann, Wien 1995, S. 69-173 (Original: ders. (1968): La pharmacie de Platon, in: *La dissémination*, Paris 1972, S. 79-213).
Dohm, Hedwig (1902): *Die Anti-Feministen. Ein Buch der Verteidigung*, Berlin.
Duran, Jane (1997): The Kierkegaardian Feminist, in: Léon/Walsh, *Feminist Interpretations*, S. 249-266.
Galster, Ingrid (2008): Französischer Feminismus: Zum Verhältnis von Egalität und Differenz, in: Ruth Becker/Beate Kortendiek (Hg.), *Handbuch Frauen- und Geschlechterforschung*, Wiesbaden, S. 45-51.

Haug, Frigga (Hg.) (2010): *Briefe aus der Ferne. Anforderungen an ein feministisches Projekt heute*, Hamburg.
Haug, Wolfgang Fritz (2012): *Die kulturelle Unterscheidung*, Hamburg.
Heinrichs, Thomas/Weinbach, Heike/Wolf, Frieder Otto (Hg.) (2003): *Die Tätigkeit der PhilosophInnen. Beiträge zur Radikalen Philosophie*, Münster.
Høffding, Harald (1887): *Etik. En fremstilling af de etiske principer og deres anvendelse paa de vigtigtste livsforhold*, København (deutsch: ders. (1888): *Ethik. Eine Darstellung der ethischen Prinzipien und deren Anwendung auf besondere Lebensverhältnisse*, Stuttgart).
Ders. (1892): *Søren Kierkegaard som filosof*, København (deutsch: ders. (1892): Sören Kierkegaard als Philosoph, Stuttgart).
Howe, Leslie (1994): Kierkegaard and the Feminine Self, in: *Hypatia* 9 (4), S. 131-157.
Key, Ellen (1907): Nietzsche und Goethe, in: *Die Neue Rundschau* (Freie Bühne, Neue Deutsche Rundschau), S. 385-404.
Kierkegaard, Søren (1834): Ogsaa et Forsvar for Qvindens høie, in: *Kjøbenhavns flyvende Post* 34 17, december (deutsch: *Auch eine Antwort auf die hohe Anlage der Frau* – bislang nicht in Deutsch publiziert).
Léon, Céline/Walsh, Sylvia (Hg.) (1997): *Feminist Interpretations of Søren Kierkegaard*, University Park.
Macpherson, Crawford Brough (1962): *The Political Theory of Possessive Individualism: From Hobbes to Locke*, Oxford.
Marx, Karl (1962): Das Kapital, Band 1, in: Karl Marx/Friedrich Engels, *Werke, Band 23*, Berlin, S. 11-802.
Nagl-Docekal, Herta (Hg.) (1990): *Feministische Philosophie. Ergebnisse, Probleme, Perspektiven*, Frankfurt a. M.
Notz, Gisela (2011a): *Feminismus*, Köln.
Notz, Gisela (2011b): Frauenquoten alleine reichen nicht. Es geht um die „ganze Frauenfrage", in: *Widerspruch* (Zürich) 60, S. 55-66.
Pieper, Annemarie (1993): *Einführung in die feministische Ethik*, Freiburg/Basel/Wien.
Dies. (2000): *Sören Kierkegaard*, München.
Polanyi, Karl (1977): *The Great Transformation. Politische und ökonomische Ursprünge von Gesellschaften und Wirtschaftssystemen*, Wien (Original: ders. (1944): *The Great Transformation. The Political and Economic Origins of Our Time*, Boston).
Ricoeur, Paul (2005): *The Course of Recognition*, London.
Salleh, Ariel (1997): *Feminism as Politics. Nature, Marx, and the Postmodern*, New York.

Sartre, Jean-Paul (1975): Das Singuläre Universale, in: ders., *Mai 68 und die Folgen*, Reinbek bei Hamburg.

Sauer, Birgit (2001): *Die Asche des Souveräns. Staat und Demokratie in der Geschlechterdebatte*, Frankfurt a. M.

Scherrer, Jutta/Haupt, Georges (1978): Gor'kij, Bogdanov, Lenin, in: *Cahiers du monde russe et soviétique* 19 (3), Juli-September, S. 321-334.

Schlüpmann, Heide (1984a): Nietzsche-Rezeption in der alten Frauenbewegung. Die sexualpolitische Konzeption Helene Stöckers, in: Walter Gebhard (Hg.), *Friedrich Nietzsche. Strukturen der Negativität*, Bayreuther Nietzsche-Kolloquium, Frankfurt a. M. (veränd. u. erw. als: dies. (1984b): Radikalisierung der Philosophie. Die Nietzsche-Rezeption und die sexualpolitische Publizistik Helene Stöckers, in: *Feministische Studien* 3, S. 10-34.).

Singer, Mona (2005): *Geteilte Wahrheit. Feministische Epistemologie, Wissenssoziologie und Cultural Studies*, Wien.

Sipe, Dera (2004): Kierkegaard and Feminism. A Paradoxical Friendship, in: *concept. An interdisciplinary journal of graduate studies* (Villanova University) 27.

Stöcker, Helene (1905): *Die Liebe und die Frauen*, Minden.

Dies. (1897): Unsere Umwertung der Werte, in: dies. (1905), *Die Liebe und die Frauen*, S. 6-18.

Dies. (o. J., ca. 1940): *Lebensabriss*, unveröffentlichtes Manuskript (zitiert nach Schlüpmann 1984a).

Vileisis, Danga (1997): Engels' Rolle im „unglücklichen Verhältnis" zwischen Marxismus und Feminismus. Geschlechterhierarchie und Herrschaft in den vorkapitalistischen Gesellschaften bei Marx und Engels, in: *Beiträge zur Marx-Engels-Forschung, Neue Folge*, 1996, S. 149-179.

Witt, Charlotte (2006): Feminist Interpretations of the Philosophical Canon, in: *Signs: Journal of Women in Culture and Society* 31 (2), Winter.

Wolf, Frieder Otto (2002): *Radikale Philosophie. Aufklärung und Befreiung in der neuen Zeit*, Münster.

Ders. (2008): Arbeit, Freiheit, Geschlecht. Zu einem ungelösten Problem bei Simone de Beauvoir, in: Gerd Peter/Frieder Otto Wolf unter Mitarbeit von Pia Paust-Lassen und Andreas Peter, *Welt ist Arbeit. Im Kampf um die neue Ordnung*, Münster, S. 30-40.

Zapata, Martha Galindo (1995):*Triumph des Willens zur Macht. Zur Nietzsche-Rezeption im NS-Staat*, Hamburg.

ONLINE-QUELLEN

Gimmler, Antje (2000): Zur Aufklärung der feministischen Philosophie. Die Philosophin Herta Nagl-Docekal gibt Orientierungshilfe in einer weitgespannten Diskussionslandschaft, in: *literaturkritik.de* 7/8 siehe: http://www.literaturkritik.de/public/rezension.php?rez_id=1211&ausgabe=200007

Tuana, Nancy (2011): Approaches to Feminism, in: Edward N. Zalta (Hg.), *The Stanford Encyclopedia of Philosophy* (Spring 2011 Edition) siehe: http://plato.stanford.edu/archives/spr2011/entries/feminism-approaches/

Abstammung, Verwandtschaft, Geschlecht
Jacques Derridas Kritik am phallogozentrischen Begriff des Politischen

TERESA OROZCO

> Eine besiedelte Wüste, [...] von ganzen Heerscharen erfüllte Wüste inmitten der Wüste, ja, aber Männer, Männer und nichts als Männer seit Jahrhunderten des Krieges. Hüte, Kostüme, Uniformen und Soutanen. Krieger, Offiziere, Generäle und Partisanen. Politiker, Professoren, Theoretiker des Politischen und Theologen.
> DERRIDA ÜBER CARL SCHMITT/POLITIK DER FREUNDSCHAFT

VORBEMERKUNG

Die Frage nach der Verortung von Geschlechterverhältnissen in der politischen Philosophie und Theorie kann in einer Auseinandersetzung mit den vorherrschenden disziplinären Debatten, aber auch mit den gesellschaftspolitischen Entwicklungen, die den globalisierten Wissenschaftsbetrieb und die Institutionalisierung von Genderstudies an den Universitäten bestimmen, reflektiert werden. Nach Einschätzung der englischen Politikwissenschaftlerin Judith Squires erfolgte die Entwicklung feministischer Wissenschaft in drei Phasen: in der des Kampfes um Sichtbarkeit und Einschluss von Frauen in die Wissenschaften, in der Phase der Erweiterung der disziplinären Grenzen und schließlich in derjenigen der Neudefinition und Ausgestaltung von Kernkonzepten.[1] Im Zuge dieser Entwicklung haben seit den 1990er Jahren soziale Bewegungen weltweit auf neue geopolitische und neoliberale Spaltungslinien reagiert und eine Konzeptualisierung von Gender in Verbindung mit mehrfachen Ungleichheitserfahrungen und Asymmetrien vorangetrieben.[2] Auch in Bezug auf das zentrale Konzept des Politischen können wir eine Beteiligung von Wissenschaftlerinnen und Wissenschaftlern an den Debatten über Gestaltung, Grenzziehungen und Transformationen feststellen.[3] Dabei verlangt das Spannungsfeld zwischen theoretischen Entwürfen und gesellschaftspolitischen Realitäten nach einer ständigen Klärung. Hier ist eine Auseinandersetzung mit dem Spätwerk von Jacques Derrida von Bedeutung, zum einen aufgrund seiner Interventionen in die Debatte um den Begriff des Politischen, zum anderen aufgrund des nachhaltigen Einflusses seines dekonstruktiven Verfahrens auf die feministische Theorieentwicklung und die Gender-Debatten.

Die folgenden Überlegungen setzen sich mit der Aufdeckung der phallogozentrischen Traditionen des Politischen[4] in Derridas Spätwerk auseinander, die in der deutschsprachigen Rezeption kaum Aufmerksamkeit gefunden hat. Textgrundlage ist der fiktive Dialog über den Ausschluss von Frauen aus dem Feld des Politischen, den Derrida an einer zentralen Stelle seines Buches *Politiques de l'amitié* (1994)[5] mit Carl Schmitt inszeniert. In diesem Rahmen werde ich mich mit dem Status von Verwandtschaftsbeziehungen, die Derrida im Zusammenhang mit der Konstitution des politischen Feldes anspricht, auseinandersetzen und einige Beobachtungen formulieren. Im Anschluss daran gehe ich auf einen Essay ein, der auf einen Vortrag Derridas von 2002 zurückgeht und in dem Buch *Schurken* (*Voyous. Deux essais sur la raison*, 2003) publiziert wurde. Derrida expliziert in diesem Text eine Theogonie der Souveränität und thematisiert

---

1 Vgl. Squires 1999: 17ff.
2 Vgl. Walby 2009, Rosenblum 2009, Lombardo/Meier/Verloo 2009.
3 Vgl. etwa Young 2007, Nussbaum 2006, Butler/Laclau/Žižek 2000.
4 Für das Verständnis der Texte, auf die ich eingehen werde, ist es wichtig zu wissen, dass Derrida sowohl seine Kritik des Logozentrismus als auch die Lacan'sche Ausarbeitung der symbolischen Dominanz des Phallus im Kofferwort „Phallogozentrismus" fusioniert. Zugleich hat er auch den Heidegger'schen Anspruch auf „Destruktion" der bisherigen Metaphysiktraditionen in sein eigenes Projekt der „Dekonstruktion" integriert und weitergeführt.
5 Im Folgenden zitiert als PdF. Derridas Buch wurde auf Deutsch im Singular als *Politik der Freundschaft* übersetzt; die von Derrida intendierte Diversität von Politiken ging dabei verloren.

Probleme einer gender-kritischen Dekonstruktion von politischer Souveränität. Ein kurzer Einblick in den Zusammenhang von Gender und Dekonstruktion soll zunächst die Fragen meiner eigenen Lektüre verdeutlichen.

1. Gender und Dekonstruktion

Obwohl Derrida die Dekonstruktion nicht als Methode, sondern als objektiven Prozess verstanden wissen wollte, könnte man sie von den Lektürepraxen her, die sie motiviert hat, als ein linguistisches und anti-hermeneutisches Sezierverfahren beschreiben, das jegliche fest etablierte Bedeutung in ihre sichtbaren und unsichtbaren Bestandteile zerlegt, um ihre Konstruktionslogik besser zu begreifen. Sie erhebt den kritischen Anspruch, sowohl die exkludierenden Ausschlüsse, welche die Bedeutungsproduktion mit sich bringt, zu markieren, als auch andere Anordnungsmöglichkeiten der zerlegten Elemente denkbar zu machen. Diese polysemische und prozesshafte Eigenschaft von Dekonstruktion erklärt nicht zuletzt die beachtliche internationale Rezeption, die sie erfahren hat. Sie ist in den USA in den philosophischen und literaturwissenschaftlichen *Departments* im Bereich der feministischen Theorie, *Queer Theory*, der rechtsphilosophischen *Critical Legal Studies*, in den *Cultural* und *Postcolonial Studies* und in der Theologie längst etabliert. Diese Autorisierung in den USA ebnete nicht nur den Weg für ihre Rückkehr nach Europa, sondern bereitete auch den Boden für ihre Wirksamkeit als globalisierte Theorie.

Die dekonstruktive Arbeit als Lektürepraxis wird von dem grundsätzlichen Misstrauen gegenüber jeglichen Gewissheiten getragen, die sowohl das Alltagsverständnis als auch andere Wissensformen prägen. Dies führt zu einer radikalen Kritik an philosophischen Ursprungssetzungen und zum Bruch mit vermeintlich unerschütterlichen Wahrheiten und Sinngebilden und behauptet gegen diese die konstitutive Zerbrechlichkeit und Kontingenz von Bedeutung beziehungsweise von Sinn. Das, was ist, kann immer auch anders sein. Das, was ist, ist je nach Lage und Perspektive immer etwas anderes. Daraus entsteht eine wissenschaftliche Haltung, die sich durch die Bereitschaft zum ständigen Perspektivenwechsel auszeichnet.

Derridas Arbeit am Text zeichnet sich durch lange Spurensuche, vielfältige assoziative Verweise und produktive Infragestellungen aus, die sich in Mimesis, Parodien, iterativen Wiederholungen und neuen Perspektivierungen eines Denkmotivs zeigen. In seiner Deutungsarbeit sind jedoch auch klare Stellungnahmen sichtbar, die nicht nur von zur Dekonstruktion bekehrten Leserinnen und Lesern wahrgenommen werden. Und diese können auch – wie etwa die Lesarten von

Luce Irigaray, Gayatri Spivak oder Judith Butler zeigen – einer dekonstruktiven Lektüre oder andersgearteten kritischen Lektüren unterzogen werden.

Im Folgenden möchte ich einige Probleme benennen, die sich aus Derridas dekonstruktiven Lektüren ergeben. Dabei will ich einige Momente aufzeigen, anhand derer Derrida uns durch seine produktiven Sprachspiele führt und neue Deutungen vorschlägt, an denen wir aber wiederum Kontextabhängigkeit, strategische Züge aber auch Blindstellen und Auslassungen feststellen können.

Eine kritische Lektüre lässt sich nicht einfach mit dem Argument einer ständigen Verflüssigung von Bedeutung und einer grundsätzlichen Unentscheidbarkeit des Diskurses zurückweisen – mit einem solchen Argument würde man sich nicht nur gegen jegliche Kritik immunisieren, sondern auch die Figur Derridas in problematischer Weise fetischisieren und ihr die Macht verleihen, sich grundsätzlich im Recht zu befinden.

Meine Beobachtungen knüpfen an die Ergebnisse einer älteren Studie von Cornelia Klinger über Derridas frühere Nietzsche-Deutung an, die scharfsinnige Argumente über die Funktionalisierung von Frauen im Rahmen der Dekonstruktion formuliert.[6] Da Derrida mit Weiblichkeits- und Männlichkeitsentwürfen in der konstruktivistischen Tradition der Geschlechterdifferenz arbeitet beziehungsweise von einer Geschlechterordnung ausgeht, die sich durch eine stetige Resignifizierung auszeichnet, sind diese Annahmen für meine Rekonstruktion wichtig. Mein Augenmerk ist aber eher auf die epistemische Einbindung von Geschlechterverhältnissen in Derridas eigenes dekonstruktives Verfahren gerichtet.

2. DER KONSTITUTIVE PHALLOGOZENTRISMUS DES POLITISCHEN

2.1 Der fiktive Dialog mit Carl Schmitt über den Ausschluss von Frauen

In den Prolegomena zu seiner großangelegten Studie über Freundschaft stellt Derrida fest, dass die Gestalt des Freundes regelmäßig „in den Zügen des Bruders wiederkehr[e]" und „unmittelbar einer familiarisierten, fraternalistischen und also androzentrischen Konfiguration des Politischen anzugehören scheint"[7]. Er macht darauf aufmerksam, dass der Begriff des Politischen selten ohne eine bestimmte Rückbindung des Staates an die Familie auftrete und nennt dies „ei-

---

6 Vgl. Klinger 1994.
7 PdF 10.

nen Schematismus der Abstammung", der sich in Begriffen wie „Stamm, die Gattung oder die Art, das Geschlecht, das Blut, die Geburt, die Natur, die Nation" wiederfinde[8]. Dabei betont Derrida, dass sich die Demokratie „selten ohne Bruderschaft oder brüderliche Verbundenheit definiert" habe[9]. Seine erste Prämisse ist, dass das Politische sich „niemals von seiner internen Bindung an die familiäre Herkunft" löse[10]. Die Möglichkeit der „Verbrüderung" gehe stets einher mit einer zweifelhaften Integration von Frauen in die Verwandtschaft:

„Die Phratriarchie mag die Cousins oder Cousinen und die Schwestern einbegreifen. Aber, wir werden es sehen, etwas einzuschließen und zu begreifen, das kann auch heißen, es zu neutralisieren. Darum will man es gefügig und gelehrig machen, und darin besteht die politische Erziehung. Was geschieht, um bei der Schwester zu bleiben, wenn man die Frau zur Schwester macht? Und die Schwester zu einem Fall des Bruders?"[11]

Paradebeispiel ist für Derrida die Figur der Antigone, „mehr als eine Antigone", denn „die Geschichte ist voll von ihnen"[12]. Um den konstitutiven Phallogozentrismus des Politischen zu verdeutlichen, stützt sich Derrida auf einen fiktiven Dialog mit Carl Schmitt. In diesem Dialog konfrontiert Derrida Schmitt mit der Frage, warum er in seiner berühmten Abhandlung *Der Begriff des Politischen* von 1929 (und in seiner *Theorie des Partisanen*, die er 1962 als Ergänzung zum *Begriff des Politischen* verfasst hat) nie von Frauen und nur von Männern spreche.[13] Derrida empfiehlt zunächst einen „makroskopischen Blick" auf Schmitts Werk – und er trifft auf eine Wüste.

„Eine besiedelte Wüste, [...] von ganzen Heerscharen erfüllte Wüste inmitten der Wüste, ja, aber Männer, Männer und nichts als Männer seit Jahrhunderten des Krieges. Hüte, Kostüme, Uniformen und Soutanen. Krieger, Offiziere, Generäle und Partisanen. Politiker, Professoren, Theoretiker des Politischen und Theologen."[14]

---

8 Ebd. 11.
9 Ebd.
10 Ebd.
11 Ebd. 11f.
12 Ebd. 12.
13 Im weiteren Verlauf gilt mein Augenmerk Derridas Umgang mit Geschlechterverhältnissen und nicht den Eigenschaften seiner Schmitt-Rezeption und seiner Verortung innerhalb der Schmitt-Renaissance nach 1989.
14 PdF 214.

Derrida stellt fest, dass im *Begriff des Politischen* nirgends Frauen zu finden seien: „Aber vergeblich würden Sie nach der Gestalt einer Frau, nach einem einzigen weiblichen Umriss, nach der leisesten Anspielung auf die Geschlechterdifferenz Ausschau halten."[15] Wir sind eindeutig auf der Ebene einer Werkbefragung. Das Markieren dieser absoluten Abwesenheit ist der erste Zug in einer Abhandlung, die mehrere Wendungen nimmt, in deren Verlauf Derrida sowohl eine Distanz zu als auch eine Verbrüderung mit Schmitt signalisiert, die ich etwas genauer darstellen möchte.

Derrida inszeniert eine Irritation, die Jahrzehnte zuvor die feministische Wissenschaftskritik formuliert hatte, nämlich die Unsichtbarkeit der Beteiligung von Frauen im Krieg: „Nicht einmal eine Luftspiegelung. Nichts. Offenbar nichts als Wüste und absolutes Schweigen. Nicht einmal eine Soldatenfrau."[16] Schmitt schweige zudem beharrlich „über die Rolle der Frauen in der Guerilla, in den Kriegen und in den Befreiungskriegen der Nachkriegszeit"[17]. „Mit keinem Wort wird der Taten von Frauen in den Widerstandsbewegungen gedacht"[18]. Dieser Ausschluss setzt sich in Schmitts *Theorie des Partisanen* fort, in der Schmitt den Begriff des „absoluten Feindes"[19] als Stigma des triumphierenden Kommunismus in der Nachkriegsgeschichte einsetzte. Hier zeige sich ebenfalls, dass „die Frau gleichsam in den Untergrund verbannt wird und niemals aus dieser erzwungenen Geheimhaltung heraustritt"[20]. Dabei motiviere gerade eine solche Unsichtbarkeit, so Derrida, die Frage: „Was, wenn die Frau der absolute Partisan wäre?"[21] Sie würde damit zum Inbegriff sowohl des Gesetzes als auch von Feindschaft und Hass:

„Diejenige, die zu einem besonders furchtbaren Feind darum wird, weil dieser Feind, weil diese Feindin die Grenzen zwischen der Feindschaft und dem Hass, aber auch zwischen der Feindschaft und ihrem Gegenteil, zwischen den Gesetzen des Krieges und der gesetzlosen Gewalt, zwischen der Politik und ihrem jeweils anderen etc. verwischt, sie wie ein Parasit durchkreuzt?"[22]

---

15 Ebd.
16 Ebd. 216.
17 Ebd.
18 Ebd. 215f.
19 Schmitt 1995: 56.
20 PdF 216.
21 Ebd.
22 Ebd. 216f. Diese Figur der Vereinigung extremer Gegensätze weist eine große Ähnlichkeit zu dem auf, was Klinger in Derridas Nietzsche-Deutung feststellte: „Derrida

Derrida ist bemüht, Schmitt als Konstrukteur von männlicher Dominanz darzustellen, indem er zeigt, dass Frauen bei Schmitt abwesend sind. Er ist der Meinung, dass die ganze Strategie Schmitts „vielleicht nur den geheimen Zweck dieser Geheimhaltung", ein „Unter-Verschluss-Halten" und einen „klandestinen Arrest", eine „phallogozentrische Neutralisierung der Geschlechterdifferenz" verfolge[23]. Im weiteren Verlauf dieses fiktiven Dialogs vollzieht sich eine Wendung. Derrida beansprucht zu zeigen, warum es nur logisch sein kann, dass dieser „klandestine Arrest" geschieht und er erklärt ihn als Beweis seines dekonstruktiven Manövers für nur konsequent. Denn, würde man Schmitt mit seinem Versäumnis konfrontieren, würde Schmitt „völlig ungerührt", so Derrida, „eine mit allen Wassern gewaschene argumentative Maschinerie" gegen ihn und die „Feinde des Politischen" in Gang setzen[24]:

„Sicher, würde er [sc. Schmitt] sagen, man mag über die Abwesenheit der Frau in dieser Analyse beunruhigt sein, man mag sie meinethalben auch als das entlarven, was Sie [sc. Derrida] deren Geheimhaltung oder ihren klandestinen Status nennen, und man mag dem mit psychoanalytischen oder soziologischen Erklärungen zu Leibe rücken. Man mag sogar im Namen der Moral, der Gerechtigkeit, der universalen Gleichheit der Menschenrechte protestieren. Das alles mag legitim sein, auch dringlich sein; und ich wäre unter bestimmten Bedingungen durchaus bereit, mich Ihnen anzuschließen und Ihr Interesse für die Sache der Frauen zu teilen – die ja im übrigen unerlässlich sind für die Bildung jener Gruppierungen oder verfeindeten Völker, ohne die es keine Politik gibt. [...] Nur ändert das nichts daran, dass all dies keine im eigentlichen Sinne politische Bedeutung hat."[25]

Schmitt würde in Wittgenstein'scher Manier sein Schweigen über Frauen hartnäckig als nüchterne Diagnose verteidigen:

„Man muss sagen, was der Fall ist: Das Subjekt der Politik hat kein Geschlecht – und im übrigen war ja, wie Sie [sc. Derrida] selbst deutlich gemacht haben, dieses Subjekt als solches de facto stets ein Mann, eine Gruppierung von Männern, die ihren Feind bestimmten

---

   rückt die Frau ins Zentrum seines Dekonstruktionsprojekts – macht sie zu seiner Wahrheit, nämlich der Wahrheit der Unentscheidbarkeit von Wahrheit" (Klinger 1994: 227). Solche Funktionalisierungen von Weiblichkeit verhärten den Verdacht, dass Derrida „den erhofften Abschied vom Phallogozentrismus" (ebd. 280) gar nicht vollzieht.
23 PdF 218.
24 Ebd. 217.
25 Ebd.

und zu seiner ‚physischen' Tötung bestimmt waren. Ich habe mich stets auf die Diagnose beschränkt."[26]

Nachdem der fiktive Schmitt in Derridas Inszenierung des Dialogs mit deutlicher Ironie Derridas Feststellungen über männliche Dominanz vereinnahmt und eine weitestgehende Übereinstimmung zwischen den beiden feststellt, fragt Derrida: „Was soll man dieser Replik entgegnen?"[27]

Ohne eine denkbare Distanzierung an dieser Stelle vorzunehmen, verdeutlicht Derrida, dass es Schmitt nicht darum gehe, „gegen jenes Wesen Krieg zu führen, das man Frau nennt – oder Schwester"[28]. Er zeigt vielmehr, wie es für einen fremden Zweck eingesetzt wird. Es ginge Schmitt in jener Diagnose um nichts anderes als darum, „eine allgemeine Struktur zu wiederholen und zu verfestigen, die eben das in Schach oder unter Verschluss hält und mit einem Verbot belegt, wodurch sie selber erst konstituiert wird – eine Struktur, die seit so langer Zeit schon auf den Namen des Politischen, ja des Theologisch-Politischen hört."[29]

Diese Diagnose erfährt im Rahmen der Dekonstruktion eine quasi logische Normalisierung. Dabei bleiben aber viele Fragen offen, die ich hier nicht weiterverfolgen kann.[30] Wenn Derrida mit Schmitt die Abwesenheit von Frauen als logisch notwendig für die Konstituierung des Politischen erklärt (ohne die vielfältigen Ein- und Ausgrenzungsmechanismen, die am Werk sind, zu benennen) und indem er versichert, dass es frei von bösen Absichten geschieht, dient dies vor allem zur Bestätigung der von Derrida behaupteten Grundstruktur von Dekonstruktion, die auf der Bildung von Identität durch Differenz beziehungsweise durch einen konstitutiven Ausschluss aufbaut. In diesem Fall führt das nicht zu einer produktiven Irritation oder zur instabilen und offenen Identitätsbildung, sondern über den Anspruch auf Wahrheit zur Sicherung und Stabilisierung seiner eigenen Theoriebildung. In diesem Sinne verteilt Derrida in diesem Dialog

---

26 PdF 218.
27 Ebd.
28 Ebd.
29 Ebd.
30 Eine Definition des Politischen, die Frauen ausschließt, könnte auch in Bezug auf den historischen Kontext rekonstruiert werden. Im vorliegenden Fall sind die Theoretisierungen des Männerbundes in der Weimarer Republik, zu der auch Schmitts Dezisionismus gehört, als eine Antwort auf die Krise der Geschlechterverhältnisse zu deuten, die mit der kapitalistischen Modernisierung aber auch mit den Kämpfen von Frauen für politische und soziale Gleichberechtigung einhergingen.

Plätze für Frauen als Ausgeschlossene ebenso wie für die kriegsbejahende Position Schmitts – und beide stehen im Dienste der Dekonstruktion. In der Akteursperspektive des Dialogs kommen jedoch die Handelnden zwar spät, aber doch zu ihrem diagnostischen Recht, während ‚Frauen' als Statthalterinnen der Differenz, ohne eine Stimme im Text zugewiesen zu bekommen, erneut der Status der Ausgeschlossenen bescheinigt wird.

Ich möchte im Folgenden einige Beobachtungen über Derridas Schmitt-Lektüre anstellen und seine dekonstruktive Lektüre kontextualisieren. In Derridas Deutungsarbeit ist das Wechselspiel zwischen Theorie und Realität keineswegs banal. Derrida sagt uns, dass Frauen in Schmitts Wüste nicht vorkommen oder nur als geheimes Reservoir von Feindschaft und Hass, und er dokumentiert mit Verweis auf reale Frauen ihre Abwesenheit. Solche Feststellungen müssten viele andere Fragen aufwerfen, die in Derridas Optik an dieser Stelle fehlen. Die von Derrida erwähnten misogynen Weiblichkeitsphantasmen sind konstitutiv für Schmitts Männlichkeitskonstruktionen und diese negative Präsenz ist entscheidend für seinen *Begriff des Politischen*.[31] Sowohl ihre Abwesenheit wie die verfügte Anwesenheit von Frauen als Produkt eines männlichen Imaginären bergen einige Brisanz. Nicht nur, weil in Derridas Dialog eine primäre Funktionalisierung von Geschlecht im Rahmen der eigenen Theoriebildung stattfindet, sondern vielmehr auch, weil durch diese Fokussierung auf den Ausschluss der Frauen weitere damit verbundene Ausschlüsse, die bei der Formierung des politischen Feldes bei Schmitt am Werk sind, unsichtbar werden. Bei genauerem Hinsehen sind in Schmitts Wüste nämlich nur bestimmte Brüder vertreten, die als Repräsentanten der staatstragenden Eliten und zugleich als Statthalter damaliger hegemonialer Männlichkeit gelten können. Auch ein weiterer Aspekt gerät in den Hintergrund. Wenn Abstammung, wie bei Schmitt, die Voraussetzung für die Teilhabe an Nation und Volk bildet, sind Frauen, die „für die Bildung jener Gruppierungen oder verfeindeten Völker, ohne die es keine Politik gibt"[32], zuständig sind, auch für Schmitt entscheidend und somit ein subalterner Teil der politischen Einheit. Nach dem Abstammungsprinzip sind jedoch die politisch definierten „Fremden"[33], aber auch alle Individuen, die sich nicht der politischen Feindschaft unterordnen, aus dem Feld des Politischen ausgeschlossen. Schmitts Definition des Politischen privilegiert zudem keinen bestimmten Inhalt; alle Gegensätze können theoretisch das Feld des Politischen konstituieren:

---

31 Vgl. Orozco 1999 und 2004.
32 PdF 217.
33 Schmitt 1996: 27.

„Das Politische kann seine Kraft aus den verschiedensten Bereichen des menschlichen Lebens ziehen, aus religiösen, ökonomischen, moralischen und anderen Gegensätzen; es bezeichnet kein eigenes Sachgebiet, sondern nur den *Intensitätsgrad* einer Assoziation oder Dissoziation von Menschen, deren Motive religiöser, nationaler (im ethnischen oder kulturellen Sinne), wirtschaftlicher oder anderer Art sein können und zu verschiedenen Zeiten verschiedene Verbindungen und Trennungen bewirken."[34]

Ich kann hier die Implikationen von Schmitts Position nicht weiterentwickeln, ich möchte an dieser Stelle lediglich den historischen Kontext von Derridas Überlegungen in Betracht ziehen. Denn nicht zuletzt die historischen Erfahrungen mit totalitären Regimen haben die Konzeptualisierung des Politischen nachhaltig verändert, und seit den 1970er Jahren sind zahlreiche wissenschaftliche und außerwissenschaftliche Auseinandersetzungen mit den neuen historischen, epistemischen und gesellschaftspolitischen Bedingungen von Ausgrenzung und Ungleichheit zu verzeichnen. Aus dem Wissen darum rührt das Unbehagen über die Tatsache her, dass in der dekonstruktiven Analyse als kritischem Unternehmen genau die Stimmen und Ideen, die sich seit den 1990er Jahren in den Debatten um das Politische gegen Essentialisierungen, Enteignungen, Funktionalisierungen von Geschlecht, Ethnie und Klasse artikulieren, nicht vorkommen.

Im weiteren Verlauf des hier analysierten Textes ist Derrida bestrebt, den Verdacht, dass er Partei für die von ihm diagnostizierte phallogozentrische Realität nimmt, zu entkräften. Er argumentiert, dass dies für eine „kommende Demokratie" notwendig sei – ein zentraler Begriff, der sowohl als Fluchtpunkt als auch als Motor seiner Dekonstruktion dient. Als Ausweg stellt er zwei Optionen zur Wahl, die nicht zufällig mit der Arbeit von zahlreichen globalen sozialen Bewegungen, die freilich ungenannt bleiben, korrelieren: „Entweder zuzugeben, dass das Politische tatsächlich der Phallogozentrismus in Aktion ist", und auf den Namen „Politik" zu verzichten und „in anderer Weise mobilisierende Begriffe" zu prägen[35]. Oder den Namen des Politischen beizubehalten und „andere Formen des Kampfes auf den Weg zu bringen" und „über *dieses* Politische hinauszugehen, ohne damit aufzuhören, verändernd in es einzugreifen."[36] Das Fazit des Dialogs ist, dass es keine Wahl gebe: „Die Entscheidung läge einmal mehr darin zu entscheiden, ohne das eine oder das andere auszuschließen"[37]. Derrida benennt eine doppelte Strategie, die erneut die Fokussierung auf „den Bruder"

---

34 Ebd. 38f. [Herv. i. O.].
35 PdF 219.
36 Ebd. [Herv. i. O.].
37 Ebd.

vornimmt und die darin bestünde, „die Logik der Verbrüderung nicht preiszugeben [...] und zugleich an einer Denaturalisierung der Gestalt des Bruders, seiner Autorität, seiner Glaubwürdigkeit, seines Phantasmas zu arbeiten."[38] Der Vorteil einer Präferenz für eine demokratische Verbrüderung läge darin, dass „die Gestalt des Bruders keine Naturgegebenheit, nichts Substantielles, Wesentliches, Unantastbares" wäre[39].

Konstitutiv für den dekonstruktiven Perspektivenwechsel ist jedoch die Dezentrierung der bisher als unerschütterlich aufgestellten Prämissen. So kann Derrida die Dominanz der Verwandtschaftsbeziehungen zum Bestandteil der imaginären Ordnung einer „kommenden Demokratie" erklären, die einen ontologischen Charakter hat und sich in permanenter Veränderung befindet:

„Die Denaturalisierung war schon in der Ausbildung der Brüderlichkeit selbst am Werk. Man muss sich darum unter anderen Prämissen vor Augen führen, dass es schon die Forderung einer kommenden Demokratie selbst ist, die eine solche Dekonstruktion möglich macht. Sie ist das Am-Werk-Sein der Dekonstruktion. Der Bezug auf den Bruder bewegt sich von Anfang an in der Ordnung des Schwurs, des Kredits, des Für-Wahr-Haltens und des Glaubens. Der Bruder ist niemals ein Faktum. Sowenig wie irgendeine Verwandtschaftsbeziehung."[40]

Um zusammenzufassen: Derrida zeigt sich im Verlauf des Dialogs in der Lage, eine Reihe von Phänomenen von Phallogozentrismus zu dekonstruieren. Nur eins bleibt, wie bereits in seiner Nietzsche-Deutung, davon ausgenommen: die Frauen selbst. „Mittels der Frau kann Derrida alles, die ganze Metaphysik, jede feste Position dekonstruieren, nur eins dekonstruiert er damit nicht: die Position/Funktion der Frau als Figur auf dem Schachbrett der Theorie."[41] Als Kontrastlektüre möchte ich auf Derridas Rekonstruktion von Brüderlichkeit als Kontinuum staatlicher Macht eingehen, die in einem anderen historischen Kontext eine anders geartete Funktionalisierung von Geschlecht aufzeigt.

---

38 Ebd.
39 Ebd.
40 PdF 220.
41 Klinger 1994: 228.

2.2 Brüderlichkeit als Kontinuum von Souveränität

Nach den Ereignissen des 11. September 2001 interveniert Derrida mit einem Essayband mit dem Titel *Schurken* in die weltpolitische Lage. Im Folgenden werde ich auf den ersten Essay, der auf einen Vortrag mit dem Titel *Das Recht des Stärkeren (Gibt es Schurkenstaaten?)*[42] zurückgeht, eingehen. Dabei fokussiere ich auf die Deutung von antiken Gründungsmythen und geschichtlichen Umbrüchen in Derridas ontologischer Begründung von politischer Herrschaft.

Als die USA in Gestalt der Bush-Dynastie ihre kriegerische Position im Namen der Demokratie gegen „failed states" begründete, richtete Derrida seine Denkkraft auf die Dekonstruktion der westlichen Tradition von Demokratie. Die Definition des „rogue state" durch die amerikanische Regierungsadministration als „jenen Staat, der seine Staatspflichten gegenüber der Weltgemeinschaft und die Verpflichtungen des Völkerrechts missachtet, den Staat, der das Recht verhöhnt – und den Rechtsstaat verspottet"[43], bietet für ihn den Anlass, seine These vom Verrat des Rechtsstaats an diesen selbst zu addressieren: „Unterwirft sich die Staatsräson immer dem Rechtsstaat? Untersteht auch die Souveränität dem Rechtsstaat? Oder reicht sie über ihn hinaus und verrät ihn, stets in einer Ausnahmesituation, genau in dem Augenblick, in dem sie ihn zu begründen vorgibt?"[44]

Mit der Anspielung auf die „Ausnahmesituation" kündigt Derrida eine Applikation der Schmitt'schen Begrifflichkeit auf die USA als den vorbildlichen Repräsentanten des liberalen Rechtsstaates der Nachkriegsgeschichte an. Provokativ weist er am Anfang seines Vortrags auf sein Ende hin: „Es wird nötig sein, diesem Exposé einen Schlusspunkt zu setzen, wie viel Zeit man ihm auch großzügig einräumen mag. Und die ich [sc. Derrida] – Schurke, der ich bin – missbrauchen werde."[45]

Souveränität wird von Derrida „als der Augenblick der Entscheidung" gefasst, die „ebensowohl der Zeit wie der Sprache ein Ende setzt"[46]. Dieser allgemeine Bezug auf das Ende von Zeitlichkeit und Sprache, wie Derrida es auffasst und auf seinen eigenen Vortrag appliziert, rückt den spezifisch juristischen und

---

42 Der Vortrag wurde am 15. Juli in Cerisy-la-Salle gehalten. Dort fand vom 9. bis zum 18. Juli 2002 ein Kolloquium unter dem Titel „Die kommende Demokratie (Um Jacques Derrida)" statt (vgl. Derrida 2003: 8, Anm. 2). Im Folgenden zitiert als RdS.
43 RdS 11.
44 Ebd.
45 RdS 25.
46 RdS 35.

auf die Diktatur hin orientierten Gebrauch von „Souveränität", den Schmitt macht, beiseite. In Derridas lebensweltlichem Gebrauch bedeutet Souveränität die Fähigkeit, individuelle Selbstkontrolle zu üben, die Grenzen der Zeit zu erkennen und den eigenen, tendenziell endlosen Diskurs zu beenden. In diesem Sinne deutet Derrida den Dezisionismus[47] als konstitutiven Teil einer Demokratie und keineswegs als seinen Gegenpart.[48] In der Schmitt'schen Perspektive ging es jedoch darum, einer parlamentarischen Rechtsordnung (und in diesem Sinne auch ihrer Zeit und ihrer Sprache) kraft einer diktatorischen Entscheidung ein Ende zu setzen: „Diktatur ist der Gegensatz zu Diskussion", heißt es bei Schmitt lakonisch[49].

Derridas Umschreibung bildet den Ausgangspunkt für die Entwicklung zweier verzweigter Reflexionslinien, die um die Gestalt der Souveränität kreisen und die es ihm ermöglichen, letztlich auf das Thema „Demokratie und Ameri-

---

47 Der Begriff „Dezisionismus" geht auf lateinisch *decisio* (*decidere* = abschneiden) zurück. Als juristischer Terminus bezeichnet Dezisionismus „die rechtsverbindliche Entscheidung eines Streitfalles durch Gesetz oder Richterspruch" (Hofmann 1972: 160f.). Schmitt war derjenige, der diesen Begriff in die deutschen Rechtssprache einführte. Schmitt ging im Unterschied zum Normativismus oder Gesetzesdenken und in Anlehnung an Thomas Hobbes (*auctoritas, non veritas facit legem*) und die Gegenrevolutionäre De Maistre und Donoso Cortés davon aus, dass nicht Norm oder Wahrheit, sondern eine autoritäre und patriarchale Dezision oder Entscheidung die letzte Begründung des Rechts sei (vgl. Hofmann 1972: 161).

48 Am Ende seines Vortrags erklärt Derrida seinen pragmatisch reformulierten Dezisionismus als konstitutiv für Demokratie. So müsse „diese unendliche Sitzung dezisionistisch beendet werden", „weil sie einer Ökonomie der Endlichkeit gehorcht wie jede Institution, in der nach demokratischen Regeln Argumente erwogen werden, wie jede Debatte in einem Parlament oder wie jeder philosophische Austausch auf einem öffentlichen Platz." (RdS 151f.).

49 Schmitt 1993: 67. Schmitts wichtigste semantische Waffe liegt nicht in der argumentativen Auseinandersetzung mit den liberalen Grundsätzen, sondern in der Aberkennung von Männlichkeit (vgl. Orozco 2010). So subsumiert er in seiner *Politischen Theologie*, auf die Derrida hier anspielt, unter dem Schlagwort „diskutierende Klasse" das liberale Politikmodell und suggeriert, dass es von einer offensichtlich „defekten" und „feigen" Männlichkeit getragen werde, die sich vor blutigen Schlachten scheue: „Das Wesen des Liberalismus ist Verhandeln, abwartende Halbheit, mit der Hoffnung, die definitive Auseinandersetzung, die blutige Entscheidungsschlacht, könnte in eine parlamentarische Debatte verwandelt werden und ließe sich durch eine ewige Diskussion ewig suspendieren." (Schmitt 1993: 67).

ka", eine absichtliche Umformulierung des Tocqueville'schen Satzes, zu sprechen zu kommen. Die erste Linie verfolgt den Ursprung des Dezisionismus in der antiken Philosophie und Mythologie, die zweite besteht in einer semantischen Rekonstruktion der sozialgeschichtlich zahlreichen Konnotationen der französischen Termini „voyou" (dem der deutsche Begriff „Schurke" am nächsten kommt) und „roué" (gerissen). Dabei macht Derrida auf die phantasmatischen und symbolischen Dimensionen, die in der Zuschreibung „Schurke" durch die Außenpolitik der USA mobilisiert werden, aufmerksam.

2.2.1 Theogonie der Souveränität

In der ersten Rekonstruktion verweist Derrida unter anderem auf die vatermörderische Theogonie der griechischen Antike und fasst sie als einen „Kampf um die monarchische Souveränität"[50]. Derridas knappe und eigenwillige Darstellung zielt darauf, Zeus als ersten Dezisionisten und Demokraten in einem zu porträtieren. Derrida erinnert an den gescheiterten Versuch Kronos', zu verhindern, „dass einer seiner Söhne die ‚Königswürde unter den Unsterblichen' erlangt" und an seine Stelle tritt[51]. Zeus ist „ein Sohn, ein männliches Kind, ein Abkömmling"[52], der mithilfe von Metis (List) und Rhea, seiner Mutter, der Zeit entgeht. Unter den Wärtern von Zeus befinden sich Kratos (die Macht) und Bia (von Bie, Gewaltsamkeit). Zeus überwältigt seinen Vater Kronos, „der wiederum seinen eigenen Vater Uranos überwältigt hatte, indem er ihn entmannte"[53]. Zeus behauptet seine Souveränität, indem er „der unendlichen Herrschaft der Zeit ein Ende setzt"[54].

Neu an dieser Rekonstruktion ist, dass Derrida diese Theogonie als Geburtsstunde des demokratischen Gleichheitsvertrags interpretiert, ein Vertrag, „den die rivalisierenden Söhne und Brüder in der Nachfolge des Vaters eingehen, um den kratos im demos zu teilen"[55]. Derrida behauptet in Anlehnung an Freuds Tötung des Urvaters, dass der Vatermord und der Königsmord „durchaus in gewisser Verbindung mit einer genealogischen Interpretation der demokratischen Gleichheit als Sohnes- und Geschwisterverhältnis (Freiheit, Gleichheit und Brüderlichkeit)" stehe[56]. Über alle historischen und staatstheoretischen Abgründe zwischen antiker Theogonie und französischer Revolution hinweg werden bei

---

50 RdS 35.
51 Ebd. 36.
52 Ebd. 35.
53 Ebd.
54 Ebd.
55 Ebd.
56 Ebd.

Derrida sowohl die „monarchische Souveränität"[57] als auch der Gleichheitsvertrag ursprungsmythisch gleichgestellt.

So sei die „theogonische Mythologie der Souveränität", die sich nach Derrida bis in unsere Tage erstrecke, Bestandteil „eines langen Zyklus politischer Theologie, die – paternalistisch und patriarchal zugleich – sich in der männlichen Linie Vater-Sohn-Brüder fortpflanz[e]"[58]. Derrida nennt diese Linie „ipsozentrisch" (selbstzentriert); unter ihr vereinen sich „sämtliche übrigen Attribute (des Phallus, des Vaters, des Gatten, des Sohns oder Bruders)"[59]. „Ipsozentrisch" könne auch durch „ipsokratisch" ersetzt werden, weil die Vorstellung von Kraft (*kratos*), Macht und Herrschaft im Begriff der Selbstheit analytisch enthalten sei. „In der gesamten politischen Philosophie", so Derrida, „unterstell[e] der herrschende Diskurs über Demokratie einen Begriff der Freiheit als Macht, Vermögen, Tatkraft, kurz: als Fähigkeit, zu tun, was man will, als Energie des intentionalen und entschlusskräftigen Willens."[60] Es sei „schwer zu sehen […] wie eine andere Erfahrung der Freiheit unmittelbar, dauerhaft und konsequent begründen sollte, was sich als demo*kratische* Politik oder demo*kratische* politische Philosophie bezeichnen ließe."[61]

An dieser Stelle bleibt unklar, inwieweit Derrida individuelle Handlungskompetenzen wie Autonomie, Selbstbestimmung und vor allem Freiheit, die vorwiegend in männlichen Vergesellschaftungspraxen eingeübt werden, als tendenziell unbegrenzte Kraft und Macht auffasst und implizit mit der Ausübung von absoluter Souveränität als politischer Herrschaft gleichsetzt. Er betont, dass es „keine Souveränität ohne die Gewalt des Stärkeren [gebe], deren Rechtfertigung (raison) – als Recht (raison) des Stärkeren – darin besteh[e], über alles Gewalt zu haben (avoir raison de tout)."[62] Eine Teilung von Souveränität würde bedeuten, dass man sie „Regeln, einem Recht, einem allgemeinen Gesetz, Begriffen" unterwerfen würde, das hieße aber, „ihre Immunität antasten, sie gegen sich selbst wenden."[63] So sind Regulationsformen oder Sanktionierungen bei Missbrauchs-

---

57 RdS 36.
58 Ebd.
59 Ebd.
60 Ebd. 68.
61 Ebd. 68f. [Herv. i. O.]. Hier setzt sich Derrida mit Jean-Luc Nancys *L'Expérience de la liberté* (1988) auseinander, und lobt Nancys Mut, die „*gesamte* politische Ontologie der Freiheit in Frage zu stellen" (RdS 66) [Herv. i. O.]. Dabei findet Derrida es jedoch nicht nachvollziehbar, dass Nancy trotzdem an dem Begriff der Freiheit festhält.
62 RdS 142.
63 Ebd.

vorgängen gegenüber der selbstreferenziellen Allmacht der Souveränität nicht denkbar: „Machtmissbrauch ist die Grundlage aller Souveränität"[64], und sobald „es Souveränität gibt", so Derrida, „gibt es Machtmissbrauch und *rogue States*"[65].

Der Ursprung staatlicher Gewalt wird von Derrida in einer zugleich subjektiven wie objektiven Struktur, jener der „Selbstheit", verankert. Darunter versteht er „das, was ‚man selbst' ‚eigentlich' ist, wie auch die Macht, die Potenz, die Souveränität, das Mögliche [...], das in jedem ‚Ich kann' steckt"[66]. „Noch vor jeder Souveränität eines Staates, eines Nationalstaates, eines Monarchen oder, in der Demokratie, des Volkes" bezeichne Selbstheit „ein Prinzip legitimer Souveränität, zugebilligter oder anerkannter Überlegenheit einer Macht oder Gewalt, eines *kratos*, einer *kratie*"[67]. Dies stecke „als implizite Voraussetzung", so Derrida, „in der Selbstsetzung der *Selbstheit selber*, überall dort, wo es ein Man-selbst gibt, die erste, letzte und höchste Quelle jedes ‚Rechts des Stärkeren', als des Rechts, das der Gewalt oder der Gewalt, die dem Recht eingeräumt" werde[68].

In der Folge gehen in Derridas Argumentation die männlichen Verwandtschaftsbeziehungen ohne plausible Vermittlung und ohne historische Differenzierungen in Eigentums- und Herrschaftsverhältnisse über.[69] Das „Man-selbst" bezeichne „den Herrn und Meister im Maskulinum": „den Vater, den Ehemann, den Sohn oder Bruder, den Eigentümer, Besitzenden, den Herrn beziehungsweise den Souverän"[70]. „Selbstheit" als Inbegriff einer tendenziell ungehemmten Ausübung von Männlichkeit als Kraft und Gewalt bedeutet eine Subjektivierungsform, die Derrida als eine Art Humus des Politischen und des (monarchischen oder demokratischen) Staates voraussetzt und die als grundlegende Setzung einen quasi ontologischen Status erhält.

Die Gleichung „Monarchie = Demokratie" beziehungsweise die Ununterscheidbarkeit der beiden Staatsformen aus dieser Perspektive gründet in ihrer

---

64 Ebd. 143.
65 Ebd. 144 [Herv. i. O.].
66 Ebd. 28.
67 Ebd. [Herv. i. O.].
68 Ebd. [Herv. i. O.].
69 Derrida verweist allerdings auf die Forschungen von Emile Benveniste, die zeigen, wie im „Man-selbst" Macht, Potenz und Souveränität enthalten seien und wie die Bedeutung des lateinischen „*ipse*", der „Selbstheit", „über komplizierte Vermittlungsschritte stets auf Besitz, Eigentum, Macht, die Autorität des Herrn, des Souveräns und zumeist des Gastgebers (*hospites*), Hausherrn oder Ehemanns verweist." (RdS 28) [Herv. i. O.].
70 RdS 28.

Unteilbarkeit, die sich fern von jeglicher Idee politischer Hegemonie oder politischer Aushandlungsprozesse nach Derrida nur als das „Recht des Stärkeren" und als „schreckliches Axiom der Autoimmunität" denken lasse[71]. Strukturell ist Derridas Begründung von Souveränität zudem theologisch, sie übernimmt die Stellung „des einzigen, einen und souveränen Gottes, dessen Macht einzig und unteilbar" sei[72]. Nun stellt uns diese Gleichung von antiker und moderner Souveränität vor viele Probleme. Denn gerade in der antiken Philosophie ist die Übertragung von göttlichen Eigenschaften auf die Figur des Souveräns (Herrschaft des Einen) ausdrücklich gegen die antike Vorstellung von Demokratie (Herrschaft der Vielen) eingeführt worden.

Die patriarchale Zurichtung von Kraft, Macht und Herrschaft der Bruderschaft bildet das zugrundeliegende Kontinuum und Substrat für alles, was von Platon bis Carl Schmitt das Feld des Politischen bestimmt.[73] Das Sichtbarmachen der patriarchalen „Selbstheit", insofern diese zu einer Frauen und Fremde exkludierenden Verbrüderung,[74] zu Clan- und Seilschaftsbildung führt und in jeglichen ethnozentrischen Tendenzen zur Refeudalisierung von Politik spürbar ist, ist ein wichtiges Ergebnis von Derridas Analyse. Bedenklich ist allerdings die ontologische Funktion, die Derrida dieser Verbrüderung gibt, und die dazu führt, dass er den Unterschied zwischen verschiedenen Herrschaftsformen als zu vernachlässigende Größe behandelt. Derridas kritische Überzeugung, dass „das Recht des Stärkeren" (und nicht das Recht des stärkeren Arguments) historisch die beständigere Variante ist, ist nicht von der Hand zu weisen. In Derridas Perspektive treten jedoch die historischen Kämpfe um Regulations- und Aushandlungsformen dieses „Rechts des Stärkeren" in den Hintergrund. Die unterschied-

---

71 Ebd.157.
72 Ebd. 108.
73 Derrida verweist auf die „(griechische, abrahamitische, jüdische, vor allem jedoch christliche und islamische) Vorherrschaft der Figur des Bruders in Recht, Ethik und Politik, insbesondere und nicht nur in einem bestimmten demokratischen Modell. Frauternalismus, Bruderschaft, Brüdergemeinschaft und verbrüdernde Gemeinschaft privilegieren die männliche Autorität des Bruders (der außerdem Sohn, Gatte, Vater ist), die Orientierung an Herkunft und Familie, Geburt, Bodenständigkeit und Nation." (RdS 86).
74 Auch wenn die Gestalt des Bruders „eine symbolische und spirituelle Figur" sei, bleibe erklärungsbedürftig, „warum man an dieser Figur festhält und nicht eher derjenigen der Schwester, Kusine, Tochter, Gattin, des Fremden oder eines Beliebigen, eines beliebigen Jemand den Vorzug gibt." (RdS 86).

lichen Standpunkte und Interessen in diesen Auseinandersetzungen verschwimmen und werden mit dem Argument der Brüderlichkeit homogenisiert.

Wie problematisch die Ontologie der Verbrüderung sein kann, gesteht Derrida selbst zu, wenn er im Text darauf hinweist, damit quer zu der Meinung „einiger Hobbes- und Bodin-Experten" zu stehen[75]. Ohne auf inhaltliche Argumente einzugehen, beharrt er aber auf der Idee, dass die politische Theologie der Antike das Muster für die „‚moderne' politische Theologie der monarchischen Souveränität" bilde, aber auch für die „(nicht minder phallozentrische, phallo-paterno-filio-fraterno-ipsozentrische) politische Theologie der Volkssouveränität – mit einem Wort der demokratischen Souveränität"[76]. In knappen Worten: Dort, wo Brüderlichkeit zum Gesetz wird, herrscht Krieg und Diktatur.

„Es gibt Krieg und Gefahr für die kommende Demokratie immer nur dort, wo es Brüder gibt. Genauer gesagt: nicht wo es Brüder gibt (es wird sie immer geben, und nicht daran liegt es, daran liegt nichts), sondern dort, wo die Brüderlichkeit der Brüder zum Gesetz wird, dort, wo die politische Diktatur der Fraternokratie herrscht."[77]

Zweierlei wäre hier einzuwenden. Nicht nur lassen sich Bodin und Hobbes schwer in Kontinuität mit antiken Souveränitätskonzeptionen denken. Vielmehr umgeht Derrida auch eine Auseinandersetzung mit den wichtigsten Kritikern antiker Demokratie in der Aufklärungstradition, nämlich Kant und Rousseau. Durch den Verweis auf die Existenz einer immer wiederkehrenden Brüderbande, die Derrida als Fundament jeglicher Souveränität auffasst, umgeht er nicht nur eine inhaltliche Auseinandersetzung mit den Bruchlinien in der Antike selbst, die konstitutiv für die staatsrechtlichen Entwürfe seit der Neuzeit gewesen sind, sondern auch mit den historischen und sozioökonomischen Entwicklungen, die zur Herausbildung von Staatlichkeit in einer kapitalistischen Moderne geführt haben. Denn diesen Entwürfen lag nicht nur die Teilung der Gewalten und die Beschränkung und Kontrolle des Souveräns zugrunde, sondern es lässt sich in ihnen, etwa bei Rousseau, auch eine klare Absage an die herkömmliche Übertra-

---

75 RdS 36.
76 Ebd. Ein kleiner Hinweis auf eine Differenzierung findet sich in Derridas Anmerkung, dass die Revolutionäre von 1789 lange zögerten, „das Wort ‚Brüderlichkeit' in die Losung der Revolution aufzunehmen – ein Wort, das weder in der Erklärung der Menschenrechte, noch in der Verfassung von 1793, noch in der Charta von 1830, sondern einzig in einem Verfassungszusatz von 1791 auftaucht –, einfach wegen seiner unüberhörbar christlichen Konnotation." (RdS 86f.).
77 RdS 76.

gung von Verwandtschaftsbeziehungen auf das Feld des Politischen finden. Wie die französische Philosophin Geneviève Fraisse in ihrem Buch *Les deux gouvernements: la famille et la Cité* aufzeigt, disqualifiziert Rousseau in seinem *Contract Social* die Analogie zwischen Familie und Staat. Er bricht mit einer Idee, die noch bei Montesquieu zu finden ist, und lehnt die Gleichsetzung von Vater und Prinz als absurd ab. Sein Argument ist, dass sich die Stimme der Natur für den Prinzen oder Magistrat als falscher Führer erweise, der ihn gerade von seinen Pflichten abhalte, während für den Familienvater auf die Stimme der Natur zu achten ratsam sei.[78] Obwohl fast alle Demokratieentwürfe in der Nachfolge Rousseaus mit der Analogie von Familien- und Landesvater brechen, führt sie wie ein hartnäckiges Relikt noch heute ein Eigenleben, während die Trennung zwischen Öffentlichem und Privatem seit dem 18. Jahrhundert sich zu vertiefen scheint. Fraisse weist darauf hin, dass die Andersartigkeit und der private Charakter der Familiensphäre umso stärker betont wurden, je weiter sich Demokratisierungsprozesse und bürgerliche Rechte im politischen Bereich historisch durchsetzten. Die These des Familialismus steht auch im Widerspruch zu den Ergebnissen von interdisziplinären Forschungen, welche die historische Ausdifferenzierung des Politischen untersuchen und dabei eine Entsakralisierung von politischen Ordnungen und eine damit zusammenhängende Entfamiliarisierung von Politik feststellen.[79]

2.2.2 Geschlechtsspezifische Stigmatisierung des *Roué*

Im herben Kontrast zu Derridas ahistorischer Vorstellung von Männlichkeit im Rahmen seiner philosophischen Dekonstruktion von Souveränität steht seine Analyse der Semantik des Wortes „roué" (gerissen), die er mit der Sozial-, Rechts- und politischen Geschichte Frankreichs im Umfeld der Französischen Revolution verbindet. Derrida erinnert daran, dass die Figur des *Roué*, der als eine Art Schurke galt, ein „zweifelhaftes Subjekt" beschrieb, das als „verdächtig, zweideutig, minderwertig, falsch, von minderem Wert" bezeichnet wurde[80]. Das Adjektiv „gerissen" konnotiert eine Abweichung vom rechten Weg, welche Ausschließung oder Bestrafung nach sich zieht. Die Erscheinung des *Roué* kündigte nach Derrida den Niedergang des monarchischen Prinzips und eine „gewisse Demokratisierung der Souveränität" an[81]. Der Schurke verkörperte den Übergang zur Demokratie, die „stets mit Zügellosigkeit, einem Zuviel an Freiheit, mit

---

78 Vgl. Fraisse 2000: 17.
79 Vgl. Klinger 2000: 34f.
80 RdS 100.
81 RdS 40.

Libertinage, Liberalismus beziehungsweise Perversion, Delinquenz, Vergehen und Gesetzesverstoß" assoziiert wurde[82]. Ihre außerordentlich seltene weibliche Entsprechung finde sich, so Derrida, in dem Ausdruck „voyoute" (Schurkin), der sich auf „eine befreite, emanzipierte Frau [...], die frei über ihren Körper verfügte und eine freizügige Sprache pflegte", bezöge[83]. In der Regel seien jedoch Schurken, so Derrida, Männer: „Es sind immer männliche Wesen, unseresgleichen, und fast immer Frauenhelden, um nicht zu sagen, Macker, Machos, Aufreißer"[84]. Das Wort „Schurke" rufe „nach der Ordnungsmacht", es kündige eine Verhaftung beziehungsweise eine Vorladung an: „Der Schurke hat vor dem Gesetz zu erscheinen"[85]. Derrida erinnert daran, dass derartige Konnotationen bereits in der Antike wirksam waren, denn Demokrat zu sein bedeutete „allgemeinen Niedergang, Autoritätsverlust, die Weigerung"[86]. Die „jungen akolastoi" wären buchstäblich für „nicht gezäumt, gezähmt, maßlos, zügellos, undiszipliniert, kriminell, verschwenderisch" gehalten worden[87]. In Platons *Politeia* sind, nach Derrida, Demokraten „schwelgerisch, zu leiblichen und geistigen Anstrengungen untüchtig, weichlich aber und träge"[88].

Paradoxerweise zeigt gerade diese historische Analyse, dass Derridas Versuch, die liberale Demokratie als Nachfolge der phallokratischen Tradition antiker Brüderlichkeit zuzuordnen, nicht plausibel ist. Denn Demokraten beziehungsweise ihre antiken Vorläufer werden, wie wir sehen, von der Tradition der „unteilbaren" Souveränität durch den Vorwurf, Träger einer ‚defekten Männlichkeit' zu sein, stigmatisiert und bekämpft. Die Heftigkeit dieser Auseinandersetzungen belegt wiederum, wie stark in dem Kampf um politische Herrschaft in der Regel auch Kämpfe um Männlichkeitsentwürfe auf dem Spiel stehen. Derridas Analyse fehlt jedoch an dieser Stelle eine Begrifflichkeit, die der widersprüchlichen Geschichte dieser Kämpfe Rechnung trägt.

Derridas Souveränitätsauffassung erlaubt es nicht, den historischen Einschnitt zu reflektieren, den die Formalisierung und Institutionalisierung des Rechts bedeutet und der eine komplexe Dynamik von Verrechtlichung und Entrechtlichung von Herrschaft mit sich gebracht hat. Ohne den Weg des formal einklag-

---

82 Ebd.
83 Ebd. 98f.
84 Ebd. 99.
85 Ebd. 94.
86 Ebd. 41.
87 Ebd.
88 Zit. n. RdS 41 (Pol. 555b).

baren Rechts wären die historischen Kämpfe (auch der Frauen) um Demokratisierungsprozesse nicht denkbar.

Auffällig an Derridas Theorem der phallogozentrischen Selbstheit als Gewalt ist zudem die ihm zugrunde liegende essentialistische beziehungsweise gegen Historisierung resistente Auffassung von Männlichkeit. Diese hat offenbar die Funktion, die politischen Differenzen und Gegensätze in den Herrschaftsformen, die Bestandteile der Theorien von Souveränität sind und auf die es in diesen Deutungskämpfen ankommt, zu glätten. Indem Männlichkeit beziehungsweise Brüderlichkeit bei Derrida den Status einer ontologischen Begründung von Herrschaft erhält, werden alle ihre Erscheinungen von Zeus bis zur Bush-Regierung als Variationen desselben Urgrunds gedeutet. In diesem Universum, in dem männliche Gewalt sich selbstreferenziell rechtfertigt, gibt es keinen Platz für Praktiken der Emanzipation. Derridas eigenem Projekt einer „kommenden Demokratie", die selbst mit der Aufgabe einer stetigen Dekonstruktion politischer Herrschaft verknüpft ist,[89] steht eine derartige Ontologisierung eher im Wege. Sie verrät eine monozentrische, personalistische Macht- und Souveränitätstheorie, gegen die etwa Michel Foucault seine Theorie einer netzförmigen Machtausübung entwarf.

Derrida markiert zu Recht die männerzentrierte Dominanz des Politischen und die Abwesenheit von Frauen in den theoretischen Entwürfen politischen Denkens. Dabei gerät aber ein Sachverhalt aus dem Blick, der für Frauen weitaus nachteiliger ist, nämlich dass ohne ihre Einbindung als aktive Subjekte keine patriarchale Ordnung zu existieren vermag. Dies erfordert eine differenziertere Betrachtung der historischen Rolle der Frauen als Objekte und Subjekte patriarchaler Politik, wie sie die Gender-Forschung leistet. Diese Forschung, die paradoxerweise auch in der Nachfolge Derridas steht, belegt mit Eindringlichkeit, dass die historischen Männlichkeits- und Weiblichkeitskonstruktionen und ihre jeweilige Hegemonie nie gesichert sind und permanenter Aushandlungen bedürfen.[90] Was ein Gatte, ein Vater, ein Bruder und ihre weiblichen Entsprechungen jeweils historisch bedeuten, kann nicht als ein Kontinuum begriffen werden. Solche Bedeutungen, die soziale Praxen konstituieren, sind das Produkt von gesellschaftlichen Auseinandersetzungen mit und gegen patriarchale Traditionen. Zudem können die Vorgänge von Re-Maskulinisierung in historisch-spezi-

---

89 Vgl. RdS 123ff. Hier sei nur auf eine Stelle verwiesen: „Der Ausdruck ‚kommende Demokratie' steht zweifellos für eine kämpferische und schrankenlose politische Kritik oder verlangt doch danach. Als Waffe gegen die Feinde der Demokratie erhebt sie Widerspruch gegen jede naive oder politisch mißbräuchliche Rhetorik" (ebd. 123).
90 Vgl. Connell 1995.

fischen Entwürfen der politischen Theorie gerade als eine Reaktion auf das historische Eingreifen von Frauen in Umbruchzeiten interpretiert werden.

Literatur

Butler, Judith/Laclau, Ernesto/Žižek, Slavoj (2000): *Contingency, Hegemony, Universality: Contemporary Dialogues on the Left*, London.
Connell, Robert W. (1995): *Masculinities*, Cambridge.
Derrida, Jacques (1994): *Politiques de l'amitié*, Paris.
Ders. (2002): *Politik der Freundschaft*, 2. Auflage, Frankfurt a. M. (= PdF).
Ders. (2003): *Schurken. Zwei Essays über die Vernunft*, aus dem Französischen von Horst Brühmann, Frankfurt a. M.
Ders. (2003): Das Recht des Stärkeren (Gibt es Schurkenstaaten?), in: ders., *Schurken. Zwei Essays über die Vernunft*, aus dem Französischen von Horst Brühmann, Frankfurt a. M., S. 15-158 (= RdS).
Fraisse, Geneviève (2000): *Les deux gouvernements: la famille et la Cite*, Paris.
Hofmann, Hasso (1972): Stichworte „Dezision", „Dezisionismus", in: Joachim Ritter (Hg.), *Historisches Wörterbuch der Philosophie*, Band 3, Basel/Stuttgart, S. 160f.
Klinger Cornelia (1994): Eine Fallstudie zum Thema postmoderne Philosophie der Weiblichkeit: Jacques Derrida, Sporen: die Stile Nietzsches, in: Nathalie Amstutz/Martina Kuoni (Hg.), *Theorie – Geschlecht – Fiktion*, Frankfurt a. M., S. 205-234.
Dies. (2000): Die Ordnung der Geschlechter und die Ambivalenz der Moderne, in: Sybille Becker et al. (Hg.), *Das Geschlecht der Zukunft. Zwischen Frauenemanzipation und Geschlechtervielfalt*, Stuttgart, S. 29-63.
Lombardo, Emanuela/Meier, Petra /Verloo, Mieke (2009): *The Discursive Politics of Gender Equality: Stretching, Bending and Policy-Making*, London.
Nancy, Jean-Luc (1988): *L'Expérience de la liberté*, Paris.
Nussbaum, Martha (2006): *Frontiers of Justice: Disability, Nationality, Species Membership*, Cambridge.
Orozco, Teresa (1999): „Brüder im Geiste". Zur Politik der Männlichkeit bei Carl Schmitt, in: *Zeitschrift für Frauenforschung* 17, Sonderheft 2: *Philosophie, Politik und Geschlecht. Probleme feministischer Theoriebildung*, S. 43-58.
Dies. (2004): „Totaler Staat aus Schwäche". Männlichkeitskonstruktionen im Denken Carl Schmitts, in: Brigitte Doetsch (Hg.), *Philosophinnen im dritten Jahrtausend. Ein Einblick in aktuelle Forschungsfelder*, Bielefeld, S. 69-90.

Dies. (2010): Der katholische Ordnungsgedanke und der Preis seiner Säkularisierung. Carl Schmitt als Leser Donoso Cortés, in: Detlef Georgia Schulze/Sabine Berghahn/Frieder Otto Wolf (Hg.), *Rechtsstaat statt Revolution, Verrechtlichung statt Demokratie? – Transdisziplinäre Analysen zum deutschen und spanischen Weg in die Moderne,* Teilband 1, Münster, S. 302-312.

Rosenblum, Darren (2009): Queer Legal Victories. Intersectionality Revisted, in: Scott Barclay/Mary Bernstein/Anna-Maria Marshall (Hg.), *Queer Mobilizations: LGBT Activists Confront the Law*, New York, S. 37-51.

Schmitt, Carl (1993, zuerst 1922): *Politische Theologie. Vier Kapitel zur Lehre von der Souveränität,* 6. Auflage, Berlin.

Ders. (1995, zuerst 1963): *Theorie des Partisanen. Zwischenbemerkung zum Begriff des Politischen,* 4. Auflage, Berlin.

Ders. (1996, zuerst 1932): *Der Begriff des Politischen. Mit einer Rede über das Zeitalter der Neutralisierungen und Entpolitisierungen,* 6. Auflage, München/Leipzig.

Squires, Judith (1999): *Gender in Political Theory*, Cambridge.

Walby, Sylvia (2009): *Globalization and Inequalities: Complexity and Contested Modernities*, London.

Young, Iris Marion (2007): *Global Challenges: War, Self-Determination and Responsibility for Justice*, Cambridge.

Subjekt statt Substanz

Entwurf einer gender-sensiblen Anthropologie

SASKIA WENDEL

„Jeder Mensch, ob Mann oder Frau, muß seine Geschlechtlichkeit anerkennen und annehmen. Die leibliche, moralische und geistige Verschiedenheit und gegenseitige Ergänzung sind auf die Güter der Ehe und auf die Entfaltung des Familienlebens hingeordnet. Die Harmonie des Paares und der Gesellschaft hängt zum Teil davon ab, wie Gegenseitigkeit, Bedürftigkeit und wechselseitige Hilfe von Mann und Frau gelebt werden. [...] Die Geschlechtlichkeit, in der sich zeigt, daß der Mensch auch der körperlichen und biologischen Welt angehört, wird persönlich und wahrhaft menschlich, wenn sie in die Beziehung von Person zu Person, in die vollständige und zeitlich unbegrenzte wechselseitige Hingabe von Mann und Frau eingegliedert ist."[1]

Dieses Zitat aus dem Katechismus der Katholischen Kirche (KKK) dokumentiert die offizielle Position der Katholischen Kirche hinsichtlich der Anthropologie der Geschlechter, die zugleich Legitimationsbasis der offiziellen Position der Katholischen Kirche in Fragen der Sexualethik ist. Im Folgenden möchte ich zunächst diese Position darstellen, dann auf Kritiken dieser Position näher eingehen und abschließend eine eigene Position bezüglich einer Anthropologie der Geschlechter vorstellen.

---

1 KKK 2333 und 2337.

1. SUBSTANZMETAPHYSIK TRIFFT AUF GENDER

Zunächst noch einmal ein kurzer Blick auf die Position des KKK und der sie bestimmenden Anthropologie der Geschlechter: Die Geschlechterdifferenz gilt hier als gottgewollt und damit als eine im Schöpferwillen Gottes vorgegebene natürliche Größe: Mann und Frau sind gleich hinsichtlich ihrer Personenwürde, aber in ihrem Mann- und Frausein verschieden und in jener Verschiedenheit einer Ergänzungstheorie entsprechend aufeinander hin geordnet und „füreinander gewollt"[2]. Darin bilden sie eine Einheit in der Verschiedenheit, die sich in der Ehe abbildet als Ideal der Harmonie des geschlechtlich differenzierten Paares. Die menschliche Sexualität wird so einerseits auf die Ehe als das Sinnbild der differenzierten Einheit zwischen Mann und Frau hingeordnet, andererseits auf diese Weise aber auch mit Generativität verknüpft. Das Urteil über die Legitimität sexueller Praktiken aus christlicher Perspektive wurzelt somit neben der naturrechtlichen Orientierung der Ethik in einer bestimmten Geschlechteranthropologie, die einem philosophischen und theologischen Paradigma folgt, das in der Scholastik unter anderem in der Rezeption der Aristotelischen Substanzmetaphysik grundgelegt wurde.

Auf der Basis einer Substanzontologie wird dem menschlichen Dasein eine genau zu bestimmende Natur, ein substanzieller Kern, eine Wesenheit (*essentia*) zugesprochen – im Unterschied zu seiner faktischen Existenz (*esse, existentia*), der Realdistinktion von Sein und Wesen entsprechend. Diese Substanz unterscheidet das Seiende, das „Mensch" genannt wird, von anderem Seienden, macht also seine *differentia specifica* aus. Ihr entspringen substanzielle Eigenschaften, die dem Menschen in seinem Menschsein notwendig zukommen und ihn als Menschen bestimmen im Unterschied zu akzidentiellen Eigenschaften, die ihm nicht notwendig zukommen und die ihn nicht in seiner Wesenheit bestimmen. Ebenso lässt sich dieser substanzontologischen Perspektive folgend eine Substanz, eine Natur der Geschlechter bestimmen, die das Mann- oder Frausein in seiner Wesenheit definiert. Dementsprechend gibt es auch substantielle Eigenschaften jenes Mann- oder Frauseins, das heißt natürlich gegebene Qualitäten, die als „männlich" und „weiblich" bezeichnet werden, und die Männern und Frauen notwendig zukommen. Nicht allein die Geschlechterdifferenz ist so substanzontologisch begründet, sondern auch Eigenschaften, die aus der sexuellen Differenz begründet werden und die dann als „männlich" oder „weiblich" definiert werden. Die Attribute „männlich" und „weiblich" werden somit nicht als Resultate einer Benennungspraxis und ihre Bedeutung nicht als Ergebnis des

---

2 KKK 371.

Sprachgebrauchs verstanden, sondern sie werden der klassischen Repräsentationstheorie entsprechend als Abbild einer ihnen vorgängigen Wirklichkeit und so als natürliche Eigenschaften interpretiert. Sie referieren dieser essentialistischen Lesart zufolge auf eine natürliche Gegebenheit, die Teil der Ordnung der Natur beziehungsweise der Schöpfungsordnung ist, und die so letztlich auf den göttlichen Willen zurückgeht.

Aus diesem Sein wird dann in ethischer Perspektive ein Sollen, werden konkrete Handlungsanweisungen abgeleitet: Menschen haben in ihrer Lebensführung der natürlichen Gegebenheit ihrer Essenz zu entsprechen, Männer und Frauen der Natur ihres jeweiligen Geschlechts. Basis dieser Forderung ist eine ontologische Verankerung der Ethik mit Blick auf essentialistische Definitionen von Mensch-, Mann- und Frausein. Das entspricht der naturrechtlichen Tradition theologischer Ethik: Was natürlich gegeben ist, ist zugleich das, was der Lebensführung als zu realisieren aufgegeben ist: *secundum naturam vivere*.[3] Zugleich wird entsprechend der Aristotelischen Lehre von der Zielursache (*causa finalis*) des Seienden die natürliche Ordnung als durch ein Ziel, einen Zweck bestimmt angesehen: „Entsprechend fordert die wesensgerechte Daseinsform des Menschen ein vernünftiges Sicheinordnen in diese Ordnung der Natur und das Übernehmen der daraus erkennbaren Aufgaben."[4]

Diese essentialistische Geschlechteranthropologie wird nicht erst von zeitgenössischen Gender-Theorien deutlich in Frage gestellt; die Substanzontologie wurde bereits durch die in feministischen Theorien übliche Unterscheidung von Sex (natürliche Geschlechtsidentität) und Gender (kulturell bedingte Geschlechtsidentität) unterlaufen: Was als natürlich gegeben erscheint, ist häufig nichts anderes als Produkt kultureller Prägung; sogenannte natürliche Eigenschaften von Männern und Frauen entpuppen sich in einer kritischen Analyse dieser Prägungen als soziale Konstruktionen und Projektionen. Schon Simone de Beauvoir führte die Diskriminierung von Frauen auf solche Konstruktionen zurück, denen letztlich die Konstruktion der Frau als ‚die Andere' des männlich konnotierten Subjekts zugrunde liegt, und diese Konstruktion der Frau als das Andere wurzle darin, dass die Kategorie des Anderen ein Grundzug des menschlichen Denkens sei, da unser Denken durch die Konstruktion von Gegensätzen geprägt sei. In diesem Kontext findet sich die berühmte Formulierung: „Man kommt nicht als Frau zur Welt. Man wird es. Kein biologisches, psychisches, wirtschaftliches Schicksal bestimmt die Gestalt, die das weibliche Menschenwe-

---

3 Dieser Grundsatz ist jedoch nicht ausschließlich aristotelisch begründet, das Ziel naturgemäßen Lebens findet sich etwa auch in der Stoa formuliert; vgl. hierzu etwa Böckle1977: 246.

4 Ebd. 247.

sen im Schoß der Gesellschaft annimmt. Die Gesamtheit der Zivilisation gestaltet dieses Zwischenprodukt zwischen dem Mann und dem Kastraten, das man als Weib bezeichnet."[5] Grundsätzlich hält Beauvoir allerdings noch an der Unterscheidung von Sex und Gender fest, wobei Sex als Minimalbestimmung der biologischen Geschlechterdifferenz fungiert und nicht mehr als Substanzbegriff zu verstehen ist, aus dem dann substanzielle Eigenschaften des ‚Weiblichen' abzuleiten wären.

Gender-Theoretikerinnen wie etwa Judith Butler radikalisieren diese Perspektive: Im Anschluss an entsprechende Überlegungen Michel Foucaults geht Butler anders als Beauvoir davon aus, dass schon der Gedanke der Subjektivität durch diskursive Praktiken erzeugt ist;[6] das Ich ist nicht einfach in Diskursen situiert, sondern durch deren Vorgängigkeit konstituiert und konstruiert. Beauvoir hingegen hatte an den Begriffen „Subjektivität" und „Freiheit" auch in Rezeption entsprechender Überlegungen Jean-Paul Sartres festgehalten. Im Gegensatz dazu verabschiedet Butler die Idee eines „Subjekts Frau" ersatzlos. Ebenso verhält es sich laut Butler mit dem Verständnis von Geschlecht: Auch Geschlecht ist Effekt diskursiver Praktiken, und was als natürlich gegeben erscheine, wie etwa der Körper in seiner geschlechtlichen Differenzierung, ist allein Ergebnis kulturell und gesellschaftlich bedingter Benennungspraktiken.[7] Demzufolge gibt es für Butler keine natürliche Geschlechtsidentität (Sex) im Unterschied zum kulturell bedingten Geschlecht (Gender), und dementsprechend macht es für Butler auch keinen Sinn, sich positiv auf das Weibliche zu beziehen im Sinne der Identifikationsversuche eines „weiblichen" Selbst oder eines „weiblichen" Begehrens.

Wenn aber Geschlecht nicht anders zu verstehen ist denn als Effekt diskursiver Praktiken, dann sind ständige Verschiebungen und Wiederholungen des Verständnisses von Geschlecht möglich, da ja jede Identifizierung von Geschlecht durch die Unendlichkeit der Verschiebung von Zeichen quasi hintergangen werden kann. Die Bedeutung von Gender ergibt sich durch diese ständige Zeichenverschiebung, wodurch sich die Bedeutung von Gender selbst verschiebt – Gender referiert so gesehen auf sich selbst, nicht mehr auf eine vorgängige Identität. Anders formuliert referiert Gender auf die ständige Verschiebung der Bedeutung seiner selbst in einer unendlichen Vielfalt performativer Akte, die ein Individuum als Teil des Diskurses unternimmt. Die performative Macht des Diskurses wirkt sozusagen durch die Sprachhandlung des einzelnen Individuums, das dem Diskurs unterworfen und durch ihn geprägt ist, auch hinsichtlich von Gender.

---

5   Beauvoir 1989: 265.
6   Vgl. Butler 1991: 212.
7   Vgl. ebd. 26.

Der Schöpfer dieser Gestaltungen ist es jedoch nicht selbst, sondern der Diskurs, an dem es partizipiert.[8] Butler hat zwar mittlerweile unmissverständlich klargestellt, dass sie keineswegs die Gegebenheit des Körpers oder anatomische Fakten in Frage stellt; sie leugnet nicht die Gegebenheit bestimmter biologischer Prozesse, etwa die zur Fortpflanzung notwendige Verschmelzung von Sperma und Ei. Dennoch aber macht sie darauf aufmerksam, dass wir in Bezug auf diese Vorgänge in einer Sprach- und Benennungspraxis eine sexuelle Differenz gemäß einer binären Logik konstruieren und so auch eine bestimmte Körperpraxis konstituieren. Zudem werde die Konstruktion solcherart geschlechtlich differenzierter Körper als Ursprungskategorie aufgefasst.[9] Butler fasst ihren Ansatz wie folgt zusammen:

„Gender als eine historische Kategorie zu verstehen bedeutet [...], zu akzeptieren, dass Gender, verstanden als ein Verfahren zur kulturellen Konfiguration eines Körpers, der ständigen Neuschöpfung unterliegt und dass ‚Anatomie' und ‚anatomisches Geschlecht' nicht ohne kulturelle Prägung sind [...]. Die Zuschreibung von Weiblichkeit zu weiblichen Körpern, so als ob diese eine natürliche oder notwendige Eigenschaft wäre, findet in einem normativen Rahmen statt, in dem die Zuordnung von Weiblichkeit zu weiblicher Anatomie ein Mechanismus zur Erzeugung von Gender ist. Begriffe wie ‚maskulin' und ‚feminin' sind bekanntermaßen austauschbar; jeder der Begriffe hat seine Sozialgeschichte. [...] Begriffe zur Gender-Bezeichnung sind somit nie ein für allemal festgelegt, sondern befinden sich ständig im Prozess der Erneuerung."[10]

Schon die Unterscheidung von Sex und Gender und die Absage an die substanzontologische Tradition, mehr noch aber die Radikalisierungen in Gender-Theorien, die die Differenz von Sex und Gender zugunsten der Monopolisierung der Gender-Kategorie negieren, stellen die essentialistische Geschlechteranthropologie und darauf basierende Sexualethiken in Frage. Was dort als natürlich gegeben gilt, als unveräußerlicher Bestandteil der von Gott gewollten Schöpfungsordnung, der der Mensch in seinem Handeln zu entsprechen hat, wird hier als Effekt diskursiver Praxis, als Resultat vielfältiger Konstruktionsmechanismen von Gender verstanden.

Es überrascht nicht, dass die Kongregation für die Glaubenslehre die Brisanz dieser Thesen erkannt hat; 2004 wurde in einem Schreiben an die Bischöfe der Katholischen Kirche über die Zusammenarbeit von Mann und Frau in der Kirche

---

8   Vgl. ebd. 49.
9   Vgl. Butler 2009: 24.
10 Ebd. 22f.

und in der Welt[11] eine nicht näher benannte „gewisse Strömung" im Feminismus kritisiert, die eine Nivellierung der natürlichen Unterschiede der Geschlechter anstrebe: „Die Folge davon ist eine Verwirrung in der Anthropologie, die Schaden bringt und ihre unmittelbare und unheilvollste Auswirkung in der Struktur der Familie hat."[12] Allerdings kritisiert das Schreiben nicht nur Gender-Theorien, die jedoch, wie gesagt, nicht näher benannt werden, sondern generell die Unterscheidung von Sex und Gender, da mit dieser Unterscheidung die Differenz zwischen Mann und Frau eingeebnet, eine „polymorphe Sexualität" gefördert und die Person zu einem Konstrukt werde.[13] Also nicht nur der konstruktivistische Ansatz in den Bahnen Butlers wird im Dokument kritisiert, sondern überhaupt schon die Unterscheidung zwischen natürlicher und kulturell bedingter Geschlechtsidentität. Das Dokument schärft stattdessen die natürliche Vorgegebenheit der Zweigeschlechtlichkeit nebst Ergänzungstheorie ein,[14] danach folgt die Bestimmung sogenannter „weiblicher" Qualitäten und Werte sowie Überlegungen zu Ehe und Familie.

2. DIE BLINDEN FLECKEN EINER SUBSTANZONTOLOGISCHEN ANTHROPOLOGIE UND EINER RADIKALKONSTRUKTIVISTISCHEN GENDER-THEORIE

2.1 Das Problem des substanzmetaphysischen Begriffs des Menschen und des Geschlechts

Gender-Theorien erteilen der Substanzmetaphysik beziehungsweise dem Essentialismus der lehramtlichen Geschlechteranthropologie eine klare Absage. Doch damit sind sie alles andere als revolutionär, schon Immanuel Kant hatte beispielsweise im Paralogismuskapitel der *Kritik der reinen Vernunft* der Substanzontologie in Form der Seelenmetaphysik den Abschied gegeben: Wer aus dem aller Erkenntnis zugrunde liegenden transzendentalen Prinzip „ich denke" auf die Existenz einer Seelensubstanz folgert – die Existenz einer *res cogitans* – und

---

11 Vgl. Sekretariat der deutschen Bischofskonferenz 2004: Nr. 166. Vgl. zu Inhalt und Duktus dieses Schreibens sowie zu einer theologischen Kritik daran auch Heimbach-Steins 2009: 163-177.
12 Sekretariat der deutschen Bischofskonferenz 2004: Nr. 2.
13 Vgl. ebd. Nr. 2 und 3.
14 Vgl. ebd. Nr. 12.

diese dann auch noch zu bestimmen sucht, verwechselt *phainomenon* mit *noumenon* und verstrickt sich in der transzendentalen Illusion.[15] Und nicht nur die Transzendentalphilosophie kritisierte die Substanzontologie; die Wende von der Essenz hin zur Existenz des Daseins ist ein Kernmotiv der Existenzphilosophie. Für diese Wende plädierte auch Martin Heidegger und kritisiert damit auch die scholastische Tradition der Realdistinktion von Sein und Wesen im Blick auf das (menschliche) Dasein:

„*Das ‚Wesen' des Daseins liegt in seiner Existenz.* Die an diesem Seienden herausstellbaren Charaktere sind daher nicht vorhandene ‚Eigenschaften' eines so und so ‚aussehenden' vorhandenen Seienden, sondern je ihm mögliche Weisen zu sein und nur das. Alles Sosein dieses Seienden ist primär Sein. Daher drückt der Titel ‚Dasein', mit dem wir dieses Seiende bezeichnen, nicht sein Was aus, wie Tisch, Haus, Baum, sondern das Sein."[16]

Heidegger folgert die Differenz zwischen Ding und Person, „etwas" und „jemand", daraus, dass die Person keine Substanz sei und kritisiert so auch den Cartesischen Substanzdualismus.[17] Menschliches Dasein wird so nicht mehr im Rekurs auf eine Wesenheit definiert, die das Menschsein bestimmt, sondern in Bezug auf den Existenzvollzug dieses Daseins selbst.

Bereits vor Kants transzendentalphilosophischer Kritik der Seelenmetaphysik finden sich Kritiken an einer am Substanzbegriff ausgerichteten Anthropologie. Baruch de Spinoza gab zwar in seinem Versuch, den Cartesischen Substanzdualismus zu überwinden, den Begriff der Substanz nicht gänzlich preis, reservierte ihn aber allein für Gott, verstanden als „alleine Substanz", die Denken und Ausdehnung als Attribute in sich einschließt. Der Mensch ist so gesehen keine Substanz, weder *res cogitans* noch *res extensa*, sondern in Denken und Ausdehnung Modus der einzigen, alleinen göttlichen Substanz.[18] Ebenso finden sich selbst in theologischen Traditionen, die noch der mittelalterlichen Theologie zugerechnet werden, jedoch mit Blick auf deren Grundmotive bereits an der Schwelle zur Neuzeit stehen, Absetzbewegungen von der Identifikation der See-

---

15 Vgl. etwa Kant 1998: B 422: „Die Einheit des Bewußtseins, welche den Kategorien zum Grunde liegt, wird hier [in der Seelenmetaphysik] für Anschauung des Subjekts als Objekts genommen, und darauf die Kategorie der Substanz angewandt. Sie ist aber nur die Einheit im *Denken*, wodurch allein kein Objekt gegeben wird, worauf also die Kategorie der Substanz, als die jederzeit gegebene *Anschauung* voraussetzt, nicht angewandt, mithin dieses Subjekt gar nicht erkannt werden kann." [Herv. i. O.].
16 Heidegger (1986, zuerst 1927): 42. [Herv. i. O.].
17 Vgl. ebd. 47f.
18 Vgl. Spinoza (1922, zuerst 1677).

le mit einer Substanz. Meister Eckhart beispielsweise (und vor ihm schon Dietrich von Freiberg[19]) versteht den Seelengrund nicht im Sinne einer *res*, sondern er ist „weder dies noch das" und damit auch kein substanziell Seiendes. Deshalb kann über den Seelengrund auch nichts kategorial ausgesagt werden. Und auch Nikolaus Cusanus setzt sich von der Substanzontologie Aristotelischer Provenienz ab: Zwar anerkennt er durchaus noch in ontologischer Hinsicht die Rede von einer Substanz aller Dinge, identifiziert diese jedoch mit dem „Nichtanderen". Das aber kann nicht mit den Mitteln des Intellekts erkannt und somit nicht definiert werden; das „Nichtandere" kann allein intuitiv geschaut werden und entzieht sich somit letztlich begrifflichen Bestimmungen diskursiver Erkenntnis.[20] Das Wesen der Dinge und damit Substanz im eigentlichen Sinne ist für den dem (Neu-)Platonismus verpflichteten Cusanus somit keine spezifische Wesenheit, sondern das Eine, also das „Nichtandere" als Grund, als Prinzip aller Dinge,[21] und diese „Substanz" ist letztlich für das Verstandesvermögen unbegreiflich und unnennbar:

> „Könntest du es [das Wesen des Geistes] begreifen, dann wäre es nicht der Ursprung von allem, der in allem alles bedeutet. Jeder menschliche Begriff ist nämlich der Begriff irgendeines Gegenstandes. Vor dem Begriff jedoch ist das ‚Nichtandere', da doch der Begriff nichts anderes als Begriff ist. Man kann also das ‚Nichtandere' als absoluten Begriff bezeichnen, den der Geist zwar erschaut, von dem es aber sonst kein Erfassen gibt."[22]

Vor diesem Hintergrund ist das Festhalten an einer essentialistisch ausgerichteten Geschlechteranthropologie nur schwer nachvollziehbar, es sei denn, man vernachlässigt zum einen die neuzeitliche Tradition der Anthropologie und zum anderen Modelle der christlichen Theologie, die der sich abzeichnenden Mono-

---

19 Dietrich hat zwar die substanzontologischen Termini selbst nicht aufgegeben, deutet die Substanz aber nicht als *quidditas*, was am Beispiel der Bestimmung des tätigen Intellekts durch Dietrich deutlich wird: „Unser tätiger Intellekt aber ist nicht die Washeit eines Dinges, und nicht ist durch ihn ein Ding ein etwas der Wirklichkeit nach im Sinne der Formbestimmtheit, und nicht läßt sich von ihm die Definition gewinnen, die die Washeit, welche die Form des zusammengesetzten Dinges ist, anzeigt." (Dietrich von Freiberg 1980: II 11, 3).
20 Vgl. Nikolaus von Kues 1987: 64-73.
21 Vgl. hierzu auch Nikolaus von Kues 1977: 146ff. Dort gesteht Cusanus zwar die Verschiedenheit von Wesensgründen zu, doch diese sind nichts anderes als der individualisierte allgemeine, eine Wesensgrund, eben die eigentlich Substanz als Ineinsfallen aller Gegensätze und Verschiedenheiten.
22 Nikolaus von Kues 1987: 73.

polisierung einer bestimmten theologischen Denkform in den Bahnen der Theologie Thomas von Aquins nicht folgen. Hinzu kommt das Problem, dass bei einer wörtlichen Auslegung von Gen 1,27 („als Mann und Frau schuf er sie") der Eindruck entsteht, Gott habe im Schöpfungsakt ‚fertige' Menschen geschaffen, noch dazu ‚fertige' geschlechtlich differenzierte Menschen. Diese kreationistische Perspektive widerspricht naturwissenschaftlichen Erkenntnissen, ganz zu schweigen davon, dass diese Vorstellung letztlich im Anthropomorphismus gefangen ist, mit Rückwirkung auch auf das Gottesbild. Wer an dieser Perspektive festhält, verstrickt sich in das Problem der „doppelten Wahrheit" der unterschiedlichen Geltung von philosophischen beziehungsweise naturwissenschaftlichen und theologischen Wahrheitsansprüchen.

Wird aber die Voraussetzung einer essentialistischen Anthropologie fragwürdig, dann mit ihr auch eine ebenso essentialistisch ausgerichtete Geschlechteranthropologie. Lässt sich keine „Essenz" des Menschen definieren, dann auch keine ihr entsprechenden Eigenschaften, und dasselbe gilt mit Blick auf die behauptete „Essenz" des Mann- und Frauseins und die ihr entsprechenden Bestimmungen von „weiblich" und „männlich" als natürlichen Eigenschaften. Die Verabschiedung einer essentialistischen Anthropologie ermöglicht somit die Anerkennung der mittlerweile kultur- wie sozialwissenschaftlich allgemein akzeptierten Unterscheidung von Sex und Gender. Daraus muss jedoch nicht notwendig die Anerkennung der gänzlichen Aufhebung der Differenz von Sex und Gender folgen.

2.2 Das Problem der Gender-Theorie Judith Butlers: Die Verwechslung von Substanz- und Subjektbegriff und die Verwechslung von Leib und Körper

Butler ist es gelungen, darauf aufmerksam zu machen, dass Sprache und Diskurspraxis Wirklichkeit nicht nur repräsentieren, sondern auch schafft. Die Bestimmung der Bedeutung von Geschlecht ist auch diskursiv erzeugt, und damit ist der Gender-Anteil unserer eigenen Geschlechtsidentität alles andere als gering einzuschätzen. Doch Butlers Theorie weist in zwei Punkten Probleme auf: in ihrer Kritik des Subjektbegriffs und in ihrer Gleichsetzung von Leib und Körper. Obwohl Butler betont, dass sie eine „Philosophie der Freiheit" entwickeln und dabei auch und vor allem der Frage nachgehen möchte, wie Menschen im Akt der Anerkennung als Personen anerkannt werden, die sich nicht der herrschenden sozialen Norm bezüglich sexueller Praktiken und damit auch Gender-Praktiken unterwerfen, kritisiert sie zugleich die Voraussetzung eines dem Diskurs vorgängigen „Ich" und damit die Subjektphilosophie – wohl auch deshalb, weil sie den Subjektbegriff unkritisch mit dem Substanzbegriff gleichsetzt. Aber wenn das Ich nicht mehr als dem Diskurs vorgängig verstanden wird, dann fällt sowohl das grundlegende Prinzip einer Philosophie der Freiheit als auch das Prinzip einer Praxis der Anerkennung Anderer als Personen. Dementsprechend ist es problematisch, ein „Außerhalb" des Diskurses als selbst schon vom Diskurs erzeugt zu denken, ebenso die soziale Norm, die den Diskurs beherrscht: Diskurse fallen nicht vom Himmel, ebensowenig soziale Normen. Diskurse sind keine autopoietischen, selbstreferentiellen Systeme, sondern sie sind von bewusstem Dasein erzeugt, welches über das Können, das Vermögen, die Freiheit verfügt, Diskurse zu erzeugen und Normen zu setzen. Diskurse sind keine selbstursprünglichen, notwendig existierenden kreativen Entitäten – als solche wären sie gottgleich, denn Aseität, notwendige Existenz und Kreativität sind zentrale Eigenschaften Gottes. Sie sind vielmehr das Resultat der Kultur setzenden, schöpferischen, kreativen Praxis des Bewusstseins. Als solche sind sie auch veränderbar und nicht quasi natürlich gegeben. An die Stelle der natürlichen Gegebenheit der Substanz rückt hier die Gegebenheit des Diskurses. Damit bestätigt Butler unfreiwillig diejenigen, die den Substanzbegriff gerade deshalb nicht preisgeben möchten, um die Singularität von Personen rechtfertigen zu können, wiewohl dieses Anliegen auch bewusstseinstheoretisch ohne Rekurs auf die Substanzmetaphysik eingeholt werden kann. Dazu bedarf es jedoch eines nicht substanziell verstandenen Begriffs des Subjekts, wie er etwa in transzendentalphilosophischen Traditionen formuliert wurde.

Ein zweiter problematischer Punkt in Butlers Theorie ist ihre Gleichsetzung von Leib und Körper, was dann in letzter Konsequenz auch die Auflösung von Sex in Gender zur Folge hat. Doch gerade die Phänomenologie hat darauf aufmerksam gemacht, dass zwischen Leib und Körper zu unterscheiden ist, weil dem Leib eine Doppelstruktur eignet: Auf der einen Seite ist er Ding unter Dingen und damit Objekt der Wahrnehmung, auf der anderen Seite aber derjenige, der Dinge berührt und sieht und somit selbst kein Ding. Als Ding unter Dingen ist der Leib objektivierter, verdinglichter Körper. Den Körper kann ich benennen, definieren, sezieren, analysieren. Der Körper ist somit derjenige, der in diskursive Praktiken eingelassen und durch diese bestimmt wird; die kulturell bedingte Geschlechtsidentität macht sich somit am Körper fest. Aber der Leib ist mehr als nur Körper, er ist vielmehr vom Dasein und seinem Bewusstsein untrennbar.[23] Ist dem Körper die Gender-Dimension zuzuordnen, so dem Leib die Dimension von Sex. Diese Differenzierung von Leib und Körper und die ihr entsprechende Differenz von Sex und Gender wird jedoch von Butler negiert, was

---

23 Vgl. zu dieser Bestimmung von Leib und Körper Husserl 1992, Stein 1980 und Merleau-Ponty 1966. Vgl. hierzu auch ausführlich Wendel 2002: 283-313 und dies. 2003.

die Totalisierung von Gender zur Folge hat. Auf diesen Aspekt wird noch näher einzugehen sein.

Wenn nun aber sowohl die Fixierung auf die überkommene Substanzontologie als auch die radikalkonstruktivistische Monopolisierung von Gender sich als problematisch erweisen, dann muss nach einer Basis für eine tragfähige Geschlechteranthropologie gesucht werden, die sich vom Geschlechteressentialismus verabschiedet und kritisch an Gender-Theorien anschließt.

3. DIE FREIHEIT DER PERSON ALS ORIENTIERUNGSPUNKT EINER GENDER-BEWUSSTEN ANTHROPOLOGIE

3.1 Bewusstes Dasein – freie Subjekt-Person

Hier ist der Anschluss an Bewusstseinstheorien von besonderer Bedeutung, in denen Bewusstsein nicht als Form reflexiv, also denkend sich vollziehender Selbsterkenntnis verstanden wird („ich denke mich"), sondern als vorreflexive Selbstgewissheit, die mit Dieter Henrich als „Vertrautheit mit sich" bezeichnet werden kann.[24] Diese Vertrautheit kann nicht denkend hergestellt werden, weil die Selbstreflexion ja bereits auf ein Wissen von sich verwiesen ist, auf das sich das reflektierende Dasein schon bezieht. Dieses Wissen kommt nicht erst im Denken auf, sondern wird im Denkakt selbst schon vorausgesetzt: Die vorreflexive Selbstgewissheit (präreflexives Bewusstsein von sich) ist die Basis der reflektierend sich vollziehenden Selbsterkenntnis (reflexives Selbstbewusstsein). Sie vollzieht sich unmittelbar, da eben nicht durch Zeichen und Bilder vermittelt, und sie vollzieht sich intuitiv, da es sich um ein unmittelbares Erfassen, ein Gewahrwerden handelt, in dem das Wissen von sich aufkommt und auftritt.[25]

Das vorreflexive Bewusstsein ermöglicht es nun dem einzelnen Dasein, eine Ich-Perspektive einzunehmen. Mittels dieser Perspektive ist es ihm allererst möglich, sich auf Anderes, auf Welt zu beziehen. Die Ich-Perspektive sämtlicher Vermögen der Vernunft, ja aller Vollzüge der Existenz, bestimmt so das „Zur-Welt-Sein" des Daseins. Zugleich ist diesem Dasein kraft seines Bewusstseins Einmaligkeit, Singularität verliehen. Niemand anderes kann seine Perspektive und sein „Zur-Welt-Sein" einnehmen. In seiner Einmaligkeit nun ist das Dasein Subjekt, wobei der Subjektbegriff hier kein Seins- und vor allem auch kein Substanzbegriff ist. Vielmehr bezeichnet der Subjektbegriff eine Perspektive, näm-

---

24 Vgl. hierzu etwa Henrich 1999.
25 Vgl. z.B. Reininger 1947.

lich diejenige der mit dem „Ich" verbundenen Singularität des „Zur-Welt-Seins", nicht aber eine ontologische Gegebenheit. Durch diese Perspektive jedoch wird das Dasein aus seinem Status der puren Individualität herausgerissen: Es ist kein isoliertes Einzelnes neben anderen, ist kein unbedeutender Teil einer Masse, ebenso ist es kein Teil der Dingwelt, es ist „jemand", nicht „etwas".

Diese Differenz zwischen „etwas" und „jemand" wird häufig auch zur Unterscheidung von Dingen, Ereignissen und Personen verwendet: Personen sind dadurch ausgezeichnet, dass sie „jemand" sind. Somit könnte man das seiner selbst bewusste Dasein auch als Person bezeichnen. Allerdings gilt es hier ein beliebtes Missverständnis auszuräumen: Die Begriffe „Subjekt" und „Person" bedeuten nicht das Gleiche. Der Personenbegriff bedeutet im Unterschied zum Subjektbegriff die Beziehung zwischen Dasein und anderem Dasein, ja bedeutet überhaupt das Vermögen des Daseins, sich auf Andere und Anderes, letztlich überhaupt auf das, was wir „Welt" nennen, zu beziehen. Als Person ist das Dasein somit nicht „Zur-Welt-Sein", sondern „In-der-Welt-Sein" und „In-Beziehung-Sein". Auch die Personalität ist eine Perspektive, über die das einzelne Dasein verfügt, nicht aber eine ontologische Gegebenheit. Dasein ist also kraft des Bewusstseins immer schon beides: Subjekt und Person.

Als Person ist das Dasein allerdings immer schon mitten in Sprachhandlungen, in diskursive Praktiken hineingestellt, als Person hat es an diesen Praktiken teil und übt sie selbst aus. Der gesamte Bereich des Diskursiven kommt also erst auf der Ebene der Person zum Tragen, kann aber auch erst deshalb auftreten, weil das Dasein über eine dem Diskurs vorgängige Subjektperspektive verfügt, die es ihm ermöglicht, diskursive Praktiken zu entwickeln und auszuüben. Auf der Personenebene jedoch entfaltet sich das gesamte Feld an performativen Akten und sozialen Konstruktionen, das Butler so bestechend analysiert, wobei sie aber vergisst, dass diese Akte einer Möglichkeitsbedingung bedürfen, die selbst nicht wiederum diskursiv erzeugt sein kann, da das zu Begründende auf diese Weise durch sich selbst erklärt werden würde. Diese Möglichkeitsbedingung ist in der Ich- beziehungsweise Subjektperspektive gegeben, die dem Dasein kraft seines Selbstbewusstseins gegeben ist.

Jedes bewusste Dasein verfügt jedoch nicht allein über Selbstbewusstsein. Denn gerade damit, dass es über Selbstbewusstsein verfügt, verfügt es noch über etwas anderes: über Freiheit. Diese Freiheit ist wie schon der Begriff des Bewusstseins und mit ihm der Subjekt- und Personenbegriff kein Seins- und kein Substanzbegriff. Zudem erschöpft sich Freiheit nicht in der Freiheit des Willens; sie bedeutet vielmehr zunächst ein pures Können beziehungsweise Vermögen, welches noch dem einzelnen Vermögen der Willensfreiheit zugrunde liegt. Denn dieses Können bezieht sich anders als die Willensfreiheit nicht auf einzelne Objekte, sondern ermöglicht allererst die auf Objekte gerichtete Entscheidungs- beziehungsweise Wahlfreiheit. Selbstbewusstsein und Freiheit des Daseins gehören so unauflöslich zusammen.

3.2 Bewusstes Dasein als Leib und als Körper

Es wurde bereits auf die Doppelstruktur des Leibes als Leib und Körper hingewiesen, eine Doppelstruktur, die etwa Butler in ihrer ‚Leibvergessenheit' unreflektiert lässt. Diese Doppelstruktur des Leibes lässt sich mit der Doppelstruktur des Daseins als Subjekt und Person vergleichen: Durch den Leib ist das einzelne Dasein „zur Welt", im Leib ist die Ich-Perspektive vermittelt, in und durch den Leib ist das Dasein einmalig und unvertretbar. Somit sind Subjektperspektive und Leiblichkeit untrennbar miteinander verknüpft. Doch nicht nur die Subjektperspektive, sondern auch die Personenperspektive kommt im Leib zum Ausdruck. Denn der Leib ist ein Vermögen, durch das Dasein sich auf Anderes hin zu öffnen und sich auf es zu beziehen; der Leib ermöglicht Relation. Subjekt- und Personenperspektive sind also gleichermaßen mit der Leiblichkeit verbunden.

Hinzu kommt, dass Subjekt- und Personenperspektive im vorreflexiv verfassten, intuitiv sich vollziehenden Bewusstsein aufkommen, nicht aber in einem Akt des Denkens, und hier ist bereits ein Bezug zur Leiblichkeit gegeben. Denn diese kann auch als Vollzug eines Fühlens, Spürens, Gewahrwerdens verstanden werden, welches das vorreflexive Bewusstsein kennzeichnet. Der Leib kann so als Ausdruck, als Symbol des Bewusstseins interpretiert werden, wobei dieses Symbol kein Abbild des Bewusstseins ist, sondern selbst schon Vollzug dessen, das es symbolisiert, Ausdruck, der das Auszudrückende selbst schon realisiert. Das Gleiche ist hinsichtlich der Freiheit zu sagen, auch sie wird in und durch den Leib symbolisiert, weil das Können, das die Freiheit bedeutet, nicht allein geistig gelebt und vollzogen wird, auch nicht allein in einem reflexiven Akt der Wahl, sondern leiblich, eben weil der Leib selbst schon ein Vermögen darstellt: das Vermögen der Offenheit zur Welt, des Bezugs auf Andere und somit Bedingung der Möglichkeit dafür, seine Freiheit zu realisieren und zu gestalten.

Wie das Subjekt nun immer schon Person ist, und wie die Person stets schon als „In-der-Welt-Sein" Teil diskursiver Praktiken ist, so ist der Leib aufgrund der skizzierten Doppelstruktur, die der Doppelstruktur von Subjekt und Person entspricht, nicht allein Leib, sondern Körper. Körper ist der Leib dann und insofern, als er als Ausdruck der Personenperspektive „In-der-Welt-Sein" ist wie das endliche Dasein, das über die Subjekt- und über die Personenperspektive verfügt. Der Leib wird zum Körper, wenn er zum Objekt von Sprachhandlungen, von performativen Akten wird. Als Teil diskursiver Praxen ist der Leib schon Körper und so sämtlichen Bedingungen und Bedingtheiten des „In-der-Welt-Seins" unterworfen, folglich auch der Macht diskursiver Praktiken und den Konstruktionsmechanismen, die mit ihnen verbunden sind. Diese Praktiken müssen nicht primär als Bedrohung für den Leib beziehungsweise die leibliche Identität und Integrität und damit für die Selbstidentität überhaupt gedeutet werden, sie können zwar Verdinglichung, Objektivierung, ja ‚Zurüstung' bedeuten, wenn der Leib allein unter der sezierenden Analyse des Körpers betrachtet wird. Ebenso dann, wenn durch die Einflüsse bestimmter hegemonialer, also wirkmächtig gewordener Körperbilder der Blick auf den eigenen oder fremden Körper so verstellt wird, dass der Zwang zur Gewalt gegen den eigenen oder fremden Körper entsteht. Aber diskursive Praktiken können auch als Teil der Realisation der Freiheit gedeutet werden, die dem bewussten Dasein zukommt, und die ja auch seine Würde ausmacht. Es lebt und vollzieht seine je eigene Lebensgeschichte, seine je eigene Identität, und diese ist nicht essentialistisch determiniert, sondern sie bildet sich aus und entfaltet sich in eben jenem Vollzug der Freiheit, zu der auch das Vermögen gehört, sich in verschiedenen diskursiven Praktiken und performativen Akten zu entwerfen. Dieser Selbstentwurf vollzieht sich jedoch, anders als Butler vermeint, nicht unter der Bedingung eines allmächtigen Diskurses, und er vollzieht sich auch nicht im Modus unendlicher Verschiebung von Bedeutung, sondern er vollzieht sich unter Maßgabe der Würde der Person, also letztlich unter der Maßgabe der in der Subjekt- und Personenperspektive markierten Einmaligkeit und Freiheit eines jeden bewussten Daseins, das dazu fähig ist, Diskurse hervorzubringen, zu gestalten und sich zu ihnen zu verhalten. Diesen Aspekt vermag Butler in ihrer Monopolisierung des Diskurses streng genommen gar nicht mehr zu denken.

Der Mensch ist somit nicht nur als Bewusstsein und als Freiheit, sondern als *leiblich verfasstes Bewusstsein und als Freiheit, die sich im Leib und dessen Grundvollzügen realisiert*, zu verstehen. Bewusstsein drückt sich nicht nur im Leib aus und prägt beziehungsweise bestimmt diesen, sondern gestaltet sich bereits *als* Leib, der Symbol, also realisierende und vergegenwärtigende Gestalt des Bewusstseins ist. Welche Bedeutung kommt hier nun dem Geschlecht zu?

3.3 Das bewusste Dasein und sein Geschlecht[26]

Die Leiblichkeit wurde unter anderem als ein Vermögen der Offenheit zum Anderen bezeichnet, somit als Vermögen der Relation, das in der Personenperspektive markiert ist. Das impliziert nun auch einen Aspekt, der bislang noch nicht zur Sprache gekommen ist, nämlich den Aspekt des Begehrens. Das Begehren ist

---

26 Vgl. zum Folgenden auch ausführlich Wendel 2009, 2005, 2004a und 2004b.

zwar immer Begehren von etwas oder jemandem, doch es basiert auf einem Vermögen, das selbst noch nicht auf Objekte bezogen und so noch nicht inhaltlich bestimmt ist: das Begehrungsvermögen, welches mit der Leiblichkeit verbunden ist. Dem Leib ist eine Struktur des Begehrens eingeschrieben, welche das leiblich verfasste Dasein immer auch zu einem begehrenden Dasein macht. Zugleich ist das Begehrensvermögen mit der Freiheit verbunden, denn in seiner Freiheit ist das Dasein fähig, zu begehren. Begehren bedeutet hier mehr als nackter Trieb, denn es hat Bewusstsein und Freiheit zu seiner Voraussetzung.

Das Dasein kann vieles begehren: Dinge, Güter, ja das Erleben bestimmter Ereignisse oder Gefühle. Es kann aber auch andere Personen begehren, zu denen es in Beziehung steht. Diese Beziehung erhält dann eine erotische Dimension, wenn es auch um das Begehren des Körpers der anderen Person geht. Jenes Begehren anderer Personen kann nun auch als „sexuelles Begehren" bezeichnet werden, das zum Vollzug der Existenz des bewussten Daseins in seiner Leiblichkeit dazugehört. Erst durch dieses Begehren kann mir in der Welt überhaupt eine andere Person als erotisch anziehend erscheinen. Andere Personen werden sozusagen erst dadurch sexualisiert, dass das Dasein selbst schon über das Vermögen des Begehrens verfügt, das in der Leiblichkeit wurzelt. Dementsprechend lässt sich das sexuelle Begehren nicht allein oder in erster Linie dem objektivierten Körper zuordnen, sondern dem Leib, insofern die Leiblichkeit mehr bedeutet als „einen benennbaren Körper haben". Dieses Begehren lässt sich nun auch mit dem Begriff „Geschlecht" (Sex) bezeichnen, und Sex, die Geschlechtsidentität, ist dann zunächst einmal noch nicht an den objektivierten, gedeuteten Körper gebunden, sondern an den Leib und dessen Begehrungsvermögen. „Geschlecht" im Sinne von Sex bezieht sich dann allerdings auch noch nicht auf besondere Körpermerkmale oder Körperbilder, dient somit keineswegs zur Bezeichnung dieser Körperbilder etwa durch Bezeichnung der Körper als „männliche" und „weibliche" Körper und ist dementsprechend weder einfach mit der sexuellen Differenz identisch noch ein Gattungsbegriff zur Unterscheidung besonderer Exemplare der menschlichen Spezies in Männer und Frauen. Das funktioniert auch deshalb nicht, weil sprachliche Bezeichnungen wie etwa „männlich" und „weiblich" nicht mehr nur als Repräsentanten einer ihnen vorgängigen Wirklichkeit zu verstehen sind.

„Sex", sexuelles Begehren und die damit verknüpfte Geschlechtsidentität konkretisiert sich jedoch im personalen Verhältnis zwischen begehrendem Ich und begehrtem Anderem. „Sex" gehört demnach nicht allein zur Subjektperspektive – als Begehrungsvermögen, sondern auch zur Personenperspektive – als konkretes Begehren, das in der Beziehung zu Anderen empfunden und gelebt wird. „Sex" gehört zum Dasein nicht nur als Subjekt, sondern auch als Person.

Doch genau hier kommt erneut die Differenz von Leib und Körper zum Tragen, denn in der Beziehung zu Anderen ist der Leib schon Körper mit all den bekannten Diskurspraktiken und Konstruktionsmechanismen, die damit verbunden sind. Sprachhandlungen konstituieren das Verständnis des Körpers, den Blick auf den eigenen Körper und den Körper der Anderen. Körper werden bezeichnet und solcherart bestimmt. Und genau hier beginnt auch die Verschiebung von Sex zu Gender, der Transformation des Leibes als Körper entsprechend. Denn Sex, Geschlecht, ist auf der Ebene der Person vielfältigen Deutungs- und Konstruktionsprozessen unterworfen. Im Rahmen dieser Deutungsprozesse spielen auch die Attribute „männlich" und „weiblich" eine wichtige Rolle, allerdings nicht als Substanzbegriffe. Die Gender-Ebene nun gilt es zu analysieren und dabei auf bestimmte Deutungen etwa von „männlich" und „weiblich" hinzuweisen, die sozialisationstheoretisch und handlungstheoretisch zu erklären sind.

Was folgt daraus für das Verständnis des bewussten Daseins und vor allem für seine sexuelle Lebensführung? Zunächst einmal ist die Unterscheidung von „männlich" und „weiblich" gänzlich unerheblich zur Bestimmung des bewussten Daseins, das wir „Mensch" nennen. Denn jedes bewusste Dasein ist als solches mit einer unveräußerlichen Würde ausgestattet, unabhängig von allen Differenzen, die in der konkreten Existenz des Daseins zum Tragen kommen können, auch unabhängig von der Geschlechterdifferenz. Bewusstes Dasein vermag seine Existenz selbstbestimmt und eigenverantwortlich, somit auch in eigener Kreativität zu führen, eben weil es in formaler Hinsicht frei ist. Zum Vollzug dieser Freiheit gehört auch die geschichtliche Verwirklichung der Freiheit, und das heißt auch: die Fähigkeit, unsere Existenz performativ auch im Rückgriff auf Gender-Bestimmungen zu gestalten. So ist denn auch zum Beispiel der biblische Satz „als Mann und Frau schuf er sie" nicht notwendigerweise als Schöpfung eines ‚fertigen' Menschen mit einer unveränderlichen Substanz zu verstehen, sondern als Gabe eines auch die Dimension von „Geschlecht" einschließenden bewussten Lebens, das jedoch konkret immer schon als Gender geführt wird, weil es sich in Geschichte vollzieht. Wie wir das bewusste Leben und die Dimension von „Geschlecht" konkret realisieren, welche Rollen wir dabei entwickeln und wie wir diese Rollenmuster verändern, ist trotz gesellschaftlicher Prägungen, denen wir hier auch unterworfen sind, in unsere Verantwortung gestellt. Kriterium dieser Lebensführung ist nun die unbedingte Anerkennung der Würde des oder der Anderen und meiner selbst, die in Selbstbewusstsein und Freiheit markiert ist. Diese Anerkennung impliziert die Bestimmung des Verhältnisses zwischen Ich und Anderem als ein Verhältnis formaler Gleichheit. Ihr entspricht die Bereitschaft dazu, für den Anderen wie für mich selbst Verantwortung zu übernehmen, und dies dem Kategorischen Imperativ gemäß: „*Handle so, daß du die Menschheit sowohl in deiner Person, als in der Person eines jeden anderen jederzeit zugleich als Zweck, niemals bloß als Mittel brauchest.*"[27]

Alle Praktiken, die dem Kategorischen Imperativ widersprechen, die den oder die Andere zum bloßen Mittel degradieren und dabei seine oder ihre Würde missachten bis hin zur Verletzung der leiblichen Integrität, und alle Praktiken, die durch Ausübung von Gewalt und Zwang die Freiheit des oder der Anderen negieren, können somit nicht als Ausdruck einer ethischen Lebensführung gelten. Das Gleiche gilt aber auch für die Missachtung seiner selbst, die Verletzung der eigenen Würde, die Verletzung der eigenen leiblichen Integrität, die Missachtung des eigenen freien Willens. Damit ist zwar ein klarer Orientierungspunkt vorgegeben und damit ein ethischer Relativismus vermieden. Zugleich ist dieser Orientierungspunkt aber in seiner Formalität so offen, dass Raum bleibt für die Gestaltungs- und vor allem für die Gewissensfreiheit auch und gerade in der Führung des je eigenen sexuellen Lebens und damit in der konkreten Ausübung auch von sogenannten Gender-Praktiken, in der Gestaltung der je eigenen Geschlechtsidentität, und dies ohne auf essentialistisch aufgeladene Rollenbilder oder Geschlechternormen festgelegt zu werden.

---

27 Kant 1999: BA 67.

LITERATUR

Beauvoir, Simone de (1989): *Das andere Geschlecht. Sitte und Sexus der Frau*, Hamburg.
Böckle, Franz (1977): *Fundamentalmoral*, München.
Butler, Judith (1991): *Das Unbehagen der Geschlechter*, Frankfurt a. M.
Dies. (2009): *Die Macht der Geschlechternormen*, Frankfurt a. M.
Dietrich von Freiberg (1980): *Abhandlung über den Intellekt*, übersetzt und mit einer Einleitung versehen von Burkhard Mojsisch, Hamburg.
Heidegger, Martin (1986, zuerst 1927): *Sein und Zeit*, 16. Auflage, Tübingen.
Heimbach-Steins, Marianne (2009): *"...nicht mehr Mann und Frau". Sozialethische Studien zu Geschlechterverhältnis und Geschlechtergerechtigkeit*, Regensburg.
Henrich, Dieter (1999): *Bewusstes Leben. Untersuchung zum Verhältnis von Subjektivität und Metaphysik*, Stuttgart.
Husserl, Edmund (1992): *Gesammelte Schriften*, hrsg. v. Elisabeth Ströker, Band 8, Hamburg.
Kant, Immanuel (1998): *Kritik der reinen Vernunft*, Hamburg.
Ders. (1999): *Grundlegung zur Metaphysik der Sitten*, Hamburg.
Katechismus der Katholischen Kirche (2003), München.
Merleau-Ponty, Maurice (1966): *Phänomenologie der Wahrnehmung*, Berlin.
Nikolaus von Kues (1977): *De docta ignorantia, II*, Hamburg.
Ders. (1987): *Vom Nichtanderen (De li non aliud)*, übersetzt und mit Einführung und Anmerkungen versehen von Paul Wilpert, 3. Auflage, Hamburg.
Reininger, Robert (1947): *Metaphysik der Wirklichkeit*, 2., gänzlich neubearbeitete und erweiterte Auflage, Band 1, Wien.
Sekretariat der deutschen Bischofskonferenz (2004) (Hg.): *Verlautbarungen des Apostolischen Stuhls*, Bonn.
Spinoza, Baruch de (1922, zuerst 1677): *Die Ethik (Ethica, ordine geometrico demonstrata)*, übersetzt und mit Einleitung und Register versehen von Otto Baensch, 10. mit der 7. gleichlautenden Auflage, Leipzig.
Stein, Edith (1980): *Zum Problem der Einfühlung* (Reprint der Originalausgabe von 1917), München.
Wendel, Saskia (2002): *Affektiv und inkarniert. Ansätze Deutscher Mystik als subjekttheoretische Herausforderung*, Regensburg.
Dies. (2003): Inkarniertes Subjekt. Die Reformulierung des Subjektgedankens am ‚Leitfaden des Leibes', in: DZPhil 51/4, S. 559-569.

Dies. (2004a): Der Körper der Autonomie. Anthropologie und „gender", in: Antonio Autiero/Stephan Goertz/Magnus Striet (Hg.), *Endliche Autonomie. Interdisziplinäre Perspektiven auf ein theologisch-ethisches Programm*, Münster, S. 103-122.

Dies. (2004b): Hat das moralische Subjekt ein Geschlecht?, in: ThQ 1, S. 3-17.

Dies. (2005): Hat Religiosität ein Geschlecht?, in: Arthur Boelderl/Florian Uhl (Hg.), *Das Geschlecht der Religion*, Berlin, S. 295-312.

Dies. (2009): „Als Mann und Frau schuf er sie". Auf dem Weg zu einer genderbewussten theologischen Anthropologie, in: HerKorr 63/3, S. 135-139.

Drucknachweise

Fricker, Miranda (im Erscheinen): Silence and Institutional Prejudice, in: Sharon Crasnow/Anita Superson (Hg.), *Out From the Shadows: Analytical Feminist Contributions to Traditional Philosophy*, Oxford University Press.
Mit freundlicher Genehmigung der Autorin.

Mikkola, Mari (2011): Dehumanisation, in: T. Brooks (Hg.), *New Waves in Ethics*, Basingstoke, S. 128-149.
Mit freundlicher Genehmigung von *Palgrave-Macmillan*.

Autorinnen und Autoren

Amy Allen, PhD, ist Professorin für Philosophie und für *Women's* und Genderstudies am Dartmouth College in Hanover, New Hampshire (USA). Forschungsschwerpunkte: Feministische Theorie, Poststrukturalismus, Kritische Sozialtheorie. Veröffentlichungen u.a. *The Politics of Our Selves: Power, Autonomy, and Gender in Contemporary Critical Theory* (Columbia 2008); *The Power of Feminist Theory: Domination, Resistance, Solidarity* (Westview 1999).

Astrid Deuber-Mankowsky, Dr. phil., ist Professorin am Institut für Medienwissenschaft der Ruhr-Universität Bochum. Forschungsschwerpunkte: Mediale Öffentlichkeiten und Lebenswissen, Spieltheorien, Medien und Gender, Kritische Theorie und Medienphilosophie. Veröffentlichungen u.a. *Praktiken der Illusion. Kant, Nietzsche, Cohen, Benjamin bis Donna J. Haraway* (Berlin 2007); *Lara Croft. Modell, Medium, Cyberheldin. Das virtuelle Geschlecht und seine metaphysischen Tücken* (Frankfurt a. M. 2001); *Der frühe Walter Benjamin und Hermann Cohen. Jüdische Werte. Kritische Philosophie. Vergängliche Erfahrung* (Berlin 2000). Gründerin und Mitherausgeberin von *Die Philosophin* (1990-2005).

Miranda Fricker, PhD, ist Professorin für Philosophie an der University of Sheffield (UK). Forschungsschwerpunkte: Ethik, soziale Epistemologie, Tugendepistemologie und Feministische Philosophie, insbesondere zu den Themen Macht, soziale Identität, epistemische Autorität. Veröffentlichungen u.a. *Epistemic Injustice: Power and the Ethics of Knowing* (Oxford 2007); *The Cambridge Companion to Feminism in Philosophy* (hg. m. Jennifer Hornsby, Cambridge 2000).

Christine Kley, Mag. phil., Promovierende im Fach Philosophie in Berlin. Forschungsschwerpunkte: Politische und Sozialphilosophie, Feministische Philosophie. Veröffentlichungen u.a. Intersektionalität, Macht und Herrschaft: Eine Diskussion der Ansätze von Amy Allen und Gudrun-Axeli Knapp, in: *Intersektionalität und Kritik: Intersektionalitätsforschung in Deutschland, Frankreich und den USA*, hg. v. Vera Kallenberg und Johanna Müller (Wiesbaden 2012).

Hilge Landweer, Dr. phil., ist Professorin für Philosophie an der Freien Universität Berlin. Forschungsschwerpunkte: Philosophie der Emotionen, Ethik, Sozial- und Rechtsphilosophie, Historische Anthropologie, interdisziplinäre Geschlechterforschung. Veröffentlichungen u.a. *Handbuch Klassische Emotionstheorien* (hg. m. Ursula Renz, Berlin 2008); *Philosophie der Gefühle. Von Achtung bis Zorn* (m. Christoph Demmerling, Stuttgart 2007); *Scham und Macht. Phänomenologische Untersuchungen zur Sozialität eines Gefühls* (Tübingen 1998).

Susanne Lettow, Dr. phil. habil., ist derzeit Gastprofessorin am Institut für Philosophie der Freien Universität Berlin. Forschungsschwerpunkte: Sozialphilosophie, Politische Philosophie, Genderstudies, Wissenschafts- und Technikphilosophie. Veröffentlichungen u.a. *Biophilosophien. Wissenschaft, Technologie und Geschlecht im philosophischen Diskurs der Gegenwart* (Frankfurt a. M./New York 2011); *Die Macht der Sorge. Die philosophische Artikulation von Geschlechterverhältnissen in „Sein und Zeit"* (Tübingen 2001).

Mari Mikkola, Dr. phil., ist Juniorprofessorin für Praktische Philosophie an der Humboldt-Universität zu Berlin. Forschungsschwerpunkte: Analytische feministische Philosophie, Sozialphilosophie, Metaphysik. Veröffentlichungen u.a. Kant on Moral Agency and Women's Nature, in: *Kantian Review* 16/2011; Illocution, Silencing and the Act of Refusal, in: *Pacific Philosophical Quarterly* 92/2011; Ontological Commitments, Sex and Gender, in: *Feminist Metaphysics*, hg. v. Charlotte Witt (Berlin 2011); Is Everything Relative? Anti-Realism, Truth and Feminism, in: *New Waves in Metaphysics*, hg. v. Allan Hazlett (Basingstoke 2010).

Simone Miller, Dipl. pol., ist angehende Promovierende im Fach Philosophie in Berlin. Forschungsschwerpunkte: Politische und Sozialphilosophie, Feministische Philosophie, Ethik.

Herta Nagl-Docekal, Dr. phil., war bis zu ihrer Emeritierung 2009 Professorin am Institut für Philosophie der Universität Wien. Forschungsschwerpunkte: Moral-, Rechts- und Geschichtsphilosophie, Feministische Philosophie. Veröffentlichungen u.a. *Jenseits der Säkularisierung. Religionsphilosophische Studien* (hg. m. Friedrich Wolfram, Berlin 2008); *Feministische Philosophie. Ergebnisse, Probleme, Perspektiven* (Frankfurt a. M. 2000/2004); *Continental Philosophy in Feminist Perspective* (hg. m. Cornelia Klinger, University Park 2000). Mitherausgeberin der *Deutschen Zeitschrift für Philosophie* (1993-2005) und von *L'Homme. Zeitschrift für Feministische Geschichtswissenschaft* (1990-2003).

Catherine Newmark, Dr. phil., ist Wissenschaftliche Mitarbeiterin am Institut für Philosophie der Freien Universität Berlin. Forschungsschwerpunkte: Geschichte der Philosophie, philosophische Emotionstheorie, Feministische Theorie. Veröffentlichungen u.a. *Passion – Affekt – Gefühl: Philosophische Theorien der Emotionen zwischen Aristoteles und Kant* (Hamburg 2008); Erste Philosophie des Geschlechts. Simone de Beauvoir als existenzialistische Ethikerin (m. Hilge Landweer), in: *Simone de Beauvoir. Schreiben zwischen Theorie und Erzählung*, Querelles 15, hg. v. Stephanie Bung und Romana Weiershausen (Göttingen 2010).

Teresa Orozco, Dr. phil., ist derzeit Gastprofessorin für transnationale Wissenszirkulation und Mobilitätsregime mit dem Schwerpunkt Gender am Lateinamerika Institut der Freien Universität Berlin. Forschungsschwerpunkte: Politische Philosophie und Politische Theorie, Mobilitätsregime und Genderstudies. Veröffentlichungen u.a. *Platonische Gewalt. Gadamers politische Hermeneutik der NS-Zeit* (Hamburg/Berlin 1995); Kulturkritik jenseits des Politischen? Probleme der Carl-Schmitt-Interpretation, in: *Philosophie und Zeitgeist im Nationalsozialismus*, hg. v. Marion Heinz und Goran Gretic (Würzburg 2006); Männlichkeitskonstruktionen in der Carl-Schmitt-Rezeption, in: *Das Argument* 250/2003.

Patricia Purtschert, Dr. phil., arbeitet derzeit an einem Forschungsprojekt zur Postkolonialen Schweiz an der ETH Zürich. Forschungsschwerpunkte: Feministische Philosophie, Postkolonialismus, *Queer Studies*, Macht, Kritik und Alterität. Veröffentlichungen u.a. *Grenzfiguren. Kultur, Geschlecht und Subjekt bei Hegel und Nietzsche* (Frankfurt a. M./New York 2006); On the Limit of Spirit: Hegel's Racism Revisited, in: *Philosophy & Social Criticism* 36/2010; Anerkennung als Kampf um Repräsentation. Hegel lesen mit Simone de Beauvoir und Frantz Fanon, in: *Deutsche Zeitschrift für Philosophie* 6/2008.

Eva von Redecker, Mag. phil., ist wissenschaftliche Mitarbeiterin am Lehrstuhl für Politische Philosophie, Sozial- und Rechtsphilosophie an der Humboldt-Universität zu Berlin. Forschungsschwerpunkte: Sozialphilosophie und kritische Theorie, sowohl in der Tradition der Frankfurter Schule als auch aus der Perspektive von feministischer und queerer Philosophie. Promotionsarbeit zum Revolutionsbegriff und zu Theorien radikalen sozialen Wandels. Veröffentlichungen u.a. *Zur Aktualität von Judith Butler* (Wiesbaden 2011); Beute oder Gabe? Ricœurs kritischer Beitrag zu Honneths Anerkennungstheorie, in: *Axel Honneth. Gerechtigkeit und Gesellschaft*, hg. v. Christoph Menke und Juliane Rebentisch (Berlin 2008).

Sigridur Thorgeirsdottir, Dr. phil., ist Professorin für Philosophie an der Universität Island in Reykjavík. Forschungsschwerpunkte: Nietzsche, Feministische Philosophie, Philosophie des Leibes und der Natur. Veröffentlichungen u.a. *Birth, Death, and Femininity: Philosophies of Embodiment* (m. Robin May Schott (Hg.), Vigdis Songe-Möller, Sara Heinämaa, Bloomington 2010); *Vis creativa. Kunst und Wahrheit in der Philosophie Friedrich Nietzsches* (Würzburg 1996).

Saskia Wendel, Dr. phil., ist Professorin für systematische Theologie an der Universität zu Köln. Forschungsschwerpunkte: Religiosität und Religion in spätmoderner Gesellschaft, Verhältnis Glaube-Vernunft, theologische Anthropologie, theologische Gotteslehre, Christliche Mystik, Religion und Gender. Veröffentlichungen u.a. *Religionsphilosophie* (Stuttgart 2010); *Christliche Mystik. Eine Einführung* (Regensburg/Kevelaer 2004/2010); *Feministische Ethik zur Einführung* (Hamburg 2003); *Affektiv und inkarniert. Ansätze Deutscher Mystik als subjekttheoretische Herausforderung* (Regensburg 2002).

Frieder Otto Wolf, seit 1973 Privatdozent, ist seit 2006 Honorarprofessor für Philosophie an der Freien Universität Berlin. 1984-99 in der europäischen Politik, 1994-99 als MdEP. Forschungsschwerpunkte: Politische Philosophie, Metaphilosophie, Epistemologie der Gesellschaftswissenschaften, Humanismusforschung. Veröffentlichungen u.a. *Die neue Wissenschaft des Thomas Hobbes* (Stuttgart – Bad Canstatt 1969); *Radikale Philosophie* (Münster 2002, ²2009); Rückkehr in die Zukunft (Münster 2012).

Edition Moderne Postmoderne

FRIEDRICH BALKE, MARC RÖLLI (HG.)
Philosophie und Nicht-Philosophie
Gilles Deleuze – Aktuelle Diskussionen

2011, 342 Seiten, kart., 29,80 €,
ISBN 978-3-8376-1085-7

STEFAN DEINES, DANIEL MARTIN FEIGE,
MARTIN SEEL (HG.)
Formen kulturellen Wandels

Oktober 2012, 278 Seiten, kart., 29,80 €,
ISBN 978-3-8376-1870-9

MICHAEL FISCH
Werke und Freuden
Michel Foucault – eine Biografie

2011, 576 Seiten, Hardcover, 39,80 €,
ISBN 978-3-8376-1900-3

**Leseproben, weitere Informationen und Bestellmöglichkeiten
finden Sie unter www.transcript-verlag.de**

Edition Moderne Postmoderne

OLIVER FLÜGEL-MARTINSEN
Jenseits von Glauben und Wissen
Philosophischer Versuch über das Leben
in der Moderne

2011, 144 Seiten, kart., 17,80 €,
ISBN 978-3-8376-1601-9

ANKE HAARMANN
Die andere Natur des Menschen
Philosophische Menschenbilder
jenseits der Naturwissenschaft

2011, 146 Seiten, kart., 18,80 €,
ISBN 978-3-8376-1761-0

MIRIAM MESQUITA SAMPAIO DE MADUREIRA
Kommunikative Gleichheit
Gleichheit und Intersubjektivität
im Anschluss an Hegel

Dezember 2012, ca. 224 Seiten, kart., ca. 26,80 €,
ISBN 978-3-8376-1069-7

**Leseproben, weitere Informationen und Bestellmöglichkeiten
finden Sie unter www.transcript-verlag.de**

Edition Moderne Postmoderne

SUZANA ALPSANCAR
Das Ding namens Computer
Eine kritische Neulektüre
von Vilém Flusser und Mark Weiser
November 2012, 322 Seiten, kart., 33,80 €,
ISBN 978-3-8376-1951-5

DIRK BRAUNSTEIN
**Adornos Kritik
der politischen Ökonomie**
2011, 444 Seiten, kart., 36,80 €,
ISBN 978-3-8376-1782-5

MARA-DARIA COJOCARU
Die Geschichte von der guten Stadt
Politische Philosophie zwischen
urbaner Selbstverständigung
und Utopie
Juli 2012, 256 Seiten, kart., 29,80 €,
ISBN 978-3-8376-2021-4

CHRISTIAN DRIES
Die Welt als Vernichtungslager
Eine kritische Theorie der Moderne
im Anschluss an Günther Anders,
Hannah Arendt und Hans Jonas
August 2012, 518 Seiten, kart., 39,80 €,
ISBN 978-3-8376-1949-2

GERHARD GAMM,
JENS KERTSCHER (HG.)
Philosophie in Experimenten
Versuche explorativen Denkens
2011, 308 Seiten, kart., 29,80 €,
ISBN 978-3-8376-1681-1

DIANA KÖNIG
**Das Subjekt der Kunst:
Schrei, Klage und Darstellung**
Eine Studie über Erkenntnis
jenseits der Vernunft im Anschluss
an Lessing und Hegel
2011, 338 Seiten, kart., 32,80 €,
ISBN 978-3-8376-1901-0

CHRISTIAN LAVAGNO
Jenseits der Ordnung
Versuch einer philosophischen
Ataxiologie
Januar 2012, 228 Seiten, kart., 28,80 €,
ISBN 978-3-8376-1998-0

WALTRAUD MEINTS
Partei ergreifen im Interesse der Welt
Eine Studie zur politischen
Urteilskraft im Denken
Hannah Arendts
2011, 270 Seiten, kart., 29,80 €,
ISBN 978-3-8376-1445-9

MARTIN MÜLLER
**Private Romantik, öffentlicher
Pragmatismus?**
Richard Rortys transformative
Neubeschreibung des Liberalismus
Dezember 2012, 786 Seiten, kart., 49,80 €,
ISBN 978-3-8376-2041-2

MATHIAS RICHTER
Freiheit und Macht
Perspektiven kritischer
Gesellschaftstheorie –
der Humanismusstreit
zwischen Sartre und Foucault
2011, 636 Seiten, kart., 42,80 €,
ISBN 978-3-8376-1769-6

SIBYLLE SCHMIDT, SYBILLE KRÄMER,
RAMON VOGES (HG.)
Politik der Zeugenschaft
Zur Kritik einer Wissenspraxis
2011, 358 Seiten, kart., 32,80 €,
ISBN 978-3-8376-1552-4

MAURICE SCHUHMANN
Radikale Individualität
Zur Aktualität der Konzepte
von Marquis de Sade, Max Stirner
und Friedrich Nietzsche
2011, 396 Seiten, kart., 34,80 €,
ISBN 978-3-8376-1719-1

**Leseproben, weitere Informationen und Bestellmöglichkeiten
finden Sie unter www.transcript-verlag.de**